KB267489

석의,
원래 의미를 찾아서

-석의해석학의 이해-

책쓴이 **안용수**

책평화

차 례

- 추천의 글   **004**
- '석의 은총'을 전합니다   **009**

01 '석의 여행길' 안내서   **015**

02 석의란 무엇인가?   **029**

03 석의가 왜 필요한가?   **053**

04 석의의 역사적 발자취   **103**

05 석의해석법의 예비적 이해   **273**

06 석의해석법의 16단계   **289**

07 석의가란?   **395**

08 석의에서 강해로   **407**

09 필독 석의자료   **413**

- 석의해석법과 강해요점 작성 도표   **442**
- 토론을 위한 질문   **445**

추천의 글

"한국교회는 여러 가지 결점에도 불구하고 성경을 하나님 말씀으로 인정한다는 점에서는 근본이 튼튼하다고 할 수 있다. 그러나 성경의 권위를 인정하는 데 비해서 성경을 올바로 해석하는 일에는 충분한 관심을 기울이지 않고 있다. 그래서 많은 설교자들이 성경을 '코에 걸면 코걸이, 귀에 걸면 귀걸이'식으로 해석하며 설교한다. 결과적으로 자신의 주관적인 해석이 절대적인 권위를 갖게 되어, 성경의 권위를 인정하지 않는 것보다 오히려 더 부정적이고 위험한 결과를 가져오는 경우가 허다하다.

그런 상황을 고려할 때, 안용수 목사의 「석의, 원래 의미를 찾아서」는 필요하고 시의에 적절한 책이다. 이 책은, 개인적으로 숱한 고난을 겪으면서도 오직 성경 석의에 끈질긴 집념을 가지고 연구하고 조사한 노력으로 맺은 열매다. 석의에 관한 한, 한국 신학계에서 이만큼 책임 있고 깊이 있는 연구서는 없었지 않나 한다. 석의의 중요성을 설득력 있게 제시할 뿐만 아니라, 석의에 관한 세계신학계의 연구에 대해서도 체계적으로 소개하고 있으며, 참고문헌, 웹사이트, 성경석의 주석서도 상세하게 소개하고 있다. 성경을 올바로 해석하고자 하는 신학자와 설교자 및 그리스도인들에게 좋은 길잡이가 될 것이다.

손봉호 교수

기아대책기구 대표·서울대 교수(전)·동덕여대 총장(전): 신학과 철학을 전공한 탁월한 석학이다. 종교개혁의 바른 정신에 근거하여, 한국사회와 한국교회는 물론 지구촌을 위해서도 실천의 모범을 보여주는 학문과 실천을 겸비한 한국인의 사표로 존경받고 있다. 이 책을 출판하도록 끊임없는 조언과 따뜻한 격려를 해주며 가르침을 준 책쓴이의 스승이다.

"추천인이 저자 안용수 목사를 알게 된 것은, 베트남에서 월맹군에게 포로가 되어 북한 땅으로 이송된 둘째 형으로 인해, 그의 집안이 박정희 정권의 폭력으로 풍비박산이 난 억압받은 과거사 때문이었다. 저자는 영국에 가서 석의학釋義學을 전공했지만, 군사정권은 물론, 일부 기독교교권의 방해로 이것마저도 가르치지 못했다.

나는 저자가 공부한 석의학을 들을 때마다 저술을 권했다. 저자가 원고를 보내왔을 때 매우 기뻤다. 평소, 한국교회에 횡행하는 '자의Eisegesis'해석과 '삭의Apogesis'해석 때문에 안타까웠는데, 이 책이 석의Exegesis를 제대로 설명해주고 있어서 눈이 번쩍 뜨였다. 석의의 본질, 필요성, 방법론 등 구체적인 내용이 있어서 성서해석을 실제적으로 하도록 지침서 역할을 하고 있다. 장구한 석의해석사까지 다룬 열정, 분석과 비평 능력, 한국 신학 수립을 위한 창의성까지 돋보인다.

나는 원고를 읽으면서 한국에서 이만한 석의 관련 저서를 본 적이 없다고 생각했다. 성서해석에 크게 공헌할 것으로 본다. 신학자는 물론 목회자 및 성도들에게도 이 책이 큰 도움을 줄 것으로 기대하기에, 비치해두고서 참고하기를 권한다."

이만열 교수

김교신선생기념사업회장·숙명여대 명예교수: 책쓴이에게 이 책을 저술하도록 여러 번 강권했다. 전공이 역사학인데도 한국교회의 성서해석 문제점을 잘 알고 있었다. '한국 신학'을 수립해보도록 스승과 같은 조언을 해주었다. 기독교적 역사의식으로 한국사회와 한국교회 변혁을 위해 지도자들이 들어야 하는 메시지를 그침 없이 보내는 우리시대의 실천적인 '종교개혁자'다.

"35년간의 방송생활이 이슥할 무렵, 프로그램을 진행하다가 만난 안용수 목사는 남다른 출연자였다. 그가 살아온 시기에 '남다르다'는 의미는 많은 부분이 차별과 고난과 소외를 뜻했고, 그도 그 안에 속했으며, 그의 신학도 그러했다. 그때, 그는 가장 바람직하지만 가장 익숙하지 않는 방법인 '석의', 즉 계시되고 기록된 원래의미를 찾는 방법으로 성서를 읽음으로써 하나님의 뜻대로 더 잘 생각하고 살아갈 수 있다고 했다. 또 그렇게 해야만 한다고 강조했다. 나는 공감했고, 한국 교회의 모든 교우들이 성서의 모든 내용을 석의로 해석할 수 있는 은총을 누릴 수 있기를 간절히 바랐다. 그는 머지않아 모든 교우들을 위한 '석의 안내서'를 쓰겠다고 약속했다.

나는 일찍이 반드시 응답받는 하나의 기도가 있다면, '하나님을 더 깊이 알기를 원하는 기도'라고 배웠다. 안용수 목사가 약속대로 저술한 「석의, 원래 의미를 찾아서」를 읽으면서, 나는 비로소 그 기도가 응답 받았음을 깨닫는다.

이 혼란한 시대에, 석의를 통해 성서를 바로 알고 하나님을 바로 아는 길을 안내받게 된 것은 참으로 큰 은혜가 아닐 수 없다. 이제 '길'을 알게 되었으니 우리 모두 그 길을 부지런히 걸어가며, 하나님의 뜻을 분별하여 그 뜻대로 살아갈 수 있기를 희망한다."

장승철 위원

한국방송통신심의위원회 언어분과특별위원·CBS울산춘천방송본부장(전)· CBS아나운서부장(전): 이 책을 출판하도록 격려를 아끼지 않았다. 출판 즉시 연락을 요청할 정도로 신학자나 목회자보다 더 석의해석에 관심이 많았다. 성서해석의 중요성을 누구보다 잘 인식하고 있어서다. CBS를 통해 하나님의 정의와 희망을 실천한 기독언론인이다.

"정신건강의학과 의사로 일하다 보면 사람들에게서 수없이 많은 말, 말, 말들을 접한다. 한 사람이 말한 내용의 그 의미 그대로, 듣는 사람 마음대로가 아닌 전달되어야 하는 내용의 그 의미 그대로 듣는 게 얼마나 중요한지 매일 실감하고 있다. 내가 한 말이 왜곡되지 않은 채 상대방에게 잘 받아들여지는 것만으로도 정신건강의 문제들이 풀리는 경우가 적지않다. 이것은 일상에 국한된 이야기만이 아니다. 우리에게 (성경) 말씀을 주신 하나님, 육신이 되어 우리 가운데 거하신 예수님도 자신이 하신 '그 말씀과 그 의미'를 얼마나 중요하게 생각하실지 미루어 짐작할 수 있다.

'석의'라는 말은 안용수 목사에게서 처음으로 들었다. 주일학교부터 시작하여 교회 안에서 보낸 시간이 몇 십 년인데도 말이다. 낯설지만 궁금했다. 차근차근 설명해준 내용에서, 석의가 다름 아닌 하나님의 말씀인 성서의 의미를 제대로 해석하는 것이란 사실을 알게 됐다. 수천 년의 시간과 엄청난 거리에 있었지만, 석의의 도구로 사용된 사람들과 매체들을 거쳐 오늘날 나의 손에 들려진 성경이 참으로 귀중함도 알았다. 지금 나에게 주님이 하고 싶으셨던 그 말씀의 의미를 '석의'라는 귀한 도구를 통해 잘 이해할 수 있어서, 꿀송이보다 더 달콤한 생명의 양식으로 다가온다는 사실에 감사하다. 독자들과 더불어, 이렇게 귀한 책을 쓰느라 촛불처럼 자신을 사르면서 애쓴, 저자의 열정과 헌신의 삶이 담겨있는 이 책을 성서 옆에 두지 않을 수 없다."

문지현 원장

정신건강의학과 전문의·미소의원 원장·이화여대 외래교수: 책쓴이가 이 책을 쓸 수 있게끔 의학적인 도움을 준 전문의다. 석의학과 의학을 융합하는 새로운 연구를 시도하고 있다. 사람의 뇌를 생명처럼 소중히 여긴다. 우수 병원으로 선정될 정도로 상처 입은 이들을 깊이 이해하며 진료하는 전문의다.

"성서해석학의 기본교재와 같은 저서가 출간됐다. 추천인이 이 노작을 '성서해석학의 기본교재'라고 하는 까닭은, 저자가 다양한 석의의 방법론과 역사를 폭넓게 골고루 균형 있게 정리해 주고 있기 때문이다. 저자는 자신의 저작을 '신학에세이'라고 한다. 아마도 석의 독자들로 하여금, 이 책을 부담 없이 쉽게 이해하고 응용할 수 있도록 썼다는 말인 것 같다. 따라서 현학적이거나 논쟁적이지 않다. 난해한 해석학 학문성을 실제성이 있게끔 저술한 점이 탁월하다. 기독교 2천년의 오랜 역사 속에서 성경 이해를 위한 부단한 노력이 오늘날까지 어떤 영향을 주었는지도 함께 토론하게 한다. 유대교의 랍비주석 방법론, 고대교회 후사도들의 석의 방법론, 종교개혁 이후 개신교의 석의 방법뿐 아니라, 신학, 문학, 철학에서 시도되어 온 해석학적 논의들을 성경 석의에 접목시키는 데까지 연구의 지평을 넓힌다. 특히 저자는 수입신학이 아닌 우리 민족사 안에서 세계적 공헌을 할 한국적 신학이 바로 성경본문에 대한 석의방법론적 작업을 통해서 이루어져야 함을 강조한다.

독자들이 성경 형성 이후에 그 본문 이해를 위해 인류가 기울인 다양한 노력을 이 단 한 권의 해박한 저서를 통해서 만날 수 있다는 점에도 깊은 감동을 받을 것이다. 설교자들에게는 이 저서가 자신들의 성경 석의와 강해에 어떤 문제점이 있는지, 어떤 보완이 필요한지를 발견하게 하는 계기를 제공할 수 있다고 확신한다.

민영진 교수

대한성서공회 총무(전)·감신대학구약학 교수(전): 히브리어에 능통하여 성서번역에 지대한 공헌을 한 학자다. 성서를 바르게 쉽게 이해하는 사역에도 노고가 컸다. 주님의 마음으로 고난 속에 있던 책쓴이를 격려했다. 한국교회에 성서를 바르게 이해하는 일에 필요한 여러 유용한 자료를 제공하고자 대한성서공회에 성서학도서관을 설립했다. 이는 한국교회사에 길이 남을 공헌점이다.

'석의 은총'을 전합니다

기나긴 힘든 여행이 끝난 듯합니다. 필자는 영국에 유학을 가기 전에 성서해석 문제로 고심이 깊은 날들을 보냈습니다. 한국교회·선교단체·사이비·이단 들의 문제점이 왜곡된 성서해석에서 비롯됨을 알았지만 해결 방법이 없어서였습니다. 때로 이 문제로 밤을 지새우고는 했습니다. 그러다 마침내 희망의 새벽을 맞이했습니다. 그토록 간절히 바랐던, 보다 나은 성서해석방법을 찾았습니다. 신비로운 섭리였습니다. 한국이나 미국의 신학대학원(신대원) 이수과정과는 다른, 영국 애버딘대학 킹스칼리지 신학부에서 성서석의학(고대문헌해석학)을 전공하게 됐습니다.

영국대학은 학문적인 훈련을 학부에서 하는 학부중심입니다.[1] 신학부 1학년 때는 전반적인 기초신학을 이수했습니다. 2·3학년 때는 전

---

[1] 한국과는 다른 점이 있는 영국 대학교육을 소개합니다. 학문적인 훈련은 'University'에서, 한국의 전문대학과 유사한 실무적인 훈련은 CNAA(The Council for National Academic Awards) 소속 교육기관에서 실행합니다. 바이블칼리지나 선교대학 등도 CNAA 소속입니다. 1994년부터 이 소속기관의 행정업무는 Open University에서 관리하고 있습니다. CNAA 소속 교육기관의 커리큘럼, 등록금 등은 University의 50% 정도입니다. 영국의 석박사 과정은 리서치Research 중심의 과정입니다. 논문 한 편 완성하는 것만으로는 강의사역이 어렵습니다. 영국유학에 관심이 있는 분들은 이 차이점을 알 필요가 있습니다. 필자의 개인적인 견해로는 신학 분야 유학은 그만 갔으면 합니다. 강의내용은 대부분 전문서적과 논문에 있습니다. 신약학·구약학 강의내용은 종말을 맞이해야 할 성서비평학입니다. 세계가 놀라워하는 교회성장을 한 국가의 국민이, 교회가 사양길로 가고 있는 해외국가로 유학을 간다는 것부터 모순입니다. 지금도 긴 신학생 유학 행렬은 한국교회가 신학 없는 교회성장을 했다는 뜻입니까? 게다가 서구신학은 교회공동체나 개별체 신앙과는 무관합니다. 한국 신학을 위해서라도 이제는 유학을 재고하길 바랍니다.

공과목만을 선택할 수 있어서 신구약석의학에만 집중했습니다. 애버딘대학 졸업생이며 세계적인 신약석의학자로 평이 난, 헌터Hunter, 브루스Bruce, 마셜Marshall 교수 등이 자신의 전공을 소개할 때, 왜 '신약석의학NT Exegesis' 혹은 '성서석의학Biblical Exegesis'으로 표기하는지 그 까닭도 알게 됐습니다.

이수과정 내내, 한국교회와 신대원에 '하나님의 원래 의미(원뜻)를 명확히 찾는 석의(석의해석학)'를 보급시키는 사역, '석의대중화운동'을 전개하는 사역을 하고자 굳게 결심하고는 했습니다. 그렇다고 그대로 모방하고자 하지 않았습니다. 해외학자들의 학문을 그대로 모방하는 수입 신학의 문제점을 알게 되어서였습니다. 아쉽게도, 필자의 건강 문제를 비롯하여 어떻게 할 수 없는 여러 삶의 정황, 그것으로 말미암은 준비 부족, 게다가 훼방자들의 합세로 30년이 지난 이제야 출간하게 됐습니다.

'완전무흠은 아니더라도, 보다 더 나은 성서해석과 성서이해를 할 수 없을까?'

이 질문은 필자가 유학을 가게 된 동기를 불러 일으켰습니다. 평생 석의해석이라는 소명의 길로 가게끔 이끌고 있습니다. 대부분의 그리스도인들도 같은 질문을 가지고 있을 것입니다.

기쁜 소식이 있습니다. 우리 주님이 위 질문에 대답하셨습니다. 기나긴 고난과 고통 속에 있게 하시더니, 현존하는 해석방법론들 중에 보다 나은 방법론인 석의해석을 알게 하셨습니다.

여전한 그 감격으로 이 '석의 은총'을 전해 드립니다. 마치 "천국 보화를 캐내어야 한다.”라는 주님의 말씀을 이루시는 듯합니다. 이는 누군가가 해야 할 소임입니다. 2천여 년 교회의 성서해석사를 총정리 한 후, 보다 나은 성서해석법으로 21세기 교회의 성서해석 방향을 새롭게 제시해야 하는 소임입니다. 주님이 누군가를 기다리신 듯합니다— 인간이 아무리 스스로 만든 조직과 제도의 힘으로, 심지어 하나님의 이름으로 하나님을 대항해도, 결국 역사는 하나님께서 계획하신 방향으로 가게 됩니다.

여러 탁월한 해외학자들의 연구문헌을 참조했습니다. 참조하되, ‘조명 은총’으로 난해한 논점을 실제화·체계화·핵심화 하려고 애썼습니다. 바른 석의해석을 위해 동의할 수 없는 논점은 결별을 선언했습니다. 해외학자들의 연구문헌에 없는 논점은, 필자가 ‘조명 은총’으로, 그 학자들이 하지 못한 부분을 새롭게 연구한 결과물입니다.

우리말로 저술된 석의자료가 그다지 없다는 점은 심각한 문제입니다. 세계적인 대형교회들이 있다면서 말입니다. 과연 석의를 근거로 설교·강의·상담·교육을 하는지 의문입니다. 신대원에서 구약석의·신약석의 강의시간에 석의가 무엇인지, 석의가 왜 필요한지, 석의를 어떤 방법으로 하는지를 잘 가르치는지도 의문입니다.

이 책을 출발점으로 하여, 한국인에게 유용한 석의해석 관련 책들이 계속 저술될 수 있기를 바랍니다. 매우 필요한 해외도서의 번역은 해야 하겠지만, 이제는 번역을 기대어 살아온 문화종속주의자·신학종속주의자와 같은 삶을 버려야 합니다. ‘번역 장사’ 행위도 이제는 종말을 지어야 합니다. 교회가 사양길로 가고 있어서 선교사를 필요로 하는 국가의 학자들이 연구한 ‘수입 신학’을 그대로 흉내나 내며 소명을 수

행한다고 하는 행위는 더 통회해야 합니다.

독자들께서 '석의'라는 용어가 낯설 수 있습니다. 필자는 그런 독자들을 위해 용이한 소통과 전달을 하고자 애썼습니다. 누구든지 어렵지 않게 이해하도록 '신학에세이' 형식으로 저술했습니다.[2] 독자들께서 성서를 사랑하는 마음과 인내심을 가지고서 정독한다면, 어쩌면 주님이 평생 깨닫지 못하는 진리를 알게 하실 것입니다.

이 책은 맞춤형으로 저술한 점도 있습니다. 누구든 다 읽을 수 있습니다만, 더 전문적인 연구를 원하는 분들이 읽었으면 하는 부분은 '✍'표로 표기했습니다. 일반 독자들께서도, 그리 어렵지 않는 '✍'표 부분을 읽는다면, 예기치 않는 유익함을 제공받습니다.

석의해석이, 그리스도인으로 하여금 '교회당 안의 사람들이 아닌 진정한 하나님나라(통치) 안의 사람들'로 세움받게 할 것입니다. 그릇된 성서해석 독점권으로 여전히 직면해 있는 혼란, 모순, 거짓, 상처, 갈등, 맹종, 세뇌, 기독교노예 상태, 분노 들에서 해방받게 할 것입니다. 참된 종교개혁 정신을 따르게끔 안내자 역할도 할 것입니다. 무엇보다 성서에 계시된 하나님의 원뜻을 더 잘 알게 되어, 성서를 더 사랑하게 끔 하리라고 확신합니다.

이 책이 부족한 부분이 있지만, 모든 그리스도인의 성서이해 필독서

---

2) 필자는 이 책을 신학에세이 형식으로 썼기에, 또한 참고한 자료가 방대한 분량이라서 각주나 미주를 낱낱이 달지 않았습니다. 사전류, 단행본, 논문 등 관련 자료들이 헤아릴 수 없을 만큼 출판되어 있고, 관련 참조문헌 안내서도 풍부하여 반복적인 인용일 뿐인 이유도 있습니다. 석의와 관련하여 필요하다고 여겨진 참고도서만을 소개했습니다. 에세이 형식이지만, 중요한 논점에 관해서는 인용의 출처를 밝혔습니다.

로, 목회자들의 설교 준비 및 모든 사역자들의 필독서로, 신대원 교수
와 신학생이 반드시 정독해야 하는 필독서로 사용되었으면 하는 바람
이 간절합니다.

우리 주님이 '석의'가 널리 보급되게 하시길, 석의로 성서이해가 달라
지게 하시길, 설교를 비롯한 모든 사역이 달라지는 변화의 바람이 일
어나게 하시길, 성서이해와 기독교에 관해 고민이 있는 분들에게 석의
가 '귀한 선물'이 되게 하시길, 만인제사장인 그리스도인들을 만인성
서해석자의 책임과 의무를 다하는, 유능한 '만인성서석의가'로 세우시
길 기도합니다.

이 책을 쓰게끔 버팀목이 되어주신 고마운 분들의 이름을 생각만 해
도 감격스럽습니다. 유용한 논점을 깨닫게 하고 새로운 논점을 착상하
게끔 해준 해외학자들, 자료를 이용할 수 있었던 대한성서공회 성서학
도서관 직원들, 늘 친절과 생명존중으로 진료해주시는 전문의들, 이
책이 출판되길 격려하며 기다리고 있는 이미 독자가 되어주신 분들,
변함없는 조언과 격려를 해주시는 스승과 같으신 분들, 어디에 있든
잊지 않고서 마음의 기도를 해주는 제자들, 한결같은 우정의 등불을
밝혀든 진실한 벗들, 맑은 가을하늘과 같고 어떠한 차가움도 녹일 수
있는 교회공동체와 가정공동체의 '평생 하늘벗네들', 그 모든 분들의
따뜻한 마음을 어떻게 잊겠습니까.

'석의 여행길'
안내서

성서해석의 어려움

성서해석이 어렵다고들 한다.[1] 사실, 두렵고 떨리는 일이다. 유한한 인간이 과연 하나님의 말씀(신언)을 해석할 수 있겠는가? 해석한다면 어느 정도로 정확히 해석할 수 있는가? 성서해석이 어려운 여러 까닭이 있다.

첫째, 신언이라서 어렵다. 때로 사람의 말도 이해하기가 어려운데, 하물며 하나님의 말씀을 어떻게 쉽게 이해할 수 있겠는가? 보이지 않으시지만 가장 잘 볼 수 있게 하시는 분, 저 멀리 계시지만 가장 가까이 계시는 분의 말씀이라서 해석하기가 어렵다.

둘째, 일반도서와는 달리 매우 독특하게 기록된 책이라서 해석하기란 쉽지않다. 일반도서와 같은 방식으로 기록되고 인쇄된 같은 점도 있지만, 다른 점이 더 뚜렷하다. 구성하고 있는 책이 66권, 기록자가 40여 명이다. 그렇다고 백과사전도 아니다. 각 책의 기록자마다 독특한 방식으로 기록했다. 기록한 기간도 단기간이 아니다. 기록자들이 구약은 1600여 년, 신약은 100여 년을 거치면서 기록했다. 우리에게

---

1) 한 때 '성경'과 '성서' 중 어느 것을 사용해야 하는지 논쟁이 있었다. 대한성서공회 자료('성서에 관하여')에 의하면, 두 단어 모두 '성경전서'에서 비롯되었다고 하기에 어느 말이든 사용할 수 있다. 필자의 개인적인 견해로는 '성서'가 더 적절해 보인다. 그 근거가 있다. '성경(거룩한 경전)'은 불경의 이칭이며, 불교의 '성경대(불경을 놓고서 읽는 독서대)'라는 말도 있어서, 또 유교의 사서오경, 이슬람교의 코란까지 '성경'으로 칭하기 때문이다. '성서'는 원래 그리스어 복수명사 'ta biblia(거룩한 책들)'로 사용해 오다가, 5세기에 어느 수도사가 라틴어로 번역할 당시, 단수로 번역하는 실수로 인해 단수 명칭이 되었고(La Biblia), 영어권에서 'The Bible'로 번역하여 사용해 왔다. 이 사실들을 고려해볼 때, 66권(거룩한 책들) 전체를 나타내는 '성서'를 사용하는 것이 훨씬 더 적절해 보인다. 타종교들과 동일하게 사용하는 용어인 '성경'이라는 형식 권위보다는, 내용 권위를 나타내는 '성서'가 더 적절해 보이기에 필자는 '성서'를 사용한다.

는 마치 3,600여 년 동안 긴 여행을 한 후 다가온 책과 같다. 이 세상에 이런 책이 있는가?

셋째, 우리와 여러 면에서 다르기에 해석하기가 어렵다. 시공간적으로도 너무나 다르다. 기록언어도 판독하기가 어려운 (고대)히브리어, 아람어, (고대)그리스어다. 특히 문화적으로도 우리와 매우 다른 고대근동 문화, 그리스-헬라-로마 문화, 유대교 문화배경, 신구약 배경 들을 이해해야 한다.

넷째, 기록내용도 상호모순처럼 보이는 경우가 있다. "원수(적대자)는 한 명도 남기지 말고 없애야 한다."라는 문장이 있는가 하면, "원수를 사랑하라."라는 문장도 있다.

다섯째, 문장표현 방식도 우리시대와 다르다. 원래 성서는 다른 고대근동문헌처럼 구전(입말 전수)으로 전승됐다. 문자가 없던 시기에 전달자는 전할 내용을 뇌에다 저장했고, 소통과 전달을 위해 입말로 전수했다. 그러다가 기억의 한계와 먼 거리까지 전달하는 일에 어려움을 겪자, 문자로 기록하기 시작했다.

이처럼 보존하여 전수하려는 목적을 비롯하여, 회중들에게 낭독용 목적, 회중들이 듣고서 잘 기억하고 암송하게 하려는 목적으로 기록했다. 곧 간략 명료하게 기록했기에 해석하기가 쉽지 않다. 그 당시의 사람들은 서로 소통하는 일에 문제가 없었지만, 우리와는 어렵다.

---

2) 역사가들은 알렉산더 대왕이 그리스문화 등을 융합하여 만든 후에 추진한 헬라화 정책 그 시점부터 '헬라문화'로, 그 이전은 '그리스문화'로 구분한다. 필자는 이 견해에 동의하여 두 용어를 그와 같이 구분하여 사용한다. 신약언어도 '헬라어'보다 '(고대)그리스어'라고 칭하는 것이 더 적절하다. 영어권에서는 'Greek'으로 정확히 사용한다.

여섯째, 우리의 일반적인 언어 이해력으로 내용을 쉽게 이해할 수 있는 부분도 있지만, 이해하기가 어려운 부분이 더 많다. 신문처럼 읽기만 하면 곧바로 무엇을 뜻하는지 해석할 수 있는 문헌도 아니다. 때로는 심오한 상징의미를 지니고 있다.

일곱째, 하나님께 기도하기만 하면 곧바로 66권의 원뜻(원래 의미)을 다 알 수 있는 것도 아니다.[3] 성서기록자들에게 물어볼 수도 없어서 어렵다.

정말이지 성서해석은 너무 힘든 일이라는 생각부터 먼저 떠오를 수밖에 없다. 성서해석이란 정말 불가능한 일인가?

성서해석의 가능성

성서해석이 전혀 불가능하지 않다. 성서가 무슨 마술서도 미신서도 아니라서다. 성서해석이 가능하다면 그 근거가 무엇인가?

첫째, 신언을 인간 언어로 기록했기에 가능하다. 기록할 때 사용한 인간 언어를 비롯한 인간 문화의 도구들로 기록했기에 그 가능성이 있다는 뜻이다. 그 도구와 관련된 해석방법이 있다는 점이 그 가능성이다.

둘째, 66권이 각기 독특성이 있지만(불연속성), 전체의 중심 주제가 같은 점(연속성)도 있어서 가능하다. 다양성이 있지만 통일성이 있어서 가

---

3) 우리말 순화단어 목록 문헌에 '원래 의미'를 '원뜻'으로 사용하길 권하고 있다. 필자는 독자들에게 익숙한 '원래 의미'를 책 제목으로 사용했고, 글 내용에는 '원뜻'을 사용했다.

능하다. 모세가 오경을 기록할 당시, 마태가 마태복음서를 기록하리라고는 전혀 몰랐다. 하지만 그 책들 사이에는 연속성·통일성이 있어서 성서해석이 가능하다.

셋째, 성서해석 방법들 중에 '석의해석(석의)'이 있다. 이미 오래 전부터 사용된 방법이다. 고대근동인들은 소통과 전달 목적으로 고대문헌(법률, 의학, 상업, 외교, 종교 등)을 기록할 때 먼저 '원뜻(원래 의미)'을 확인했다. 원뜻을 먼저 확인해야 기록할 수 있었다. 이 원뜻 확인이 '석의'였다. 기록문헌을 해석할 때도 '원뜻(원래 의미)'을 발견하는 석의로 해석했다. 이런 석의가 어떤 모습으로든 신구약성서 기록에 영향을 주었을 것이다. 이는 신구약성서에서도 '원뜻'을 찾고자 한다면 성서해석이 가능함을 뜻한다.

넷째, 풍부한 문헌 및 비문헌 자료들이 있어서 가능하다. 우리와 먼 거리에 있던 지역의 문화적 배경 이해, 성서원어 이해, 의미 이해를 할 수 있는 자료들이 산더미처럼 쌓인 채 우리를 기다리고 있어서 가능하다.

다섯째, 2천여 년이라는 교회의 역사가 있다는 점도 하나의 가능성이다. 물론, 교회의 역사가 부정과 모순으로 얼룩진 면이 더 많다고 하더라도 가능한 점이 있다.

여섯째, 성령님의 도우심이 있어서 성서해석이 가능하다. 성령님은 기록자들이 성서를 기록할 때 '영감 은총'으로 개입하셨다. 기록된 성서본문의 원뜻을 해석할 때는 '조명 은총'으로 도우신다.

그렇지만 성령님의 조명 아래에서 성서해석(석의)을 할 때 매우 신중해야 한다. 기계적으로, 직통계시 방식으로 하지 않으시기 때문이다. 이미 기록자들을 유기적인 영감 방식으로 기록하게 하신 것처럼, 해석자가 누구든 동일한 유기적인 방식으로[4] 도우신다. 이 유기적인 방식은 성서해석의 도구들을 사용할 수 있음을 뜻한다.

왜 성서해석의 가능성이 없겠는가?

'만인제사장'은 '만인성서해석자(석의가)'

종교개혁자들이 세운 크나큰 업적 중에 하나가 '만인제사장론'이다. 누구든지 그리스도의 죽으심과 부활 은총 안에서 하나님께 직접 나아갈 수 있는 권리다. 성서를 소유할 수 있게 한 것도 놀라운 업적이다–성서소유 자유권. 이때부터 누구든 성서를 직접 읽고 해석하며 이해하기 시작했기에, '만인성서해석자'라는 신분도 받았다–성서해석 자유권.[5] 이는 성서해석의 책임과 의무도 부여받았음을 뜻한다. 하나님께서 종교개혁을 통해 주신 귀중한 선물이었다. 이 선물을 정말 귀히 여기는가? 개신교교회는 어떠한가? 많은 수의 개신교 그리스도인들은 성서를

---

4) 유기적인 방식이란, 성령님께서 인간을 어떤 방식의 도구로 사용하시는가를 뜻한다. 성서를 기록하게 하셨을 때, 기록자를 마치 받아쓰기 자동기계처럼 사용하지 않으셨음을 뜻한다. 성령님께서 역사하시면 일어나는 자발성, 독특하게 기록할 수 있는 선별력 및 창의력에도 개입하셨음을 뜻한다. 또한 성서를 해석할 때도, 직통계시를 받는 기계처럼 사용하지 않으심을 뜻한다. 성령님이 변화 받은 인간과의 관계성, 교제, 진리인지 아닌지 구분할 수 있는 식별력을 비롯하여 사고력, 지적 독특성, 선별력, 창의력 등 전인성과 밀접한 관계성을 가지면서 사용하심을 뜻한다.

5) 성서소유 자유권과 성서해석 자유권을 되찾음은 혁명과 같았다. 인간을 종교노예에서 해방시킨 사건이다. 반면에 이 권한을 남용하여 교파분열, 사이비와 이단 출현이라는 역효과도 나타났다. 자유를 소중히 여기며 오용하지 않아야 하듯, 성서해석 자유권을 매우 귀히 여기며 오용하지 않아야 한다.

잘 펼치지 않는다. 주로 듣기만 한다. 펼쳐 읽는다 해도 초보단계에 머물러 있다. 단순하게 이해해야 한다며 성서읽기 정도의 수준에 집중한다.[6] 통독이나 다독도 필요하지만 정독도 필요하다.

더 심각한 문제는 성서해석 책임과 의무를 특정한 사람, 설교자에게 맡긴다는 점이다. 이는 '가톨릭화 한 개신교'가 된 한 가지 증거다. 설교자도, 유교의 영향력으로 '군자 설교자'로 행세했고,[7] 스스로를 제사장화, 사제주의화 했다. 그리스도인들도 설교자들 못지않게 이런 변질 현상에 맹종과 침묵으로 동의했다. 그 결과, '개신교 사제들'과 '성서해석 독점권'이 생겨났다. 그러니 괴상한 '내 마음대로'의 성서해석을 해댄다. '하나님 말씀'이라고 말하면 문제점을 가린다는 숨은 생각으로 말이다. 계속 개신교 안에 성서해석에 관한 문제점만 쌓이고 있다. 그리스도인들은 듣기만 하고. 진리든 아니든 '그 괴상한 은혜만 받는 것'으로 성서해석 책임과 의무를 다했다고 여긴다.

한편, 생각이 있는 그리스도인들은 '어떻게 하면 성서를 더 잘 이해할 수 있을까?' 하며 고민하기도 한다. 고민 끝에 주로 큐티 교재를 이용한다. 문제는 큐티 교재가 석의를 근거로 하지 않고 있다는 점이다. 은혜로워 보이는 감성적인 글말처럼 보이는 것 같지만, 본문의 원뜻과

---

6) 잠언서 기록자는 "단순한 것은 어리석다, 지혜롭지 못하다."라고 정의한다. 어떤 진리에 관해 단순하지 않는 인고의 과정으로 얻어진 결과나 결론을 보면, 그때에는 확정이 되었기에 진리가 단순한 것처럼 보일 수 있다. 그런 인고의 과정이 없는 단순함은, 진지성이나 신빙성이 결여될 수 있다. 마치 정치인들이 믿거나 말거나, 할 수 있거나 말거나 단순 논리로 인기성 선거공약 남발처럼 될 수 있는 경우와 같다. 하나님의 뜻이거나 말거나, 하나님의 '가짜 보증수표' 남발행위를 할 수 있다.

7) 어느 통계자료에 의하면, 한국교회 안에 므속신앙이 50%, 유교 요소가 30%라고 한다.

는 무관하다면 어떻게 되는가? 때로는 지속적인 '이유식'과 같은 은혜라서 성장할 수 없게 한다. 혹은 정체불명의 관주·해설 성서를 읽지만, 원뜻을 찾기가 쉽지 않다.

우리가 종교개혁 정신을 따른다면 '만인제사장'은 물론, '만인성서해석자' 정신, '만인성서석의가'의 책임과 의무 정신도 따라야 한다.

이런 까닭으로 필자는 '석의(석의해석학)'를 소개하려고 한다.[8] 석의대중화운동이 필요하기 때문이다. 모든 그리스도인에게 성서해석의 책임과 의무가 있기 때문이다. '이유식 은총'만 먹다가 자라지 못한 데서 벗어나는 그 길을 안내하고자 한다.

'석의 여행길' 안내서

예비적 이해

이 책을 '석의 여행길' 안내서라고 했다. 왜 안내서인가? 일반 독자 그 누구라도 '석의'라는 성서해석 여행길을 떠날 수 있어서다. 석의해석으로 성서해석을 할 수 있게끔 알려주고 있어서다. 곧 '만인성서해석자·만인성서석의가' 역할을 할 수 있게끔 돕는 안내서다.

신학을 한 설교자들에게도 유용한 안내서가 된다. 설교자들이 신학 교육기관에서 구약석의·신약석의 과목을 이수했지만, 석의의 본질,

---

8) 석의해석학이란, 본문의 원뜻을 찾고자 하는 석의방법으로 접근하는 해석학을 뜻한다. 해외에서는 소수의 일부 학자들이 'Exegetical Interpretation' 혹은 'Exegetical Hermeneutics' 용어를 사용한다. 그 실제 방법은 필자가 제시한 방법과는 다르다. 대부분 정확한 원뜻을 찾으려는 명백한 목표가 결여되어 있다.

필요성, 방법론에 관해 정상적으로 배우지 못했기 때문이다.

신학교육기관의 교수들에게는 더 필요한 도서가 될 것이다. 그 이유에 관해서는 이어지는 필자의 글을 읽어보면 스스로 알게 된다.

지금까지 여러 출판사에서 수많은 성서해석 도서들을 출판했지만 여전히 어지럽기만 하다. 유용한 도서도 있지만 혼란만 더 증가시키고 있는 점이 더 명백하다. 성서해석에서 쌓인 문제점들을 명쾌하게 해결해주지 못하고 있다.

필자는 그런 문제점 때문에, 다음과 같은 몇 가지 목적으로 석의를 소개하려는 소명으로 이 책을 썼다. 필자와 함께 '석의'라는 여행길을 떠나는 독자들에게, 유익한 석의정보를 제공하고자 한다.

석의 능력 함양

'석의' 용어가 낯선 용어라고들 한다. 석의를 어떤 방법으로 하는지도 더더욱 생소하다고들 한다. 사실이다. 필자는 낯설어 하는 독자들을 위해 석의해석법을 소개하면서 석의해석 능력을 함양하게끔 돕고자 한다. 석의가 무엇인지(본질), 왜 필요한지(필요성), 어떻게 하는지(방법)를 소개하고자 한다.

석의를 잘 알게 되면, 어느 새 독자 스스로가 '이유식 그리스도인'에서 '유능한 석의가'로 변모한 모습을 보게 된다. 설교·강의·성서공부·제자화·상담·교육·성가작사·가정예배·개인묵상(큐티) 등 모든 사역에서 성서본문을 사용할 때, 반드시 석의를 근거로 하게 된다. 이 변화는 매우 중요하다. '석의의 붐'도 일어나기를 기대해 본다. '석의카페'도 생겨나서 석의를 토론하는 석의대중화운동도 전개되었으면 한다. 석의를 근거로 하는 연극·영화·드라마·문학작품도 기대해 본다. 석의할 수 있는 능력을 덧입을 때, 맺어지는 열매들이 풍성할 것이다.

체계성

성서해석 방법론 도서들이 산더미처럼 많을 정도인데도 체계성이 없다는 점이 심각한 문제다.[9] 어떤 측면에서는 나름대로 체계 있는 도서들이 있지만, 체계가 결여된 도서들이 더 많다. 출판된 도서들을 외면할 수도 없어서 탐구 부담감이란 이루 말할 수 없다. 우리는 무엇에든 체계가 없다면 그 결과가 어떠한지 너무나 잘 안다. 성서해석에도 통일된 체계가 없다보니 너무나 혼란스럽다. 면역체계가 없거나 면역력이 부족한 몸 전체에 심한 통증을 느끼는 것과 같을 정도다. 필자는 일반 독자든, 전문연구가든, 성서를 사랑하고 성서본문의 원뜻을 알고자 하는 분들에게, 성서를 보다 더 잘 해석하고 이해하고자 하는 모든 분들에게 '체계 있는 석의방법'을 소개하려고 한다.

실제성

성서해석 혹은 성서석의와 관련된 책들을 보면 너무나 난해하다. 자

---

9) 필자는 한국과 세계 기독교저술가들에게 간곡히 호소한다. 제발 표현과 출판 자유권을 남용하여 무책임한 도서들을 쌓아 올리지 말아달라는 호소다. 정말 교회공동체에 유익한 새로운 논점이 있는지를 깊이 생각하고 또 생각한 후에 출판할 수 있기를 바란다. 혼란과 무거운 짐만 가중시키지 않도록 매우 신중할 수 있기를 바란다. 출판사도 영업 이익만을 노리고서 무조건 출판하는 행위를 중단해야 한다. 정말 교회공동체에 유익함이 있는, 새로운 내용이 있는지를 진지하게 고려하면서 출판해주길 간청한다.

기이해부터가 결여된 채, 언어 나열이나 인용 남발로 가득하다. 원뜻을 발견하는 핵심에서 벗어난 불필요한 내용을 뒤섞어놓아서다. 특히 성서비평학을 근거로 쓴 도서들이 그러하다. 그 도서들을 참조하는 것은 물론, 이해조차 쉽지 않다. 성서비평학은 일반학문 방법론을 식별 없이 무비판적으로 도입하여 차용했기에 난해하기 짝이 없다. 교회공동체와 개별체 신앙과는 상관없이 논한다. 사실이 아닌 '가설'을 세워 논하기에 매우 혼란스럽다. 학자들도 제대로 이해하지 못할 때가 있다. 일반 독자나 목회자들은 어떠하겠는가. 책을 펴보기나 하겠는가. 그 누구라도 성서를 해석하고 이해할 수 있도록, 그 난해한 방법들을 '실제화' 할 필요성을 너무나 절감하지 않을 수 없다.

성서해석 문헌에는 '실제적으로 사용할 수 있는 해석법'이 있어야 한다. 필자는 이 책에서 그 난해한 방법론을 식별(비평)·선별·창의성으로 실제화 하여 누구든 성서해석을 잘 할 수 있도록 안내하려고 한다.

성서해석의 책임과 의무

필자는 설교자들이 그리스도인들에게 여전히 '이유식'을 공급하고 있다고 했다. 그러니 그리스도인들은 더 이상 성장하지 못하고 있다. 자립신앙인이 될 수가 없다. 그 이유식도 '군자'나 '제사장주의(사제주의)', 혹은 '설교 독점권'으로 만들어진 것이다. 석의에 근거한 '이유식'도 아니다. 설교 전에 '사전결재'가 없고, 설교 후 '사후감사'가 없다며, 자기 마음대로, 무책임한 주관적인 개인의견을 신언이라고 포장하여 내쏟은 이유식일 때가 적지 않다.[10] 주일마다 설교본문은 늘 다른데 설교

내용은 동일한 이유식이니 그 결과는 어떠하겠는가.[11] 설교를 듣기만 하는 방청인을 양성한 게 아닐까. 그리스도인들도 이제는 '괴상한 은혜'인 이유식을 받아먹기만 하려는 데서 자립해야 한다. 잘못 세뇌당하거나 속임을 당할 수 있어서다.

이 책은 독자들로 하여금 '석의'를 근거로 스스로 공급받으며, 성장하며, 자립하게끔 그 길을 안내한다. 석의로 성서를 보는 눈이 달라지며, 성서이해가 새로워지게끔 그 길을 안내하려고 한다.

설교자들도 달라지게끔 돕고자 한다. 해외설교자 모방이나, 표절 설교나, 자의·삭의 해석이나, 주관적 오석과 같은 설교를 중단하고서, 성령님의 조명 아래에서, 자립적으로 설교를 준비하게끔 돕고자 한다. 본문과는 아무런 관련이 없는 엉뚱한 설교를 그만해야 하기 때문이다.

설교자들은, 석의에 근거한 석의설교가 아니라서 스스로도 설교가 문제점이 있다는 사실을 잘 알고 있다. 그런 까닭으로, '본문읽기'만으로 넘어가거나, '찬양'으로 은혜 받게끔 시도하면서 그 문제점을 가리고 있다.

이 시도는 자신의 설교문제를 은폐하는 증거다. 교우들이 표현을 하지 않을 뿐, 속내는 그런 설교에 지쳐 있다는 사실을 명심해야 한다.

---

10) 우리는 사전결재 및 사후감사가 없다며 마음대로 하는 자의·삭의해석 행위를 중지하도록 계속 요구해야 한다.

11) 설교가 무엇인가? 하나님께서 계시하신 말씀을 기록한 성서에 보존된 하나님의 참뜻, 원뜻을 전달하는 것이 아닌가? 곧 성서(성서본문의 의미)를 잘 가르쳐 주는 사역이다.

이는 새로워져야 하는 상황에 놓여있음을 입증한다. 이런 상황 극복을 위해서 필자는 유용하게, 실제적으로 석의하는 방법을 알도록 돕고자 한다. 설교는 왜 반드시 석의를 근거로 해야 하는지를 깊이 반성하면서 알게 될 것이다.

특히 석의를 가르치지 못하는 신대원 교수들에게도 석의의 본질, 필요성, 방법론을 알게끔 하고자 한다. 교수들이 이 책을 정독한다면 강의가 달라질 것이다. 달라져야 한다. 석의전문가로 변신해야 한다. 신대원생들을 석의전문가로 세움받게 해야 한다.

21세기라는 시대를 섬겨야 하는 우리들은, 석의로 하나님의 참뜻을 더 잘 알아야 한다. 그래야만 이 시대를 섬길 수 있지 않겠는가. 그리스도인이든, 설교자든 성서해석의 책임과 의무를 수행하여, 삼위일체 하나님의 견실한 해석공동체·석의공동체를 함께 세워갈 수 있게끔 석의해석으로 돕고자 한다. 석의로 성서해석의 책임과 의무를 다하게 될 때, 각자의 영역에서 진정한 혁신도 가능하다. 교회내부의 혁신뿐 아니라, 외부를 향한 소명도 하나님이 원하시는 뜻대로 할 수 있게 된다. '사람교회'로서, 한국사회 속에서 하나님의 지혜와 능력을 드러내어 하나님의 뜻이 이루어지게 하는 도구의 삶도 살아갈 수 있으리라.

석의해석 필독서

앞의 논점들에 관해 수긍이 간다면, 석의해석 필독서가 필요함을 절감할 것이다. 이 책이 부족한 면이 있겠지만, 바로 그런 필독서 역할을 할 수 있기를 바라면서 저술했다. 이 책을 읽고서 석의의 필요성을 인정하여 성서 옆에 늘 같이 두고서 사용한다면 아름다운 '석의 여행길'로 안내받는다. 그 어느 때보다 성서에 계시되고 기록된 하나님의 원뜻을 더 잘 알게 된다. 유능한 석의가로 세움 받는다. 만인성서해석자의 책임과 의무를 수행할 수 있다. 이 책을 시작으로 하여, 이 책보다 내용이 더 좋은, 한국인이 쓴 석의해석 필독서도 저술될 수 있었으면 한다.

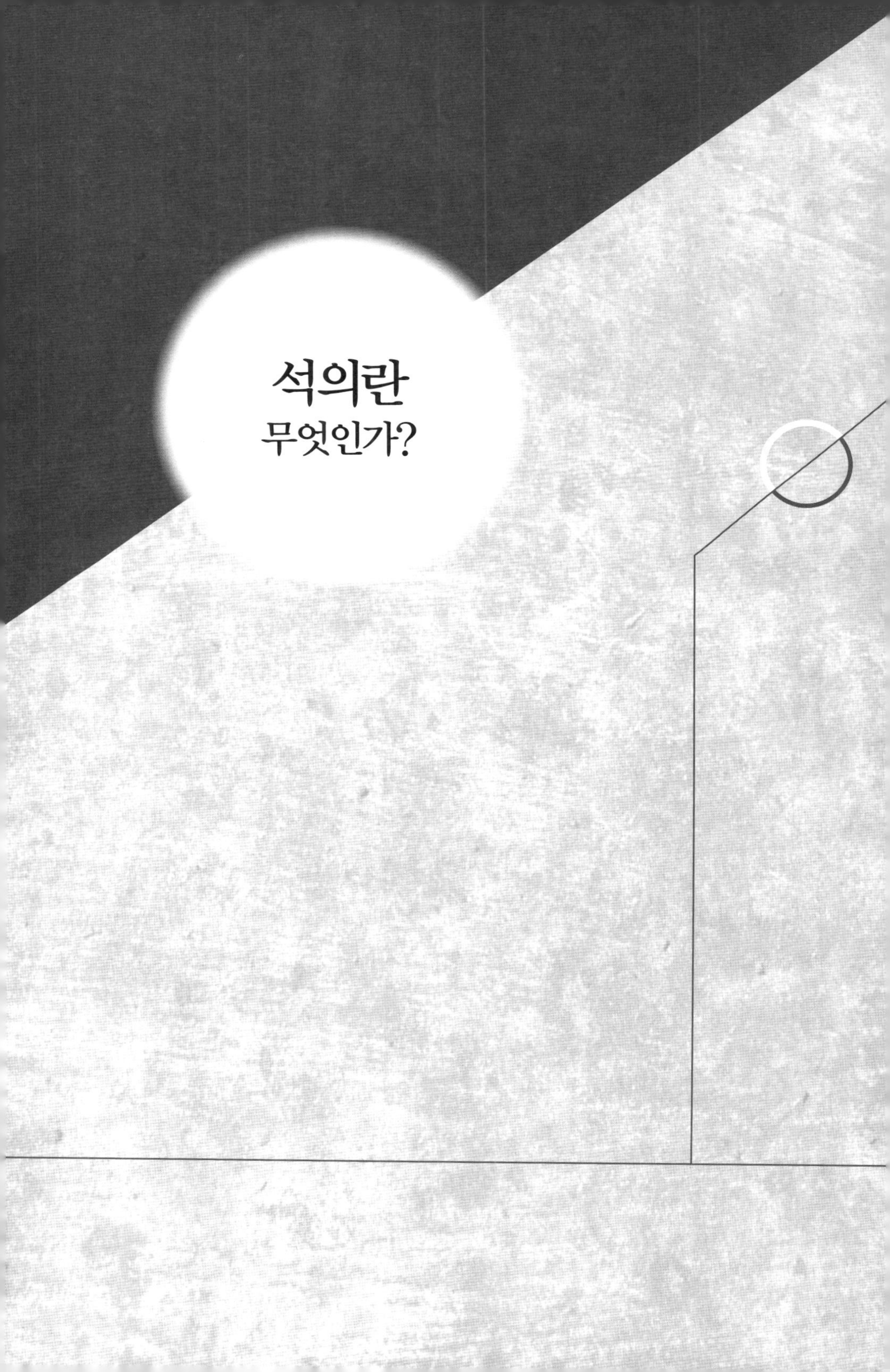

석의란
무엇인가?

예비적 이해

'석의釋義 Exegesis'란 말이 낯선 용어일 수 있다고 했다. 하지만 석의가 무엇인가를 이해하는 일은 어렵지 않다. 일상생활 속에서 얼마든 찾을 수 있어서다. 석의가 인류의 시작과 더불어 시작되었기에 우리와 매우 밀접한 관계성이 있어서다. 최초 인류문명지역인 고대근동 문화 속에서부터 석의가 무엇이었는지 찾을 수 있다. 성서도 석의의 본질을 알려준다. 계시하시고 기록하게 하신 삼위일체 하나님의 사역 중, 석의 사역이 무엇인가를 알 수 있다. 석의의 정반대인 '자의·삭의'를 알 때도 석의가 무엇인지를 명확하게 이해할 수 있다.

날마다 석의하는 삶

일상생활 속에서 석의의 예들은 많다. 날마다 석의생활을 하고 있다. 우리는 날마다 '의미해석, 의미찾기, 의미소통, 의미전달' 속에서 살아간다. 교통안전 표지판, 지하철 노선도, 버스노선표 등을 날마다 보면서 그 안내의 원뜻을 확인하면서 이동한다. 잘못 해석하면 어떻게 되는가? 대형사고까지 날 수도 있다. 인간관계에서도 석의하면서 살아간다. 상대방의 말뜻을 잘 해석하고 이해하는 것이 일상생활에서도 필요하다. 특히 판사가 법률이나 사실관계를 잘못 해석할 경우, 부당하고 억울한 오심·오판을 하기 마련이다. 우리는 자연에 대해서도 석의한다. 나무 색깔 변화의 의미로 어느 계절인지를 구분한다.

'석의'는 고대문헌해석 전문용어

우리가 날마다 석의생활을 하고 있지만, '석의'라는 전문용어를 통상적으로 사용하지 않는다. '교통표지판 석의'라는 말을 사용하지 않는다. 사실은 '석의'와 다를 바가 없는데도 그러하다. '석의'는 주로 '고대문헌해석'에 대해 사용해왔기 때문이다. 헤이스팅즈Hastings 1852–1922는 "석의란 고대문헌들(법률, 의학, 상업, 군사, 외교, 종교 등)의 문서에 기록된 내용의 원뜻이 무엇인가를 발견하는 것"이라고 정의한다. 석의는 정확한 번역과도 관련 있어서 오래 전부터 지속되어온 고대문헌해석 방법이다.

최초 인류문명과 석의의 본질

예비적 이해

최초 인류문명이 어떤 점에서 석의의 본질을 보여주는가? 보여주는 석의의 본질은 무엇인가? 그 증거들이 있는가?

인간이 지구촌에서 살기 시작했을 때, 서로 소통하기 위해서는 생각의 의미를 주고받아야 했다. 처음에는 몸짓언어, 입말, 그림문자로 표현하며 생각의 의미를 주고받았다. 이 과정에서 의미의 소통과 전달이 중요했다. 더 중요한 것은 소통의미와 전달의미를 명확히 이해하는 일이었다. 이 이해하는 일이 바로 '석의'였다.

그러다가 점점 더 비글말 표현법이 불편함을 알게 되자, 나중에 문자를 발명했다. 문자발명으로 의미해석과 의미전달을 문자로 전달하는 기록문화가 시작됐다. 문헌을 기록할 때 소통과 전달할 명확한 의미가 무엇인지 먼저 결정해야 했다. 그런 다음, 그 결정된 의미를 당시의 표현방법으로 기록했다. 그 의미가 무엇인지를 알기 위해서는 석의가 필요했다. 석의로 명확한 의미를 확인해야 기록할 수 있어서다. 정치, 법률, 상업, 외교, 의학, 종교 등 어떤 영역의 기록물이든 그 의미를 해석하고 이해해야(석의) 소통과 전달이 가능했다.

당시의 서기관들은 단순히 베껴 쓰기만 하는 필사관이 아니었다. 기록하는 명확한 원뜻을 잘 해석하고 이해하도록, 장기간 엄격한 훈련을 받아야 했다. 유능한 석의가였다.

고대근동인의 석의

고대근동 자료를 보면, 최초 인류문명 메소포타미아 때부터 석의해석이 사용된 사실을 알 수 있다. 그들에게서 석의가 무엇인지를 찾는다. 오늘날처럼, 인간의 삶 자체가 석의하는 삶이었다. 왕들이 자신의 뜻을 선포·전달·보존하기 위해서, 제사장들도 신들의 뜻을 전달하기 위해서는 '석의'가 중요했다. 명확한 '원뜻'이 무엇인지를 알아야 선포·전달·보존이 가능했다.

고대근동 때부터 번역문화도 발달했다. 메소포타미아에서 처음에는 수메르어를 사용했다. 나중에는 아카드어도 공용어였다. 두 언어를 같이 사용했다. 이 과정에서 번역이 이루어졌다. 번역이란 단순히 단어 바꾸기가 아니다. 전달하고자 하는 '명확한 원뜻'을 다른 언어로 표현하는 작업이다. 번역하려면, 먼저 명확한 원뜻을 파악하는 석의작

업이 필요하다. 소통과 전달을 위해서 원뜻을 명확히 알아야 번역을
명확히 할 수 있다. 고대근동 때부터 석의를 근거로 번역했다.

성서에서 이해할 수 있는 석의의 본질

성서는 삼위일체 하나님의 계시서·석의서

석의가 무엇인가는, 성서를 기록하게 하신 삼위일체 하나님의 사역
에서도 찾을 수 있다. 하나님 자신이 누구신지, 자신이 원하시는 뜻이
무엇인지, 하나님의 백성들은 어떻게 살 것인지를 계시하신 것을 기록
하게 하신 문서가 성서다.

하나님께서 계시하실 때 '천상어전보좌회의(천상회의)'에서 무엇을 계
시할 것인가를 결정하셨다.[1] 이 논의하고 결정하신 행위는 바로 석의
행위였다. 왜냐하면 명확한 계시의미를 무엇으로 할 것인가에 관한 논
의와 결정이기 때문이다. 이뿐 아니라, 그 명확한 계시의미가 명확하
게 전달되어 명확하게 기록하게 하실 때도 석의행위를 하시면서 개입
하셨다. 계시자와 석의가의 모습이다. 하나님께서 사람의 모습으로
오시어 삼위일체 하나님이 누구신지, 원하시는 계획과 뜻이 무엇인지
를 보이심도 계시행위며, 석의행위였다(요1:18).[2]

---

1) 구약성서에는 하나님의 '천상어전보좌회의'에 관해 기록되어 있다. 삼위일체 하나님
   상호 간에(창1:26), 혹은 하늘존재까지 불러 모으시어 주관하시는 보좌회의(왕상
   22:19; 욥1:6-7; 시82:1; 슥3:1 참조)이 관해 말한다. 특히 사탄은 하나님의 주권
   적인 통치권 안에서 활동을 허용될 뿐임을 알 수 있다.

2) 요한은 1:18에서 성자하나님을 증거 할 때, 'exegeomai(석의하다)'는 그리스어를 사
   용했다.

요한은 성자하나님께서 계시자인 동시에 석의가로 오셨음을 보도했다. 성서에는 계시자로 오신 성자하나님께서, 공생애 기간과 부활하신 후에, 제자들에게 하나님의 원뜻에 관해 자세히 설명해주신 사실도 기록되어 있다. 이 '하나님의 원뜻에 관해 자세히 설명해주신 일'이야말로 전형적인 석의행위다.

성서는 하나님의 계시의미가 기록된 계시서며, 동시에 그 계시의미가 무엇인지를 설명해주는 석의서이기도 하다. 성서의 이 독특한 계시의 기록관점으로 석의의 본질을 이해할 수 있다. 석의란, 삼위일체 하나님께서 계시하신 계시의미(원뜻), 기록하게 하신 기록의미(원뜻), 전달하라고 하신 전달의미(원뜻), 곧 그 원뜻이 무엇인가를 발견함을 말한다.

'하나님의 말씀'과 석의의 본질

우리가 가장 빈번하게 듣는 말들 중에서 하나가 '하나님의 말씀'이다. 과연 '하나님의 말씀'이란 무엇인가? 또한 무엇을 기준으로 하나님의 말씀인지 아닌지를 식별할 수 있는가? 하나님의 말씀이 아닐 경우는 어떻게 되는가?

성서에는 삼위일체 하나님께서 천상회의에서 결정하신 원뜻이 계시되고 기록되었다고 했다. 이 사실을 근거로, 하나님의 말씀이 무엇인가를 좀 더 엄밀한 뜻으로 정의한다면 '원뜻'을 말한다.[3] 이는 하나님의 말씀과 석의의 본질 사이에 상호 밀접한 관계성이 있음을 뜻한다.

---

3) 하나님의 말씀이라고 했을 때, 이 원뜻을 표현한 문자의미 · 표면의미도 포함한다.

하나님의 말씀이란, 하나님께서 계시한 원뜻이기에, 우리가 하나님의 말씀이라고 했을 때, 원뜻인가 아닌가를 식별해야 함을 뜻한다. 원뜻이 아니라면 하나님의 말씀이 아니라는 뜻이다. 석의의 중요성이 여기에 있다. 하나님의 말씀이 무엇인가를 알기 원한다면 원뜻을 발견(석의)해야 하기 때문이다. 다시 말해, 석의는 하나님의 말씀인 원뜻을 발견하는 것이라고도 말할 수 있다. 그러기에 하나님의 말씀(원뜻)이 무엇인지 알기 위해서, 혹은 하나님의 말씀(원뜻)인지 아닌지를 식별하기 위해서라도 석의는 매우 중요하다.

물론, 우리가 원뜻을 다 모른다고 해도, 언젠가는 발견된다고 하더라도, 하나님 말씀의 어떤 원뜻들이 여전히 성서에 보존되어 있는 점도 잊지 말아야 한다.

원뜻의 발견은, 하나님의 말씀이라며 경솔한 결론을 내리는 일에 경종을 준다. 3,500여 년 전, 하나님께서 모세에게 "너의 발에서 너의 신발을 벗으라(출3:5)."라고 하신 말씀의 참된 뜻은 무엇일까?

어떤 교회가 이것저것 생각할 필요도 없이 '즉석해석'에 의한 '직통말씀'으로 이해한 의미가 있었다. 하나님을 만나는 성전에 들어올 때는 반드시 신발을 벗어야 한다며 교회당 입구에 신발장을 마련해 두었다.[4] 과연 우리도 신발장을 만들어야 하고 신발을 벗어야 하는가?

모세가 신발을 벗은 것은 사실이다. 고대근동지역에서 신발 벗는 행

---

4) 이 성전 개념은 그들이 원하여 만든 개념이다. 오늘날 하나님께서 원하시는 성전은 건물이 아니다. 영원한 성전이신 그리스도 안에 있는, 삼위일체 하나님의 다스림을 받는 우리 자신이 성전이며, 우리가 어디에서 모이든 그 모임이 성전이며, 하나님의 통치를 받는 전 영역이 '(우주적) 성전'이다.

위는 경외와 복종의 표현이었다. 이 문화를 알고 있던 모세는 진실한 경외와 복종의 동기윤리로 신발을 벗었다. 우리는 모세가 아니다. 무관한 것도 아니다. 이 문구에서 하나님 말씀의 원뜻을 발견해야 한다. 하나님께서 원하신 원뜻은 '진실한 경외와 복종의 태도'일 것이다. 정리하자면, 하나님께서 모세에게 하신 하나님의 말씀의 참뜻, 원뜻은 '참된 경외와 복종'이었다.

이는 우리가 홍해가 갈라진 사건을 비롯하여 예수의 죽으심·부활·승천 사건, 오순절 성령강림 사건 현장에 있었던 직접 목격자들이 아닌 사실과도 관련이 있다. 이 사건들은 역사상 두 번 다시 일어나지 않는 단회적 역사 사건이다. 제2, 제3 오순절 성령강림을 경험하는 것이 하나님의 말씀이라는 주장은 그릇됨을 입증한다. 그런 역사적·반복적 경험 주장은 하나님의 말씀(원뜻)이 아님을 입증할 뿐이다.

하나님의 말씀과 석의의 본질에 관하여 또 다른 중요한 질문을 제기할 수 있다. 성서에는 하나님께서 말씀하신 내용뿐 아니라, 하나님의 사람들이나 기록자가 자신의 신앙고백이나 어떤 사건에 관해 해석을 기록한 경우도 있다. 기록자가 편지나 기행문 형식으로 쓴 것도 있다. 이 경우, 하나님의 말씀을 어떻게 설명해야 하는가? 어떤 점에서 하나님의 말씀일까? 하나님께서 직접 음성으로 하신 말씀을 기록한 것과 기록자가 개인적으로 기록한 점에 관해("그리스도의 종, 나 바울……"), 어떤 점에서 하나님의 말씀인가? 이 같은 질문에 대한 대답은 원뜻을 발견하는 석의로 가능하다.

석의로 기록된 성서

예비적 이해

앞에서 석의가 삼위일체 하나님의 사역과 매우 밀접하게 관련되어 있다고 했다. 그 사역 중, 매우 중요한 사역이 있다. 하나님께서 기록자들이 전달할 원뜻을 계시하시고 기록하게 하셨을 때, 고대근동문헌처럼 석의로 성서를 기록하게 하셨다. 이는 구약성서가 고대근동 석의와 밀접한 관계성이 있음을 뜻한다. 구전으로 전해오던 것을 문자로 기록할 때, 그 전달의미인 원뜻을 먼저 정확히 이해해야 했다. 기록자들이 하나님께서 계시하신 말씀을 기록하려면 그 말씀의 의미를 명확히 알아야 했다.

신약기록도 고대근동 석의문화의 영향을 받은 그리스-헬라-로마의 석의문화, 구약석의의 영향을 받은 유대교 석의문화의 영향을 받았다. 유대인과 비유대인들에게 복음의 참된 의미를 전달하고자, 그들과 소통·전달이 가능한 석의방식으로 기록했다. 신약기록자들은 기록해야 하는 명확한 기록의미인 원뜻을 먼저 이해해야 했는데 이는 석의였다.

신구약성서 전체가 어떻게 기록되었는가를 살펴볼 때, 곧 석의로 기록되었음을 살펴볼 때 석의가 무엇인가를 더 잘 알 수 있다.

석의에 의한 구약기록

원뜻을 기록하다 구약기록자들은 대부분 전승된 구전(입말 전수)을 글말로 기록했다고 했다. 기록할 때, 구전 내용에 관하여 명확한 의미를 알지 못한다면 기록할 수가 없었다. 계시 받은 원뜻에 관해 기록할 때도 마찬가지였다. 명확한 원뜻을 알아야 명확하게 기록할 수 있었다. 이 '명확한 원뜻을 안다'는 것은 석의였다. 곧 석의로 기록했다는 뜻이다. 모세, 다윗, 에스라 및 예언자들은 하나님의 감화로, 기록하는 원뜻을 명확하게 확인하고서(석의) 기록한 것이 현재의 구약본문이다. 특히 구약기록자들은 공통적으로 '출애굽 사건의 의미, 계약형식으로 표현된 하나님의 주권적 통치행위의 의미, 하나님과의 관계성 의미' 등을 중심으로 기록했다. 이 의미가 구약에 전체의미로 흐르고 있으며 연속성·통일성을 형성하고 있다. 그 기록자들이 원뜻을 기록하기 위해서 명확한 의미를 알고자 얼마나 애썼겠는가. 유능한 석의가 역할을 해야 했다.

석의를 입증하는 구약언어 의미 구약기록자들은 히브리어 원어 '페쉐르pesher'를 의미 해석과 설명할 때에 사용했다(전8:1; 단2:4이하; 4:6이하 5:7이하 등). 석의와 관련하여 사용했다는 뜻이다. 여기서 유의해야 할 점은, 모든 해석과 설명의미가 하나님의 구원행위와 관련된 뜻을 드러내 준다는 점이다. 기록자들이 의식적이든 아니든 석의하기에 참여했고, 이 사실에서 석의의 본질을 보여준다. 또한 기록자들이 이와 유사한 히브리어 어휘들을 다양한 방식으로, 해석하고 설명하는 의미, 석의와 관련하여 사용했다(신1:5). 하나님의 뜻을 간절히 찾거나, 하나님의 위대한 행위의미에 관해서도 사용했다. 이미 석의주석서가 있었다는 사실도 알려준다(역하24:27). 이는 무엇을 뜻할까? 우리가 진행하려는 전문적이며 체계 있는 오늘날의 석의방법과는 다르지만, 원뜻을 발견하여 석의의 관점에서 주석까지 한 것을 알 수 있다. 때로는 누구든 쉽게 이해하도록 원뜻을 명료하게 기록해야 할 때도 사용했다(신27:8; 합2:2). 곧 이스라엘 백성이 듣고 마음에 새기고 기록하게 하신 것도 원뜻이라서, 석의의 역할이 중요했다. 하나님의 뜻(원뜻)에 관해 해석자, 통역사, 석의가 등의 의미로도 사용된 점은(창42:23; 욥33:23), 석의에 의한 구약본문 기록이 어느 정도인가를 보여준다.[5]

이 모든 예는 구약본문 기록과정에서 석의가 필수요소였음을 입증한다. 단순히 해석하고, 설명하고, 기록하는 일에 중요성이 있지 않다. 그 내용인 해석의미, 설명의미, 기록의미 등 원뜻이 더 중요했기 때문이다. 하나님께서 계시하시고 기록하게 하심도 원뜻 중심이기에, 석의 없는 구약본문 기록이란 불가능했다.

석의에 의한 신약기록

신약시대에는 더 왕성한 석의시대 신약시대에도 석의가 무엇인가를 보여주는 예들이 많다. 예수 당시에 사용된 언어만 하더라도 4개 언어다(히브리어, 아람어, 그리스어, 라틴어). 예수께서는 4개 언어를 구사하셨을 것이다.[6] 제자들도 그럴 가능성이 매우 높다. 최소한 3개 언어는 구사했

---

5) 구약석의와 관련 있는 어떤 어휘는 비이스라엘 사람들이 이방신들에게 신들의 뜻(원뜻)을 물어볼 때 사용했다. 혹은 어떤 어휘는 고대근동지역의 통역사나 신들의 천상회의의 전달자 의미로도 사용했다.

6) 요한복음 19:20을 참조하라. "예수께서 십자가에 못 박힌 곳이 그 도시와 가까웠고, 명패가 히브리어, 로마어, 그리스어로 적혀 있기에 많은 유대인들이 이 명패를 읽었다(필자 번역)."

을 것이다. 그 어느 시대보다 소통과 전달 과정에서 명확한 의미에 관해 신중하지 않을 수 없었다. 히브리어나 그리스어로 기록된 구약을 아람어로 설명할 때, 아람어로 말씀하신 것을 그리스어로 번역하여 복음서를 기록할 때 명확한 원뜻에 관해 매우 유의해야 했다. 예수와 신약기록자들은 신구약 관계성을 유형론(당시 석의의 한 방법)으로 설명하거나 기록했다. 이는 구약의 원뜻이 무엇인지를 진지하게 발견하려고 했음(석의)을 뜻한다.

성서석의의 최절정 예수 그리스도 성서석의의 최절정은 요한이 예수에 관해 기록한 요한복음 1:18에서 보여준다. 요한은 "……외아들이신 하나님께서 하나님을 알려주셨다(원형동사 exegeomai석의하다)."라며 예수의 사역이 석의사역이라고 명쾌하게 밝힌다.[7] 요한은 이 관점에서 복음서를 기록했다. 아마 요한은 예수의 사역에 관해 어떻게 기록할 것인지를 많이 고심했을 것이다. 그런 다음, 성령님의 도우심으로 가장 적절하며 빛이 나는 이 어휘를 선택했을 것이다. 예수께서 하나님의 계시자며, 동시에 하나님의 석의가로 이 땅에 오신 사실을 증언하고자 했던 것이다. 하나님이 누구신지, 하나님의 뜻(원뜻)이 무엇인지를 가장 온전하게 보여주셨기 때문이다. 하나님이 누구신지, 원하시는 참뜻(원뜻)이 무엇인가를 알고 싶은가? 하나님의 석의가로 오신 예수 그리스도의 위격(Person), 가르치신 말씀(Word), 공사역(Work)과 능력 행하심(Mighty Works)의 의미에서 찾을 수 있음을 기록으로 남겼다.

---

7) 이 고대 그리스어는 '기록된 문헌의 본문에서 참된 원뜻을 이끌어낸다(to lead out)'를 뜻한다.

석의를 입증하는 신약언어 의미 '석의하다'라는 그리스어 원어 'exegeomai'는, 주전 5세기부터 말하기와 쓰기에서 '해석하다·설명하다'는 뜻으로 사용된 어휘다. 이 동사의 명사형은 '해석자'를 뜻한다. 고대그리스 종교권에서 신들의 비밀과 뜻을 해석하고 전하는 예언자 역할을 하는 제사장들에 대해 사용했다. 주전 4세기부터는 법률에 관해 해석하고 설명하는 관리에 대해서도 사용했다. 철저한 탐구로 원뜻을 해석하고 설명하는 전문용어였다. 따라서, 포괄적인 의미가 있는 '해석자'보다 '석의가'라고 표기한 것이 더 정확하다.

어휘 '석의하다exegeomai'는 신약에서 요한복음 1:18을 제외하고서 5번 사용됐다(눅24:35, 행10:8; 15:12, 14: 21:19). 공통적으로 "의미에 관해 자세히 해석하여 설명하다."라는 뜻으로 사용됐다. 이 문장의 주어는 엠마오로 가는 제자들, 고넬료, 바나바, 바울, 시므온이다. 그들은 경험한 예수의 행위의미나 어명과 같은 하나님의 참된 뜻인 원뜻에 관해 설명했다. 특히 누가는 고넬료의 경우(행10:8), 단순히 일어난 사건만이 아니라, 그 사건의 원뜻을 설명해주려는 의도로, '말하다'라는 단순동사가 아니라, '석의하다'라는 석의전문용어를 사용하여 기록했다.

이와 유사한 의미를 지닌 어휘들도 동일한 의미로 다양하게 사용됐다. 주목해야 할 점은, 예수의 초월적인 능력을 행하신 사건에 대해 사용했을 때다. 기적 그 자체를 알리는 것보다, 그 기적의 사건의미를 해석하고 설명하는 '의미'에 초점을 두고서 사용했다는 점이다(막5:16; 행9:27). 신약기록자들이 단순히 사람들에게 알리는 의미의 용어로 사용하지 않았다. 의미 설명에 관해 사용했다(막9:9; 행9:27; 12:17). 이는 삼위일체 하나님께서 하시는 행위에서 그 행위의미가 무엇인가를 발견하려는 석의를 뜻한다. 번역의미로도 사용됐다. 번역도 석의의 한 과정이기에 명확한 원뜻을 발견하고자 했음을 알 수 있다(마1:23; 막5:41; 막15:22; 행4:36). 구약에 관해 명확한 의미를 해석하는 일에도 '석의하다'의 동의어로 기록했다(눅24:27).

예수의 석의를 이어간 바울 바울은 예수께서 구약을 석의하신 방법을 본받고자 했음이 분명하다. 예수의 죽으심에 관해 기록한 바울의 기록의미를 보면 분명하다. 예수께서 골고다 언덕에서 사형수로서 못박혀 죽으신 사건을 "나무에 달려 죽으셨다."라고 기록했다. '나무'는 구약에서 형벌을 상징했다. 우리가 받아야 하는 형벌을 대신 받으셨음을 뜻한다. 이방인 선교를 위해, 로마의 형법용어보다 구원론적인 의미로 죽으심에 관해 탁월한 독창성으로 석의했다. 디모데에게는 "올바르게 진리의 말씀을 설명하라(딤후2:15)." 하며 강한 어조로 명했다. 디모데가 올바르게 진리의 말씀을 설명하려면 원뜻이 무엇인지를 발견하는 석의를 하지 않을 수 없다. 구약석의를 바르게 하라는 의미도 포함한다. 이는 바른 석의로 하나님의 참뜻인 원뜻을 발견한 후에 설명하며 가르치라는 뜻이다.

마무리

독자들께서 석의란, 원뜻을 발견하는 것임을 알았을 것이다. 이제 석의가 결코 낯설지 않을 것이다. 인류문명과 더불어 시작했다는 점도 간파했을 것이다. 예수께서 이 땅에 계시자·석의가로 오신 사실도 새로이 이해했을 것이다. 성서를 기록할 때, 원뜻을 확정하는 석의로 기록했다는 사실에서, 석의의 본질을 알 수 있다는 점도 이해했을 것이다. 우리는 석의의 본질을 담고 있는 성서를 향해, 석의가 무엇인가를 알고자 하는 '석의 여행길'을 떠나야 한다.

'먼 거리'

시공간적·문화적·언어적 먼 거리

오늘 아침 신문을 펴고서 기사를 읽었을 때, 아무도 기사내용을 이해하는 일에 어려움을 느끼지 않는다. 우리가 살고 있는 같은 시간에 일어난 사건을 보도하고 있어서다. 기사어 나오는 인물이나 기사 배경을 따로 해설하지 않아도 쉽게 이해한다. 기자가 독자들에게 전달하려고 하는 명확한 원뜻이 무엇인지도 쉽게 이해한다. 소통과 전달의 문제가 없다.

성서는 다르다. 고대문헌이다. 아침 신문을 읽듯이 쉽게 이해할 수 없다. 우리와 시간적으로 너무나 먼 거리에 있다. 구약은 약 3,600여 년 전에, 신약은 1900-2000여 년 전에 기록됐다. 우리는 100년 전에 기록된 문서라도 이해하기가 쉽지 않다. 하물며 수천 년 전에 기록된 문서는 더더욱 어렵다. 공간적으로도 너무나 먼 거리에서 기록됐다. 우리가 기록자들이 성서를 기록할 때, 그 현장에도 있지 않았다. 기록된 사건의 현장에도 있지 않았다. 고대이스라엘 민족처럼 이집트에서 노예살이를 하지도 않았다. 그들이 홍해를 건널 때 그들과 같은 대열을 이루어 행진한 사람들도 아니다. 우리가 성서본문이 기록될 당시의 독자도 아니다. 기록자도 우리 시대의 사람이 아니다. 문화적으로도 너무나 먼 거리에서 기록했다. 언어도 우리가 지금 사용하고 있는 언어가 아니었다. 석의의 본질을 찾는 석의 여행길은 여러 측면에서 너무나 '먼 거리'에 있음을 인식하는 것부터 필요하다.

'그때·그곳Then·There'으로

우리가 성서본문과는 여러 측면에서 먼 거리에 있다고 했다. 그렇다면 어떻게 해야 하는가? 성서를 현대문학서로 간주하고서 이해해야 하는가?

먼저 그때·그곳으로 되돌아가야 한다. 왜 그러해야 하는가? 지금·이곳의 나에게 무슨 의미가 있는가를 알기 전에, 먼저 그때·그곳의 사람들에게 무슨 의미이었는가를 알아야 하기 때문이다.

되돌아 간 다음, 원 기록자가 누구인지를 찾아야 한다.[8] 원 청자·독자가 누구인지도 찾아야 한다. 성서본문을 기록했을 그때·그곳에서 원 기록자와 원 청자·독자가 각기 놓여 있었던 삶의 자리도 살펴야 한다. 그런 과정을 거쳐야 그때·그곳의 원뜻을 오늘 우리시대, 지금·이곳Now·Here에 적용할 수 있다. 그렇지 않으면, 지금·이곳의 것들을 그

---

8) 성서의 근원적 원 저자는 삼위일체 하나님이시다. 인간 기록자는 도구로서 원 기록자인데, 독자들의 이해를 돕고자 줄여서 '원 기록자 혹은 기록자'로 사용한다. 이 말에는 삼위일체 하나님께서 원 저자라는 점을 전제를 하고 있다. '저자'와 '기록자'를 구별하여 사용한다.

때·그곳에다 주입시키어 출발하는 심각한 오류를 범한다.

서울특별시 서초구 헌릉로에 '다니엘새시대교회'라는 교회가 있다. '다니엘교회와 새시대교회'가 합병한 교회다. 이 합병 사실을 모를 때, 100년 후의 사람들은 이 교회이름의 의미를 명확히 알까? 그렇지 못할 것이다. 이 교회 명칭의 참뜻을 알려면 100년 전, 그때·그곳으로 되돌아와야 가능하다. 그렇지 않으면 '다니엘이 하늘에서 내려와서 새로운 시대를 열렸고 했던 교회'라는 등 왜곡된 해석을 할 수 있다. 100년 전으로 되돌아가서 교회 명칭과 그 당시 무슨 일이 있었는지를 반드시 확인해야 교회이름의 원뜻을 명확히 알 수 있다.

한편, 석의란 단순히 그저 그때·그곳으로 되돌아가는 것만이 아니다. 이 점은 특히 역사비평가들을 비롯한 성서비평학자들이 들어야 할 말이다. 대부분 그때·그곳으로 되돌아 가긴해도, 원뜻 발견보다는 배경연구에만 치중했기 때문이다. 참된 뜻에서의 석의는, 그때·그곳의 기록자들이 기록하려고 의도한 원뜻이 무엇인가를 진지하게 밝히는 데까지 나아가야 한다. 배경연구에서 멈추기만 한다면, 혹은 배경연구에만 집중한다면 원뜻을 발견할 수 없다. 진정한 석의는, 그때·그곳으로 되돌아가서 배경연구를 하더라도, 원뜻을 발견한다는 목표를 놓치지 않음을 뜻한다.

석의가 그때·그곳으로 되돌아가는 것이라고 했을 때, 한 가지 유의할 점이 있다. 시공간적으로 너무나 먼 그때·그곳의 원뜻을 밝힐 때, 석의하는 사람(석의가)이 자기시대의 영향을 받은 것들로 덮어씌우거나 채색시킨 후, 지금·이곳으로 끌고나오기가 쉬운 점이 있어서다. 자기

시대의 영향을 받지 않으면서 석의를 해야 한다는 어려움을 어떻게 극복할 수 있는가?

이는 매우 중요한 과제다. 우선 자기시대의 영향을 받은 편견이나 선입견으로(그것이 아무리 '거룩한 교회전통과 교리'라고 하더라도 곡해가 있을 수 있기에), 그때·그곳의 원뜻이라며 끌고나오는 것은 아닌지 늘 살펴야 한다.

또한 한 가지 철저함이 요구된다. 철저히 그때·그곳에 가까이 가되, 가장 가까이 서 있어야 한다. 그러할 때만이 '지금·이곳'에 생생하게 연결시킬 수 있다.

한국이 경제개발도상국에 있었을 때, 한국교회가 '잘 살아보세.'라는 국가적 '가난극복운동'에 동참하는 시대적 영향점이 있었다. 지금·이곳에서 요구되는 가난극복 비결을 한국토양에서 매우 쉽게 발견했다. 그런 다음, 성서본문의 그때·그곳에다 마음대로 덧칠하기 시작했다. 잘못된 기복주의와 번영·성공신학을, '복과 저주'로 표현된 하나님의 신명기적 주권행위 표현본문을, 요한3서 기원문(1:2)에다 미리 채색하여 보급시켰다. 요한3서 기원문은 헬라인이라면 누구다 다 사용하는 인사말이었다. 하나님께서 약속하신 특별한 보증수표가 아니었다. 그때·그곳에 가기도 전에 이미 당면한 가난문제 해결의 비결로 뒤바꾸어 놓았다. 매우 그릇된 석의의 대표작이다. 한국교회 전체에 이 무속신앙과 번영·성공주의 오류를 퍼뜨린 주범과 같은 잘못된 석의였다.

계시되고 기록된 원뜻을 찾아서

그때·그곳으로 되돌아가기만 하거나 본문 배경을 확인하는 것으로 끝난다면, 무엇보다 원뜻을 찾지 않는다면 진정한 석의가 아니라고 했다.

거듭 강조하거니와, 성서본문의 원뜻 발견이 석의의 본질이다. 어떤 점에서 그러한가? 하나님께서 계시하신 계시의미, 그것을 전달하라며 기록하게 하신 기록의미가 바로 원뜻이며, 이를 발견하기 때문이다.

원 기록자가 원 청자·독자에게 전달하려고 했던 원뜻에는 '원래 가르침Original Instruction, 원래 메시지Original Message'도 있다. 하나님께서 요구하시는 '뜻', 신학메시지가 담겨 있다.[9] 이는 우리의 신앙과 삶의 핵심이다. 구원의 길과 삶의 길을 담고 있다. 하나님의 뜻대로 생각하고 살아가야 하는 하나님 백성의 세계관 형성과 그 삶의 방향을 제시하며 근거를 제공한다. 하나님의 백성이 직면하는 갖가지 삶의 문제에 대하여 바른 방향으로 대응하며 나아가게 하는, '삶의 지혜'를 담고 있다.

설교하거나 말씀을 가르치거나 적용하기 전에, 먼저 진정한 원뜻을 찾아야 한다. 사역자들은 이 점을 명심해야 한다. 설교자는 더더욱 명심해야 한다. 정말 계시되고 기록된 원뜻을 찾는 바른 석의로 준비했는가? 아니, 석의의 본질을 이해하기는 하는가? 그 찾은 원뜻을 근거로 설교하고 가르치며 상담을 하는가? 그 찾은 원뜻을 근거로 성서본

---

9) 이는 모든 그리스도인이 넓은 의미에서 신학자·석의가이어야 함을 입증한다. 교회 공동체마다 신학대중화운동이 너무나 필요하다. 특히 가장 중요한 석의대중화운동이 절실하다. 우리가 전문의처럼 진료와 처방과 수술을 할 수 없지만, 의학정보를 가지고 있어야 건강관리를 할 수 있다. 마찬가지로 전문신학자가 아니라도, 신학·석의해석학 정보에 관해 알 것은 정확히 알아야 '신앙과 삶의 관리'를 제대로 할 수 있다. 그런 점에서 모든 그리스도인이 신학자·석의가라는 뜻이다.

문을 사용하는가?

석의 釋義 Exegesis·자의 恣意 Eisegesis·삭의 削義 Apogesis

석의·자의·삭의

석의를 더 잘 이해하기 위해서는 자의와 삭의가 무엇인가를 이해함이 필요하다. 자의·삭의해석은 석의해석과 정반대 해석이다. 개인신앙은 물론, 교회공동체 문제의 주범과도 같다.

자의란, 사전의미로 '제 멋대로 하는 생각'이다. 자의해석도 이와 같다. 자의해석자는, 지금·이곳에 자기가 필요한 점을 본문에다 주입시키고서(eise–: into–), 자기 마음대로 원뜻을 만들어 내는 해석자다. 자신의 의견, 주관적인 생각이나 경험, 심지어 잘못된 교리나 전통과 관행, 시대적 사상이나 문화에 영향을 받은 요소, 목회에 필요한 것 등 자신이 임의적으로, 주관적으로 결정한 어떤 결론을 성서본문에다 주입시킨다. 그런 다음, 그 주입시킨 의미를 원뜻으로 확정짓는다.

삭의란, 원뜻을 없애는 행위다. 삭의해석 역시 자의해석 과정에서 발생한다. 그리스어 'apo–(off)'는 '빼버리다·없애다'는 뜻이 있다. 10% 할인이라고 했을 때(at 10% off the price), 10%를 빼준다는 의미처럼, 원뜻을 빼버리는 경우를 말한다. 혹은 본문의 원뜻을 갈기갈기 찢어서 없애거나(to tear asunder), 베어버리듯(to cut away) 단숨에 잘라버리는 뜻도 있다.

석의(exe–: from)를 근거로 하지 않을 경우, 거의 자의나 삭의에 의한 설교나 적용을 한다. 천재적인 자의·삭의해석자를 볼 때가 드물지 않다.

잘못된 해석으로 지금도 십일조헌금을 요구하는 행위가 자의와 삭의의 좋은 예다. 대표적인 자의·삭의해석으로는 문자기속주의, 영해주의, 객관적 근거가 없는 주관주의, 사전에 충분한 확인도 없이 본문을 임의로 인용하여 증빙 근거로 오용하는 증빙주의Prooftextualism 해석 등이다.[10]

이는 성서본문 파괴행위와 같다. 석의처럼 성서본문에 먼저 귀를 기울이지 않아서다. 성서본문을 향해 자신의 생각을 지지하라는 무언의 압력을 행사하는 행위와 같다.

성서해석이 자의·삭의로 가득하다면 그리스도인들과 교회공동체는 어떻게 되겠는가? 세상변혁을 추구해야 하는 사명을 어떻게 감당할까?

자의·삭의의 위험을 알면 알수록 석의의 중요성을 더 실감한다. 우리는 성서본문의 의미를 말할 때 석의인가, 자의·삭의인가를 늘 자문해야 한다. 석의와 비석의(자의·삭의)를 늘 식별해야 한다. 자의·삭의해석은 그리스도인들을 왜곡의 노예들로 만든다. 결국, 무능하게 만든다. 세상으로 보냄을 받은 영역에서 악과 부패를 보고서도 속수무책이다. 오히려 동화된다. 한국사회가 여전히 부패지수 하위수준에 있다는 탄식소리를 듣는다. 하나님의 뜻을 알면서도 실천 믿음의 삶을 살

---

10) 석의가 없는 증빙주의의 오용은 중세 때 심각했다. 더 심각한 문제는, 개신교교회가 중세시대의 이 오용을 뼈저리게 통탄을 하면서 지금도 오용하고 있다는 점이다.

지 않는 것도 한 가지 까닭이지만, 자의·삭의해석의 결과가 틀림없다.

비석의, 자의·삭의해석 식별하기

석의해석의 정반대는 자의·삭의해석이라고 했다. 자의해석이란, 개인의 경험, 생각, 영향을 받은 시대적 가치, 그릇된 전통, 주관적 판단Subjective Judgement 등으로 원뜻이 아닌 뜻을 본문에 집어넣고서(into), 임의적으로, 아무렇게나, 자신이 원하는 뜻을 이루고자 하고 싶은 대로 행하는 해석행위라고 했다. 삭의해석이란, 원뜻을 지워버리며 사라지게 하는 해석행위라고 했다. 이 자의와 삭의는 주관적인 오판Subjective Misjudgement에 근거하기 쉽다.

정말이지 하나님의 말씀인지 아닌지를 진지하게 생각해야 한다. 그때·그곳의 원뜻을 발견하지 않은 채, 오히려 제거해버린 채, 자신이 만든 의미를 포장시켜서 '상품의미'를 생산하듯 한다면 어떻게 될까. 얼마간의 시간이 지난 후 또 다른 새로운 '상품의미'를 생산하여 이전의 그 '상품의미'는 케케묵었다며 밀어낸다면 어떻게 될까. 그런 밀어내고 밀리는 '자의·삭의해석'이라는 비석의적인 해석학적 순환이 지속된다면 어떻게 될까. 자의·삭의해석의 창고 안에 잠시 반짝이다 사라진 것들이라는 표가 붙여진 채, 겹겹이 쌓여져 있다면 이는 크나큰 문제가 아닐 수 없다.

비석의인 자의·삭의해석이 너무나 수두룩하다면 주님은 어떤 통탄을 하실까. 반드시 석의해석으로 비석의인 자의·삭의해석을 식별해야 한다. 자의적인 의미를 본문에 집어넣을 것인가(주입의미: 'a meaning into a text')? 의미를 없애 버릴 것인가(으미삭제: 'taking away a meaning')? 본문에서 원래 의미를 취할 것인가(원뜻: 'a meaning from a text')? 성서본문을 해석하고 이해할 때마다, 혹은 하나님의 말씀이라고 선포하기 전에 늘 신중하게 식별해야 한다.

성령하나님의 조명

원뜻이 무엇인가를 발견하는 석의의 본질은, 성령하나님의 조명사역과도 밀접한 관련이 있다. 성령하나님의 조명 아래에서 원뜻을 찾아야 한다. 성령하나님은, 기록자들로 하여금 하나님께서 기록하길 원하신 원뜻을 기록하도록 유기적인 관계토 도우셨다. 마찬가지로, 기록하게 하신 그 원뜻을 찾으려 하는 석의가들을 유기적으로 도우신다. 석의도구들을 사용할 때, '조명 은총'을 비추어 주시며 원뜻을 찾도록 도우신다.

이 성령님의 조명이 필요함은, 성서가 일반도서와 전적으로 다름을 입증한다. 성서가 인간 언어로 기록되었지만, '신언'과 관련성이 있기에, 성령하나님의 '조명 은총'을 늘 잊지 말자.

마무리

석의란, 계시되고 기록된 성서본문을 '지금·이곳Now·Here'에 강해(설교)하거나 가르치거나 적용하기 전에, 먼저 기록 당시의 '그때·그곳

Then·There'으로 되돌아가서, 성령하나님의 조명 아래에서, 원 기록자와 원 청자·독자가 누구이었는지, 그들이 각기 놓여 있었던 삶의 정황이 무엇이었는지, 본문의 정황(본경·배경·전경)이 무엇이었는지를 살피면서, 원 기록자가 원 청자·독자에게 전달하려고 했던 '원뜻(원래 의미) Original Meaning'을 찾기 위한 일련의 해석과정을 말한다.

석의가 왜
필요한가?

예비적 이해

성서를 읽기만 하면 될 것인데 석의가 필요한 까닭은 무엇인가? 무슨 심각한 문제가 있어서인가?

그렇다. 기독교와 관련된 모든 문제는 성서해석에서 비롯되어 왔다. 이 까닭으로, 성서해석과 성서이해가 가장 중요한 과제가 됐다. 교회 공동체가 내외적으로 직면한 현상들을 보면, 성서해석의 문제에서 비롯되었음을 잘 알 수 있지 않는가?

역사 이래로 석의보다 더 나은 문헌해석법은 없었다. 인류의 시작과 함께 석의 기능도 시작됐다. 인간의 일상생활과 뗄 수 없는 삶의 한 부분이었다. 그런 석의가 잊히고 묻히고 밀려나 있었다. 2천여 년 동안, 기독교역사 기간에 사용할 수 있는 해석법이란 해석법은 다 사용해 보았다. 그 결과가 오늘의 한국교회와 세계교회의 모습이다. 구약시대에도 석의를 사용했다. 예수께서도 위대한 석의가이셨다. 그렇지만 1세기 초기교회부터 이 중요한 해석법을 놓쳐버렸다. 2천여 년 동안, 가는 선처럼 그 명맥을 이어오면서, 석의해석이 중심위치에 설 수 있는 기회들이 있었다. 하지만 다른 해석법, 주로 시대적 산물의 방법이 주체세력으로 등장했다. 그러다가 성서비평학이라는 강력한 해석법이 등장하더니만, 석의해석의 위치는 거의 밀려났다. 성서비평학은 지금까지 300여 년 동안, 성서·교회·성서해석학을 지배해 왔다. 그 세력이 영원할 것 같다. 아니다. 이제는 종말을 고해야 한다. 석의해석을 원래의 '자기자리'에 서게 해야 한다.

성서해석은 피할 수 없는 일이다. 동시에 곡해와 오해 등 잘못된 자의·삭의해석도 반드시 하게 된다. 보다 나은 성서해석법인 석의가 자의와 삭의는 물론, 시대적 과제를 비롯하여 교회공동체의 위기, 한계, 해결 과제 등 모든 문제 해결과 직결되어 있다. 모든 그리스도인이 '만인성서해석자·만인성서석의가'의 책임과 의무를 수행하기 위해서라도, 석의가 필요하다.

석의는 삼위일체 하나님의 요구

석의사역에 동참하라는 부르심

의미전달과 의미보존은 고대문명이 시작된 때부터 시작됐다고 했다. 고대근동국가의 왕들은 왕의 '뜻'이 담긴 어명을, 제사장들은 신들의 '뜻'인 신명을 기록하여 전달과 보존을 하게 했다. 이 일은 명확한 원뜻을 확정해야(석의) 명확하게 전달되고 보존됐다.

성서는 하나님의 계시서, 어명전갈서, 계시된 어명의미(원뜻)를 기록한 석의서다. 어떤 점에서 성서가 하나님의 석의서인가?

삼위일체 하나님께서 천상회의에서 먼저 계시하실 원뜻을 결정하셨다. 성자하나님은 계시자·석의가로 오셨다. 성령하나님은 기록자들이 성서를 기록할 때, 하나님의 원뜻을 명확하게 전달하고 기록하여 보존하도록 영감을 주셨다. 곧 삼위일체 하나님은 석의가로서 행하신 석의사역으로 성서가 형성됐다.

우리가 부르심 받은 것은 하나님의 석의사역에 동참하라는 부르심이

기도 하다. 성서기록자들은 원뜻을 기록하는 석의사역으로 하나님의 석의사역에 동참했다. 우리는 성서기록자들이 기록한 원뜻을 찾는 석의사역으로 동참한다. 하나님께서 말씀이해의 법칙으로 마련해주신 석의법칙이 필요하지 않을 수 없다.

성서에는 하나님의 계시의미, 원뜻이 무엇인지를 알기 위해서 연구한 사람들을 기록해주고 있다(에7:10; 행17:11 등). 이 원뜻 발견 연구는 석의가로서의 연구였다. 이는 하나님의 석의사역에 동참하라는 부르심의 요구에 대한 응답이었다. 때로는 하나님께서 직접 하나님의 참뜻(원뜻)을 알아야 한다고 명령하셨다. 하나님의 참뜻대로 행해야 천국에 들어간다는 말씀까지 하셨다(마7:21). 하나님의 참뜻을 실천하려면 먼저 그 실천할 참뜻을 아는 것이 필요하다. 성서에 기록된 것처럼, 하나님의 사람들이 무엇을 연구하고 묵상했겠는가? 하나님의 참뜻, 원뜻을 알려고 했다. 이 과정에서 석의가 필요하지 않을 수 없었다. 하나님의 석의사역에 동참하면서 하나님의 원뜻을 알고자 했다.

계시자·석의가로 오신 예수께서도 하나님의 원뜻을 알고자 구약을 연구하셨다. 그 연구로 구약에 계시된 하나님의 원뜻을 능통하게 잘 아셨다. 그것을 근거로 가르치셨다. 바울도 예수께서 가르치신 원뜻을 알고자 예수의 가르침과 구약을 탐구했다. 서신서를 쓸 때, 발견한 그 원뜻을 근거로 확장의미나 기독론적인 의미로 전달하려고 했다. 삼위일체 하나님께서 석의가이시듯, 바울 역시 석의가였다. 하물며 우리는 어떻게 해야 하는가?

삼위일체 하나님께서 모든 그리스도인을 향해 하나님의 석의사역에 동참하도록 부르신다. 하나님의 허석공동체·석의공동체로 부르신다. 그러기에 석의가 필요하다.

석의제자의 삶

예수께서 하나님이 어떤 분이신지, 그의 뜻과 계획이 무엇인지를 보여주신 하나님의 최고·최상의 석의가이심을 먼저 기억하자. 석의로 가르치신 예수의 음성은 하나님의 음성이었다. 예수께서 때로는 구약을 직접 인용하시거나 암시하시는 석의를 근거로 하나님의 참뜻, 원뜻을 풀어주셨다. 예수 당시 유대문화권에서는 이미 석의방법이 일반화한 것을 알 수 있다(요5:39). 구약의 진정한 원뜻을 알아야 했기에 해석방법도 필요했다. 예수께서 동일문화권에서 성장하셨기에 이 석의방법을 잘 아시어 선용하셨다. 구약에 계시된 원뜻을 이 방법으로 해석하셨다. 승천하시기 직전, 유언과 같은 말씀도 석의와 관련이 있다. 예수의 말씀을 잘 가르치라고 하셨을 때, 먼저 가르치신 말씀이 무엇인지, 곧 원뜻이 무엇인지를 알아야 함을 전제로 하고 있다.

이는 석의제자가 되어야 함을 뜻한다. 이 석의제자의 삶은 누가복음과 사도행전을 기록한 누가에게서 명확하게 확인할 수 있다. 누가가 두 권을 기록할 때, 먼저 삼위일체 하나님의 사역의미를 찾고자 무척이나 애를 썼다(누가복음과 사도행전 서둔 참조). 이 사역의미 발견은 석의작업으로 가능했다. 단순히 사실이나 내용 보도만을 기록하려는 목적만이 아니었다. 특히 누가는 베로리아 사람들이 석의제자의 모범이었음을 기록했다(행17:11). 그들은 바울의 전한 메시지(원뜻)가 하나님의 뜻이 담긴 참된 원뜻인지 아닌지를 확인하고자 날마다 구약을 탐구했다고 기록했다.

바울도 유대교의 석의법으로 서신서를 기록한 것을 찾아볼 수 있다. 또 원뜻을 바르게 아는 것과 바르게 가르치는 석의제자의 삶에 충실할 것을 경고까지 했다(딤전1:3; 6:3; 딤후2:15). 석의제자의 삶을 충실히 살고자 하나님의 원뜻 말씀을 왜곡시키지 않으려고 했다(고후4:2). 이는 무엇을 뜻할까. 복음 전도와 가르치기 전에 철저하게 석의를 한 후 확정된 원뜻을 근거로 사역한, 진정한 석의제자의 삶을 살았다는 것이 아닌가.

베드로도 구약 예언자들이 하나님의 참뜻, 구원의미가 무엇인지 자세히 살피고 연구했다고(석의) 기록했다(벧전1:10). 원뜻을 왜곡시키는 행위에 대해 경고까지 했다(벧후3:16).

신약 기록자들은 하나같이 제자들의 믿음 성장도 바른 진리 안에서 가능하기에 원뜻의 중요성을 직·간접적으로 강조했다. 원뜻인지 아닌지 분별하라는 권고도 자주 기록했다. 하나님의 뜻, 원뜻을 잘 분별하기 위해서는 명확한 해석, 곧 석의로 가능했다.

이처럼 석의사역에 동참하라는 부르심의 요구는 석의제자의 삶으로 구체화 된다. 예수의 제자들은 석의가이신 예수의 삶을 따르는 석의제자이기도 했다. 하나님의 석의사역에 동참할 때 석의가이신 그리스도를 닮아간다. 날마다 석의제자로서 살아간다. 그러할 때, 예수의 석의사역에 성령님께서 동행했듯이 석의제자들에게도 성령님께서 조명사역으로 도우신다. 예수처럼 하나님의 참뜻, 계시된 원뜻을 잘 알기 위해서는 하나님의 석의서, 성서를 바르게 석의하는 석의가가 되어야 하는 일부터 참된 석의제자의 삶의 첫출발이다.

한편, 모든 그리스도인이 석의의 본질과 체계 있는 전문적인 석의방법을 정확하게 모른다는 것뿐이지 실제로 석의해석을 해오고 있었다. 어렴풋하든 미미하든, 이미 석의제자의 삶을 살아왔다. 하나님의 석의사역에 동참하라는 부르심에 응답해오고 있었다. 전혀 낯설지 않았다.

보다 더 나은 성서해석방법

예비적 이해

지난 2천여 년 동안, 교회공동체에서 여러 성서해석법을 사용해왔다. 수많은 신학자들도 여러 해석법을 제시했다. 하지만 현존하는 해석법들 중에서 가장 적절하며 보다 더 나은 방법은 없었다. 그런 까닭으로 성서해석은 여전히 미비하고 혼란스럽다. 오히려 문제점이 있는 해석법으로 기독교가 사분오열되었고, 사이비와 이단들이 많이 생겨났다. 교회 바깥에서는 하루가 다르게 무서운 속도로 발전하는 과학기술로 신의 영역에까지 도전해오고 있다. 인간유전자 판독을 비롯하여 인공지능과 불로장수 비법까지 계발하고 있다. 곧 영생 비법에도 도전할 태세다. 복음이 점점 외면당하게 될 것이다. 반면, 교회공동체와 신학계는, 2천여 년이라는 긴 세월 동안에, 성서 66권의 의미를 제대로 판독할 수 있는 해석법조차 연구하지 못한 점을 어떻게 통탄해야 하는가? 완벽한 해석법은 아니라도 보다 나은 해석법, 가장 적절한 해석법은 불가능한가? 이는 예수께서 다시 오셔야 가능한가? 성서해석의 희망은 정말 없는가?

그렇지 않다. 우리가 성서를 통해 하나님의 석의사역을 주의 깊게 유의할 때, 2천여 년 동안의 성서해석사를 회상해볼 때 보다 나은 해석법인 '석의'가 희망이다.

지금까지 그리스도인들은 주로 두 가지 방식으로 성서를 이해하려고 했다. 일반적인 보통(비전문적인) 방식과 전문적인 방식이었다.

보통(비전문적인) 방식

이 방식은 흔히들 문서를 이해할 때 사용하는 보통 방식을 말한다. 주로 '성서 한 권'만을 주장하는 사람들이 선호하는 방식이다. 성서 이외에 그 어떤 해석관련 책을 허용하지 않는다. 누구든 성서를 읽기만 하면 하나님께서 계시하시고 기록하게 하신 원뜻을 알 수 있다는, 확신에 찬 태도가 가득하다. 이 태도는 교회와 후사도들의 가르침을 무조건 수용하라는 가톨릭의 '믿음일관주의Fideism'에 뿌리내린 그릇된 해석을 따르게 된다.

때로는 직통계시와 같은 방식으로 하나님께서 직접 말씀하여 주신다고 여긴다. 성서를 읽고 묵상하면, 혹은 성서를 펴기만 해도 하나님의 음성을 듣는다는 '즉석해석'을 선호한다. 물론, 성령하나님의 영감으로 기록되었기에 성서를 읽을 때에 어떤 원뜻을 전혀 알 수 없지는 않다. 단순한 초보적인 이해는 가능하다. 하지만 이는 명확한 원뜻이 아닐 때가 많다. 혹은 기껏 표면의미 선에서 그치기에 명확한 원뜻을 이해할 수 없게 된다. 개인의 주관적인 견해나 경험, 선입견을 본문에 주입시키는 자의해석이나 삭의해석을 하기 마련이다. 성서에 빈번한 상징의미를 제대로 이해할 수 없게 된다. 필수 요소인 원어나 본문기록과 관련된 배경에 관해서는 관심이 없어서다. 문자에 얽매이는 (literalistic) 문자기속주의자가 되고 만다. 알레고리아, 이원론, 영해주의에 의한 자의적인 의미를 원뜻으로 착각한다.[1] 혹은 원뜻을 없애는 삭의를 하고서 본문과 무관한 다른 의미를 원뜻으로 단정한다. 성서를 읽기만 하면 "그분이 오셨다, 그분의 영이 임했다, 그분의 음성이다."라며 주관주의적 해석을 하게 된다.

큐티 교재를 사용하더라도 이 한계성에 벗어나지 못한다. 대부분의 큐티 교재가 석의를 근거로 만들어지지 않고 있다. 석의에 충실한 석의주석서 한 권보다 그 내용이 비석의적이다. 결국 하나님의 뜻, 원뜻을 잘못 해석하고 이해하게 되는 위험성이 늘 있다. 그러니 석의의 필요성이 너무나 당연하지 않겠는가.

전문적인 방식

이 방식은 앞의 보통(비전문적인) 방식과는 다른 방식을 뜻한다. 전문가

---

1) 그리스도 안에서 모든 것이 거룩하고 영적이다. 히브리 사상과 대조가 되는 헬라 사상의 이원론 영향으로 사람이나 하나님의 창조 세계에 대해 '영적이다' 혹은 '비영적(육적)이다'로 구분하는 자체가 거룩하지 못하며 영적이지 못하다. '영해'도 동일한 문제점이 있다. 하나님의 통치권 안으로 들어와서 다스림을 받는 그곳은 어디든 영적이다. 성전 건물이나 건물 교회당 안과 밖어서 차별화 하지 않으신다. 특정한 장소에 대해 특별한 통치행위를 하신다 하더라도 근본적인 다스림은 동일하다. 특별한 통치행위의 경우와 그 다스림은 동일하다.

만 할 수 있다는 뜻이 아니다. 그렇다면 왜 전문적인 방식이라고 칭하는가?

성서의 원 저자이신 하나님께서 원 기록자들에게 성서를 기록하게 하셨을 때, 유기적인 방식으로 기록하게 하셨다. 유기적인 방식이란, 기록자들의 사고, 개성, 능력, 어휘력과 문장력 등 각기 고유한 특성을 사용하게 하셨다는 뜻이다. 인간 언어와 인간 문화 도구들을 사용했음을 뜻한다. 그 언어와 문화 도구에 관해 별도의 탐구가 가능하며, 그 결과로 원뜻을 발견할 수 있다는 뜻이다. 하나님의 원뜻을 발견하기 위해서, 성령하나님의 조명 아래, 여러 해석도구들을 사용한다는 점에서 전문적인 방식이라는 뜻이다. 이 점을 고려하면 현존하는 해석법 중에서 석의가 가장 적절하며 보다 나은 전문적인 방식이다. 이런 까닭으로 석의가 필요하다. 여러 석의도구들을 사용하기에, 석의야말로 가장 적절하며, 가장 실제적이며, 가장 체계적이며, 가장 유용성이 있으며, 가장 명료화 할 수 있는 해석방식이다. 더 객관적인 방식이라고 할 수 있다.

석의야말로 가장 적절한 전문적인 성서해석법

석의로 하는 전문적인 방식 먼저 언급할 점이 있다. 이 전문적인 방식은 우선, 기본적으로 보통(비전문적인) 방식의 문제점을 극복할 수 있다는 점이다. 자의·삭의해석으로 원뜻을 왜곡시킨 것, 문자적 의미는 필요하지만 문자에 얽매이는 문자주의 혹은 문자기속주의, 부분에 치우친 불균형적인 이해, 알레고리아, 영해주의, 이원론적인 해석, 주관적인 오판Subjective Misjudgement, 근본주의적인 극도의 엄격주의Rigorism 해석, 원어와 본문 배경을 무시한 해석 등 비전문적인 방식으로 솟구친 독버섯과 같은 오석에서 벗어날 수 있다. 번역, 본문양식 이해, 문맥 파악 등의 단계를 거치면서 본문의 원뜻을 찾아갈 수 있다. 체계도 있다. 난해한 본문, 사이비·이단들이 저질러 놓은 원뜻 곡해에 관해서도 명확한 대답을 할 수 있다. 석의인지, 자의·삭의인지도 식별할 수 있다. 성서 이해의 고민과 의문점에 관해서도 가장 적절한 대답을 해줄 수 있다. 아무리 2천여 년 동안의 교회전통과 교리라고 해도 하나님의 참뜻인지 아닌지를 식별해야 하는데, 이 일에 대해서도 전문적인 석의방법이 가장 적절하다. 진정한 의미에서 하나님의 말씀인지 아닌지도 식별하게 한다. 지난 300여 년 동안 지배해오면서 성서·교회·신학계를 사양길로 가게 한 성서비평학의 대안이 될 수 있다. 2천여 년 동안의 성서이해를 총정리하게 하며, 그 결과를 근거로 21세기에 새로운 방향으로 나아가게 할 수도 있다. 한국교회가 안고 있는 갖가지 문제는 성서해석에서 비롯되었는데, 이 근원적인 문제의 해결 역할도 할 수 있다. 갖가지 왜곡된 본문해석들을 바로잡아 준다. 이 방식이 하나님의 뜻이 담긴 원뜻을 발견하는 데에 초점을 두고 있어서다. 그때·그곳과 지금·이곳 사이에 갈라진 틈을 이어주는 전문적인 다리 역할을 해주기에 이 석의법이 필요하다. 성서본문을 해석한 결과(석의)를 근거로 하는 설교와 다른 모든 사역에 대해, 바른 근거를 제공해줄 수 있어서다. 석의가 없는 모든 사역은 하나님의 참뜻, 원뜻이 없기에 하나님의 뜻대로 하는 사역일 수가 없다. 조직신학을 비롯한 모든 신학영역도 석의를 근거로 다시 시작해야 한다. 하나님의 원뜻을 잘 알기 위해서는 전문적인 석의로 하는 성서이해가 필요하다.

21세기 66권의 청자·독자 우리는 '지금·이곳'에 있는 청자·독자다. 21세기를 살아가는 우리는, 66권을 손에 들고서 기록 당시, 그때·그곳의 원 기록자와 원 청자·독자를 만난다. 그 당사자들이 주고받은 문헌에 대해 '먼 거리에 있는 사람'이다. 그런 까닭으로, 그들이 주고받은 문헌의 원뜻이 무엇인가를 풀어주어야 하는 의미해석, 곧 석의를 해야 하는 '석의가' 역할을 해야 한다. 그러할 때만이 하나님의 원뜻 안에서 동일체가 된다.

그때·그곳의 청자·독자들에게는 66권이 없었다. 아담과 하와는 오경조차 없었다. 신약시대에도 구약만이 정경이었다. 우리는 21세기 66권의 청자·독자로서 기록된 원뜻을 발견하는 구원사적 위치에 서있다. 정경완성 이후시기에 있기에 그 어느 때보다 석의로 다가가지 않을 수 없다. 성서 전체의미는 동일하지만, 매 시대마다 다른 형식과 언어로 기록한 특징을 간과할 수 없어서다. 성서가 기록될 때는 장절 구분이 없었다. 구두점도 없었다. 히브리어는 모음 없이 자음으로만 기록됐다. 이 같은 여러 차이점을 극복하면서 원뜻을 발견할 수 있어야 하는데, 하나님께서 이 일을 위해서 석의라는 선물을 주신 것이 아니겠는가.

위기와 한계에 직면한 한국교회 혁신의 근거

혼란

석의를 근거로 원뜻을 발견해본 사람이라면, 현재 한국교회가 시급히 해결해야 하는 과제가 무엇인지 금방 알 수 있다. 교회공동체에 흔히 볼 수 있는 석의가 없는 설교, 개인적으로도 석의가 없는 본문 적용 등, 자의·삭의해석으로 쌓인 혼란스러움이 어느 정도인지도 어렵지 않게 파악할 수 있다. 위기와 한계에 직면한 까닭이 바로 그릇된 성서해석과 성서이해에서 비롯되었음도 알 수 있다. 이런 문제점으로 이미 심각한 고민과 갈등 속에 있을 수도 있다.

'석의'와 관련된 용어부터가 혼란스럽다. '주해, 주경, 주석, 해석, 석의, 강해 등'. 이 용어들을 정리하는 일부터 필요하다. 카슨Carson이 쓴 책「석의적 오류Exegetical Fallacies」를「성경해석의 오류」라고 번역했으니 석의 이해가 어느 정도이겠는가. 한국교회에 석의가 보급될 수 있겠는가.

영어권에서는 어떻게 용어를 사용하는지 참조할 필요가 있다. 약간의 차이는 있지만 대부분 적절하게 사용하는 편이다: 'Interpretation(일반적으로 넓은 의미의 모든 문헌해석)', 'Hermeneutics(해석 방법)', 'Exegesis(고대 문헌 본문의 그때·그곳의 원뜻을 발견하는 석의)', 'Exposition(석의를 근거로 지금·이곳에 본문을 설명해주는 강해)', 'Preaching·Sermon(석의를 근거로 하는 설교; 두 용어가 약간의 차이점이 있음)', 'Commentary(주석서)' 등.

혼란스러운 하나님의 뜻

정상적인 그리스도인이라면 성서가 하나님의 뜻, 원뜻이 계시된 책이라는 사실을 모르는 사람이 없고 부인할 사람이 없다. 실제는 어떠한가?

가장 기본적인 이해부터 혼란스럽기 짝이 없다. 성서 어디에도 66권 정경 이후에 큰 건물(성전)을 건축하라는 기록이 없다. 교회당 건축을 구약시대의 성전 짓기로 오해한 것이야말로 구약회귀주의자로서 하나님의 구원사적 뜻을 망가뜨리는 행위다. 이는 유대교 신자들보다 더 열렬한 유대교 추종파들이다. 구약만을 정경으로 믿는 유대교 신자들도 현재 하지 않는 행위를 하기 때문이다. 가톨릭적인 개신교라고도 말할 수 있다. 종교개혁 정신을 거부하겠다는 의지의 표현이어서다. 구약시대의 건물을 지어놓고서, 설교는 신약시대의 복음을 외치는 이 이중성을 보시는 하나님의 마음은 어떠하실까. 건축하기 전에 수차례 성전을 짓는 것이 하나님의 뜻이라고 설득시키는데, 이에 관한 성서적인 근거도 없다. 사악한 사기를 치는 인간의 목소리일 뿐이다. 또한 예수의 죽으심을 근거로 구약시대의 다른 제도들을 지키지 않는다고 하면서, 구약 십일조제도만은 하나님의 뜻이라며 종교세처럼 강제 징수해 왔다. 하나님의 뜻이 아닌데도 그 뜻이라고 하니 이 혼란스러움을 어떻게 해야 하는가?

잘못된 전통으로 고착화

개신교교회 출발은 유대교와 가톨릭과 밀접한 관련이 있다. 어떤 점에서는 출발점이라고도 할 수 있다. 연속성과 불연속성의 관계가 있다. 어떤 용어와 고백표현 방식은 두 종교에서 비롯된 것들이 있다.

 하지만 복음의 빛에 비추어 보았을 때, 근원적으로 다르기에 결별했다. 종교개혁 정신을 따른다면서 간판까지 개신교교회로 내걸었다. 그런데도 내부를 들어다 보면 두 종교의 요소들이 적지 않다. 유대교적인 개신교, 가톨릭적인 개신교가 되어 있다. 유대교의 율법주의와 유사하면서 다른, 개신교 율법주의가 강하다. 실제로 유월절을 지키는 유대교적 교회도 있다. 가톨릭의 형식주의, 사제주의, 미사 중심,[2] 조직과 제도 중심, 건물성전(건물교회) 중심, 대형화, 사람교회 경시 등을 따르고 있다. 어떤 경우에는 두 종교보다 더한 심각한 경우도 있다. 유대교와 가톨릭이 하지 않는 행위를 하고 있어서다.

 이 같은 것들이 잘못된 전통으로 전수되어 고착화하여, 때로는 어디에서부터 혁신을 해야 할지 모를 정도다. 게다가 무속종교와 유교 요

---

2) 개신교는 석의를 근거로, '예배'에 관하여 재고할 점이 있다. 종교개혁자들의 한 가지 실수가 교회 지도자들에게 검정색 가운 착용을 허용한 점이다. 가톨릭에 대해 행위구원인가 믿음구원인가에 집중하다 보니 놓친 실수로 보인다. 현재의 예배는 자칫 불교의 예불이나 유교의 제사나 가톨릭의 미사와 비슷할 수도 있는 구약식 예배에서 벗어나지 못해서다. 우리는 이미 영원한 예배 안에서 영원한 예배자로 서있다. 모든 언행과 삶이 '예배'다. 오히려 일상생활 속에서 언제 어디서든 하나님과의 예배 관계성이 이미 형성되어 있어서다. 그것은 영원불변의 은총, 그리스도 안에 있어서다. 그리스도의 죽으심과 부활 은총 이외에는 그 어떤 것으로 '예'를 갖춘다고 하더라도 하나님께로 나아갈 수 없다. 그런 시도도 하지 말아야 한다. 오히려 일상생활 속에서 날마다 영원한 예배 안에서 삶으로 드리는 예배가 더 중요하다. 하루속히 신약의 초기공동체로 전환해야 한다. 기본적으로 거룩하신 영과 기독론으로 하나님께 경의를 표하는, 애찬과 성찬으로 기림과 교제, 회상과 재확인, 비공형적(informal) 감사와 찬양과 공동연합 기도, 자발적 나눔과 고난동참, 무소유건물, 하나됨, 복음전도·가르침·세례·양육·성장, 치유와 회복, 종말론적인 희망의 현재성과 미래성, 통전적 선교 등'의 공동체 모임('사람교회'의 내외적 기능)으로 전환해야 한다. 칼뱅은 가톨릭교회의 성가대와 그 미사곡을 반대했다. 그러니 종교개혁을 따르는 교회라면, 반드시 성가대가 있어야 교회며, 교회예배라는 주장도 더 이상 하지 말았으면 한다. 교회공동체에 모일 때 무엇 때문에 모이는지 다시 숙고하길 바란다.

소 등 갖가지 비개혁적인 요소들까지 혼합되어 '비빔밥 교회'를 만들어 놓았기에, 500년 전 종교개혁 때보다 개혁하기가 더 어려운 지경에 놓여있다.

그렇다고 이대로 탄식만 하고 있거나 구경만 하고 있어야 하겠는가. 혁신해야 한다. 바른 성서해석법인 '석의'로 하나님의 참뜻, 원뜻을 찾는 일부터 시작해야 한다. 이를 근거로 하나씩 바꾸어 나가야 한다. 하나님의 참된 뜻에 근거한 개신교교회가 세워지게끔 해야 한다.

석의에 의한 혁신의 가능성

한국교회의 혼란스러움을 생각하면 할수록 성서를 바르게 이해하는 것이 얼마나 절실한가. 하나님의 뜻에 합당한 교회공동체를 세우는 일과 모든 그리스도인의 사고, 윤리, 소명수행 등은 바른 성서이해에서 가능하다. 잘못된 교회전통이 굳어져 있는 것도 해결과제다. 날마다 하나님의 뜻이 담긴 성서를 근거로 새롭게 변모하는 개혁교회의 정신을 버린 상태에 놓여 있다. 타성, 안주 속에 머물러 있다.

하나님은 우리로 하여금 이 세상을 하나님의 뜻에 맞게 관리하는 '세계관리 동역자'로 세우셨다. 실제로 그러한가? 하나님께 큰 신세를 지면서 살고 있는 비기독교적 인간들에게서 오히려 '관리'를 받고 있다. 그들이 주는 '은혜'로 살고 있다. 이 '은혜'가 정말 하나님의 도구인지 아닌지 확인은 필요하겠지만 말이다. 하여튼 그들에게 신세를 지고 있는 것이 한두 가지가 아니다. 하나님의 동역자로서 최소한의 자존심도 양심도 없는가? 하나님과 성서가 없어도 이 세상에서 얼마든지 행복하게 잘 살 수 있다며 호언장담을 하고 있는 시대 속에서 교회는 무엇을 해야 하는가? 바른 성서이해, 석의로 돌아가야 하지 않겠는가?

바른 성서이해는 바른 성서해석에서 비롯된다. 바른 성서해석이란, 성서에 계시된 하나님의 원뜻을 발견하는 일이다. 필자가 이를 왜 반복해서 강조하는지 독자들께서 그 의도를 이해해 주시리라. 이 원뜻을 발견하는 바른 성서해석은 현재 석의보다 더 적절한 방법은 없다고 했다. 석의를 근거로 하지 않을 경우, 하나님의 참뜻을 잘 몰라서 혼란 속에서 헤매는 것은 지극히 당연하다.

이미 이런 문제는 교회성장과 더불어 잉태하고 있었다. 한국교회 초기에는 석의에 근거하지 않는 자의·삭의설교든, 엉터리 설교든 다 은혜인 줄 알았다. 같은 본문인데도 별별 해석을 다해도 전부 다 하나님이 주신 은혜인 줄 알았다. 그러다가 이제는 "이건 아니다."라며 문제의식이 생기기 시작했다. 그리스도인들의 신앙의식이 성장하고 영민해진 까닭이다. 다만 그 방법, 바른 성서해석법을 아직 못 찾고 있다. 그래서 석의가 너무나 절실히 필요하다.

성서는 하나님께서 모든 그리스도인에게 주신 '귀한 선물'이다. 성서를 잘 이해하도록 주신 성서해석권, 만인성서해석자(만인성서석의가)의 책임과 의무도 '귀한 선물'이다. 성서해석을 잘 하라고 주신 석의도 '귀한 선물'이다. 만인성서석의가로 부르심을 받은 것도 '귀한 선물'이다. 가톨릭이나 개신교에서 늘 볼 수 있는, 일브 소수의 사람들만이 독점한 해석권에 대해 단호히 거부하라는 무언의 음성도 '귀한 선물'이다. 모든 그리스도인은 엉터리든 말든, 사기 치는 소리든 말든 무조건 듣기만 하라고도 하지 않으셨다. 목사도 그리스도인이며, 그리스도인도 가정교회와 일터교회의 '목사'라는 음성을 들을 줄 알아야 한다. 목사는 '지역교회'의 목사다. 한국교회 혁신은, 최우선적으로, 가장 영향력이 큰, 설교사역을 석의를 근거로 하는 '석의설교'가 되게끔 하는 일부터 시작해야 하는 까닭이 명백하지 않는가.

석의에 의한 목회자 평준화가 혁신의 출발점

어느 교회당을 가든지 같은 본문이라면 같은 내용의 설교를 듣는 것이 정상일까 비정상일까? 성서도 같고, 섬기는 하나님도 같은 분인데 왜 같은 본문의 설교가 제각기인가? 각 교회공동체가 놓여있는 상황은 다양하기에 그 적용은 서로 다양하게 할 수 있겠지만 말이다. 석의로 발견하는 하나님의 뜻, 원뜻이 같은 석의설교이어야 하지 않는가?

이는 석의를 근거로 목회자 평준화가 필요함을 말해준다. 목회자 평준화가 이루어진다면, 일정한 기간에 '순환 목회'도 가능하다. 그러할 때만이 교회의 머리가 사람이 아님을 더 잘 알게 된다. '목사 우상'이나 '인간 군림자의 지배'에서 벗어날 수 있다. 현재 교권을 독점하고 있는 데서 비롯되는 갖가지 부정부패도 사라지게 할 수 있다. 공무원들도 하도 부정부패가 심하여 순환 보직제도를 시행하고 있다. 그리스도가 만왕의 왕이라고 하면서 인간이 교회의 실세로, 왕 노릇 함을 언제까지 보고만 있어야 하는가? 교회공동체를 사유화하는 것을 더 이상 보고만 있어야 하는가? 석의로 발견한 동일한 원뜻을 근거로 사역하게 하는 '목회자 평준화'야말로 한국교회의 시급한 혁신의 출발점이다.

석의대중화운동에 의한 혁신

필자는 내친김에 이 책이 출판되는 것을 계기로 전국 각지에서 '석의 대중화운동'이라도 일어났으면 한다. 한국교회 혁신은 밑에서부터 시작하지 않으면 매우 어려운 상태다. 지도자들이 비상식성, 비양심성, 무책임성, 이중성, 버티려는 뚝심, 해볼 테면 해보라는 배짱 등으로 결코 기득권을 포기하지 않기 때문이다. 말이야 하지 않지만, 먹고 살기 위해서라도 결코 포기할 수 없다며 무언의 거부를 하기 때문이다. "내가 일으킨 '교회 기업'을 왜 포기하라고 하는가?" 하고 반문만 던진다.

석의대중화운동은, 모든 그리스도인으로 하여금 하나님의 선물인 만인성서석의가의 책임과 의무를 공동으로 수행할 수 있는 기틀을 마련하게 한다. 그 결과, 모든 그리스도인을 성서해석자, 석의가로 세워주신 주님을 찬양하는 신앙고백이 넘쳐나게 해야 한다. 석의대중화운동이 전개된다면, 교회공동체의 모임이 석의 중심으로 탈바꿈하게 될 것이다. 성서공부 모임이나 그룹토론 시간에 석의에 근거한 토의가 이루어질 수도 있다.

필자는 희망의 한 빛을 본 적이 있었다. 석의를 강의한 교회에서 있었던 일이다. 선교사 파송식이 있었다. 권면사를 맡은 어느 장로가 석의를 근거로 권면하는 것이 아닌가. 한국교회 최초로 석의에 의한 권면사였다.

조속히 석의전문 출판사도 생겨나서 석의전문 도서들이 출간되어야 한다. 각 가정마다 가정의학 서적이나 법률 서적이 있듯이, 석의도서들도 책꽂이에 꽂히는 그런 날이 왔으면 좋겠다. 석의를 근거로 하는 석의설교, 석의성서공부, 석의큐티로 변한다면 얼마나 좋으랴. 석의도서관도 생기고, 석의에 관해서 대화를 나누는 석의카페도 등장한다면 더더욱 좋으리라. 석의전문클리닉도 설립되었으면 한다. 석의를 소재로 하는 문학·영화·연극·음악·미술 등 석의문화가 확대될 수 있었으면 한다. 무엇보다 원뜻을 발견하려는 사람들이 나날이 늘어날 수 있었으면 한다. 석의의 열매가 주렁주렁 맺어지는 석의의 계절로 뒤덮이게 하는 석의대중화운동이 활발하게 전개될 수 있다면, 우리 주님께서 얼마나 기뻐하시겠는가. 석의가 필요하겠는가, 불필요하겠는가?

신학교육의 새 방향 제시

질문

　만일 신학생이 강의하는 교수에게 다음과 같은 질문을 한다면, 그 교수는 뭐라 대답할까? "…… 해외 유학 시절, 구약석의학OT Exegesis 혹은 신약석의학NT Exegesis 전공교수의 지도아래 학위과정을 마친 것이 아닙니까? 귀국 후, 석의에 관하여 왜 일언반구도 없습니까? 지금도 침묵하고 있는 것은 무슨 까닭입니까? 지도교수의 전공조차 몰랐다는 뜻입니까? 그렇다면 구약석의·신약석의 강의시간에 무엇을 가르치고 있습니까? 해외학자들이 연구한 것을 그대로 써먹고 있지 않습니까? 자기연구가 있어야 하지 않습니까? 모방신학으로 체계가 없어 혼란만 가중시키니, 차라리 구약학·신약학 과목을 폐지하고서 통합학과로 만드는 게 좋지 않을까요? 이런 까닭으로 '신대원에서 신학공부를 하다가 신앙을 잃어버린다. 이러려고 신대원에 왔는가?'라는 말이 퍼져나간 것인가요? 강의하는 그 내용으로 교회에서 설교나 목회를 할 수 있는지 직접 한 번 시범을 보여줄 수는 없는지요?"

어떤 교회교우 역시 목사에게 다음과 같은 질문을 한다면 그 목사는 뭐라 대답할까? "……설교 준비를 어떻게 하시는지요? 몇 시간 동안 하는지요? 하나님 말씀이 아닌 데도 하나님 말씀이라며 '아멘' 하라는 것을 어떻게 해야 합니까? 하나님의 말씀이 아닌 '자기 말씀'을 자주 들어야 하는 까닭은 무엇입니까? 왜 같은 본문인데도 설교내용은 교회마다 각양각색인가요? 어느 교회당으로 가든 같은 본문이라면 같은 설교를 들어야 하지 않습니까?? 주일마다 본문은 다른데 설교내용은 왜 거의 비슷합니까? 차라리 설교 전에 사전결재를 받거나 설교 후에 사후감사라도 받는 법 규정이라도 만드는 게 좋지 않겠습니까?"

해외선교사들에게도 질문을 해야 한다. "해외선교사 사역은 선교지의 기독교 방향을 결정하지 않습니까? 한국교회 초기에 선교사들의 사역이 긍정측면이든 부정측면이든 지금도 영향을 주고 있지 않습니까? 해외선교사도 성서본문을 근거로 사역해야 하기에 석의가 필요하지 않습니까? 제한된 환경아래에 있기에 인터넷이나 SNS 방식으로라도 석의자료를 받을 수 있다면 좋지 않겠습니까? 이제는 성서 한 권만 들고서 출국해도 괜찮다는 생각을 하지 않아야 하지 않습니까? 선교 열매도 남겨야 하겠지만, 남겨야 할 더 중요한 열매는 진리이해 방법(석의)과 그 열매(원뜻)가 아닌가요? 그러할 때 선교지가 사라지지 않고 지속적으로 열매를 맺지 않겠습니까?"

새로운 신학교육을 위하여

신대원에 입학한 목사후보생들, 그들은 누구인가? 그들이 왜 신대원에 왔을까? 헌금 수집법을 배우러 온 사람인가? 기발한 교회대형화 기법을 배우러 온 것인가? 신대원에 필요한 재원을 채워주고자 온 물주인가? 사설학원처럼 학원비 내고 목사자격증을 취득하러 온 사람인가?

결코 아닐 것이다. 졸업 후 교회공동체에서 하나님의 뜻이 담긴 성서본문의 원뜻을 근거로 사역하고자 준비하러 온 사람들이다. 그러기에 신대원에서 가장 잘 배워야 하는 것은 무엇인가? 원뜻을 발견하는 석의해석학이 아닌가? 그럼에도 실제는 달랐고, 지금도 다르다. 신학생들은 과정이수는 해야 하니 속내는 답답해도 말 한 마디 못한다. 강의의 문제점에 관하여 질문을 했다가는 자칫 '찍힘'을 당하면 불이익을 받을 수 있다는 사실을 알고 있어서다. "이런 강의를 들으려고 신대원에 왔는가? 이 수준의 강의를 듣고서 과연 설교사역을 잘 할 수 있을 것인가?" 하며 고민만 깊어갈 수도 있다.

신학생들이야말로 먼저 유능한 석의가가 되게끔 준비시켜야 한다. 섬기는 교회공동체에서도 그리스도인들을 유능한 석의가로 세움을 받는 사역을 할 수 있어서다. '석의 제자화'를 할 수 있어서다. 설교·상담·교육·제자화 등 모든 사역은 석의를 근거로 해야 함을 철저하게 훈련시켜야 하지 않을까. 설교자나 상담자 이전에 먼저 석의전문가가 되어야 함을 주지시켜야 하지 않을까. 조직신학과 실천신학 등 성서본문을 사용하는 모든 분야도, 반드시 명확한 석의를 근거로 출발해야 한다.

신대원 교수들이 먼저 석의전문가이어야 한다 교수는 '설계사'와 같고, 목회자는 '건축가'와 같다. 이 비유가 적절한 지는 잘 모르겠지만, 교수들은 적어도 목회자들의 혼란, 자의·삭의해석, 즉석해석, 엉터리 설교, 사기나 공갈 설교 등 비정상적인 사역에 관해서는 책임감을 통감해야 한다. 석의 사역을 못한다면, 은사가 없는데도 소명만 가지고서 교수가 되지 않았는지 자기 점검이 필요하다. 하나님께서 소명을 주실 때는 은사를 주시기 때문이다.[3] 자기이해에 의한 자기연구가 있어야 창조적 연구·강의·저술이 가능하다. 해외 학자들 흉내 내기를 이젠 그치길 바란다.

필자는 늘 궁금한 게 한 가지 있었다. 의사들은 의대에서 배우고 훈련받은 의학으로 병원에서 진료하는데, 왜 신학을 전공한 목회자들은 훈련받은 신학으로 교회공동체에서 사역을 할 수 없는지 늘 궁금했다.

신학교수들은 적어도 목회자들이 석의적인 기초를 근거로 목회를 하게끔 섬겨야 하지 않을까? 어떻게 되었는지 졸업과 함께 신학도 같이 졸업시키는 그 사실을 잘 알고 있는가? 졸업 후에는 신학을 집어치우

---

3) 이는 목사들에게도 마찬가지다. 부디 소명만 생각하지 말고, 정말 목사의 소명에 필요한 은사를 주셨는지를 매우 신중하게 재고하길 바란다. 다른 일도 거룩한 목회다. 필자는 다른 일을 했더라면 더 잘 할 수 있어 보이는 목사들을 종종 보곤 했다. 모든 그리스도인도 이 두 가지(소명과 은사)를 근거로 자신의 평생 직업(소명)을 찾아가야 한다.

고서 '용감한 설교자'로 돌변하지 않도록, 신학교수의 소임을 할 수 있어야 하지 않는가? 그러기에 신구약석의 강의시간에는 석의해석학을 제대로 가르쳐야 한다. 조직신학, 역사신학, 실천신학 등도 석의해석학을 근거로 강의를 해야만 통일성이 있는 신학교육이 될 수 있다.

목회자 재교육을 위해서

현 목회자들은 오래 전에 신대원에서 구약석의·신약석의 강의를 들었던 사람들이다. 왜 지금까지 '석의'라는 어휘조차 들을 수 없을까? 그 강의를 들었다면 석의설교를 했을 것이 아닌가? 누구를 탓할 필요는 없다. 원인만은 정확히 진단할 필요는 있다. 아마 신대원 강의실에서 석의가 무엇인지, 왜 필요한지, 석의를 어떤 방법으로 하는지 정확히 배우지 못했을 것이다. 조직신학과 실천신학도 철저한 석의를 근거로 전개했다면, 적어도 석의에 관한 기초이해는 했을 수도 있다. 특히 목회자의 주된 사역 중 하나인 설교를 할 때는 반드시 석의를 근거로 하는 '석의설교'이어야 함을 아무도 언급하지 않았던 것 같다.

이런 까닭인지, 대한성서공회에서 성서학도서관을 설립하여 석의해석에 유용한 자료들을 구비하여 비치해 두었지만, 찾아오는 목회자들이 별로 없다. 하나님의 엄청난 선물을 잠자게 하고 있다. 고가의 석의자료들마저 먼지만 쌓이고 있다. 석의자료 없이 설교를 어디서 어떻게 준비하는지 정말이지 의문이다. 기상천외한 설교 준비법을 가지고 있어서 그러한지도 의문이다.

목회자 재교육이 필요하다. 설교를 비롯하여 성서본문을 근거로 하는 모든 사역은, 먼저 석의에서 시작되어야 함을 철저하게 훈련시켜야 한다. 사역하기 전에, 먼저 하나님의 참뜻을 발견한 전문석의가가 되게끔 해야 한다. 그러할 때, 즉석설교나 사기와 공갈 설교, 엉터리 설교를 하지 않는다. 자의·삭의해석인지 아닌지를 철두철미하게 확인하게 된다. 더 이상 영해나 알레고리아 해석, 문자주의나 근본주의의 해석 등, 자기 마음대로 설교를 하고서는 하나님의 말씀이라고 정당화하지 않을 것이다. 주님보다 자신이 필요한 개인적인 견해나 주관적인 생각을 성서본문에 주입시키는 '주입식 자의설교'도 중단할 것이다. 그 어느 때보다 두렵고 떨림의 태도로 설교를 비롯한 여러 사역을, 석의를 근거로 준비할 것이다. 의사들이 의학을 근거로 환자들을 섬기듯, 목회자들도 전공한 석의해석학을 근거로 사역할 것이다. 사역이 어떠하든지, 교인 숫자만 증가하면 그것으로 모든 문제를 정당화 할 수 있으며, 성공적인 목회를 입증할 수 있다는 생각으로 수단·방법 가리지 않는 행태도 중단할 것이다. 하나님 통치권 안에서는 성공이나 실패가 없다. 위탁받은 소명을 전심전력으로 다하는 사역과 모든 영역에서 주님 뜻대로 살아가는 크고 작은 모든 삶이 성공의 삶이다. 설교권, 성례집례권, 예배인도권으로[4] 무책임한 자의·삭의해석을 가리려는 행위도 중단할 것이다. 최소한 석의주석서라도 참조할 수 있어야 하지 않겠는가?

---

4) 이는 가톨릭 사제주의와 유사하다. 이 고질병은 하나님의 다스림 밖에 있게 만든다. 하루속히 이 고질병에서 벗어나야 한다. 그때에, 삼위일체 하나님의 통치를 받는 진정한 교회공동체, 복음의 능력이 나타나는 진정한 교회공동체가 세워지게 된다.

모든 사역의 근거 제공

독자들께서 기독교와 관련된 일들은 모두 다 성서석의를 근거로 해야 함을 알았을 것이다. 신앙과 삶도 성서석의이어야 함도 알았을 것이다.

모든 사역도 마찬가지다. 강해(설교), 강의, 큐티, 성서공부, 상담, 교육, 선교, 성가 가사 작사, 기독교문화(문학·영화·연극·드라마·음악 등), 기독교학문, 기독교변증, 사회참여 등 모든 사역이 성서해석과 직결되어 있다. 조직신학, 역사신학, 실천신학도 석의를 근거로 해야 한다는 사실이 더할 나위 없이 명백하다.

이와 같이, 성서해석은 우리의 신앙과 삶은 물론, 모든 사역에 근거를 제공하기에 절대적일 정도로 영향을 준다. 성서를 읽거나 인용하는 모든 사람은 석의해석자가 된다. 해석하면서 읽고 인용하기 때문이다. 해석하지 않으면서 읽거나 인용하지 않는다. 이 해석이 바른 해석이 아닐 때는 어떻게 되는가? 그러기에 모든 사역은 반드시 석의해석에서 출발해야 한다.

바울은 이를 "영광스러운 복음과의 일치성"으로 표현했다(딤전1:11). 성서본문의 오용은 사탄의 책략이라는 것도 명심할 필요가 있다(마4:6). 사탄은 시편 91:11-12절의 명확한 원뜻을 삭의한 채, 자신이 필요한 부분만 떼어서 인용했다.

다시 명심하자. 우리가 성서본문을 사용하기 전에, 말하기 전에, 가르치기 전에, 인용하기 전에, 적용하기 전에, 전하기 전에, 하나님의 말씀이라고 선포하기 전에, 하나님의 뜻이라고 말하기 전에 먼저 해야 할 일이 있다. 석의부터 먼저 시작해야 한다. 자의·삭의로 해석하지 않기 위해서다. '명설교'란, 먼저 '명석의'에서 출발한다. 그때에 본문의 원뜻을 잘 가르치는 '명석의설교'가 된다. '명석의가'가 '명설교자'가 된다. 다른 사역들도 반드시 사역근거를 제공하는 석의에서 출발해야 한다.

유능한 만인성서해석자·만인성서석의가로 세워주기에

'만인제사장-만인신학자-만인성서해석자-만인성서석의가'

우리는 '만인제사장' 종교개혁 정신을 따른다는 말을 헤아릴 수 없이 들었다. 이 정신은 성서해석과도 관련 있다. 곧 '만인신학자며, 동시에 만인성서해석자·만인성서석의가'라는 정신이다.

필자는 강조하고자 또다시 반복한다. 우리가 의학전문의는 아니라서 전문적인 진단과 처방은 할 수 없지만, 건강관리를 위해서는 어느 정도 의학적인 전문지식이 필요하다. 만인신학자 정신도 마찬가지로 필요하다. 우리가 사용하는 언어가 신학용어다. 신학이란, 특정한 소수의 사람들만이 차지하는 점유물이 아니다. 그렇다면 '신학제사장화, 신학교황화'라는 과오를 범한다. 모든 그리스도인이 만인제사장이듯, 만인신학자며, 만인성서해석자·만인성서석의가다. 이 신분은 하나님께서 종교개혁 때 주신, 그 누구도 탈취할 수 없는 귀중한 선물이었다. 동시에 책임과 의무가 있는 선물이었다. 특히 석의를 해야 하는 만인

성서석의가임을 인식하자. 석의가 없는 신학과 신앙은 심각한 문제를 일으킨다. 현재 석의해석보다 더 나은 해석법은 없다. 석의야말로 유능한 성서해석자로 세워준다. 하나님의 뜻인 유능한 '만인성서석의가' 로 세워준다.

유능한 성서해석자, 성서석의가

유능한 석의가는 저절로 되지 않는다. 누구든 성서를 읽기만 하면 석의할 수 있는 것도 아니다. 문제는 우리의 석의능력으로 성서이해 수준이 달라진다는 점이다. 그렇다면 어떻게 해야 하는가?

성서읽기 정도에서 끝나지 않아야 한다–성서읽기는 필요하다. 성서 한 권만으로 하는 주관적 해석을 근거로 하는 개인묵상 차원에서도 벗어나야 한다–개인묵상은 필요하다. 어렵지 않는, 체계 있는 석의해석방법으로 성서본문을 이해하는 자기훈련을 쌓는다면, 유능한 석의가로 세움 받을 수 있다. 유능한 석의가가 되어야 하는 것은 전문가만의 소임이 아니다. 모든 그리스도인에게 주어진 책임과 의무라서 반드시 습득해야 하는 일이다.

다시 묻자. 석의가 어떤 점에서 보다 나은 성서해석법인가? 그것은 성령님의 조명 아래, 하나님께서 주권적인 섭리로 마련해주신 석의도구들을 사용하면서, 성서본문의 명확한 원뜻을 진지하게 발견하는 방법이어서다. 명확한 원뜻을 발견한다는 이 시도만으로도 필적할 만한 방법이 없다. 처음에는 생소하여 쉽지가 않을지 모르지만, 금방 익숙해질 수가 있다. 곧 석의적인 사고를 하게 되며, 자신도 모르게 유능한 석의가가 되어가는 것을 알게 된다. 삼위일체 하나님의 석의사역에 동참하는 제자도라서 석의가이신 주님을 닮아가기에 필연적으로 나타나는 결과다.

잘 알려진 간략한 석의의 예를 찾아보자. 데살로니가 5:22 "모든 유형의 악을 버리라."라는 구절은 '예언'과 관련이 있다. 이 예언은 미래에 관한 예언이 아니라, 성령하나님께서 전달하라며 위탁한 말씀이 예언이었다—한자로 맡길 '예'라서 구별이 된다. 곧 성령님과 무관한 예언은 악이니 버리라는 것이 원뜻이다. 이 문맥에서의 악과 일반적인 의미에서 악이라는 두 악의 개념은 서로 다르다. 원뜻을 확인하지 않으면 필연적으로 후자의 경우처럼, 엉뚱한 해석을 당연히 한다. 예수께서 말씀하신 낙타와 바늘귀 비유에 관해서도 그러하다(마19:23-26; 막 10:23-27; 눅18:24). 번역부터가 불명확하다. 원어는 '바늘 눈the eye of needle'이다. 중세 때부터 바늘귀를 예루살렘의 작은 문이라며 알레고리아 방식으로 해석했다. 하지만 예수 당시에는 그런 문이 없었다. 비유의 핵심이 주로 결론 부분에 있듯이, 이 비유의 핵심은 하나님의 통치권 안으로 들어가는 것과 관련하여 '불가능성'에 관한 비유였다. 즉 부가 사람을 지배하게 되면 하나님께서 다스리실 공간이 없어서 불가능하다는 비유였다. 오로지 하나님의 절대적인 기적과 같은 은혜로만 통치권 안으로 들어갈 수 있다는 진리를 강조하셨다. 낙타이든 사람이든 바늘귀로는 통과할 수 없다. 통과와는 무관하다. 인간의 마음을 잘 아시는 예수께서 부를 '절대 의존의 대상'으로 삼지 말라는 경고였다.

독자들께서 위의 예를 읽었을 때, 석의가 어렵지 않음을 알았을 것이다. 석의로 성서본문의 원뜻을 발견해갈수록, 자신도 모르는 사이에 유능한 석의가로 세움 받는 모습을 보게 된다. 성령님의 조명과 석의 도구로 난해한 본문의 원뜻을 발견하는 날에는 말로 다 표현할 수 없는 감격을 경험한다. 천국보화를 캐는 유능한 석의가로 세움 받았음을 확인할 수 있어서다.

성서비평학을 종말에 이르게 하는 대안(✍)

예비적 이해

  독자들께서 위의 소제목에 대해 좀 어리둥절할 수도 있다. 성서비평학은 종말을 고해야 하는 까닭이 있다. 지난 300여 년 동안, 현 성서본문 형태를 인정하지 않고서 성서본문 이전의 원 본문을 찾겠다는 시도, 그 원 본문의 배경, 삶의 정황을 찾아보려는 시도를 했지만 실패했기에 종말을 고해야 한다는 뜻이다. 실패로만 끝나지 않았다. 오히려 교회와 신학계로 하여금 사양길로 가게 했다. 원뜻을 놓치고서, 존재하지도 않는 가설만 내세워서 교회와 신학계를 더 혼란스럽게 했다. 그 가설들은 증명이 불가능한 가설들이었다. 이제는 300여 년 동안의 그 지배권을 내려놓아야 한다. 그들이 행한 한 가지 역할은 있다. 배경연구에 관해서는 나름대로 공헌했다. 어쩌면 하나님께서 이 역할만 하고서 지상에서 사라지라고 하시는 것 같다.

성서비평학이 왜 종말을 맞이해야 하는가?

성서비평학이 끼친 공헌점이 전혀 없지는 않다. 풍부한 배경연구의 업적이 있다. 하지만 지난 300여 년 동안 교회와 신학계를 지배하면서 긍정측면보다 부정측면의 영향력이 더 많았다. 유럽교회를 텅 비게 한 주범, 물질주의와 개인주의와 더불어, 유럽 그리스도인들에게 신앙의 회의를 가지게 한 주범과 같았다.

18세기 계몽주의, 그 이전의 무신론적 철학의 영향으로 성서에 기록된 하나님의 초월성 행위를 철저하게 부인하는 것이 그 출발점이었다. 물론, 가톨릭교회와 개신교 정통주의의 잘못된 전통과 교리 및 교권주의 강화를 위해 성서본문을 왜곡되게 사용한 행위에 대한 반감에서 비롯된 점도 있다. 그렇지만 극단은 극단으로 가기 쉽다는 말처럼, 그런 반감으로 성서의 참된 원뜻을 이해하는 데서 멀어지고 말았다.

공통점이 있다. 성서비평학자들이 각 시대에 발전한 일반학문의 영향을 받았다는 점이 바로 공통점이다. 새 시대의 물결처럼, 새롭게 발전되는 일반학문의 방법론을 무분별과 무비판으로 수용했다. 성서가 일반도서였다면 상관이 없었을지도 모른다. 하지만 성서해석학의 고유한 독특성을 상실하게 하고서 일탄학문의 한 분야처럼 전락하게 했다. 신학이 일반학문과의 관련성이 전혀 없지는 않다. 얼마든 대화할 수 있다. 하나님의 뜻, 원뜻을 발견하는 일에 유용성이 있다면, 교회 공동체와 개별체 신앙의 유익함을 준다면 매우 신중한 고찰로 수용할 점은 수용할 수 있다. 하지만 신학이 일반학문의 힘에 의해 밀려나고 말았다.

기독교가 시작된 이래, 장기간, 신학이 지구촌 전체에 영향을 줄 정도였다. 이 세상 모든 영역에 관해 신학 관점에서 설명할 정도였다. 신학을 한 때 '학문의 여왕'이라고 칭했다. 그런 까닭으로 도서관 맨 위층도 신학분야 도서를 비치하기도 했다. 이제는 아니다. 신학이 일반학문의 꽁무니를 따라다니다가 도서관 맨 아래층이나 지하실로 밀려나고 있다. 무기력하게 일반학문의 추종자가 되어서다.

성서비평학이 일반학문의 영향을 받은 결과, 갖가지 비평학이 등장했다—역사비평, 서사비평, 자료비평, 양식비평, 전승비평, 편집비평, 문학비평 등. 기록자들이 성서를 기록할 때 그런 전문적인 비평학으로 기록했겠는가? 그런 비평학이 아니라도 얼마든 성서를 잘 기록할 수 있었다. 더구나 이 비평학끼리 서로 중복되는 면도 있어서 명료하지도 않다. 그러니 접근하는 것부터가 쉽지 않다. 체계도 없다. 전공학자들끼리만 소통한다. 그 소통도, 전공학자라도 충분히 이해하지 못하고서 자주 불명료하게 논하는 것을 본다. 대부분 일반학문처럼 '무검증 가설'에 의존했다.[5] 부존재하는 것을 근거로 했다는 뜻이다. 어떻게 성서를 그런 가설로 해석할 수 있겠는가. 그렇다면 하나님도 '가설의 하나님'이신가? 이런 유의 책들이 지금까지 홍수처럼 쏟아져 나와서 더 혼란스럽게 한다. 누가 과연 그 셀 수 없을 정도의 도서들을 읽으려고 하겠는가. 그렇다고 외면할 수도 없다. 이런 까닭으로 '비평'이라는 말만 들어도 현기증

---

5) 이는 데이비드 건Gunn의 주장이다. 건은 역사비평학이 무검증 추론을 근거로 한 점에 관해 명쾌하게 지적했다. 하지만 건이 복음주의적인 관점에서 신앙과 관련된 본문 해석에 관해서는 오해를 한 점이 있다. 더 연구가 필요한 독자는 "Narrative Criticism" in S.L.Mckenzie & S.R.Haynes(eds.), To Each Its Own Meaning을 참조하라.

이 일어나니 아예 성서비평학을, 아니 신학 자체를 거부하게 만들었다. 신학기피증을 유발시켰다.

사실, 이 비평기능은 하나님께서 창조세계 안에 주신 일반은총 도구다. 비평으로 하나님의 뜻에 합당한 일이 가능하다. 비평Criticism이란, 파괴Destruction가 아니다. 식별Distinction 기능이다. 예수께서도 그와 같은 비평의 대가이셨다. 이 비평 기능으로 유대교와 결별하고서 새로운 기독교를 창시하게 하셨다. 성령님이 임하면 하나님의 부르심에 대해 자발성, 비평, 창의성으로 하나님의 소명사역에 참여한다. 불행하게도, 성서비평학은 결국 '본문 파괴'로 나아가고 말았다. 일반학문 영역에서 새로운 연구를 하면, 마치 유행처럼, 이 비평학 저 비평학을 차용하여 하나님께서 계시하신 원뜻을 파괴한 결과가 오늘날 한국교회와 세계교회의 모습이다.[6] 용어부터가 혼란스럽다. 양식비평, 자료비평 등 서로 중복되거나 일치점이 없어서다.

어쩌면 하나님의 주권적인 섭리로 복음주의적인 개혁교회와 그리스도인들을 위해서 성서비평학의 공헌점 중, 필요한 부분만을 사용하게끔 하시고서, 이제 성서비평학의 종말의 때가 되었으니 사라지라고 하시는 것 같다. 스스로 마침표를 찍지 않으면 찍게 하라고 하시는 것 같다.

석의해석학이 성서비평학으로 하여금 종말을 맞게 하는 이유와 근거

---

6) 다행히 한국교회는 유럽교회의 '사양길 현상'에 비해 아직 덜한 편이라서 혁신의 기회가 남아 있다. 그러니 지금이라도 석의를 근거로 다시 거룩하고 순수한 불씨를 지펴야 한다. 이 기회를 놓치지 않아야 한다. 그렇지 않으면 동일한 사양길로 가거나, 기독교 역사가 짧아서 더 심각한 상태에 이르게 된다.

성서비평학이 종말을 고해야 하는 가장 주된 까닭으로는, 이 비평학이 석의해석학 자리를 밀쳐내고 그 자리에 들어와 섰기 때문이다. 그런 다음, 석의해석학 자리에 대신 서서 지금까지 300여 년 동안 교회·성서·신학계 위에 군림해 왔다. 특히 성서비평학을 석의해석학과 같은 것으로 착각한 경우가 적지 않다. 세계적인 성서비평학자들조차 대부분 성서비평학을 석의해석학으로 간주한다. 그 결과가 어떠했는지는 지금 우리 눈으로 실감나게 목격하고 있다.

이제는 석의해석학이 성서비평학을 내밀치고서 제자리를 찾아야 한다. 성서비평학 시대는 사라지고, 석의해석학 시대가 열려야 한다. 이 제자리 찾기에는 충분한 근거가 있다. 역전시키시는 하나님의 '석의 은총'이 임했기 때문이다.

성서비평학의 주된 시도는 배경연구였다. 이 연구는 석의해석학의 한 단계 안에 포함되어 있다. 성서비평학은 배경연구를 하는 것에 그쳤지만, 석의해석학은 배경연구를 비롯한 여러 단계를 거치면서 최종적으로 하나님께서 계시하신 원뜻을 발견하려고 한다. 성서비평학보다 훨씬 더 본문의 원뜻 탐구에 몰두하는 역할을 하는 강점을 지니고 있다. 성서비평학은 출발점부터가 하나님의 초월적인 계시 특성을 인정하지 않았다. 그러기에 성서비평학으로는 신학교육과 설교를 비롯하여, 성서본문을 근거로 하는 소명사역을 제대로 할 수가 없다. 반면, 석의해석학은 하나님의 초월성을 인정한다. 현재의 본문형태에 대해 심각한 문제를 제기하지 않는다. 그러기에 석의를 근거로 할 때, 적용할 수 없는 성서비평학과는 달리, 설교·상담·교육·제자화·선교 등 모든 사역을 정상적으로 할 수 있다.

다만 성서비평학의 종말을 고하는 일은 극한적으로 하지 않아야 한다. 성서비평학에 대해 극우파나 극좌파로 전락하지 않기 위해서다. 공헌점을 잘 식별하여 선용할 점은 선용할 필요가 있다. 이를 테면, 수많은 배경연구 자료들, 잘못된 교리와 전통 및 교조·교권주의자들의 성서해석 독점권과 맹목적인 순응에서 교회를 해방시킨 점 등은 공헌점이다. 성서비평학을 무조건 밀어내지 말자. 성서비평학에 관하여 '비평' 없이는 그 실체를 정확히 알 수 없기에, 철저한 비평, 보다 더 객관적인 비평으로 스스로 종말을 고하게끔 하자. 성서비평학에 대한 비평학이 석의해석학이다. 그런 까닭으로, 필자는 석의해석학이 왜 가장 적절하며 보다 나은 방법인지, 성서비평학이 왜 석의해석학의 한 단계에 지나지 않는지 객관적인 근거를 제시하고 있다. 이런 근거를 제시해야 또다시 일반학문에서 빌린 '학문적인 근거'라는 이름으로, 석의해석학을 밀어내고자 고개를 내밀지 않는다.

한 가지 예를 들어보자. 현재의 성서본문형태는 특별한 문제가 없다. 극히 일부분 사본상의 차이가 있지만 우리의 신앙과 삶의 근본을 뒤흔들 정도가 아니다. 이는 이미 입증됐다. 신약사본이 5,700개가 되지만 거의 일치하고 있다. 그 차이는 하찮다. 이는 원본에 가깝다는 뜻이다. 그러기에 본문비평의 전문가가 되지 않아도 괜찮다. 필요하다면, 이 분야에 관해 더 연구하고 싶다면 개인적으로 연구실에서 연구하면 된다. 그 대신, 이 본문비평보다 석의하려는 본문과 맺고 있는 관련본문에 더 집중할 필요가 있다. 석의가 바로 관련본문을 찾는 일과 그 관

련본문의 의미를 이해하는 데에 유용하기에 성서비평학은 종말을 고
해도 된다.

석의해석학은 성서비평학이 시도한 배경연구뿐 아니라, 본문의 본경
이나 전경까지 이해하도록 안내한다. 훨씬 더 넓고 깊은 이해다. 성서
비평학의 편집비평을 비롯한 별도의 특별한 비평법도 필요로 하지 않
는다. 본문의 정황(본경·배경·전경) 이해로 자연스레 역사적 배경연구가
이루어지기 때문이다. 성서비평학의 문제점을 수정하고 보완할 수 있
는 기능을 갖춘 해석학이 석의해석학이다.

성서해석은 종교개혁의 만인성서석의가 원리를 근거로 '모든 그리스
도인의 성서해석법'이어야 한다. 성서비평학은 이 역할을 할 수 없다.
석의해석학만이 가능하다. 성서비평학은 난해하고 체계가 없어서, '귀
족 학자들'과 같은 특수층이 아니고서는 충분히 이해할 수 없다. 그나
마 극소수의 학자들만이 제대로 이해할 뿐이며, 나머지는 허우적댄
다. 그 특수층 사이에서조차 일치점이 없어서 중구난방으로 떠드는 목
소리일 뿐이며, 문제 제시로만 끝나기에 그 폐해가 얼마나 심각하겠는
가. 구조주의비평이 등장했을 때는 각광을 받았다. 얼마 후 이 비평법
이 문제가 있다며 '탈구조주의비평'이 등장했다. 이 비평법 역시 문제
가 있기에 '탈탈구조주의비평'이 등장할 것이다. 역사비평학이 한계가
있다면서 정경비평, 문학비평, 사회학적 비평 등이 등장했다. 현대문
학비평학으로도 성서를 해석하려고 했다. 특히 독자반응을 근거로 시
도했다. 독자반응은 본문의 원뜻을 독자가 결정한다는 주장이다. 하
지만 하나님의 원뜻이 독자의 판단에 의해 좌지우지되겠는가? 하나님

이 계시한 원뜻을 모든 독자 스스로가 결정할 수 있겠는가? 그 다음에는 무슨 비평이 등장할지 아무도 모른다. 끝이 없다. 그러는 동안에 교회와 그리스도인들은 어떻게 되었고, 되는가? 앞으로 어떻게 되겠는가? 신학생은 어떻게 되는가? 목회자들은 교회에서 어떤 설교를 하게 되는가? 신학교수들은 무엇을 강의하게 될 것인가?

그러니 성서비평학은 종말을 고해야 한다. 더 이상 '학문적이어야 한다.' 혹은 '신앙과 학문은 다르다.'라는 억지 구실로 버티지 못하게 해야 한다. 한국 신대원 교수들은 해외학자들의 성서비평학 연구물을 그대로 번역하여 전달하거나 모방식 강의행위도 즉시 중단해야 한다. 일반학문의 한 분야로 전락하는 행위다. 문화종속주의자 혹은 신학종속주의자들의 행위다.

석의해석학은 실제적이며, 체계가 있는 학문을 근거로 한다. 성서비평학과는 달리 신앙을 근거로 한다. 성령님의 조명 아래에서 하기에 신앙과 학문의 균형감을 지닌다. 교회공동체와 개별체의 신앙을 위해 바로 유용하게 사용할 수 있다. 생명을 살린다. 반면, 성서비평학은 체계도 없다. 일반학문의 흉내에 지나지 않는다. 그 출발점은 독일산 성서비평학이다. 성서비평학은 가설에 근거한 배경연구에만 집중한다. 그것도 방법론에만 집중한다. 답할 수 없는 문제만을 제시했을 뿐이다. 고대문헌인 성서본문에 대해 현대학문방법을 총동원하다시피 하여 파헤치려고 했지만 파헤치지 못했다. 본문형태부터 부인했다. 하지만 수천 년을 거치면서 오늘 우리에게 전해진 성서본문이 보존됐다. 놀라운 일이 아닌가. 성서비평학이 때로는 성서본문을 갈기갈기

찢었다. 양파 껍질 벗기듯 해부했다. 원뜻을 찾고자 하는 일에는 집중하지 않았다. 성서본문의 원뜻을 발견해야 하는 성서해석의 본질에서 멀어지지 않을 수 없다. 결국 성서비평학은 실패했다. 그러니 종말을 고해야 한다!

세계교회와 세계신학계의 반성과 갱신을 위하여

예비적 이해

하나님은 가톨릭교회에 2천여 년이라는 긴 시간을 주셨다. 그 결과는 어떠한가? 한 마디로 실패작이 아닌가? 형태와 조직은 거대하지만 힘을 잃은 종교집단일 뿐이지 아닌가? 2천여 년이 지난 현재 남은 것은 무엇인가? 가톨릭이 지배하려고 했던 세상과 인간은 어떻게 되어 있는가? 바티칸 왕국의 재산 전부를 가난한 자들에게 나눠주겠다는 그런 결단을 하지 않는 한, 천지개벽과 같은 대변혁이 와도 웅크리고 있을 것이다. 세상과 인간을 지배하기 위해 만든 가톨릭의 조직, 제도, 미사가 하나님의 통치행위를 대신해온 결과다.

원래 하나님의 통치 법칙은 '초월성 의존'이다. 그러니 교황제도부터가 문제였다. 하나님의 초월성을 밀어낸 주범이 교황제도다. 그것이 대신 다스리기에 하나님께서 다스리실 공간이 없다. 그러니 세상이 어떻게 됐겠는가. 우리는 가톨릭이 비성서적인 모순과 허위를 구제와 선행으로 은폐해온 것을 정신 차리고서 직시해야 한다. 이단들도 거짓 진리를 선행으로 은폐하고 있어서다.[7] 미국 회사들이 신입사원을 채용할 때 이단 소속 청년들을 제1순위로 선발한다.

개혁교회를 추구하는 개신교는 어떠한가? 하나님의 주권적인 섭리에 의해 '종교개혁'이라는 놀라운 은총을 주셨다. 하지만 어떠한가? 한국교회를 포함하여 세계교회공동체가 현 상태로는 더 이상 희망이 없을지도 모른다. 하나님께서 창조하신 세계를 관리하라는 어명도 제대로 감당하지 못한다. 물질주의와 자본주의가 세상을 지배하는 힘에 점점 더 동화되어 깊이 고착화해 있다. 한국에서는 돈 없이는 교회생활도 할 수 없다는 말까지 퍼져있다. 그것과 관련된 악의 문제도 여전하다. 세상은 하나님 없이도 살 수 있는 세상으로 만들어 가고 있다. 죽음의 문제를 안고 사는 인생들을 영원한 세계로 구출하라는 어명, 사회와 문화 영역에까지 하나님의 다스림을 받게 하라는 어명을 어느 정도로 수행했는가? 이것도 저것도 아닌 교회공동체의 무기력한 모습을 어떻게 해야 하는가?

먼저 2천여 년 기간의 성서해석사적 총정리가 필요하다. 무엇이 문제였는지 그 무기력한 허상의 실체를 알기 위해서다. '여과'로 전수할 것은 전수하고, 버릴 것은 버리며, 고칠 것은 고치며, 보완할 것은 보완해야 하는 위기에 직면해 있어서다. 교회당 안에서는 찌개 냄비처럼 요란하며 부글부글 끓다가 세상 속에서는 금방 식어버린다. 하나님의 어명이 무엇인지조차 잊고 있다. 하나님의 어명을 위해 사용하라고 주

---

7) 진정한 기독교단체를 알고자 할 때 두 가지 측면을 살펴야 한다. 건전하고 균형감이 있는 바른 기본 진리와 그 진리를 근거로 하는 바른 실천이다. 가톨릭과 이단들은 기본 진리에는 문제가 있지만, 실천으로 그 문제를 가리고 있다. 개신교는 기본 진리가 더 바른 편이지만 그 진리를 근거로 하는 윤리적 실천이 부족하다고들 한다.

신 갖가지 선물 은총을 자신들을 위해서 향유하고 있을 뿐이다.

'기초공사'에서 벗어나다

예수께서 공생애 기간에 하나님의 뜻을 실현하는 '기초공사'를 매우 견고하게 시공하셨다. 기초공사란, 말 그대로 기초 중의 기초다. 카타콤과 같은 지하와 가정교회에서, 예수의 참뜻(원뜻)을 잘 실현하던 교회들이 지상화, 제도화, 조직화 한 후부터는 이 견고한 기초공사에서 벗어나기 시작했다. 예수께서 하나님의 주권과 통치권을 '이 땅'에 확장시키라고 했건만, '건물교회' 안에다 심고 가두고 말았다. 삼위일체 하나님을 불필요할 때는 건물 밖으로 내쫓았다가, 필요할 때만 다시 불러들이는 짓을 반복해 왔다. 2천여 년이 지난 지금의 모습을 보라. 가톨릭은 대실패작이 아닌가. 개신교도 어느 새 가톨릭적인 개혁교회가 되어 있지 않는가. 말로는 가톨릭을 개혁하겠다며 출발했다가, 점점 더 가톨릭화 되어가는 이 모순을 무엇으로 한탄해야 하는가.

이제는 더 이상 그럴 수 없다. 기독교가 짧지 않는 2천여 년을 지속해왔다. 종교개혁이 일어난 지도 5백년이 지나고 있다. 한국개신교 역사도 130여 년이 지났다. 예수께서 "다시 올 것이니 준비하라."라고 하신 말씀에 비추어 보면 준비가 되어 있지 않다. 그러니 오실 수가 있겠는가. 지금 오시면 인간들과 세상은 어떻게 되겠는가.

여전한 혼란, 모순, 오류, 갈등, 분열 등으로 뭉쳐져 있는 것을 수리하지 않으면 안 된다. 하나님께서 긴 세월을 주셨지만, 인간들은 하나님의 참뜻에서 벗어나기만 했다. 정말이지 하나님의 은총이 아니었다면 어떻게 됐겠는가? 하나님의 이름으로 모인 교회들이 그 이름으로 하나님의 뜻을 고의적으로, 악의적으로 거슬렀으니 하나님의 비통함이 어떠하시겠는가? 하나님의 이름으로 악을 행했으니 그 비극이 어떠하겠는가?

긴 세월 동안, (가톨릭) 교회는 하나님의 이름으로 세상과 인간을 지배해 왔다. 모든 삶, 지구촌에 태어났다가 떠나는 삶까지 지배해 왔다. 지금도 긍정적이든 부정적이든 뿌리 깊은 영향력을 주고 있다. 한 예를 들자면, 우리는 그레고리우스 교황이 인간과 세상을 지배하고자 만든 달력을 보면서 살고 있다. 그는 달력과 교회력으로 시간을 지배하려고 했다. 매우 영리한 전략이었다. 시간 지배가 곧 인간의 삶 자체 지배였기 때문이다.[8] 가톨릭의 시간 지배 원칙, 곧 성당과 수도원에서 울리는 종소리로 하루를 시작하고 마쳤다. 밀레의 〈만종〉이 언뜻 보기에는 평화스럽지만, 예술로서의 가치는 있겠지만, 그 실상은 가톨릭에 의해 삶이 지배받고 있음을 나타낸다. 탈중세를 외치던 개신교마

---

8) 개신교교회는 가톨릭이 교권 강화 및 세상과 인간 지배 목적으로 제정한 '교회력'에 대해서도 재고해야 한다. 그리스도 안에서 매일 매 순간이 주일(주님의 날)이며, 부활절이며, 성탄절이다. 모일 때마다 초림, 공생애, 죽으심, 부활을 기리며 재확인하며, 재림을 희망하는 종말론적인 삶을 재확인하는 일이 교회력보다 더 중요하다. 흩어져서는 총체적인 복음에 합당한 삶을 사는 것이 더 중요하다. 이는 우리가 이미 영원한 성탄, 영원한 부활의 은총 안에 있어서다. 하나님의 영원 안에 있기에, 시간 속에서 살고 있지만, 현재, 과거, 미래가 이 영원이라는 무시간 안에 있어서다. 목사들이 교회력, 성례, 예배 인도권, 설교권으로 권의를 세우려 함은 가톨릭 사제주의를 따르는, 불순한 숨은 동기만 보일 뿐이다. 이미 그리스도 안에서 언제 어디서든 영원한 예배가 이루어져 있어서다. 공동체의 질서를 위해 어떤 경우에는 필요한 점도 있지만, 그것조차도 반드시 목사만이 해야 하는 일이 아니다. 가톨릭의 사제주의 영향을 받은 요소들은 문제라서 재고해야 한다. 사제주의를 반대한다면서 자신의 존재 의미, 필요성, 기득권을 유지하고자 사제주의를 이용하고 있는 것이 목사들이 아닌가?

저 여전히 중세 가톨릭교회의 유산을 계승하고 있으니 이 비극을 어떻게 해야 하는가.

어디 그뿐인가. 매 시대마다 만들어진 시대 산물의 영향도 받아 왔다. 고대근동의 이교문화, 헬라문화, 라틴문화, 구약의 원뜻에서 벗어난 유대교문화, 무신론 철학, 계몽주의, 성서비평학 등으로 뒤섞여 있다.

문제는 이 영향요소들이 신구약 원뜻을 명확히 이해함을 훼방했다는 점이다. 하나님의 참뜻, 명확한 원뜻에서 벗어나게 했다는 점이다. 복음이 전파되는 곳마다 비기독교문화와 각 시대 정신의 힘에 눌리고 말았다. 예수께서 세우신 기초공사에서 벗어나고 말았다.

멀어지게 한 '원뜻'을 회복해야 한다

개신교가 가톨릭처럼, 천국대리점과 같은 역할을 이제는 그만해야 한다. 원뜻을 회복시키기 위해서 이 일이 급선무다. '사람교회'에 대해 원뜻을 차단시키고서 천국행 티켓을 받기 위해서는 '건물교회'가 요구하는 행위를 하게끔 하고 있어서다. 그 요구행위로만 천국에 갈 수 있다며 천국행비자 장사를 하고 있다. 그리스도인들은 그 티켓을 받는 것에만 관심이 있을 뿐이다. 지금이 어떤 시대인가? 중세와는 다른 시대라고 하면서 실제로는 중세 가톨릭교인들과 다를 바가 없다. 그들은 천국 가는 것이 주된 핵심으로 가르침 받았다.[9] 물론, 이 점도 제외시

---

9) 이 점에 관해, 후카이 토모아키 교수의 통찰력이 있는 논점을 참고로 하여, 필자가 석의해석학 관점에서 좀 더 의미 있게 재해석을 해보았다.

킬 수 없다. 하지만 그것에 매달리고 몰두하게 하고 전부인양 강조한 점, 그것으로 인해 부패한 점이 심각한 문제다. 하나님의 참뜻(원뜻)이 이 땅에 확장되는 일에는 무관심하게 만든 점이 문제다. 하나님의 참뜻보다 건물교회의 뜻을 따르지 않으면 천국에 갈 수 없다는 반공갈에 세뇌되어서다. 괴상하기 짝이 없는 '하나님=건물교회'라는 공식까지 만들면서 지배해 왔다. 건물이 웅장하고 거대할수록 그 지배력도 강화되어 대형건물 짓기를 서로 경쟁하듯 건축해왔다. 그리스도인들은 천국에 가려면 금액이 얼마든 건축비를 내야 했다. 건축비를 내야만, 건물교회제도에 잘 복종해야만, 교회가 요구하는 십일조헌금을 비롯한 각종 헌금과 선행을 해야만 천국행 보증서를 받는다는 식이었다. 건물교회 안에다 하나님, 성서. 그리스도인들을 다 가둔 것은 무서운 범죄행위다. 그러는 사이에 세상 속에는 악과 고통이 증가했다. 한국만 하더라도, 대통령과 대법원장부터 부도덕한 행위를 했으니, 다른 국민들은 보고만 있었겠는가? 들통 나지 않은 악들이 수두룩할 것이다. 앞으로 더할 것이다.

　성서비평학이 왜 등장하여 당시 교회의 전통교리를 비판했겠는가? 바로 교회의 모순 덩어리 때문이었다. 성서비평학이야말로 제도교회나 전통교리보다 더 학문적, 더 객관적, 더 이성적이라며 비판했다. 성서비평학이 교회를 상대로 전투를 시작했던 것이다. 성서비평학은 가톨릭과 가톨릭적인 개신교가 개인구원, 천국행이라는 미끼로 사람과 세상을 지배하는 방식에 대해 저항했다. 그 저항은 옳았다. 예수무당들에 대한 저항이어서다. 하나님께 바치라지만 사실, 예수무당들인 자신들이 탈취, 횡령하려는 숨은 동기는 감추고 있었다. 진짜 하나님의 참뜻, 원뜻을 실현하려는 하나님의 사람은 그런 요구를 하지 않는다. 그러니 '가나안' 그리스도인들이 더 정통일지도 모른다는 외침이 있는 것이 아닌가. 그들이 예수의 가르침, 원뜻을 더 잘 이해하고 실천하고 있어서다.

미국 실용주의 영향으로 교회와 신학도 자유경쟁, 무한경쟁, 시장경제 논리로 복음을 상품화 한 점도 조속히 벗어나야 한다. 미국 수정교회의 몰락을 보라. 그리스도인들을 소비자로 만들고서, 뭔가 이익 여부로 교회를 선택하게 만든다. 이렇게 만든 장본인은 제도와 조직과 미사권(예배권)을 가진 교회다. 세상의 악과 고통에 대해서는 무관심하게 만들어 왔다. 스스로가 해야 할 일을 하나님께 해달라고 떠넘기기만 해왔다. 소비자 만족을 주는 비진리로 계속 현혹시킨 것이다. 한국교회의 대형교회도 매주 구원받고 천국가게 된 것만 반복해서 강조한다. 그렇게 되었으니, 영생을 얻게 되었으니 무엇이든 바치게 만들려는 사악한 의도다.

이는 심각한 오해다. 누가 천국에 가는지는 아무도 모르는 일이다. 하나님의 뜻대로 하는 자라야 천국에 들어간다는 그 기준을 제시했는데도 듣지 않는다. 하나님의 고유 권한인 최종결재가 남아 있다는 사실, 모두 다 최후의 심판대 앞에 선다는 사실에 관해서는 무관심하다. 이 어리석은 생각은, 자기 마음대로 살다가 죽기 5분 전에 예수를 믿으면 천국 간다며 계산을 잘못한 인간의 생각과 같다. 하나님께서 그런 자의 그 숨은 동기를 모르시겠는가. 인간이 지배하는 제도교회나 대형교회 지도자의 속셈을 모르시겠는가. 하나님의 뜻을 행하지 않으면서 천국영생 보증 티켓만 남발하고 있다[10]. 그러는 동안에 세상은 과학기술을 앞세우며 하나님에 대해 도전해오고 있다. 교회는 점점 더 무력해지고 껍데기만 남을 것 같다. 가톨릭교회와 가톨릭적인 개신교가, 예수와 초기교회의 원뜻을 은폐하그서 다른 뜻을 2천여 년 동안 쌓았으니 그 부패가 어떠하겠는가. 가장 기초적 복음인 통전적인 구원 의미부터 개인화 해버렸으니 세상과 인간이 어떻게 됐겠는가. 예수의 제자들은 기초 복음 중의 기초 복음인 예수의 죽으심과 부활의 의미와 이 복음에 합당한 삶을 가장 중요시했다.

이제는 재정리와 회복이 필요하다. 교회공동체가 새로운 주춧돌을 근거로 해서 다시 나아가야 한다. 성서비평학이 지금까지 쏟아낸 무익한 가설과 추론들에 대해 답해줄 필요가 있다. 교조주의자나 근본주의자의 목소리가 아닌, 객관적이며 합리적인 진리를 근거로 말이다. 이 성서비평학의 문제점은 물론, 가톨릭과 가톨릭적인 개신교의 문제를 모두 해결할 수 있는 석의해석학으로 회복해야 한다.

---

10) 성서는 몇몇 특정한 사람 이외에 구원론에 관하여 "누구든 그리스도를 주로 고백하면 구원받는다."라는 객관적 진리와 구원받은 자의 윤리적 삶에 대해 기록하고 있다. 그 진리가 적용되는 주관적 은총의 대상 명단은 언급하지 않는다. 모든 사람에 대해 하나님의 구원의 사랑은 열려있다. 하지만 최종 결정은 하나님이 주관하시기에(주관적 은총) 세종과 영조 중 누가 구원받았는지 아무도 모르는 점이 있다. 하지만 하나님이 주관하시면 장애우나 유아라도 죽는 순간에 구원 은총을 베풀 수가 있다. 우리가 구원 은총 안으로 들어오게 하시는 성령님의 역사와 확증 해주시는 은총과 구원에 대해 미리 경험하는 선험의 은총 안에 있더라드, 구원받은 자로서의 삶을 살아가더라도, 최종 결재는 하나님의 손에 달려있음도 유의할 필요가 있다. 그렇지 않으면 구원받았기에 '놀고 먹어도' 천국간다는 생각을 하게 된다. 마음과 뜻을 다하지 않는다. 바울처럼 '최종 월계관'을 향해 달리지 않는다. 하나님의 원뜻을 알고자 애쓰지 않으며, 그 원뜻대로 바르게 살고자 하지 않는다. 필자가 이런 점에 관하여 논했기에 독자들께서 구원론에 관하여 오해가 없기를 바란다.

교회사(성서석의해석사)적인 필요성

예비적 이해

앞 단락에서 논한 바와 같이, 세계교회와 세계신학계는 지금 새 출발을 하지 않으면 안 되는 위기에 직면해 있다. 위기 직면 정도가 아니라 이미 무너진 공룡과 같다. 2천여 년의 기독교 해석사에 관하여 총정리를 해야 하고, 이를 근거로 21세기에 새로운 방향을 제시해야 한다. 교회 전통에 관한 새로운 관계성을 정립해야 한다. 대부분의 문제가 성서해석 오류에서 비롯되었기에, 교회−신학−신앙−삶을 새롭게 섬기는 성서해석이 필요하다. 장기간 지속된 왜곡, 변질, 오석 등을 바로 잡아야 한다. 회상과 반성으로 새 대안을 제시하지 않으면 안 된다. 석의해석이야말로 그 대안이다. 석의해석의 제자리와 원래의 기능을 찾아야 한다.

오늘날 신학활동이 인문·사회과학의 영향력에서 벗어나지 못하고 있다. 신학강의가 그러하다. 특히 인문학 전체가 지닌 문제점의 영향 아래에 있다. 인문학이 발전하지 못하는 까닭이 무엇인가? 사회 각 영역에 공헌하는 사회적 기능을 하지 못하는, 상아탑 안에서만 읊어대는 소리와 같아서가 아닌가? 너무나 사변적이며 체계성이 없어서가 아닌가? 그러니 상아탑 밖과 단절되고 외면당하고 있다. 성서비평학이 그런 영향을 받았으니 어떻게 됐겠는가? 교회공동체와 개별체와는 무관한 사변적인 신학, 실제성이 없는 신학으로 전락해버린 것이다. 석의해석은 실제성이 있고, 교회사역을 섬기기에 그런 문제점을 극복하게 한다. 인문학처럼 유명하다는 한 두 사람의 신학자의 이론을 소개하는 것으로는 극복할 수 없다.

긴긴 2천여 년 동안, 교회가 엉뚱한 짓을 하다가 사양길로 가는 사이에, 세상은 인간의 유전자까지 판독하는 수준에 이르렀다. 판독만으로 그치지 않고서 그것으로 하나님을 향해 도전해오고 있다. 무기력한 교회를 향해 자기들의 기술로 조롱해오고 있다. "너희들은 2천여 년 동안 성서 66권도 제대로 판독하지 못했지 않는가?" 하며 무능함을 지적해오고 있다. 이 도전과 조롱에 대해서도 석의(석의해석학)로 답해줄 필요가 있다.

석의하기가 가장 적절한 시대

우리가 혼란과 절망에 직면해 있는데도, 그 어느 시대보다 석의하기가 가장 적절하다. 과거 교회공동체의 좋은 유산 및 실패와 문제점을 명확하게 알 수 있는 위치에 서있는 점도 한 가지 이유다. 우리가 알지 못하는 사이에 하나님께서 풍부한 석의자료들이 만들어지게 하신 것도 그 이유다. 놀라운 은총이다. 지금도 쏟아져 나오고 있다. 300여 년 동안 지배해온 성서비평학의 연구결과물로 성서비평학을 비평할 수 있다. 이 얼마나 통쾌한 일이 아닌가. 그들이 연구한 근거로 종말을 고할 수 있는 객관적인 근거들이 풍부하다는 이 역설! 교회 안에 굳어져 있는 과격한 근본주의나 진보주의, 문자주의, 영해주의, 교조주의, 이원론, 미신화, 무기력증, 타성, 가톨릭화 한 개신교, 사제주의, 자의·삭의적인 설교와 본문인용 등을 바로 잡을 수 있는 근거들이다. 우리 시대를 향한 하나님의 주권적인 섭리의 의미가 아닌가. 하나님의 요구하심이다.

기독교 초기에는 복음의 원뜻에 근거한 순수함과 윤리적인 거룩함을 유지했다. 그것으로 로마제국의 상부층을 비롯한 전 지역과 유럽에까지 복음이 전달됐다. 문제는 주후 380년, 테오도시우스 황제가 그리스도인이 되고서 기독교만을 국교로 결정한 후부터였다. 중세 암흑시대로 들어가게 했다. 굵직한 역사적 사건은 그릇된 성서해석에서 일어났다. 그 동기는 전적으로 인간의 죄악성에서 비롯됐다. 진리가 아니었다. 교황제도, 사제주의, 교회분열, 십자군전쟁, 인종차별, 천동설, 종교재판, 십일조 종교세, 성전(예배당) 건축, '한 교회 한 명의 주교'[11] 등. 그러다가 종교개혁시대가 되어 한 줄기 강력한 혁명과 같은 빛이 발했다. 그렇지만 다시 성서비평학이 300여 년 동안 지배했다. 체계도 없었고, 실제성이 없는 사변의 제자들이었다. 이제 21세기에는 새로운 시대, '석의, 원뜻을 찾아서:석의해석학의 이해' 시대가 열리고 있다. 풍부한 객관적 자료들이 준비되리라고는 아무도 몰랐다.

새로운 '한국기독교·한국신학'을 위해서

여전히 한국교회는 수입 기독교와 수입 신학에 의존하고 있다며 개

---

11) 개신교가, 가톨릭이 교황권과 교권 강화를 위해 정치제도를 모방하여 만든 '한 교회, 한 명의 주교(One Church, One Bishop)' 제도를 모방하여, '한 교회, 한 명의 당회장·담임목사(One Church, One Senior Pastor)' 제도를 만든 것은 심각한 문제다. 가톨릭적인 개신교로 변질된 증거다. 게다가, 1세기 초기교회의 공동목회와도 어긋난다. 즉각 바꾸어야 한다. 그리스도만이 '교회의 머리'라는 진리와도 어긋나는 행위다.

탄하는 분들이 늘어나고 있다. 한국적인 기독교, 한국적인 신학이 없어서다. 기독교 역사학자, 이 만열 교수는 기회가 있을 때마다 이 문제점을 질타한다. 해외신학이 얼마나 혼란스러운가. 그 혼란도 산더미처럼 쌓여 있다. 그러니 한국교회도 복잡하고 혼란 상태에 놓여 있다. 정리가 필요하다. 체계성도 필요하다. 한국의 교단, 교회당 건물, 신학교육기관 등이 여러 측면에서 미국의 기독교를 닮았다고들 한다. 미국 목사들의 흉내 내기가 바쁘다고 한다. 미국 설교자가 강단을 어슬렁거리며 설교를 하자 곧바로 흉내 내기를 시작한다. 곧 미국 설교자들이 권총을 차고 설교할 수도 있다는데, 이것도 흉내 낼까. 미국 실용주의의적 기독교 영향에서도 벗어나지 못하고 있다. 미국에서 기침만 해도 한국에서는 몸살을 앓는다고 한다. 한 때, 해외 근본주의와 진보주의의 성서관의 영향을 받아 한국의 장로교회는 분열되고 말았다.

조속히 수입 신학에서 벗어나야 한다. 일반학문방법을 도입하여 전개한 해외학자들의 신학강의를 흉내 내는 것도 종말을 고해야 한다. 신학은 한 단어, 한 문장이라도 진리를 내포하고 있어야 한다. 한국교회는 실제적인 신학이 필요하다. 학문이라는 이름으로 비실제성을 추구하는 구미신학으로는 적용하기가 어렵다. 한국은 실제적인 현장 Practical Field이다.

일단 최신·최고급 학문과 문화를 습득할 필요는 있다. 그대로 흉내내지는 않아야 한다. 한국 신학이라는 독창성을 발휘해야 한다. 늘 세계신학계에 대해 열려 있어야 하겠지만, 독창성이 있어야 국제경쟁력이 형성되고, 하나님의 소명을 더 잘 감당할 수 있게 된다. 결코 반서

구주의나 반외세주의를 주장하는 것이 아니다. 구미신학과는 늘 열린 대화가 필요하다. 하지만 한국적인 교회 상황을 고려하지 않고서 그대로 직수입하여 베끼듯 사용하는 점은 심각한 문제다. 그러다가 서구교회들처럼 사양길로 가게 된다. 이미 그런 징조가 보이지 않는가. 직수입한 신학으로는 텅 비게 되는 '교회공동화 현상'이 곧 나타날 수 있다.

 번역출판을 계속할 경우, 문화종속주의·신학종속주의에서 헤어나지 못한다. 하루속히 한국적인 학자들과 작가들을 양성해야 한다. 거듭 말하지만, 신학 분야는 유학도 그만 갔으면 한다. 필자도 영국유학을 갔지만, 교회가 사양길로 가고 있는 국가에서 신학을 배운다는 게 참으로 모순으로 느껴졌다. 신학 발전은 구미에서, 교회 성장은 한국에서? 교회는 한국교회, 신학은 해외신학? 이 얼마나 심각한 모순 현상이 아닌가? 한국의 교회성장이 신학에 근거하지 않았다는 뜻인가?

 신학에서 가장 중요한 학문은 성서해석학이다. 필자가 보급되기를 바라는 석의해석학은 '한국적인 석의해석학'으로 성서해석학의 중심과 같은 역할을 할 것이다. 필자의 이 저서가 모두 다 새로운 것은 아니지만, 유용한 해외학자들의 논점을 참고로 했지만, 어떤 점에서는 새로운 독창성이 있는 부분이 있다. 이와 같은 한국적인 신학, 한국적인 석의해석학이 계속해서 창달되어야 한다.

석의의
역사적 발자취[1]

< 본 장을 언제 읽을 것인가? >

필요하다면,
제5장과 제6장을 먼저 읽은 후에 본 장을 읽어도 된다.
석의에 관해 숙지한 다음, 2천여 년의 성서석의해석사와
대화·회상·반성·검증을 해보라.

1) 고대근동기의 석의

인류 최초의 석의

예비적 이해

인류 최초문명이 발생한 고대근동기에 석의해석이 있었는가?[2] 있었다면 그 증거는 무엇인가? 어떤 점에서 석의의 본질과 석의의 방법을 보여주는가?

문자가 발명되기 전, 최초의 석의는 신체언어나 입말로 '의미'를 소통하고 전달했다. 이때에 그 '의미'가 무엇인가를 먼저 알아야 했다. 의미이해 없이는 의미표현이나 의미전달이 불가능했다. 이는 석의해석의 발생이 자연스러운 일이었음을 말해 준다. 신체언어나 입말이라도 먼저 의미를 파악해야(석의) 했다. 의미를 정확히 알아야, 상대방과 대화와 소통을 하거나, 기억하여 전달하는 일 등 일상생활이 가능할 수 있었다.

문자발명 이전부터 사용된 도장문화도 석의문화다. 국가나 개인에게서 도장도 '의미'가 중요했다. 직함·권위·소유권·의무와 책임 등의 의미를 표시한 의미 역할자였다. 조개껍질, 뼈, 돌로 만들 때, 먼저 상징

---

1) '석의해석사(석의의 역사적 발자취)'는 필자가 여러 학자들의 연구자료 중, 석의 관점에서 핵심 논점을 정리하여 요약한 내용과 비평적으로 쓴 요약 형태의 내용이다.

2) 역사학자들은 '고대근동기'를 메소포타미아 수메르문명이 시작한 주전 3,300여년 경부터, 알렉산더 대왕이 페르시아를 정복한 주전 330여년 까지, 약 3천년 동안의 시기로 간주한다.

의미가 무엇인지를 알아야 했다.

입말석의에서 글말석의로

인류 최초 문명인들은 신체언어나 입말로는, 원하는 의미소통, 의미전달, 의미보존의 한계가 있음을 점점 알게 됐다. 입말로 들은 정보를 뇌에 저장하여 먼 거리에 있는 대상과 소통·전달할 때 겪는 어려움, 기억의 한계, 소통과 전달할 의미의 보존 문제 등으로 다른 수단이 필요했다. 이런 필요성으로 주전 3200여년에 문자를 만들었다. 문자발명은 석의의 결과다. 이처럼 인류 최초 문명지역에서, 입말이든 글말이든, 먼저 그 '원뜻'을 알아야 했기에 이를 찾는 석의를 하지 않을 수 없었다.

글말이 입말보다 더 효율적으로 의미의 소통·전달·보존이 가능함을 알게 되자, 입말석의에서 글말석의로 바뀌었다. 수메르인들이 최초로 발명한 쐐기문자, 이 문자의 영향으로 만들어진 것으로 추정되는 이집트의 상형문자도, 석의에 의한 발명이었기에, 석의의 관점에서 보면 시사하는 바가 크다. 역사상 최초의 문자였지만, 문자를 단순하게 쓰는 것만이 전부가 아니었다. 기록전문가들을 훈련시키되, 기록물의 의미를 해석하는 기술도 전수했다. 그 전문가들은 의미를 해석하고 이해해야 기록할 수 있었고 기술을 전수할 수 있었다는 점은, 그들이 '석의전문가'이었음을 뜻한다.

이처럼 수메르에서 시작된 석의에 의한 기록기술은, 이스라엘을 포함하여 바빌로니아와 아시리아까지 전수됐다. 의미를 잘 기억하고,

의미를 용이하게 기록하고자 적절한 체계도 발전시켰다.

석의에 의한 최초 번역 및 통역

메소포타미아의 석의에 의한 최초 번역에 관해서는 제32-33쪽을 보라.

이 지역에서는 석의에 의한 통역문화도 자연스레 발달했다. 두 언어를 사용해야 했기 때문이다. 통역은 지금도 단어 바꾸기만으로는 어렵다. 통역할 말의 의미를 먼저 이해해야 정확한 통역이 가능하다. 통역을 잘못하면 외교문제까지 발생한다. 메소포타미아에서는 석의에 의한 번역문화와 통역문화도 발달하기 시작했고, 그 문화를 이웃나라에 전수했다.

석의해석을 필요로 했던 일상생활

인류 최초 문명발생지, 메소포타미아 수메르인들은 점토판에, 이집트인들은 파피루스에 문자를 기록했다. 석의로 해석하여 이해하고 기록한 '그 의미'는 공동체생활의 근거였다. 경제, 법률, 종교 등 모든 삶을 영위하게 한 근거였다.

고대근동기는 왕이 제사장을 겸임했고, 왕권과 종교권이 삶 전체를 지배했다. 왕명은 신들의 명령과 같았다. 왕의 뜻이 담긴 이 명령의 의미를 결정하려면 '의미를 무엇으로 할 것인가?'라는 석의과정은 필수적이었다. 권력을 더 강화하고자 소통과 통제 영역을 더 확대할 수 있는 방법이었다.

도시국가 왕궁 옆에는 반드시 신전이 있었다. 신전건축에 참여한 기술자와 일꾼을 비롯하여 갖가지 통계기록이 필요했다. 그 기록은 중요한 '의미'를 보존했고 전수됐다. 도시끼리 지역끼리 교역이나 소통이 필요할 때도 '의미'는 중요했다. 후손들에게도 신들의 뜻에 의한 삶의 방식을 전수해야 했을 때도 '의미'는 중요했다. 의미를 확정하는 석의야말로 절대적일 정도로 필요했다.

고대근동인들의 세계관에서도 '의미를 찾고자 하는 석의'는 매우 중요했다. 삶의 문제에 직면할 때, 두려움과 불안에 휩싸일 때 오늘날은 다양한 해결방법이 있지만(이를 테면, 몸이 아프면 병원을 찾지만), 그들은 자연만물과 천체에서 해결책을 찾았다. 자신들의 운명을 결정하고 두려움과 불안의 문제를 해결해주는 유일한 대상으로 여겼다. 이렇게 해서 고대근동지역에는 이스라엘이 믿는 야훼하나님과는 다른 신화종교가 널리 퍼져나갔다.[3] 이를 테면, 태양보다 달을 최고의 신으로 숭배했다. 그것도 보름달보다 초승달을 '더 위대한 신'이라는 의미로 해석하

---

3) 고대근동인들의 신화종교는, 우주의 기원이나 인간의 갖가지 문제에 직면했을 때, '만들어진 의미'를 주입시킨 자의해석의 산물이다. 죽음, 운명, 고난과 고통, 두려움과 불안 등에서 구출 받게 하는 위대한 존재의 기원을 우주 천체에 있는 것으로 생각했다. 그곳에 신들이 살고 있어서 그 신들이 이 지상의 삶을 절대적으로 지배한다는 종교사상의 체계를 만들었다. 고대근동인들은 하늘 위에 또 다른 하늘이 있으며, 그곳에는 신들이 살고 있는 세계며, '바람'드 그곳의 신들에게서 내려오는 것이며, 혹은 신들의 숨결이라는, 신성한 종교적 의미가 있는 것으로 이해했다. 하지만 이 신화들은 허구적 사실이었다. 현실세계 삶의 문제들어서 벗어나고자 신화세계의 신들을 만들어 그 신들을 의존하고자 했다. 이스라엘 민족도 고대근동인들의 신화 용어나 표현을 잘 알고 있었다. 그들과 동일한 용어나 표현을 사용한 경우가 있지만, 그들처럼 신화적 신앙을 의존하며 따르지는 않았다. 그런 티계시적이며 만들어 낸 의미를 주입시킨 신화문화 용어나 표현을 선용했지만, 탈신화화 하여 계시신앙인 야훼신앙에 대해 사용했다.

여 숭배했다. 달이 태양보다 점점 더 커지는 현상이 있다는 이유였다. 곧 달이 변하는 현상과 인생의 여정(출생에서 죽음까지)에 동일한 의미가 있는 것으로 간주하여 후자의 의미를 전자에 주입시킨 일종의 자의해석이었다. 특히 보름달은 크기가 점점 줄어들지만, 초승달은 점점 커지는 모습에서 '강함의 의미'를 부여하여 해석했다. 태양신을 섬기는 곳도 있었지만, 달신이 더 강한 힘과 희망의 의미를 주는 상징이었다. 달을 중심으로 태음력 달력도 만들었다.[4] 이 같은 구별은 '의미'로 가능했다. 점성술도 같은 까닭으로(별신들이 인생을 지배한다는 주입 의미를 근거로) 발달했다. 고대근동인들은 달과 별을 절대자일 정도로 존재와 삶의 의미를 주는 대상으로 해석하여 삶에 적용했다.[5] 이러한 해석은, 현실적인 삶의 문제들을 신화세계에 주입시킨 자의해석의 축소판이다. 사후세계나 영원에 관해서는 관심이 없었다. 현실문제에만 초점을 두었다. 객관적 근거가 없는 허구였지만, 삶의 문제의 근원으로 간주하여 잡신들에게 의미를 부여하는 신화행위는 계속됐고, 그런 의미를 근거로 여러 다양한 잡신들을 만들어냈다.

엄격한 석의훈련을 받아야 했던 서기관들

고대근동국가들은 '의미'의 기록과 전수가 중요했다. 서기관들에게 가장 중요하게 요구된 것은 '정확한 의미'였다. 아마 단어 하나라도 결함이 없도록 정확한 기록이나 필사를 요구했을 것이다. 주로 왕과 제

---

4) 아브라함이 살았던 우르와 하란이 대표적인 달신 숭배 중심지였다.
5) 여러 이슬람국가의 국기를 보면 이 영향력이 있었음을 입증한다.

사장을 위한 서기관들이었다. 정확한 의미의 기록과 전수를 위해서 얼마나 엄격하게 훈련을 시켰겠는가. 고대근동 자료에 의하면, 서기관이 되려면 적어도 12년 동안의 훈련을 받아야 했다고 한다. 기록하거나 필사하기 위해서는 먼저 정확한 원뜻을 알아야 했기에, 이 의미를 찾고 해석하며 이해하는 훈련을 강도 높게 요구했음을 알 수 있다.

알파벳과 석의

메소포타미아의 글자가 점차 고대근동 전 지역에 널리 퍼져나갔고, 여러 지역에서는 각기 나름대로 다른 글자를 만들었다. 페니키아인들은 알파벳을 만들었다. 수메르어와 이집트어는 난해하여 배우기나 사용하기가 어려워서다. 이런 어려움을 극복하고자, 페니키아인들이 훨씬 더 발전된 알파벳을 만들었다. 의미의 소통과 전달을 위해서 선행되어야 하는 의미해석, 의미이해, 의미보존 과정(석의)에서 겪는 어려움을 극복한 결과였다.

점점 전문화 한 석의

고대근동기는 도시국가 중심이었다. 도시국가가 출현하자 기록문화도 출현했다. 기록내용이 도시공동체의 토대였다. 기록에 사용된 언어의 어휘숫자는 많지 않았다. 한 단어로 여러 의미를 표현했다. 반면, 어떤 고대근동어는 어휘수가 너무나 많아 혼란스러웠다.

명확한 의미는 어떻게 결정했을까? 소통과 전달하는 정황, 단어가 사용된 기록문헌의 '문맥'에 의해 결정됐다. 이는 무엇을 뜻하는가? 고대근동인들도 유능한 석의가이었음을 뜻한다. 그들은 '의미'가 중요한 핵심이라는 점, 소통과 전달의 중심이라는 점, 문맥의미를 비롯하여 석의해석을 잘 해야 한다는 점을 알기 시작했음을 뜻한다. 그러다가 점차 명확한 의미를 결정하는 석의 규칙(의미론 중심의 문법)도 만들기 시작했다. 지시대상보다는 그 지시대상의 의미를 진정한 의미로 이해하려고 한 점은, 석의를 근거로 한 정확한 이해였다. 오늘날의 읽기·쓰기가 기능 측면을 중요시 하는 것과는 달리, 고대근동기의 읽기·쓰기는 삶의 문제와 직결되어 있어서 더 석의적이었다. 왜, 무엇을 읽고 써야하는지가 더 중요했다. 정치적·경제적·종교적 지배 및 그것의 보존과 전수 목적으로 시도했지만, 어쩌면 현대인들보다 더 철저하게 석의적이었다. 고대근동 문헌들을 보면, 수세기 동안 석의로 확정된 원뜻들이 기록되어 있다. 모세는 이런 문화권에서 성장했다.

고대근동의 석의해석을 영향 받은 이스라엘

고대근동국가가 여러 측면에서 석의해석을 필요로 했다고 논했다. 고대이스라엘도 이 영향을 받았다. 수메르인들에게서 영향을 받아 독창적으로 만든 히브리어로 구약을 기록하기 시작했다. 고대근동국의 '명확성'에 의한 기록문화도 영향 받았다. 구약기록도 '명확한 의미해석, 의미이해, 의미보존'이라는 석의과정이 선행됐다. 명확히 해석하고, 이해하여 보존하려고 했던 그 '석의 의미'를 기록했다. '하나님'이라는 신 존칭어가 하나님이라는 대상만을 뜻하지 않았다. 구약 본문을 기록할 때, 그가 어떤 분이신가에 더 초점을 두고서 이 존칭어를 사용했다. 이는 석의에 의거한 사용이었다.

한편, 대부분의 고대근동국의 기록물은 특수계층만 소유했다. 이스라엘은 모든 백성이 그 대상이었다. 그들에게 전달되어, 의미를 듣고, 기억하고, 암송할 수 있는 방식을 채택한 차이점도 있었다.

마무리

고대근동시기의 이스라엘과 비이스라엘 석의전문가들 사이에 공통점과 차이점이 있다. 공통점이란, 원뜻을 찾고자 하는 석의문화가 있었다는 점이다. 이 석의문화로 번역, 통역, 기록, 소통과 전달이 가능했다. 차이점이란, 원뜻에 관하여 계시(이스라엘)와 비계시(비이스라엘)라는 점이다. 계시의미는, 야훼하나님께서 기록자들로 하여금 석의로 기록하게 하신 전달의미였다. 하나님께서 직접 쓰셨다는 기록도 남겼다(출31:18).

이 시기에 석의에 관하여 체계 있는 전문성은 없었지만, 기본적인 석의과정은 있었다. 고대근동 문화권에서 시작된 석의가 구약기록자들에게 영향력을 주었고, 유대교와 헬라문화권과 신약기록자들에게도 영향을 주었다.

고대근동과 헬라시대의 종교영역에서도 한 가지 석의적인 공통점이 있었다. 신들의 뜻이 담긴 비밀을 전달하고자 했고, 이 비밀을 전달하려면 그 비밀의 의미가 무엇인지 명확하게 알아야 했다. 곧 석의로 비밑의미를 명확히 확인하고서 전달했다.

2) 구약시대의 석의

구약시대의 석의에 관한 문제

구약시대의 석의를 이해하기 전에, 구약석의와 관련된 문제점 이해가 먼저 필요하다. 어떤 문제점인가?

첫째, 구약전체를 '약속과 성취' 도식만으로 해석하는 문제점이 있다. 기록자들이 구약본문 전체를 오로지 '약속 말씀'만을 기록하지 않았다. 성취된 내용도 기록했다. 이는 또 다른 문제를 일으키기도 한다. 구약본문을 경시하는 문제점이다.

둘째, '율법과 복음' 도식만으로 구약 전체를 해석하는 문제점이다. 이는 율법 폐기를 구약전체 폐기로 여기는 오류를 범한다. 마치 구약은 더 이상 필요하지 않다는 생각을 가지게 한다. 율법 폐기에 관해서도 어떤 부분이 폐기되었는지 그 폐기의미를 명확히 이해할 필요가 있다. 율법제도를 비롯한 형식의미들은 폐기됐지만, 그 본질의미는 여전히 신약시대와 우리시대에까지 의미를 주고 있어서다. 신약에 기록된 '율법 폐기'가 어떤 것인지,[6] 그 의미가 무엇인지를 신중하게 이해

---

6) 신약에 기록된 '장로들의 유전 혹은 전통'은 구약율법이라기보다는 율법을 재해석한 미쉬나인 경우가 있다. 또한 바울이 율법에 대해 긍정 혹은 부정 측면으로 언급했을 때, 형식의미와 본질의미를 구별하여 사용했기에, 문맥에서 어느 경우인지를 신중하게 살펴야 한다.

할 필요가 있다.

셋째, 기독론만으로도 구약 전체를 해석한 문제점이다. 구약본문 전체를 기독론만으로 다 해석할 수 없다.

넷째, 구원사의 문제점이다. 구약본문에 관한 공시적인 이해가 결여된 구원사적 통시적 해석이 구약의 원뜻을 지우는 문제점이다. 반드시 공시적 이해에서 통시적 이해로 접근해야 한다.

다섯째, 표면의미를 원뜻으로 오해하는 문제점이다. 문자 이면에 있는 심층의미나 상징의미가 원뜻인데도 이를 정확히 이해하지 않는 데서 생겨났다.

고대근동의 석의와 구약시대의 석의와의 공통점·차이점

국가문화는 서로 영향을 주고받으면서 형성되고 발전한다. 이스라엘도 예외가 아니었다. 주변 고대근동문화의 영향을 받았다. 유사점이 있었다. 하지만 이스라엘의 신앙은 전혀 달랐다. 고대근동문화를 그대로 수용하지 않았다. 이 유사점과 차이점을 균형 있게 보아야 한다. 수메르가 발명한 쟁기, 수레바퀴, 태음력 달력, 문자와 기록문화 등은 받아들였다. 반면, 문자는 히브리어로 창안했고, 기록문화도 야훼신앙의 관점에서 다르게 사용했다. 여러 이교 신들에게 사용하던 언어와 석의방법을 차용했지만, 그들과는 다른 의미로 사용했다. 명확한 석의에 의한 신앙의미가 없었다면 고대근동세계에서 야훼신앙을 유지하기가 어려웠다. 이와 같은 차이점을 알고서 그 유사점에 관해서 좀 더

면밀한 이해가 필요하다.

 법률문화에서도 공통점과 차이점을 알 수 있다. 고대근동인들이 법을 제정한 것도, 그들이 믿고 있는 천상에 있는 신들의 업적을 기록하려는 목적이었다. 함무라비 왕은 자신을 선택된 신의 대리자로 간주했다. 그가 정하는 법전은 신적인 법전이라서 절대 충성을 요구했다. 오늘날의 법률과는 법정신이나 법의 본질 측면에서 달랐다. 이스라엘 율법은 어떤 형식의 경우, 고대근동법전과 유사점이 있지만, 참 왕이신 하나님을 찬양하는 목적으로 기록된 점이 근본적으로 다른 점이다.

석의로 기록한 구약기록

석의로 원뜻을 기록하다

 구약기록자들은 대부분 전승된 구전(입말 전수)을 글말로 기록했다. 구전 내용에 관하여 명확한 의미를 알지 못한다면 기록할 수 없었다. 계시 받은 원뜻에 관해서 기록할 때도 마찬가지였다. 명확한 원뜻을 알아야 명확하게 기록할 수 있었다. 이 '명확한 원뜻을 안다'는 것은 석의였다. 곧 석의로 기록했다는 뜻이다. 모세, 다윗, 에스라 및 예언자들이 하나님의 감화로 기록할 원뜻을 명확하게 확인하고서(석의) 기록한 내용이 현재의 구약본문이다.

 석의로 구약을 기록했다는 증거는 명백하다. 모세가 구전을 글말로 기록할 때도 석의로 기록했다. 신명기를 기록할 때도 율법을 새롭게 해석하는 석의로 기록했다. 역대기상하도 사무엘서와 열왕기서를 새

롭게 해석하는 석의로 기록했다. 예언서들도 상당한 부분, 이미 기록
으로 전해진 말씀을 근거로 기록했는데, 이는 석의의 결과였다. 시로
기록된 문헌들과 지혜서도 율법을 비롯하여 전수된 하나님의 말씀을
석의로 재표현했다.

전체의 원뜻과 관련시키면서 기록하다

  구약기록자들이 계시와 영감으로 구약을 기록할 때, 전체의미를 무
엇으로 할 것인가를 고심한 후 확정했다. 석의의 결과였다. 그들은 이
집트에서 구출하신 하나님이 왕과 주로서, 온 우주를 다스리시는 왕
통치와 주 통치를 하심을 전체의미로 확정했다. 이 통치행위의 한 가
지가 출애굽 사건이었다. 이 사건의 의미도 중심 주제로 정했다. 이스
라엘의 이 구원사건 의미가 창세기에서 말라기까지 근간이 되었다. 기
록자들이 공통적으로 '계약형식으로 표현된 하나님의 주권적 통치행
위의 의미, 이집트 구출 사건의 의미, 하나님과의 관계성 의미 등'을
그 중심으로 기록했다. 이런 의미들이 전체의미로 선정되어 구약 전체
에 흐르고 있으며, 연속성·통일성을 형성하고 있다. 이집트에서 구원
하신 하나님은 어떤 분이신가, 언약백성으로 선택하신 그의 뜻과 계획
이 무엇인가, 그가 이스라엘에게 요구하심은 무엇인가, 언약 백성은
야훼를 어떻게 섬기며 어떻게 살아야 하는가(신뢰와 의존, 순종과 충성, 사랑
과 존경, 경외와 경배 등) 등이 구약 전체에 흐르게끔 했다. 하나님의 전능하
신 신분의미, 전능하신 말씀의미, 전능하신 행위의미를 기록하고자
했을 때, 그것에 관해 명확한 의미를 알고자 얼마나 애를 썼겠는가. 유

능한 석의가 역할을 하지 않을 수 없었다.

위대한 석의가 모세

구약석의를 논할 때 오경의 기록자 모세를 생각하지 않을 수 없다.[7] 모세가 오경을 기록할 때 석의가로서 기록한 것이 명백하다. 모세는 그 당시 최고 교육기관인 이집트 왕립학교에서 교육을 받았다. 히브리어, 이집트어, 수메르어, 아카드어 등 적어도 4개국 언어는 습득했을 것이다. 당시의 최고학문과 석의문화도 배웠을 것이며, 기본 교육인 '문법, 논리학, 수사학'은 물론, 이집트에서 발달한 '상징의미 표현법'도 잘 알았을 것이다. 오경을 기록할 때 이와 같은 방법을 선용하면서 석의를 근거로 오경을 기록했을 것이다.

구약시대에는 석의의미를 어떤 방식으로 기록했는가?

예비적 이해

구약시대에 석의로 확정된 의미를 어떻게 기록했을까? 이 질문에 대한 대답은 매우 의미심장하다. 구약기록과 석의와의 밀접한 관련성을 알 수 있어서다. 구약본문의 원뜻을 어떻게 이해할 것인가도 알 수 있어서다. 몇몇 대표적인 특징으로는 다음과 같다.

---

7) 모세의 오경 기록권을 부인하는 학자들이 적지 않다. 그 주장의 근거로는 신명기 34:5에 모세의 죽음에 관한 기록이다. 죽은 사람은 기록할 수 없다는 이유다. 하지만 이 부분만은 여호수아나 후대의 누군가가 기록했을 것이다. 오경 전체는 모세가 석의로 기록한 것이, 현재까지는 사실이다.

'뜻 전달' 목적으로

고대근동국에서 왕의 '뜻(의미)'이나 신들의 '뜻(의미)'을 전달하고 보존하려는 문화가 발달했다고 했다. 이 과정에서 석의가 자연스레 발달했다고도 했다. 구약기록자들도 동일한 목적, 우주의 왕과 주인이신 하나님의 '어명의 뜻'을 전달하고 보존하고자 기록했다. 어쩌면 고대근동의 다른 기록자들보다 더 절실했을 것이다. 하나님 자신부터가 '뜻 전달' 목적으로 계시하시고 성서를 기록하게 하셨다. 계시서인 성서를 하나님의 '석의서'라고도 말할 수 있다. 구약본문에는 계시되고 전달된 거룩한 '뜻'이 담겨 있다.

낭독·기억·암송의 용이함으로

구약은 입말로 전수되던 내용을 글말(문자)로 기록했다고 했다. 기록하되, 회중들에게 효과 있게 낭독할 수 있도록, 또 회중들이 듣고서 잘 기억하고 암송할 수 있도록 기록했다고도 설명했다. 이 과정에서 전달의미, 낭독의미, 기억의미, 암송의미를 고심하면서 확정했을 것이다.

전달의미의 동적 강조형

이스라엘 민족을 명사보다는 '동사 민족'으로 일컬을 수 있는 특징이 있다. 히브리어 술어는 주어에 대한 의미전달의 기능을 하는 방식으로 사용됐다. 무슨 의미가 전달되어야 하는지를 나타내는 방식으로 기록했다. 그런 까닭으로, 히브리어 문장에 관해 표현할 때, 주어를 단순하게 사용하기보다는 의미가 담긴 주제가 더 중요했다. 히브리어 문장에는 동사가 문장 처음에 위치한다. 명사조차도 동사적 의미를 나타낸다. 사물을 볼 때도 동적인 것으로 인식했다. 상태동사 '하야(hyh –이다: be 동사)'는 발생한다는 동사적인 의미를 나타낸다. 모든 사건과 삶의 일들을 동적으로 생각하는 것이 보편화 되어 있었다. 정적인 말씀도 동적인 의미로 적용했다. '알다, 듣다' 등도 단순히 신체구조의 반응을 뜻하지 않는다. 반드시 행동의미도 포함한다.

함축과 암시의미

낭독·기억·암송을 용이하게 하는 적절한 방식으로는 암시와 함축이 대표적인 방식이었다. 이런 까닭으로, 시(운문) 형태의 문장이 많다. 따라서 본문 문장의 표면의미보다 문자 이면의 의미인 심층의미를 반드시 살펴야 한다.

찬양과 감사의미

고대근동의 최초 문헌들을 보면, 신들을 찬양하는 형식이다. 법률문헌도 당시 왕들을 예찬하는 목적의미로 기록됐다. 이 방식이 구약본문에서도 확인된다. 이를 테면, 하나님께 찬양과 감사를 드리는 목적으로 오경실화에 율법도 포함시켰다. 오늘날의 법률 목적과는 다른 점이다.

설득시키는 수사법 방식으로

두 개의 서로 다른 단어로 전체를 표현하는 수사법 방식인 대조제유법Merism은 고대근동기에 널리 사용됐다. 창세기 1:1에는 '하늘과 땅'이라는 두 상반어로 하나님의 창조세계 전체의미를 나타내고자 했다. 교차병행구조Chiasm도 히브리어 문장에 상당히 많이 사용됐다.[8] 수미쌍관법Inclusio도 사용됐다.[9] 제의수사법에 관해서는 제336-338쪽을 참조하라.

대상보다 대상의 의미에 초점

기록자들이 어휘를 선택했을 때, 그 어휘가 지칭하는 대상에 초점을 두지 않았다. 그 대상이 지닌 '의미'가 초점이었다. 이를 테면, 야훼나 엘로힘이 막연하게 하나님이시라는 대상을 언급하기보다는, 그 하나님이 어떤 분이신가, 우리와 어떤 관계의미가 있는 하나님이신가에 더 초점을 두는 용어로 사용하면서 기록했다.

지혜 보존

어느 시대든 추구하는 '삶의 의미'가 있었다. 직면하는 삶의 문제를 의미 있게 해결하는 기술(지혜)도 있었다. 지혜가 없는 삶은 없다. 고대근동기도 마찬가지였다. 그 당시의 지혜는 삶의 의미를 모은 석의적인 지혜였다. 천문학과 점성술이 발전하면서 삶의 의미를 해석한 것도, 최초의 39가지 발명도 삶의 지혜를 추구한 결과였다. 구약문헌도 이

8) 같은 내용을 반복해서 다른 방식으로 표현하거나, 단락의 후반부가 전반부에 대해 도치되고 평행을 이루는 수사법이다.

9) 처음 문장과 마지막 문장이 서로 짝을 이루거나, 서로 유사한 문장으로 반복해서 배치되어 있는 수사법이다.

러한 삶의 의미인 지혜를 보존하는 방식으로 기록했다. 이스라엘의 최고의 지혜는 하나님을 경외함이었다. 구약의 지혜자들이 석의를 해보니 이보다 더 의미 있는 지혜는 없었다. 이 지혜에 관하여 다양한 표현방식으로 기록했다-교훈, 의인화, 시 형태, 실화, 묵시록 등.[10] 율법도 지혜로 간주했다.

이스라엘에 영향을 준 고대근동기의 지혜 방식은 두 가지로 분류된다. 첫째, 실용지혜다. 삶의 경험에서 얻은 지혜를 간결하게 표현한 격언지혜를 말한다. 자주 병행대구법으로 기록됐다. 둘째, 묵상지혜다. 독백이나 대화체 형식으로 기록되어 있다. 이 지혜에는 고귀한 삶의 의미가 담겨 있다. 그런 의미를 추구하며 해석하며 확정한, 석의를 근거로 한 지혜였고, 이 지혜를 보존하고자 했다.

통전적 의미

구약을 기록할 때, 하나님의 창조세계에 관해 총체적이며 통전적 의미로 기록했다. 인간의 삶이 자연과 우주의 질서와 밀접한 관계가 있다는 통전적 의미였다. 인간윤리의 파괴 의미를 자연과 우주의 파괴 의미와 동일시했다. 율법에는 동물보호 조항도 포함시켰다. 구원의 이해에 있어서도 통전적인 구원의미로 기록했음을 뜻한다. 전인 전 영

---

10) 이스라엘에 영향을 준 고대이집트의 지혜는 '지혜'보다 '교훈(의미)'이라는 말로 표현했다. 궁정 사역자들을 위한 가르침을 비롯한 여러 가르침이 지혜였는데, 그들은 우주의 질서와 법칙과 조화롭게 사는 것을 교훈(지혜)의 근본으로 삼았다. 이스라엘은 신앙의 눈으로 이집트의 교훈(지혜)을 검증했다. 그 결과, 그 교훈의미(지혜의미)를 야훼하나님에 대한 신앙의 도구로 선용했다. 그래서 하나님을 경외하는 것이 지혜의 근본이라고 했다. 모세가 당시 발전한 이집트 지혜를 익숙하게 배웠을 것이다.

역에, 우주를 포함한 창조세계 전체에까지, 악·고통·눈물·결핍이 없는 '온전하며 포괄적인 구원의미'를 나타내고자 '샬롬(평화)'이라는 용어를 사용했다. 인간을 대신하여 도구로 사용한 동물의 죽음에 의한 대속제도도, 온 창조세계가 하나라는 통전적 공동체의미와도 관련 있었다. 구약기록자들이 통전적 의미에 관한 사고와 성찰로 통전적 영역에까지 실천을 요구하는 관점에서 기록했다.

다양한 석의관련 전문어로 기록

구약기록자들은 석의의 본질과 방법을 나타내는 여러 유사한 전문용어들을 다양하게 사용했다. 모세의 율법에 관한 설명은, 의미를 설명하는 정도로 그치지 않고서 선포의 내용의미를 뜻했다(신1:5). 이는 확정된 의미의 선포였다. 하나님께서 계시하신 원뜻을 기록하게 하실 때도 유사한 석의용어를 사용했다(신27:8). 하박국서 2:2에는, 누구든지 쉽게 이해할 수 있도록 전달할 원뜻을 점토판에 명료하게 기록하라고 요구하셨다. 다니엘서에는 '의미를 푸는 해석'이라는 단어가 30회 이상 사용됐다. 전도서에는 사물에 관한 의미를 해석하는 뜻으로도 사용됐다(8:1). 창세기에는 꿈의 문맥에서만 사용되는 유사용어가 사용됐다. 곧 요셉의 꿈 해석, 원뜻을 해석하는 것과 관련하여 사용했다(창40:5, 8, 12, 18, 41:11). 율법계시든, 설명이든, 선포든, 꿈 해석이든 이 모든 일에는 원뜻을 확인하는 것이 중요했고, 이 확인된 원뜻을 명료하게 기록했다. 듣고, 새기고, 기록한 것도 석의로 확정한 원뜻이었다. 특히 하나님의 참뜻, 원뜻을 알려고 하거나, 묻고자 할 때도 사용된 용

어가 석의관련 용어였다(출18:15; 역하15:2; 시34:4). 에스라의 사역도 석의
가로서 석의사역이었다는 사실에 주목해야 한다.

전승된 구약시대의 석의

구약시대의 석의는 유대교에 전승됐다. 유대교 석의는 예수와 바울
을 비롯한 신약기록자들의 석의에 영향을 주었다. 이 영향을 받은 요
한, 바울, 베드로, 야고보 등이 서신서를 기록할 때, 각기 처한 공동체
상황을 생각하면서 구약을 인용했고, 예수의 가르침(의미)을 더 확장하
거나 구체화 하는 석의로 기록했다.

3) 유대교 석의

예비적 이해

석의해석사에서 유대교의 석의는 중요한 위치에 서있다. 구약석의와
신약석의 사이의 중간 위치에 서있어서다. 유대교의 석의 이해도 쉽지
않다. 구약석의를 전승했지만 바빌론 포로기 이후부터는 다른 방향으
로 나아가서다. 점점 더 '민족주의 유대교'를 강화했고, 히브리어보다
는 아람어와 그리스어를 사용했으며, 회당중심, 헬라문화와 로마문화
와의 동화 등 뒤섞인 문화가 형성되어서다. 그런 가운데서도 하나님의
뜻, 원뜻에 관하여 바른 해석을 하려는 시도(미드라쉬)도 있었다. 신약시
대를 비롯하여 중세시대까지의 석의에 영향을 준 점도 있어서 유대교

석의를 정확하게 이해해야 함이 요구된다.

포로기 이후

바빌론 포로살이 후, 유대교 석의는 새로운 전환점으로 나아가기 시작했다. 점점 바빌론 문화에 동화하여, 당시 국제공용어인 아람어를 사용하는 것부터 해서 여러 면에서 변화가 일어났다. 포로살이라는 치욕과 수치를 겪으면서 하나님의 세상만민 구원계획에서도 멀어지기 시작했다. 민족주의 메시아론을 더 강화했다. 구약석의도 점점 민족주의화 했다. 그렇다고 하나님의 원뜻을 발견하는 석의에서 완전히 벗어난 것도 아니라서 이해하기가 매우 복잡하다. 포로살이에서 귀환한 후, 가장 집중한 일은 바로 구약본문의 의미해석이었다. 왜 하나님의 백성이 치욕과 수치를 겪어야 했는가에 관한 하나님의 뜻, 원뜻 발견이었다. 이처럼 복잡한 측면이 있지만, 유대교가 석의해석을 중요시했다는 점에는 주목할 필요가 있다.

석의에 의한 아람어 타르굼역본(Targum)

타르굼역본은 히브리어 본문을 아람어로 번역한 번역본이다. 이스라엘 사람들이 바빌론 포로살이 때부터 모국어인 히브리어를 점점 잊고서 당시 국제통용어인 아람어를 사용하기 시작했다. 아람어 사용자들을 위해 번역본이 필요했다.

이 번역본은 주전 6세기부터 문서화 했다. 완성본은 수 세기 이후에 마쳤다. 회당에서는 히브리어 본문을 낭독하면 아람어로 번역과 석의가 이루어지는 문화가 형성됐다. 회당은 점점 이러한 석의의 중심지, 석의공동체로 발전했다.

아람어 '타르굼'의 뜻은 '통역, 번역, 해석'이다. 번역은 항상 의미 번역, 석의에 의한 번역이라야 정확한 번역이었다. 하지만 이 번역본은 그러하지 못했다. 원문과는 다른 번역을 했다. 하나님을 의인화 하는 표현을 기피했다. 그릇된 경외감을 주입시킨 자의해석의 결과다. 동시대화 및 토착화로 원문과는 다른, 잘 아는 지명으로 바꾸어 번역했다. 원문에 없는 반복법으로도 번역했다. 좋은 예가 창세기 12:7의 번역이다. 원문 "주님께서 나타나시어 말씀하셨다."라는 문장에 대해 의인화를 피하고자, "주님께서 드러내시어 말씀하셨다."로 번역했다. 번역본이라기보다 주석서라고 칭하는 것이 더 적절했다. 예수께서도 아람어로 가르친 것을 보면, 이 번역본을 아셨다.

석의에 의한 그리스어 70인역본(LXX)

이 번역본은 우리가 전문적인 석의를 위해서 반드시 참고를 해야 할 정도로 석의사적으로 중요하다. 이 번역본도 석의로 탄생됐다. 예수께서도 가르치실 때는 아람어를 사용하셨지만, 구약인용은 이 번역본을 사용하셨기에 매우 중요한 번역본이다. 그럼에도 정확한 의미에 의한 번역으로 볼 수 없는 부분이 있기에 히브리어 원문과 대조하면서 사용해야 한다. 제324-325쪽을 참조하라.

미드라쉬Midrash 석의

예비적 이해

에스라–느헤미아 이후 구약을 새롭게 재해석하는 시도가 있었다. 치욕스런 포로살이를 성찰하는 동기로 시작했다. 치욕과 수치를 겪게 하신 하나님의 원뜻을 찾지 않을 수 없었다. 구약본문의 의미에 관하여 설명이 불명확한 경우, 명확하게 설명하고자 했다. 그와 같은 동기로 구약석의학이 발달했다.

미드라쉬는 구약본문의 깊은 의미를 찾는 '석의방법론'이면서, 동시에 이 석의방법으로 모아진 '주석서'를 뜻한다. 어쩌면 유대교의 미드라쉬가 구약석의의 표준이라는 평가를 받을 수 있다. 미드라쉬가 '의미를 탐구하다, 조사하다.'라는 뜻이듯, 미드라쉬의 주된 목적은 난해한 본문의 원뜻을 찾는 석의방법이었다.

이 용어는 구약에 2회 사용됐다. 역대하 13:22에 '예언자 잇도의 미드라쉬(주석서)'와 24:27에 '왕들에 관한 미드라쉬(주석서)'다. 이는 무엇을 뜻할까? 미드라쉬가 나름대로 정통성이 있는 구약석의방법으로 전승되었음을 뜻한다.

미드라쉬의 석의방법론으로는 두 종류가 있다. '미드라쉬 할라카hallakah'와 '미드라쉬 핫가다haggaċah'이다. 이 두 가지는 앞에서 언급한 바와 같이, 석의방법론이면서 그 방법에 의한 주석서를 동시에 뜻한다.

미드라쉬 할라카

할라카는 주로 '율법'에 관한 의미를 석의하는 방법이다. 매우 엄격하게 석의했으며, 윤리성도 엄격하게 요구했다. 모든 삶에 하나님의 뜻이 중심이 되도록 윤리적 의무를 가르쳤다.

미드라쉬 핫가다

핫가다는 '율법 이외'의 본문에 관한 의미를 석의하는 방법이다. 교훈적 교화목적으로 석의했다. 주로 회당에서 설교를 할 때 사용했다. 할라카보다는 더 자유로우며 다양하게 석의했다. 하지만 할라카만큼 권위를 인정받지는 못했다. 할라카의 보조 역할로 간주했다.

미슈나Mishnah 석의

예비적 이해

주전 200년경에 '반복해서 의미를 탐구한다.'라는 뜻을 가진 미슈나 석의방법이 등장했다. 미드라쉬보다 더 철저하게 반복으로 의미를 재음미하려는 시도였다. 미드라쉬에 의한 석의에 대해 추가적인 석의를 했다. 구전에 의한 율법적인 교훈이었다. 2세기에 문서화 했다. 미드라쉬는 본문의 구절에 관해 석의하지만, 미슈나는 주제에 관한 석의였다. 그러기에 미슈나가 미드라쉬보다 더 구체적인 내용을 담고 있다.

마카비안 시대부터 헤롯왕가 시대(주전168–주후10)까지가 유대교 석의의 최절정 시기다. 이 시기에 두 주류의 미슈나학파가 있었다. 힐렐

Hillel 중심의 학파와 샴마이Shammai 중심의 학파였다. 두 학파는 주전 1세기와 주후 1세기 사이에 기존 유대교에 대한 비판적 세력으로 등장했다. 서로 상반되는 입장을 취했다. 예수 당시에 이 두 학파가 활동했기에, 또 예수의 석의방법과도 관련이 있기에 신약본문의 배경이해를 위해서 반드시 탐구해야 한다. 나중에 미슈나는 탈무드의 토대 역할을 했다. 구약본문의 주제에 관한 주석이 미슈나며, 미슈나의 주석이 탈무드였다.

힐렐학파(주전110-주후10)

힐렐은 바빌론 출신으로 위대한 유대교 성서석의가였다. 그는 개방적, 진취적, 대중적이었다. 세계보편주의를 지향했다. 구약을 일상생활화 하려고 애썼다. 성전과 제의가 없는 새로운 유대교운동을 전개했다. 평화주의자로서 화해를 선호했다.

힐렐은 7가지 석의규칙을 만들었다.

첫째, 덜 중요한 작은 의미에 적용될 수 있는 규칙은 더 중요한 큰 의미에는 더욱더 확실하게 적용될 수 있다는 '하물며 법칙'에 의한 석의규칙 혹은 그 반대의 규칙이다.

둘째, 유사성이 있는 두 구절을 비교방식으로 석의하는 규칙이다.

셋째, 유사한 구절을 하나로 묶은 후 그 중 한 구절에서 발견되는 의미가 그 전체에 적용된다는 규칙이다.

넷째, 두 본문을 관련시킴으로써 하나의 의미를 발견하는 규칙이다.

다섯째, 특정의미가 다른 구절에서는 보편의미가 될 수 있고, 보편의

미가 다른 구절에서는 특정의미가 될 수 있다는 원리로 하는 규칙이
다.

여섯째, 석의가 어려운 구절은 그 구절과 유사한 다른 구절에서 의미
를 찾는 규칙이다.

일곱째, 본문의 문맥 이해로 의미를 찾는 규칙이다.

위의 규칙들 중에서 석의할 본문과 관련이 있는 관련본문을 찾는 석
의, 특정의미와 보편의미의 관계를 다룬 석의, 본문의 문맥적 의미를
추구한 석의는 우리가 주목할 만한 석의규칙이다.

샴마이학파(주전50-주후30)

샴마이는 유대 특수주의와 같았다. 엘리트주의를 추구했다. 근본주
의적이며, 편협했다. 구약을 제의화 하려고 했다. 엄격성을 요구한 할
라카 방식을 추구했다. 샴마이는 문자주의보다 더 강한 초문자주의적
석의의 대표자다. 자료에 의하면, 그는 속죄일에 유아 손자를 금식하
게 하여 자칫 죽게 될 지경에 이르게 하였고, 초막절에 산고로 신음하
는 딸 침대 위에 초막을 세우기도 했다고 한다. 이와 같은 극단적인 성
향으로 힐렐파와 격렬하게 논쟁했다.

쿰란공동체의 석의

예비적 이해

주전 2세기에 생겨난 쿰란공동체 석의의 핵심은 '일치성'이었다. 공

동체의 현재와 미래를 하나로 여기는 일치성, 하나님의 뜻과 목적에 일치하는 일치성 관점에서 석의하는 방식이다. 공동체의 현재적·미래적 목표에 충성하게끔 하고자 예언서 본문의 의미를 그런 관점에서 해석했다.

대표적인 예가 예언서에 관한 페쉐르Pesher 석의였다. 이 용어의 복수형태는 페샤림Pesharim이다. 페쉐르는 '해석, 의미, 이해'의 뜻이 있다. 쿰란공동체의 이 석의방법의 특징은 다음과 같다.

첫째, 각 절을 연속적으로 석의하는 '연속 페샤림'이다.

둘째, 특정한 주제 중심으로 석의하는 '주제 페샤림'이다. 대표적인 주제가 '구원'과 '묵시'였다.

셋째, 본문을 인용하면서 석의하는 '인용 페샤림'이다.

넷째, 직접 인용하지는 않지만, 암시적 인용으로 석의하는 '암시 페샤림'이다.

다섯째, 예언을 동시대화 했다.

여섯째, 분해법으로 본문을 문구로 분해한 뒤, 각 문구를 문맥과 상관없이 자체적으로 석의했다.

페쉐르 석의는 공통적인 서론형식(this is the one about whom it is written)이 있다. 즉 '이것은 저것이다(This is That).' 혹은 '저것은 이것에 적용한다(That applies to This).'라는 형식을 구성한다. 신약에 직간접적으로 영향을 준 석의법이다.

페쉐르 석의의 공통점

쿰란공동체가 페쉐르 석의로 확정한 원뜻에는 몇 가지 공통점이 있었다.

첫째, 종말의미를 묵시론적으로 석의했다. 묵시론적 종말론은 현재적 삶의 문제와는 무관한, 임박한 미래적 종말에만 강조점이 있다. 현재의 세상살이는 너무나 악하고 절망적이기에, 임박한 미래의 종말만이 희망이라는 것이다. 자신들을 마지막 세대로 보았다. 이러한 석의가 현실 도피적인 공동체생활을 하게 한 근거였다.

둘째, 배타적인 의미로 석의했다. 하나님의 계시가 쿰란공동체에만 임하며, 이 공동체에 가입한 사람들만을 사랑의 대상으로 간주했다.

셋째, 이원론적인 의미로 석의했다. 진리와 거짓, 선한 영과 악한 영, 빛과 어둠, 의인과 악인 등 철저한 이원론적인 분리 의도가 강했다. 쿰란공동체의 석의방법은 신약과 초기교회(특히 묵시론적 종말론)에 영향을 준 점이 있다.

알레고리아

예비적 이해

알레고리아는 예수의 제자들 이후, 후사도시대부터 중세까지, 아니 지금 이 시대에까지 영향력을 주고 있다. 그 영향력이 너무나 끈질기고 강했다.

알레고리아는 그리스 철학자며, 문헌비평가인 테아게네스Theagenes가 주전 529년경 최초로 사용한 것으로 전해지고 있다. 그는 호메로스의 작품을 최초로 알레고리아화 한 사람이다. 그가 알레고리아를 사용한 것은, 호메로스를 비롯한 시인들이 경멸받는 것을 막으려는 이유였다. 특히 크세노파네스가 호메로스의 신화를 경멸하자 알레고리아를 사용했다. 그리스 철학을 도입하여 신들의 전쟁을 우주 대기 요소의 전쟁으로 알레고리아화 했다. 호메로스의 작품에 비도덕적인 요소들을 알레고리아화 하여 높은 도덕적 의미가 있는 것으로 향상시킨 석의법이다. 스토아학파도 자신들의 철학을 보존하고 전파하려는 목적으로 알레고리아를 사용했다. 플라톤은 알레고리아 방법의 대가였다. 알레고리아는 본문의 문법, 배경, 기록자의 목적을 무시한다. 이와 같은 시대적 문화에 동화한 유대교 사람들도, 자신들의 신앙을 유지하고 변증하고자 알레고리아를 받아들였다.

 하지만 그 시대는 물론, 중세시대를 거쳐 오늘날까지 알레고리아가 문젯거리였다. 그 후유증은 심대하다. 알레고리아 석의는 매우 주관적인 성향이 있어서 석의가마다 얼마든 다른 의미의 석의가 가능하다. 원 기록자의 의도와 전달하려는 원뜻에 관해서는 관심이 없어서다. 하다못해 원어연구나 배경이해도 하지 않는다. 결국 하나님의 원뜻에서 벗어난다. 일차적 의미인 문자적 의미조차 배제하기에 삭의해석은 물론, 다른 의미를 주입시키는 자의해석을 하게 되는 것은 뻔한 일이다..

알레고리아와 유형론

유대교의 알레고리아와 유형론에 관해서는 제153-155쪽을 보라.

대표적인 디아스포라 유대인 석의가는 필론이었다. 그는 알레고리아 석의의 대가다.[11] 중세 때까지 영향을 끼쳤다. 필론은 플라톤 철학의 영향을 받았다. 가시적인 문자의미를 육적인 의미로, 불가시적인 깊은 의미를 영적인 의미로 분류했다. 이분법적인 이원론으로 한 석의였다. 필론은 헬라인들이 호메로스의 시, 「일리아스와 오디스세이아」를 윤리적으로 가르치고자 사용한 알레고리아 방법을 도입하여, 구약의 감춰진 의미(비표면의미), 심오한 영적 의미를 찾고자 했다.

하지만 원 기록자의 의도나 전달하고자 했던 원뜻에는 무관심했다. 또 역사적 배경이나 문법적 의미를 배제했기에 명확한 원뜻을 찾을 수 없었다. 본문의 모든 어휘와 문장에 의미가 있다는 전제로, 모든 단어, 구와 절, 문장을 알레고리아로 석의하려고 했다. 그러다 보니 억지와 비약으로 석의했다. 자신이 원하는 것을 위해서 석의를 했으니 결국 자의·삭의해석이라 하지 않을 수 없다. 필론은 당시의 그리스철학을 하나님께서 주신 일반은총이라고 생각했다. 석의의 도구로 사용할 수 있다며 알레고리아를 수용했다.

클레멘스Clemens가 필론의 알레고리아를 계승한다. 다시 오리게네스Origenes가 계승하여 종교개혁 때까지 중세 시기에 성서석의에 관해 장

---

11) 그리스어 '알레고리아'를 우리말로 번역하기에 적절한 어휘가 아직 없는 듯하다. '풍유 혹은 우의'인데 알레고리아의 원뜻을 충분히 드러내지 못하여 원어를 그대로 사용했다. 더 좋은 번역어가 나올 때까지만 사용하고자 한다.

기간 부정적인 영향을 끼쳤다. 필론이 인간 언어의 한계에 관해 고민한 점은 이해되지만, 긴 세월 교회공동체에 부정적인 영향을 끼친 점은 간단한 문제가 아니다.

알레고리아 방식을 가장 적극적으로 적용한 것은 「아가서」에 관한 석의다. 그 결과, 구약에서 가장 거룩한 책으로 간주했다. 이 석의의 결과는 중세 때까지 지속됐다. 「아가서」에는 하나님 명칭이 단 한 번도 사용되지 않았기에, 에덴 대공원에서 꽃피웠던 사랑과 같은, 사랑의 서정시를 그대로 이해할 수 없었다.[12] 개신교가 알레고리아를 거부한다면서, 「아가서」의 알레고리아 석의를 수용한 점은 심각한 말씀훼손 범죄다.

팔레스타인 유대교의 석의와 헬라화 한 유대교의 석의

예비적 이해

두 부류의 유대교 석의는 신약시대의 석의와 밀접한 관련이 있다. 석의의 관점에서 살펴보면 다음과 같다.

팔레스타인 유대교

이들은 매우 엄격한 성서관을 가졌다. 성서무오를 강조하여 문자 하

---

12) 인간의 사랑은 근원적으로 하나님의 사랑에서 비롯된다. 아가서도 하나님의 사랑을 전제로 하고 있다. 유대교가 이 점에 무지했기어 남녀 간의 사랑을 육적인 비거룩성으로 간주하여 알레고리아를 시도했다.

나하나가 거룩한 것으로 간주했다. 사본의 글자 하나조차 문제가 없었다고 주장했다. 필사관이 졸다가 약간의 오기를 한 것도 문제가 아니라고 할 정도였다. 성문서나 예언서보다 오경을 더 중시했다. 영감론도 오경에 더 무게를 두었다. 예언서는 오경의 주석서 정도로 여겼다. 팔레스타인 유대교가 네 단체가 형성될 정도로 분파의식으로 분열했다.

첫째, 사두개파다. 사독의 후손들로서 제사장직을 수행했다. 기록된 율법만을 지켰다. 구전 율법은 배격했다. 내세나 부활, 천사, 사탄, 심판과 형벌 등은 믿지 않았다. 좁은 해석과 배타적 해석으로 모세의 율법 이외의 다른 주석서나 전승 문헌도 배격했다. 예언서도 중요하게 여기지 않았다. 민족주의적 열정이나 종교적 열심을 싫어했다. 오로지 성전 중심으로 세력화하여 얻은 부와 영향력을 유지하고자 친로마적인 관계를 유지했다. 헬라화에 대해서도 무관심했다.

둘째, 바리새파다. 사두개파가 성전 중심이었다면, 바리새파는 회당 중심이었다. 남자 성인 10명이 회당 설립 정족수였기에 많은 회당들이 생겨났다. 율법에 관한 문자주의적 해석으로 외형적 율법주의화로 나아갔다. 구전 율법도 받아들였다. 부활, 천사, 심판은 믿었다.

셋째, 에세네파다. 율법을 더 엄격하게 적용했다. 바리새파보다 더 바리새파적이었다. 율법을 근거로 하는 실천을 위해 자기들만의 공동체를 세웠다(쿰란공동체). 문자주의와 이원론적인 석의가 강했다.

넷째, 열심당이다. 바리새파에 속한 사람들로서 로마 통치권에 대해 무장하여 저항하는 것이 하나님의 정의로 여겼다.

이 분파들의 핵심적인 문제는 '구약성서를 어떻게 이해하는가?'라는 성서해석, 석의에 관한 것이었다.

헬라화 한 디아스포라 유대교

이집트의 알렉산드리아가 헬라화 한 디아스포라 유대교의 중심지였다. 주전 250-150년 기간에 그리스어 70인역본을 번역할 정도로 헬라화 한 것을 알 수 있다. 대표적인 인물은 필론이었다. 그는 주로 알렉산드리아에서 활동했고 영향을 끼쳤다. 디아스포라 유대교 신자들은 플라톤 철학을 비롯한 그리스-헬라 문화에 동화했다. 점점 더 하나님의 참뜻, 원뜻에서 멀어져 갔다.

유대교 석의의 특징

유대교의 어느 학파나 집단에 속했든, 그들이 시도한 석의를 보면 몇몇 특징이 있다.

첫째, 진리든 아니든 전통 방식대로 따르는 석의다. 문제는 어떤 전통이 자의·삭의해석을 할 때다. 하나님의 뜻에서 멀어지게 된다. 세상 만민을 구원하시려는 하나님의 계획을 훼방한 민족주의화가 그 대표적인 예다.

둘째, 철저하게 문자에 얽매이는 문자매임주의 혹은 문자기속주의다. 이로 인해 유대교 신자들을 비롯하여 하나님까지 성서본문에 매이게 하는 무시무시한 결과를 초래했다. 예수 그리스도를 적대하고 죽게 한 그 원인이었다.

셋째, 시대의 영향력에서 벗어나지 못했다. 알레고리아를 석의방법으로 수용한 점부터가 그러했다. 그 시대를 지배하던 철학사상과의 조화를 추구했지만 결과는 실패작이었다.

넷째, 모든 학파나 집단에 해당되는 것은 아니지만, 일부 소수의 사람들이 성서본문을 단순히 읽기만 할 것이 아니라 연구하고 석의해야 한다는 교훈을 남겼다. 그들의 노력으로 성서석의학이 발달했다는 점은 의미심장하다. 표면의미가 아니라 심층의미, 깊은 의미를 이해하는 석의가 필요하다는 점을 일깨웠다.

마무리

구약과 신약의 다리 역할을 해주는 유대교의 석의가 공헌점도 있지만 문제점도 있었음을 확인했다. 그럼에도 예수와 신약기록자들이 유대교 석의방법을 사용했다는 점은 그냥 지나칠 수가 없다. 그들과 동일한 방식은 아니었다는 점, 다른 방식으로 사용했다는 점도 유념해야 한다. 그들 사이에도 연속성과 불연속성이 있다.

하나님의 구원사와 석의해석사 관점에서 보면, 유대교가 석의의 어떤 역할을 했다. 유대교 신자들이 성서본문의 바른 이해를 위해서, 하나님의 참뜻인 원뜻을 바르게 이해하기 위해서는 석의가 중요하다는 사실을 일찍 깨달은 점은 귀감이 된다. 에스라가 구약본문의 의미가 무엇인지 철저히 탐구한 것은 결코 우연적인 일이 아니었다(7:10). 석의를 근거로 한 구약번역 시도도 고귀한 유산이다. 히에로니무스(제롬)가 팔레스타인 유대인들에게서 배운 석의로 하는 번역방법으로, 라틴어 불가타역본을 탄생시킬 수 있었다.

4) 그리스·헬라·로마의 석의

예비적 이해

　그리스·헬라·로마 문화권에서도 의미를 발견하려는 석의문화가 있었다. 고대근동국가의 석의문화를 직간접적으로 영향을 받았다. 의미를 잘 전달하려는 수사학도 발전했다.

그리스-헬라의 석의

예비적 이해

　그리스는 여러 영역에서 찬란한 문화를 꽃피웠고, 오늘날까지 영향력을 주고 있다. 정치, 종교, 철학, 역사, 과학, 예술, 건축, 법률, 지리, 언어 등, 그 영향력은 어떤 '전달의미'로 끼쳤다. 이를 테면, 그리스 민주주의라는 '정치적 의미'가 후대에 영향을 주었다. 언어 영역도 그러하다. 라틴어를 비롯하여 영어, 프랑스어 등에 영향을 준 그리스어는 주전11−10세기에 페니키아 표기체제를 차용하여 만들었다. 이는 '더 나은 의미 표현과 전달'에 관해 고심한 결과였다. 언어가 지닌 '의미'의 영향력이 나날이 확장되었기에. 표현하거나 전달할 의미 확정은 수사학과 같은 의미전달 기술보다 더 중요했다.

그리스 철학자 플라톤과 아리스토텔레스의 저서에 '의미 해석'에 관한 기록이 남겨져 있다. 이는 신약이 기록되기 이전부터 석의의 꽃이라고 할 수 있는 '의미'에 관한 연구가 보편적인 현상이었음을 뜻한다. 의미를 해석한다는 전문 용어 '헤르메뉴오'가 존재한 점도 이를 뒷받침한다. 신약기록자들에게 어떤 모습으로든 영향을 준 것이 분명하다.

코락스 Corax 주전5세기

코락스는 그의 제자 티시아스와 더불어 고대그리스 수사학 창시자다. 수사학의 기본규칙을 만들었다. 소크라테스, 플라톤, 아리스토텔레스에게 영향을 끼칠 정도로 기본 토대를 마련했다. 주로 법정에서 사용했다. 평민들 그 누구라도 법정에서 자신의 소송에 대해 변론할 수 있는 방법을 고안했다. 이 과정에서도 먼저 무엇(의미)을 진술할 것인가는 중요했다―진술할 의미에 관한 서론적 언급, 사실관계 진술, 주장, 논박, 결론 요약. 수사학적 기법이 아무리 능통해도 표현해야 하는 의미가 명확하지 않으면 무용지물이었을 것이다. 수사학과 같은 의사소통 기술은 의사소통 의미가 먼저 명확해야 했다.

헤로도토스 Herodotos 주전484-425

헤로도토스는 키케로가 말한 바대로 '역사학의 아버지'다. 그리스의 석의를 논할 때 빼놓을 수 없다. 그의 저서 「역사」에서 특별한 '역사적 의미'를 담고 있다.

당시 그리스는 신화의 세계 안에서 살고 있었다. 헤로도토스는 신들의 신화적(허구적) 의미의 이야기가 아니라, 인간 세계의 실제 사건의 의미를 기록하고자 했다. 신화적 의미에서 벗어나고자, 그 의미에 대한 비평적 인식이다. 다른 한편으로, 그리스인이 비그리스도인보다 더 우월하다는 민족주의적 의미의 관점으로 기록한 면도 있다. 곧 그리스인이 더 교양 있고, 더 절제력이 있으며, 더 윤리적이며, 더 강하며, 더 합리적인 민족이라는 그런 '의미'를 부각시키고자 했다. 그의 역사적 의미란, 단순히 과거 사건의 기술이 아니다. 총체적 삶에 관한 의미를 역사적 의미라고 표현했다.

투키디데스 Thukydides 주전465-400

투키디데스는 자신이 경험한 것을 근거로 「펠로폰네소스 전쟁사」를 저술했다. 그는 이 책에서 전쟁의 의미, 국가 간의 관계의미를 저술하려고 했다. 헤로도토스보다 더 강한 비판정신으로 역사적 사건의 의미를 서술했다.

플라톤 Platon 주전427-347

플라톤은 처음에 그리스 수사학을 탐탁지 않게 여겼다가 나중에는 인정한 독특한 면이 있다. 그가 수사학을 반대한 것은, 소피스트들이 사욕을 위해 대중의 감정을 이용하고자 수사학을 이용했다는 것이 그 이유였다. 또한 고대그리스의 민주주의를 신뢰하지 못한 정치적인 이

유도 있었다. 그는 수사학보다 단어와 의미 사이의 관계를 언어기원 연구로 해결하고자 했다. 그리스어 문법도 연구했다. 플라톤을 비롯한 그리스 철학자들은 언어기원에 늘 관심이 있었다. 언어연구가들이었다. 소크라테스와 플라톤이 단어와 그 단어가 가리키는 대상과의 구별을 시도했다는 점에서, 단어의미가 고대부터 이해의 대상이었음을 알 수 있다.

아리스토텔레스 Aristoteles 주전384-322

아리스토텔레스는 의미를 표현하기 위해 3가지 수사법을 제시했다.

첫째, 에토스Ethos는 의미전달자의 인품이 어떠한가를 보여줌으로써 얻게 되는 신뢰로 용이하게 의미를 전달하는 방법이다. 주로 의미전달 상황에서 먼저 전달자 자신에 관해 말함으로써 의미전달 대상과의 신뢰 관계성을 가지는 수사법이다.

둘째, 로고스Logos는 논리적인 설명으로 의미를 전달하는 방법이다.

셋째, 파토스Pathos는 의미를 전달하여 설득하기 위해서 청자와의 정서적 유대감을 가지면서 감동을 주는 방법이다.

또한 아리스토텔레스는 3가지 유형의 수사법도 분류했다.

첫째, 토론Deliberative 수사법으로, 주로 정치적인 어떤 의미에 관하여 토론 방식으로 설득시키는 방법이다.

둘째, 법정Judicial 수사법으로, 법정에서 어떤 의미를 주장하고 변론할 때에 사용하는 방법이다.

셋째, 전시·의전Epideictic 수사법으로, 공적 모임에서 어떤 사람의 업적 의미를 칭송하거나 혹은 정반대로 지탄할 때 효과적으로 말하는 방법이다. 곧 '선행과 악행을 드러내 보인다(전시).'라는 의미에서의 수사법을 뜻한다.[13] 칭송할 때는 환호와 갈채 의전도 병행되었고, 기념축제 때 진행되는 의식으로 선행과 악행에 대해 명예나 수치를 주는 수사법이다.

아리스타르코스 Aristarchos 주전310-230

대표적인 그리스 문헌학자, 천문학자다. 언어의 의미를 연구하여 '의미목록서 사전'도 편찬했다. 세계에서 가장 먼저 지동설을 주장했다. 기하학적 '비율의미'로 태양과 달의 크기와 거리를 처음으로 계산했다.

트락스 Thraks 주전170-90

문법학자로서 그리스어 8품사를 분류했다. 정확한 의미를 이해하기 위한 동기로 한 분류였다.

마무리

그리스문화와 오리엔탈 문화를 융합한 헬레니즘 문화권에서도 이미 일상생활 속에서 석의해석을 하고 있었다. 이 활동은 '의미'와 직결됐다. 석의가 신들의 뜻을 이해함과 그 뜻을 전하는 일에도 깊은 연관성

---

13) 이 수사법과 고대근동국가와 이스라엘으 제의적Ritual 수사법을 혼동하지 않아야 한다.

이 있었다. 신들이 요구하는 그 '의미'가 무엇인지를 명확히 알아야 했다. 그러니 명확한 석의로 의미를 알고자 했을 것이며, 그 명확한 의미를 전달했을 것이다. 문법, 수사학, 논리학(변증학)이 발달한 것도 석의와 관련이 있었다. 명확하게 전달하기 위한 문헌 작성, 그 문헌내용의 의미를 명확하게 해석하기 위해서다. 엄격한 문법법칙을 지키고자 했고 본문해석법을 형성시켰다. 문법적 의미에 의한 문헌작성과 그 문헌에 관한 본문해석은 석의와 관련성이 있었다는 증거다.

로마의 석의

예비적 이해

로마의 문헌기록과 해석은 그리스의 영향을 상당히 받았다. 우선 그리스 저서들을 라틴어로 많이 번역했다. 이 번역도 의미에 의한 번역, 곧 석의에 의한 번역이었다. 흥미로운 사실은, 로마가 전쟁에서 승리하여 그리스를 포함한 헬라세계를 정복했는데도 그리스문화를 수용하여 모체로 삼았다는 점이다. 황제와 고위직 관리들까지 그리스 언어와 문화를 배우고자 애썼다. 시, 산문, 연극, 역사 등 모든 영역의 저술에서 그리스 '의미론'의 영향을 받았으며, 전달과 소통을 하려는 '의미'를 근거로 작품을 썼다. 그리스의 비극과 희극을 모방하여 연극도 발달시켰다. 다양한 주제에 관한 풍자시(풍자의미)도 발달했다. 고대근동국가처럼 두 언어, 그리스어와 라틴어 사용에 익숙했다. 의미를 알려는 석의가 삶의 한 부분이었다. 연설과 변론도 중시했다. 이 모든 영역에 공

통점이 있었다. 소통의미, 전달의기, 변론 핵심의미, 설득의미를 먼저
확인하기 위한 석의적인 노력이 있었다는 점이다.

키케로 Cicero 주전106-43

대표적인 웅변가 키케로는 그리스 철학의 영향을 받았다. 플라톤과
아리스토텔레스의 저서에 담긴 의미를 이해하면서 웅변가, 변론가,
문학가, 정치가, 철학자로서 폭넓게 활동했다. 그는 고대근동국가의
문화에서 볼 수 있는 것처럼, 누구든 자신의 글 의미를 잘 이해하게끔
하고자 저술했다. 그의 변론문은 라틴어 표본이 될 정도로 명쾌한 변
론의미를 담고 있다. 그가 '의미'를 효과 있게 전달하고자 매우 고심했
다는 증거다.

세네카 Seneca 주전4-주후65

세네카는 로마의 철학자, 문학가. 정치가다. 플라톤, 에피쿠로스학
파, 스토아학파의 영향을 받았다. 인간, 죽음, 영혼, 윤리 등 '인생의
의미'에 관해 많이 고심했다. 그 결과, 시, 극본, 서간집, 에세이를 많
이 썼다. 철학, 윤리학, 자연과학에 대해서도 기교 있는 수사법으로
저술했다. 네로 황제의 스승으로서 황제의 연설문 초안을 작성해 주었
다. 그의 문장이 뛰어나서 네로 황제의 연설문은 명연설문로 알려지기
도 했다. 이 과정에서 의미전달과 소통을 위해서 우주만물, 역사, 정
치 등에 관하여 명쾌하게 의미를 해석하고자 애썼고, 그 결과를 문헌
으로 남겼다.

퀸틸리아누스 Quintilianus 주후35-96

로마의 수사학자, 교육자다. 키케로주의자로서, 교육에 필요한 교육 내용의 의미를 효과적으로 가르치기 위해서 기존의 수사학 방법들을 토대로 5가지의 수사학을 정리했다. 에라스뮈스와 루터에게까지 영향을 주었다.

발견기술Inventio 사람에게 가장 감동을 줄 수 있는 의미가 담긴 내용, 곧 무엇으로 설득시킬 것인가를 찾는 단계다. 주장할 내용의 의미가 최고의 가치가 있는지를 고려한다.

배열기술Dispositio 주장할 내용이 확정되면 그것을 어떤 순서로 할 것인가를 정하는 단계다: 1)서론은 청중을 주목하게 하는 것; 2)사건기술은 육하원칙으로 내용을 이해시키는 것; 3)사건분류는 동의와 반론 논점으로 정리하는 것; 4)논증은 근거를 들어 주장의 근거를 제시하는 것; 5)반박은 상대방 주장을 논박하는 것; 6)결론은 앞의 요점을 정리하되 전달할 내용의 핵심의미를 강하게 이해하게 하는 것.

표현기술Elocutio 전달할 의미를 적절하게 표현하기 위해서 적절한 상황에 맞는 적절한 문체와 어조를 무엇으로 할 것인가를 정하는 단계다. 적절한 시제도 어느 것을 할 것인가를 정한다.

기억기술Memoria 청자에게 의미를 잘 전달하기 위해서 전달의미를 마음에 새기는 단계다. 전달내용의 의미를 메모했더라도 그것에 의존하지 않고, 요점만이라도 기억하여 말하는 것이 깊은 인상을 준다는 점도 고려했다.

연기기술Pronuntiatio 전달할 내용의미를 잘 설득하기 위해서, 목소리

조절, 속도, 제스처 등을 자연스럽게 사용하여 청자가 잘 이해하도록 하는 전달기술 단계다.

플로티노스 Plotinos 주후204-270

플로티노스는 플라톤 철학에 심취하더니만, 스토아학파의 관점으로 플라톤 철학을 해석하여 신플라톤주의를 창시했다. 문제는 이 사상이 기독교에 상당하게 부정적인 영향을 주었다는 점이다. 스토아학파는 우주와 신을 동일시하는 범신론이 그 근거였다. 우주 안과 인간사에 일어나는 일들을 인과론과 결정론으로 그 의미를 해석했다. 그러니 잘못된 기독교 진리에 관해서도 비판을 불허하고서 맹종을 하게 만들었다.

마무리

로마정부는 제국의 통치수단으로 각 식민지 도시마다 교육기관을 세웠다. 문법, 수사학, 논리학(변증학)이 정규과목이었다. 특히 지도자들에게는 필수과목이었다. 이 세 과목은 전달의미, 설득의미, 소통의미와 관련이 있었다.

바울의 고향 다소에도 로마정부가 세운 학교가 있었다. 로마시민권을 가진 바울 역시 이 학교에서 수사학을 포함하여 정규과목을 배웠을 것이다. 서신서를 쓸 때, 전체는 아니지만, 당시의 수사법으로 기록했음을 보여준다.

5) 신약시대의 석의(주후1-99)

예비적 이해

신약시대의 석의는 유대교의 석의와 깊은 관련성이 있다. 유대교의 석의법을 선용했기에 유사점이 있다는 뜻이다. 또 선용을 했지만, 그 전제성이나 석의의 실제부분은 다른 점도 있다. 신약시대의 석의이해는, 2세기 후사도시대의 석의법에 어떤 영향력을 주었는지를 확인하기 위해서도 매우 중요하다. 신약기록도 석의로 기록된 사실을 알 수 있는 명백한 증거들이 있다. 제39-42쪽을 다시 읽어보라.

예수의 석의

예비적 이해

예수께서 유대문화권에서 성장하셨다. 유대교의 석의방법을 잘 아셨다. 그 석의법을 선용하되 창조적인 석의를 하셨다. 포로기 후기 때부터 발전된 구약본문에 대한 주석적 석의방법인 미드라쉬, 쿰란공동체가 발전시킨 예언서에 관한 페쉐르 석의방법으로 석의하신 것을 볼 수 있다. 유형론도 사용하셨다.

하지만 그 방법 그대로 사용하지 않으셨다. 독자적인 권위로 필요할 때마다 독창적으로 변경하시면서 사용했다. 신약에는 구약성서에 관한 예수의 석의와 유대인의 석의 사이에 보여준 차이점을 날카롭게 대조시키는 기록이 있다. 예수께서는 구약성서가 자신을 증명한다고 해석하셨다(요5:39, 46). 기독론에 의한 자기증거 방식이었다.

예수의 석의를 알고자 할 때, 한 가지 명심해야 할 점이 있다. 예수의 가르침을 그리스어로 기록했지만, 히브리적 개념과 배경을 반드시 살펴보아야 한다. 예수께서 신성을 지니셨지만(The very divine), 철저한 유대인(히브리인)으로서 유대문화권의 인성이 있었다는 점이다(The very human). 따라서 예수에 관한 기록본문은 두 문화권에 관한 이해가 요구된다. 이는 바울을 비롯한 신약 기록자들이 대부분 유대인이었다는 점도 같이 기억할 필요가 있다.

예수의 미드라쉬 석의법 사용

예수께서 미드라쉬 석의방법을 사용한 예는, 두 계명에 관한 말씀에서 확인된다(마22:34–40; 막12:28–34; 눅10:27). 두 계명을 병행적으로 인용하여 분리될 수 없는 계명으로 석의한 것은 창의적인 석의다. 증인에 관한 말씀에서도 미드라쉬 석의방법을 사용하셨다. 신명기 17:6은 우상숭배자 처벌에 관한 증인, 신명기 19:15은 모든 법적인 문제에 관한 증인을 뜻했다. 마태복음 18:16에서는 신명기 말씀을 인용하되 새로운 상황, 교회공동체살이에서 필요한 증인에 대해 사용하셨다.

미드라쉬와 관련 있는 미슈나학파 중 힐렐의 석의법과 유사한 방법으로 말씀하신 기록도 있다. 마태복음 6:30 "오늘 있다가 내일 아궁이에 들어갈 들풀도 하나님께서 이와 같이 입히시거든, 하물며 너희들을 입히시지 않겠느냐? 믿음이 적은 사람들아."에서 전반부는 작은 의미, 후반부는 더 큰 의미의 형태가 '하물며'에 의해 연결되고 있다. 이는 힐렐의 첫 번째 석의법과 유사하다.

예수의 페쉐르 석의법 사용

예수께서 주로 변증, 책망, 사실 설명 목적으로 페쉐르 석의법을 사용하셨음을 찾아볼 수 있다. 현재 상황에 대한 변증 내지 설명하기 위해 구약본문을 인용하셨다. 자신이 종말의 메시아라는 신분과 메시아로서의 사역과 가르침의 특징을 강조하시는 '현재 상황'이었다. 구약본문을 인용하시며 석의를 하실 때, 단순한 인용이나 석의가 아니었다. 어떻게 구약본문이 그 현재 상황에 대해 예언하고 지지하는지 종말론적인 완성의 관점에서 사용하셨다.

누가복음 4:16-21에는 이사야 61:1-2이 인용됐다(파송 받은 메시아). 마가복음 12:1-12에는 이사야 5:1-2절이 인용됐다(이스라엘의 심판과 예수의 부활에 관해). 마태복음 26:31절에는 스가랴 13:7절이 인용됐다(가까워진 죽으심과 제자들의 반응에 관해). 누가복음 7:27에는 이사야 40:3과 말라기 3:1절이 병합되어 인용됐다(요한 세례자에 관해). 마태복음 13:14-15에는 이사야 6:9-10절이 인용됐다(비유사용 설명목적).

예수의 유형론 석의법 사용

예수께서 유형론 석의법도 사용하셨다. 구원의 옛 사건을 자신의 사역과 관련시키시는 석의였다. 마태복음 12:40에서 가까워진 자신의 죽으심과 장사될 것에 대해 요나의 경험을 예형으로 사용하셨다. 마태복음 24:37에서 자신의 도래 시대를 노아시대의 예형으로 사용하셨다. 요한복음 3:14에서는 모세가 광야에서 놋뱀을 만들어 위로 올린 사건을 자신의 다가오는 죽으심과 구원 효력의 예형으로 사용하셨다. 누가복음 24:27에 의하면, 예수께서 구약 전체에 관하여 자신과 관련된 의미, 곧 석의방식으로 제자들에게 설명하셨다. 아마 자신만의 독특한 방식으로도 설명하셨을 것이다.

바울의 석의

바울의 '예정론' 석의

바울의 석의대가다운 모습은 '예정론'에 관한 기록에서 찾아볼 수 있다. '만세 전 예정'은 헬라시대의 운명론 용어다. 바울은 이 용어를 사용하되 그들과는 전혀 다른 관점으로 사용했다. 헬라의 운명론은 '무의미, 맹목성, 비인격성, 비극, 절망, 어쩔 수 없다는 기계론에 예속된 인생 등'을 의미했다. 반면, 바울은 '의미, 섭리, 인격성, 희망과 생명, 역동성이 있는 인생 등'을 뜻하는 용어로 사용했다. 시간적 의미보다,[14] 하나님의 자유권과 주도권으로 행사하시는 주권적인 섭리에 의한 확고하신 구원 의지의 의미를 표현했다. 인간의 삶은 하나님께서 주도하시는 주권적 섭리, 응답하시는 주권적 섭리 안에서의 삶이 가능하다는 의미로 사용했다.

---

14) 엄밀한 의미에서 하나님에 대해 시간을 뜻하는 그 어떤 용어로도 표현할 수 없다. 하나님 자신이 영원하신 분이며, 영원 안에서 영원히 영존하시기 때문이다.

바울의 유대교 석의법에 의한 석의

바울은 로마서 10:11에서 이사야 28:16을 인용했다. 인용할 때 구약원문에 없는 '누구든지'라는 어휘를 첨가했다. 일종의 주석적 미드라쉬 방법이다. 강조하고자 할 때 창의적으로 그 석의법을 사용했다.

이 '첨가 석의'는 당시 유대 율법주의자들로 하여금 몹시도 분개하게 했을 것이다. 일점일획 무오라는 유대교 영감론에 대한 경멸행위로 여겼을 것이다.

바울은 유대교 석의법으로 이미 훈련되었기에 능통하게 사용했을 것이다. 거의 모든 서신서에 주석적 미드라쉬 석의법으로 기록했다. 주목해야 할 점은, 기독론적인 의미를 중심으로 사용했다는 점이다.

힐렐의 석의규칙도 대부분 사용했다. 첫째 규칙은 로마서 5:15-17에서 볼 수 있다. 아담-그리스도 관계를 설명하면서 더 중요한 그리스도에 강조점을 둔 석의법이다. 둘째 규칙은 바울이 빈번히 사용했다. 자신의 논쟁을 지지할 수 있는 유사성이 있는 구약본문을 인용했다(롬3:10-18; 롬4:1-8; 9:12-29; 9:33; 10:18-21; 11:8-10; 12:19-20, 15:9-12; 고전 15:54-55; 고후6:16-18; 갈3:10-13 등). 다섯째 규칙은 로마서 13:8-10에서 볼 수 있다. 특정의미를 보편의미로 사용했다. 여섯째 규칙은 갈라디아서 3:8-9에서 창세기 12:3을 인용한 데서 볼 수 있다. 일곱째 규칙은 로마서 4:10-11에서 볼 수 있다(문맥 이해로 의미 발견).

바울이 페쉐르 방식을 사용한 예도 찾을 수 있다. 고린도후서 6:2에 이사야 49:8을 인용한 경우다. 페쉐르 석의로 예언서 문서의 '신비와 계시' 개념을 수차례 사용했다(롬16:25-27; 골1:26-27; 엡3:1-11).

한 동안 갈라디아서 4:24에서 바울이 '알레고리아' 동사를 사용한 것을 근거로, 바울도 알레고리아 방법을 사용했는가에 관해 논쟁이 있었다. 바울이 그 동사를 사용할 때 알레고리아 전문용어로 사용하지 않았다. 당시 일반적인 언어인 '비유(상징)' 의미로 사용했다(NIV 번역 참조). 사라와 하갈을 두 언약으로 기록한 것은 역사적 사실을 반영하고 있다. 역사적 의미를 무시하는 전문적인 알레고리아 의미가 아니었다. 만일 바울이 알레고리아를 사용했다고 주장한다면, 구약본문 전체가 알레고리아가 되고 만다.

바울의 그리스-헬라-로마의 수사법에 의한 석의

바울의 서신서를 보면 그리스-헬라-로마 시대의 수사법을 사용하여 쓴 것을 확인할 수 있다. 데살로니가전서가 아리스토텔레스의 전형적인 전시·의전Epideictic 수사법으로 기록한 것을 알 수 있다. 칭찬과 책망 부분이 그 증거다. 반면, 데살로니가후서는 토론Deliberative 수사법이 사용되었음을 알 수 있다.[15]

이뿐 아니라, 여러 학자들의 연구에 의하면, 바울이 그리스-헬라-로마 시대의 수사법을 다음과 같이 필요에 따라 적절하게 사용했음을 제시한다: 1)서두Exordium; 2)논증 내용 서술Narratio; 3)분류Partitio[16]; 4)전환Transitus; 5)논증Probatio; 6)권면Exhortatio; 7)종결Peroratio; 8)

---

[15] G. L. Green, The Letters to the Thessalcnians(The Pillar New Testament Commentary), 제71쪽 참조.

[16] 분류란, 동의와 반대 논점을 분류하여 드러내 보이면서, 말하려는 논점이 무엇인가를 강조하며 설명하는 방식이다.

후기Postscript.

　바울은 당시의 어떤 수사법 형식에 얽매이지 않으면서 창의적으로 사용한 점이 더 사실에 가깝다. 예수께서 창의적으로 사용하심을 알고서 따랐음이 분명하다. 바울은 전하고자 한 '의미'를 단순히 설득만이 아니라, 그들에게 영향력을 주어 사고와 행동의 변화에까지 영향을 주려는 목적으로 사용한 점이 독특하다. 그러기에 당시의 수사법 형식으로 바울서신서 전부를 다 분석하고자 시도하는 일이 없도록 유의할 필요가 있다.

다른 신약기록자들의 석의

미드라쉬 석의

　사도행전에는 미드라쉬 석의법에 의한 구약인용이 빈번했다. 베드로의 석의(행3:25; 창22:18)와 스데반의 구약 인용에 의한 석의다(행 7장). 스데반은, 유대인들이 유대적 메시아에 적용한 것을 예수께 직접 적용하는 석의를 했다(행7:37; 신18:15). 그리스도의 부활에 대해서도 유사한 석의로 구약을 인용했다(행2:25-28; 34-35; 시16:8-11; 110:1).

페쉐르 석의

　누가는 사도행전 2:16 이하에서 성령강림 사건을 요엘서 2:28-32을 인용하면서 그 의미를 설명했다. 미드라쉬 석의는 두 본문을 합하는 방식인 반면, 페쉐르 석의는 구약 예언서를 기독론적인 관점으로 인용했다.

유형론Typology과 알레고리아Allegoria

예비적 이해

몇몇 사람들이 예수와 바울이 알레고리아 방식을 사용했다고 주장한다. 그렇지 않다. 그들은 알레고리아가 중세시대는 물론 지금·이곳에까지도 영향을 주는 그 폐해를 모르는지 그런 주장을 한다. 종교개혁자들이 알레고리아를 철저하게 거부한 사실을 기억해야 한다. 1세기 초기교회에서도 유형론과 알레고리아를 구별하지 못하여 유형론을 알레고리아로 간주했다. 때로는 유형론을 '예언적 알레고리아'라고 칭했다. 이는 두 방법론을 명확하게 구별하지 못한 데서 비롯된 오해다.

차이점

쿠걸Kugel이 그의 저서 「How to read the Bible: A Guide to Scripture, Then and Now(구약성경개론)」에서 알레고리아와 유형론의 차이점에 관해 논한 점은 매우 적절해 보인다.

쿠걸에 의하면, 알레고리아 석의는 수직적 방향으로 나아간다. 곧 구체적인 것에서 추상적인 것으로, '물질'에서 '영혼'으로 상승한다. 구약 본문에 기록된 구체적인 개념들(사람, 사건, 장소 등)을 추상적인 개념(이념, 덕, 악, 철학적 교훈 등)으로 석의함을 뜻한다. 반면, 유형론 석의는 수평적 방향으로 나아간다. 곧 구약에서 후대의 의미를 지닌 신약의 예표를 찾으려는 석의법이었다.

또 다른 차이점도 어렵지 않게 구별할 수 있다. 유형론은 사건, 인물 등 신구약 사이의 역사적 연관성, 곧 역사적 실제성이 있어야 가능하다. 알레고리아는 역사적 배경이나 문맥과는 상관없이 추론하면서 '영적 의미'를 찾고자 했다. 이는 알레고리아 석의의 대가 필론의 석의에서 볼 수 있다. 이 '영적 의미' 추구가 왜곡으로 이끈 폐해가 심각했다. 그렇다고 구약을 단순히 신약의 예표 의미만으로 이해하지 않아야 한다. 구약본문의 공시적인 의미를 먼저 찾아야 한다. 구약의 인물, 사건, 장소, 제도 등은 역사적, 실제적 의미가 있다.

신약기록자의 유형론 방식에 의한 기록

유형론Typology은 그리스어 '형태 혹은 흔적'을 뜻하는 'typos'와 '말하는 것(원리·법칙)'을 뜻하는 'logia(logos)'의 합성어다. 형태나 흔적에 관한 연구, 곧 구약에 미리 기록된 신약의 유형, 흔적에 관해 연구하는 학문이라는 뜻이다. 그렇다면 유형론 석의의 근거는 무엇인가?

신약기록자들이 구약과의 관계성, 예언·성취 관점에서 기록할 때 '유형'을 사용했다는 사실에 있다. 구약을 그리스도 중심으로 석의하되, 어떤 구약본문이 직접적인 예형, 간접적인 예형, 암시적인 예형이 있는지를 살폈다. 그리스도의 죽으심과 부활 사건 중심으로 대체되는 대체형 유형도 있다. 그렇다고 모든 구약본문을 유형론으로 석의할 수 있는 것은 결코 아니다. 예수와 바울도 당시 유대교에서 통용하던 유형론으로 구약을 새롭게 석의했다. 한편, 유형론 석의에 의한 의미가 상징의미와는 다른 점도 유의해야 한다.

6) 후사도시대의 석의(주후100-476)

예비적 이해

후사도시대는 예수의 첫 제자들인 사도들 이후부터(100)[17] 히에로니무스(제롬)가 활동한 시기를 거쳐 서로마제국이 멸망한 시기까지다(476). 이 시기에는 유대교의 저항, 로마황제의 박해, 여러 이단의 출현 등에 대해 변증과 기독교진리 확립 목조으로 다양한 석의가 필요했던 시기였다.

안타깝게도, 이 시기의 석의해석은 부분에 치우치거나 부정적인 유산을 남겼다. 석의에 관한 발전의 불씨가 타오르는 것 같다가 식고는 했다. 석의해석과 관련 있는 부분은 회상해볼 필요가 있다. 주로 본문의 원뜻을 찾는 석의를 어떻게 했는가에 초점을 두는 것이 필요하다. 이 시기에 가장 널리 알려진 석의법은 알레고리아다. 이 방법은 이교들의 공격에 대한 변증 때문에 교회 내에 전통적 해석이라는 새로운 석의해석 원리였다. 하지만 원뜻과는 무관한 의미를 추구했고, 후대 교회에 부정적인 유산을 남겼다. 지금도 알레고리아 방식으로 해석하는 것을 자주 목격할 수 있다.

---

17) 필자는 '교부Church Father' 대신에 '후사도'라는 용어를 사용한다. '교부'는 가톨릭교회가 절대 교권 목적으로 만든 '교회의 아버지'라는 뜻을 지녔다. 이는 비성서적인 용어라서 사용하지 않아야 한다.

필자는 석의와 관련 있는 후사도시대의 몇몇 석의가들을 다루고자
한다.

대표적 이단의 석의

마르키온 Marcion 85-150

영지주의자들 중에는 그리스도인도 있었다. 그들은 기독교 이원론자
였다. 마르키온이 그 대표적인 인물이다. 그는 영지주의의 이원론적
인 철학의 영향을 받았다. 이 사상의 관점으로 성서를 석의했다. 영지
주의들은, 이 세상은 물질세계라서 전적으로 악하다고 주장했다. 선
하신 하나님께서 악한 물질세상의 인간이 될 수가 없다는 것이다. 그
리스도의 인성을 거부하고 신성만 인정했다. 구약의 하나님은 보복과
폭력의 하나님으로, 신약의 하나님은 사랑의 하나님으로 석의했다.
이 석의를 토대로 구약은 폐기되어야 한다고 주장했다. 신약은 누가복
음과 바울서신만 인정했다. 스스로 바울 사도의 후계자라고 자칭했던
마르키온은 이단으로 단정됐다. 마르키온 때문에 초기교회가 성서 정
경화에 더 박차를 가했다는 것은 궤변의 결과다.

몬타누스파 Montanist 134-177

몬타누스는 초기 활동 때에 기독교 진리와 유사한 점이 있었다. 그러
다가 점차 억지 해석과 자의·삭의해석으로 기독교 진리에서 벗어나기
시작했다. 몬타누스는 예수께서 말씀하신 요한복음 14장의 보혜사 성

령님이 자기에게 임했으며, 특별한 예언도 할 수 있기에 자신에게 절대 복종을 해야 한다고 가르쳤다. 계시록 본문도 문자 그대로 해석을 하여 재림을 예언했다. 도래하지 않자 추종자들이 흩어지기 시작했다. 오늘날의 불건전한 감정주의적 성령운동파와 유사하다.

에비온파 Ebionites

에비온파는 유대적 기독교운동 계파였다. 유대교와 기독교의 혼합주의 형태를 지녔다. 토라를 철저하게 고수했고, 율법을 지켜야만 구원을 받는다고 믿었다. 구약인용이 많은 마태복음만 인정했다. 그리스도의 동정녀 탄생과 신성을 부인했다. 믿음으로 구원받는다는 바울서신도 거부했다. 예루살렘을 메시아의 통치 중심지로 믿었다. 점차 영지주의에 흡수됐고, 일부는 이슬람에 영향을 준 것으로 추정하고 있다.

마니 Mani 216-276

마니교는 페르시아 영지주의의 한 종파다. 예언자 마니가 기독교, 조로아스터교, 불교의 사상을 융합하여 창립했다. 빛과 어둠의 이원론적인 우주관을 토대로 하는 종교철학을 가졌다. 성서석의도 이 종파가 필요한 바대로 매우 자의적·삭의적이었다. 예수의 동정년 탄생과 인성을 부인했다. 마니는 스스로를 예수의 제자며, 요한복음서에서 말하는 보혜사라고 자칭했다. 철저한 조직력으로 활동했다. 아우구스티누스도 9년간 몸담은 적이 있다.

기타

발렌티누스, 아폴리나리우스, 네스토리우스, 유티케스 등이 이단으로 확정됐다. 이 모든 이단들의 공통점은 성서본문의 의미해석, 곧 석의의 문제였다는 점에 유의할 필요가 있다.

사도시대와 후사도시대 중간기의 석의가

폴리카르포스 Policarpos 69-155

폴리카르포스(폴리캅)는 요한 사도의 제자다. 또한 이그나티우스 Ignatius의 제자며, 에이레나이오스Eirenaios의 스승이다. 그는 사도시대와 후사도시대를 연결하는 중요한 가교 위치에 있었다. 마르키온과 가현설 이단에 대해 매우 적극적으로 변증했다. 이 과정에서 구약을 정경으로 인정해야 함을 역설했고, 신약 27권 정경화의 기초를 마련했다. 이는 석의해석사 관점에서 매우 의미 있는 공헌이다. 석의를 근거로 은총론을 강조했다.

기독교변증 석의가(120-220)

예비적 이해

이단들과 유대교를 비롯한 반대파들의 도전과 로마제국의 비난과 박해가 거세지자, 문서를 통해서 기독교진리를 변증하는 석의가들이 등장했다. 당시에 문서재료 구입조차 어려운 시기였기에 이 변증문서화는 석의해석사의 긴요한 사역이다.

유스티누스 Justinus 100-165

유스티누스(저스틴)은 신구약 관계성, 예언과 완성의 관점으로 석의했다. 유대교의 할례 주장은 불필요하다고 반박했다. 힐렐의 석의방법을 일부 수용했다. 그리스 철학에 능통하여 변증의 방법으로 알레고리아 석의방법도 사용했다. 유스티누스는 구약성서를 이해하는 열쇠를 그리스도라고 했다. 기독론적으로 구약을 석의했다. 유형론적 석의도 시도한 것으로 알려지고 있다.

타티아노스 Tatianos 120-180

변증가 타티아노스는 유스티누스의 제자다. 그의 석의는 유스티누스의 방법과 유사했다. 그는 최초로 네 복음서를 대조하는 방식으로 석의를 시도했다.

에이레네나이오스 Irenaeus 130-202

에이레네나이오스(이레니우스)는 유스티누스와 폴리카르포스의 제자다. 이단들에 대해 석의해석을 근거로 변증했다. 구원사적인 관점, 전인 전 영역의 통전적인 구원론, 기독론, 아담-예수 유형론으로 석의했다. 특히 '믿음(진리)의 규칙'을 강조했다. 하지만 이 규칙은 석의방법론이 아니었다. 플라톤 철학으로 출발한 잘못된 세계관에 대한 변증이었다. 가톨릭교회가 이 규칙을 석의방법론으로 오용함으로써 하나님의 참뜻, 원뜻을 아는 데서 멀어지기 시작했다. 한편, 에이레나이오스는 이브-마리아 유형론까지 확대하는 석의를 했다. 예수가 새 아담이듯, 마리아도 새 이브로 간주하여 가톨릭의 마리아숭배의 길을 열었다.

테르툴리아누스 Tertullianus 150-225

테르툴리아누스(터툴리안)은 라틴학파의 시조며, 서방교회 창설자다. 기독교 영지주의 등 이단들이 잘못된 석의를 근거로 주장한 점에 변증했다. 처음으로 '삼위일체'와 '신약'이라는 용어를 사용했다. 알레고리아 석의방법을 제한적으로 사용했지만, 주로 기독론적인 관점으로 구약을 석의했다. 성서본문 석의를 근거로 그리스도의 성육신이 구약계시보다 더 탁월한 점을 강조했다. 다만 성령론에 관해 불균형적인 석의가 있었다. 성령의 성자 유출설을 주장했다. 이는 나중에 동서교회가 분리되는 빌미를 제공했다. 성령하나님을 더 강조하기도 했으며, 이런 강조점 때문인지, 한 때 성령운동을 강조한 몬타누스파에 가입하기도 했다.

알렉산드리아학파의 석의가

예비적 이해

이 학파는 알레고리아 석의가 주된 특징이다. 이 학파의 시작은 클레멘스였지만, 대표적인 인물은 오리게네스다. 알렉산드리아학파를 논할 때, 몇 가지를 먼저 생각해야 할 점이 있다.

첫째, 성서의 원뜻을 찾는 전문적인 석의해석 방법을 찾기보다는 당시 시대적 철학의 영향을 더 받았다는 점이다. 널리 통용되던 알레고리아 방식을 성서해석방법으로 수용했다. 곧 출발점이 성서가 아니라, 당시의 플라톤 철학이었다는 죈이다.

둘째, 알렉산드리아는 그리스-헬라문화의 중심지였고, 도서관과 박물관이 세워질 정도로 문화가 매우 발달했다.

셋째, 예수께서 탄생하시기 150여 년 전, 알렉산드리아에서 구약을 그리스어로 번역한 70인역본이 완성되어 신약 기록에 토대 역할을 했다.

넷째, 필론의 영향력이 컸다.

다섯째, 알레고리아 석의가 주된 방법이었지만, 다른 석의법도 간간이 사용했다.

클레멘스 Clemens 150-215

클레멘스는 엄격한 문자주의 석의를 배격했다. 동시에 알레고리아 석의를 추구했다. 문자 이면에 있는 의미를 발견하려는 의도였다. 그리스도 관점(로고스)에서 구약석의를 시도했고, 신구약 통일성을 주장했다. 이단들이 자기들의 필요에 따라 성서본문을 부분적으로만 인용하거나, 단어나 구절만 인용하는 모순점을 예리하게 지적했다. 매우 신중한 석의를 요구했다. 성령님의 도우심으로 기하학을 비롯한 일반 학문도 성서본문 석의의 도구가 될 스 있다고 주장했다. 에이레나이오스가 말한 '믿음의 규칙'을 '교회가 가르치는 규칙'으로 규정하자, 가톨릭교회로 하여금 이를 근거로 성서와 동일한 혹은 더한 권위를 가지게 했다. 그는 유대교와 스토아철학의 영향으로 성직자와 평신도를 구분한 최초의 인물이다. 그의 의도는 교회 지도자인 장로(감독)가 진리를 보존하는 역할자임을 강조하려고 했지만, 가톨릭교회가 성직주의를 강화하는 근거로 이용했다.

오리게네스 Origenes 185-254

클레멘스의 제자인 오리게네스(오리겐)는 알렉산드리아학파의 대표자다. 기독론과 유형론에 의한 석의도 있었지만, 과도할 정도로 알레고리아 석의를 선호했다. 암브로시우스를 비롯한 여러 후대의 학자들에게는 물론, 히에로니무스(제롬)의 주석서를 통해서 중세에도 영향력을 끼쳤다.

그의 알레고리아 석의는 필론의 영향을 받았다. 그의 영향으로 성서 전체를 삼분법으로 석의하려고 했다. 당시 팽배하던 문자주의 혹은 문자기속주의의 석의를 반대하기 위해서다. 삼분법이란 몸·혼·영이라는 헬라식 구분법이었다.[18] '몸'은 문자적 의미로 보통 사람들을 위한 의미로, '혼'은 도덕적 의미로 지도자들과 상인들을 위한 의미로, '영'은 영적 의미로 영적인 사람을 위한 의미로 구분했다. 알레고리아가

---

18) 성서가 말하는 인간관은 세 가지로 구분하지 않는다. 히브리적 인간관이 건전하고 균형감이 있다. 늘 몸과 마음이 분리되지 않는 전인성으로 보아서다. 각 용어를 따로 분리하여 사용하더라도 그러하다. 헬라의 이분법 혹은 삼분법 영향을 받아 하나님의 피조물인 사람에 대해 몸을 분리하고 영혼만 강조해왔다. 성서 기록자는 대부분 히브리인(유대인)이라는 점에 유의하자. 예수와 바울도 히브리인이었다. 기록자들이 그리스어와 헬라적 문화방식으로 표현했다 하더라도, 그 본질의미가 히브리적일 때가 있다. 두 문화권의 차이점을 식별하면서 각기 어떤 의미로 표현했는지에 유의해야 한다.

바로 영적 의미를 찾게 한다고 가르쳤다.

　문제는 이 삼분법으로 성서 전체를 균형감 있게 석의할 수가 없다는 점이다. 더구나 모든 본문을 삼분법으로 석의할 수가 없다. 특히 '영적 의미'라는 오해는 이원론이 강하여 2천여 년 교회역사 내내 문젯거리였다. 지금도 '영적 혹은 영해'라는 이름으로 오석하는 경우가 많다. 이는 알레고리아의 또 다른 방식일 뿐이다. 그리스도 안에서 모든 것이 거룩하고 영적이다. 이 영해주의는 원뜻을 발견하지 못하게 하는 경우가 빈번하다. 이원론적인 헬라식 구분법이어서다. 그럼에도 오리게네스가 문자의미(표면의미)보다는 깊은 의미(심층의미)를 이해하려고 한 점은 석의적인 공헌점이다. 필론보다는 '덜 알레고리아' 했다. 그렇지만, 성서본문에 기록된 비도덕적인 사건들, 이를 테면 다말 사건과 같은 것을 문자적으로 석의하면 무가치한 내용이 되기에 알레고리아로 석의를 해야 한다고 했다. 히브리어가 능통하여 그리스어 70인역본을 수정했다. 또한 '6개언어 구약대조판(헥사플라)'을 최초로 만들어 다양한 번역의미를 찾고자 했다. 이는 석의사에 큰 공헌점이다.

아타나시우스 Athanasius, 296-373

　알렉산드리아에서 활동했다. 삼위일체론을 부인하는 아리우스파에 반대하면서 칼케돈 기독론 확립에 큰 영향을 끼쳤다. 아리우스파였던 황제들이 아타나시우스를 5번이나 추방했다. 망명 중에서도, 수많은 문서들 중에서 신약 27권의 목록을 선정하여 현재의 신약정경 결정에 공헌했다. 오리게네스의 방법을 따랐다. 석의가라기보다는 조직신학자나 변증가로 불리는 것이 더 적절하다. 바른 석의해석을 강조했지만, 성서본문 인용도 많이 했지만 부정확한 석의적인 측면(이를 테면, 알레고리아적 석의)이 있었다.

디디무스 Didymus, 313-397

오리게네스의 제자다. 알렉산드리아에서 교리문답교육에 주된 역할을 했다. 오리게네스의 방법을 따르면서 수많은 성서주석서를 썼다. 영적 해석을 하고자 알레고리아 방식으로 석의했다. 히에로니무스(제롬)에게 영향을 주었다.

안디옥학파의 석의가

예비적 이해

석의해석사 관점에서 안디옥학파가 있었음은 은총이다. 알렉산드리아학파가 추구한 알레고리아 석의를 거부했기 때문이다. 원 기록자의 의도를 이해하려고 했고, 문법과 배경에 의한 석의를 추구했다. 어휘와 문장의 명료한 의미 등 원 기록자가 전달하려고 한 본문의 원뜻을 찾고자 함이 안디옥학파의 핵심점이다. 원 기록자가 동일 주제에 관하여 다른 본문에서도 기록했는지, 기록했다면 그 기록의미가 무엇인지를 알고자 했다. 또 다른 원 기록자가 동일 주제에 관하여 어떻게 기록했는지, 원 청자들은 어떻게 반응했는지도 알고자 했다. 이러한 석의는 우리가 귀감으로 삼을 수 있는 방법이다. 안디옥학파를 이끌던 네스토리우스가 그리스도의 인성을 지나치게 강조한 점이 문제가 되어 이단으로 규정되자, 이 학파는 영향력을 상실했고 로마교회와 멀어졌다. 그렇지만 루터와 칼뱅이 이 학파를 따랐다는 점에서, 석의해석의 효시라는 점은 중요하다. 한 가지 흥미로운 점은, 알레고리아 석의가 당시에는 너무나 강력한 시대적 기류라서, 안디옥학파들이 거부하면서도 어떤 경우에는 사용한 예도 있다는 점이다.

루키안 Lucian ?-240

루키안은 안디옥학파의 창시자다. 알렉산드리아학파와는 달리 문자적 의미를 해석하고자 했다. 오리게네스처럼 히브리어 원문을 근거로 그리스어 70인역본을 수정했다.

디오도로스 Diodoros ?-394

디오도로스는 알렉산드리아의 알레고리아 해석을 비판했다. 언어학적, 문법적 분석의 필요성을 강조했다. 안디옥학파에서 가장 탁월한 석의가다. 원 기록자와 본문배경 이해를 석의방법으로 사용했다.

테오도르 Theodore 350-428

디오도로스의 제자며, 크리소스토모스의 친구다. 성서 대부분을 주석했지만 일부만 남아있다. 안디옥학파의 대변인 역할을 할 정도로 영향력을 끼쳤다. 난해한 본문을 원어적인 방법으로 석의했다. 신구약의 연속성과 불연속성에 관한 특징도 식별했다.

아폴리나리우스 Apolinarius 310-390

아폴리나리우스도 탁월한 석의가로서 제롬의 스승이다.

크리소스토모스 Chrysostomos 349-407

디오도로스의 제자다. 알렉산드리아학파의 알레고리아 석의를 반대하고자 언어와 문법을 근거로 하는 석의를 강조했다. 문자적 의미를 발견하려면 고고학적인 근거도 필요함을 주장했다. 그는 최초로, 바울서신서 석의는 수신교회의 정확한 역사적 정황을 알고서 석의해야 함을 강조했다. 문맥 파악도 중요시했다.

라틴학파(서방학파)의 석의가

예비적 이해

라틴학파는 그리스어로 활동한 학파들과 달리, 라틴어로 활동한 석의가들을 말한다. 지리상으로 알렉산드리아가 헬라기독교의 중심지였다면, 카르타고는 라틴기독교의 중심지였다. 알렉산드리아의 신학자들이 헬라철학에 정통했다면, 라틴교회의 신학자들은 법률, 정치 등 사회과학적인 교양을 갖춘 사람들이었다. 로마를 중심으로 서유럽 쪽에 영향을 끼쳤기에 '서방학파'라고도 불리었다.

테르툴리아누스(터툴리안)

제160쪽을 보라.

키프리아누스 Cyprianus 210?-258

  키프리아누스는 테르툴리아누스의 영향을 받았다. 교회론에 석의를 집중했다. 그런 다음, "사제 없이는 교회가 없다, 교회 밖에는 구원이 없다."라며 가톨릭교회의 조직과 제도의 기초를 제공했다. 그는 교회의 중요성을 지나치게 강조했다. 교회 외의 일상생활과 자연 만물의 신성함과 가치를 인정하지 않는 불균형감으로, 가톨릭교회로 하여금 진정한 교회관에서 벗어나게 하는 근거를 제공했다. 키프리아누스는 삼위일체 하나님께서 다스리는 교회, 그리스도의 몸으로서의 유기적인 교회는 간과했다. 교회를 오로지 인간이 다스리는 조직과 제도를 토대로 가시적인 공동체만 인정했다. 키프리아누스가 직면했던 당시의 상황, 곧 로마제국의 핍박, 갖가지 이단들에 대한 방어 의도로 한 발상이라는 점은 이해할 수 있지만, 삼위일체 하나님과 성서를 근거로 설립되고 유지되는 불가시적 진정한 교회관을 외면하고 말았다. 그의 교회관은 결국 로마가톨릭교회로 하여금 사제주의화, 교회 조직화와 제도화를 근거로 성서 위에 군림하게 했으며, 교황제도와 주교제도를 합법화 하게 했다. 인간과 조직력이 하나님을 대신하여 교회·세상·인간을 지배하게 하는 잘못된 방향으로 가게 했다. 암흑의 중세시대로 들어가게 한 오점을 남겼다.

암브로시우스 Ambrosius 340-397

  암브로시우스는 이단 아리우스파에 맞서서 기독교 진리를 확립했다. 기독론과 유형론으로 석의했다. 문자적 의미, 언어와 배경에 의한 석의를 중요시 여겼지만, 알레고리아적인 유형론으로 석의한 부분도 있다. 즉 오리게네스의 3중 의미를 인용했고, 서방교회에 소개까지 했다. 고린도후서 3:6을 근거로 4중의미(문자적, 알레고리아적, 도덕적, 신비적 의미) 석의를 제시했다.

히에로니무스 Hieronymus 341-420

히에로니무스(제롬)는 석의의 한 단계인 번역에 힘썼다. 헥사플라를 참조하여 라틴어 불가타역본을 번역했다. 이 번역본은 로마교회의 유일한 표준성서가 됐다. 사제들만 소유했다. 제롬은 기독론적인 유형론으로도 석의했다. 알레고리아 석의를 처음에는 격찬했다가 나중에 안디옥학파의 영향을 받아 역사적-문자적 석의를 추구했다. 석의의 본질을 명확하게 규명했다. 곧 성서본문의 분명한 의미를 밝힘이 석의 해석의 목적이라고 정의했다. 오리게네스를 매우 격렬하게 비판했다. 그러면서 어떤 석의에는 오리게네스의 영향에서 벗어나지 못한 부분이 있다.

아우구스티누스 Augustinus 354-430

잘 알려진 바대로, 아우구스티누스는 석의해석사적으로 매우 중요한 인물이다. 마니교에 심취했다가 암브로시우스의 설교를 듣고서 개종했다. 종교개혁과 중세 스콜라신학 양쪽에 다 영향을 주었다. 석의의 3원칙을 제시했다. 곧 석의가는 성서본문을 믿음의 원칙으로, 교회의 권위나 교회 전통적 석의로, 전후의 문맥으로 석의해야 함을 강조했다. 이처럼 긍정과 부정의 영향력을 동시에 끼쳤다. 문자기속주의에 의한 자의·삭의해석은 반대했다. 그는 암브로시우스의 '4중의미' 접근법을 수용했다. 특히 비문자적 세 가지 의미(알레고리아적, 도덕적, 신비적 의미)는 종교개혁 전까지 아우구스티누스의 역할로 중세교회 전체에 영향을 끼쳤다. 신구약을 약속과 성취 도식으로 석의했다. 성서 해석이 필요한 점도 강조했다. 왜냐하면 해석을 하지 않을 경우, 성서가 기호 안에 갇힐 수 있다고 했다. 그런 까닭으로, 본문연구를 강조했고, 문맥에 의한 석의도 강조했다. 석의설교가의 임무는 성서의 원뜻을 잘 풀어서 그리스도인들을 그리스도와 그의 사랑의 왕국으로 잘 인도하는 것이라고 했다.

석의해석사적으로 가장 큰 공헌적은, 원 기록자의 의도에 충실해야 하는 점, 원문 강조 및 원어와 본문배경을 알아야 한다고 한 점이다. 또한 석의가의 역할도 주목해야 할 강조점이다. 성서본문에서 의미를 이끌어내야 하며, 반대로 성서에 자의를 덧붙이거나 삭의를 하지 말아야 한다는 강조다.

다만 석의의 주체는 교회라고 한 점은, 가톨릭교회로 하여금 성직주의 강화, 성서해석권 독점, 회중의 설교 청자화 등 부정적인 방향으로 가게 했다.

아우구스티누스도, 반대하던 알레고리아 석의에서 완전히 벗어나지 못한 점도 있었다. 이는 알레고리아의 영향력이 지대했음을 뜻한다. 중세교회가 천여 년 이상 알레고리아 석의 안에 갇혔으니 그 영향력이 어떠했겠는가.

반면, 루터와 칼뱅에게는 석의방법에 대해 긍정적인 영향력을 끼쳤다.

이시도루스 Isidorus 560?-636

서방교회에 지대한 영향력을 끼친 스페인 주교였다. 성서와 관련 있는 백과사전식 '어원학'을 최초로 저술했다. 이 문헌은 중세교회 천여 년 동안 성서의 단어와 연대 연구의 표준서가 되었다.

문자적literal 의미와 문자기속주의literalistic

후사도시대 석의가들의 석의방법을 살펴보면 '문자적 의미'라는 용어를 자주 보게 된다. 원래 문자적 의미란, 본문을 읽을 때 누구든 이해하는, 표면의미도 포함한다. 문자주의 혹은 문자기속주의와는 다르며, 근본주의자들의 추구와도 다른 이해를 말한다.

문제는 이 시기의 석의가들이 어떤 경우에는 문자적 의미로, 또 다른 경우에는 문자에 얽매이는 문자주의 혹은 문자기속주의로 달라지는 애매한 모습을 보이는 점이다. 또한 본문 그대로 이해하는 문자적 의미로는 그 이면의 의미, 심층의미를 발견할 수 없다는 점을 간과한 문제점이 있다. 이런 까닭으로, 이 문자적 의미를 포기하고서 알레고리아 의미를 추구했다. 일차적으로 문자적 의미는 필요하다. 하지만 그것으로 끝나지 않아야 한다. 여러 석의적인 방법으로 진정한 원뜻을 찾는 데까지 나아가야 한다.

7) 중세시대의 석의(주후476-1516)

예비적 이해

중세 때 프랑스 파리 소르본대학에서 석의학 강의를 시작했다는 사실은, 석의해석사 관점에서 보면 하나의 사건이다. 그럼에도 석의학이 널리 보급되지는 않았다. 특별한 석의방법 없이 전통방식을 그대로 의존했다. 곧 4중의미, 특히 알레고리아 석의를 선호했다. 이 선호의 까닭들 중의 한 가지가 아리우스의 영향을 받은 네스토리우스 논쟁으로 안디옥학파가 퇴조하고, 알렉산드리아학파가 다시 인정을 받아서다.

중세시대가 언제까지인가에 관해서는 이견이 많다. 그래서 필자는 개인적인 견해로 종교개혁 전까지를 중세시대로 규정한다. 이 시기에 관해서도 주로 석의의 관점에서 논하고자 한다.

역사Historia 개념

중세 이후 '역사적 석의'가 적지 않게 사용됐다. 이 점을 잘 이해하기 위해서 '역사'에 관한 개념 이해가 필요하다. 고대근동과 고대그리스에서는 '역사'가 인간의 총체적 삶을 표현하는 넓은 의미로 사용했다. 역사의 아버지로 불린 헤로도토스의 「역사」를 보면 단순히 과거 사건만을 서술하지 않았다. 페르시아 전쟁을 다루지만 건축, 풍속, 전설,

지리, 종교 등 인간의 삶 전반에 관해 서술했다. 역사가 과거 사건과 그 사건의 서술이라는 좁은 의미의 역사 개념은 중세 이후 어느 때부터 사용되기 시작했다. '역사적 석의'라고 했을 때, 넓은 의미 혹은 좁은 의미로 사용했는지를 식별해야 한다.

4중의미를 찾으라

중세시대의 석의는 종교개혁 전까지, 4중의미가 전형적인 석의방법이었다. 오리게네스의 3중 의미를 근거로 암브로시우스와 아우구스티누스가 발전시켰다.

첫째, 문자적 의미는 본문에 기록된 사실이나 사건을 뜻한다.

둘째, 알레고리아적 의미는 무엇을 믿어야 할 것인가를 뜻한다. 이는 가톨릭교회가 교권화, 교리화 하는 일에 영향을 주었다. 그래서 중세교회가 알레고리아를 선호했다.

셋째, 도덕적 의미는 무엇을 해야 하는가를 뜻한다.

넷째, 신비적·영적 의미는 앞으로 나아가야 할 방향, 곧 무엇을 소망해야 하는가를 뜻한다.

잘 알려진 4중의미 석의의 예가 있다. '예루살렘'의 문자적 의미로는 이스라엘이 살았던 도시다. 알레고리아적 의미로는 교회다. 도덕적 의미로는 정결한 개인영혼, 마땅히 할 일을 하는 개인영혼이다. 신비적·영적 의미로는 때가 되면 임하는 하늘나라의 도시로 석의했다. 어떤 본문을 보든지 이렇게 4가지 의미를 찾으려고 했다. 이는 중세 내내 팽배했던 석의방법이다.

이와 같은 4중의미로 석의할 경우, 어떤 문제점이 생겼겠는가? 우선 개인차에 의해 의미가 달라질 수 있었다. 하나님의 뜻을 언제든 변경할 수 있다. 원 기록자가 기록한 원뜻을 발견할 수가 없다. 기록자의 의도와 목적도 파악하지 못하는 석의방법이었다. 더구나 성서의 모든 구절을 이 4중의미로 다 석의할 수 없다는 점도 심각한 문제점이다. 더더구나 이 4중의미를 근거로 본문의 깊은 의미를 찾고자 하는 것은, 훈련된 전문가들만 할 수 있는 것으로 여겼다. 일반 그리스도인들은 듣기만 하는 계층으로 간주했다. 이 근거로 교회 안에 설교를 하는 성직자와 그 설교를 들어야 하는 설교청자라는 신분도 발생했다. 일반인들은 성서해석을 절대 할 수 없으며, 토론이나 논쟁도 할 수 없으며, 성서조차 소유하지 못했다. 그저 듣는 대로, 전해 주는 대로, 석의하여 설명하여 주는 대로 따라야 했다. 이 4중의미의 석의가 인간의 삶 전체에 영향을 주지 않는 영역이 없었다. 그 어떤 반론을 제기할 수 없는 절대복종만 요구받았다. 특히 알레고리아 석의는 암흑의 시기로 불리는 중세 가톨릭교회를 지배하듯 했으니, 가톨릭교회와 그리스도인들의 황폐함이 어떠했겠는가.

중세초기 석의가들

빈켄티우스 Vincentius ?-445

빈켄티우스는 아우구스티누스의 이중예정론과 펠라기우스의 자유의

지론 양자 모두를 비판했다. 그는 "어느 때든, 어디에서든 모든 사람이 믿는 것이 진리다."라는 보편성을 강조했다. 하지만 진리가 다수원칙으로 결정될 수 없다. 오히려 소수의 사람들이 건전한 석의에 의한 진리를 발견할 때가 더 많다. 그의 석의는 때로 문맥적 의미, 신구약 관계성, 원 기록자의 기록의미와 기록이유를 파악하고자 했다. 본문의 배경연구에 관해서는 미비했다. 강력한 변증목적이 강하다 보니, 석의적인 근거가 결여된 경우가 있었다.

그레고리우스 Gregorius 540-604

그레고리우스는 수도원장을 지내다가 나중에 로마의 대주교(교황)가 된 인물이다. 중세초기에 지대한 영향력을 끼쳤다. 성서를 매일 읽고 묵상해야 함과 암송을 강조했다. 석의해석의 필요성을 알았다. 각 구절마다 적절한 석의해석법이 필요하며, 그 방법으로 원뜻을 찾아야 한다고 했다. 하지만 본문의 깊은 의미를 알기 위해서 알레고리아 석의를 따랐다. 문자주의적인 해석은 원뜻을 소멸한다는 이유다. 그는 오리게네스와 아우구스티누스의 석의방법을 근거로 한, 4중의미 석의방법을 체계화 하여 보급시켰다. 그의 체계는 거의 천 년 동안 영향을 끼쳤다.

중세 여성석의가

빙엔의 힐데가르드 Hildegard of Bingen 1098-1179

독일인 힐데가르드는 중세의 대표적인 여성석의가다. 교황 그레고리 7세의 가톨릭 개혁운동에 동참했다. 전형적인 페미니스트(남녀평등주의자)는 아니지만, 전통적인 남성상을 인정하면서도 남녀 상호존중에 관해 논쟁했다. 여성의 독특함으로 본문 석의를 추구했다. 석의사적 관점에서 보면 수사학적 해석이 돋보였다. 본문을 심오하게 이해하고자 알레고리아적 상징법도 사용했다. 후사도들의 작품을 비롯하여 많은 독서에 의거한 저술을 남겼다. 신비주의 성격이 있었지만, 남성 사제들과 편지를 교환하거나 상담도 해주었다. 남성중심 시기에 그와 같은 발상을 했다는 그 자체가 놀랍다.

노리치의 줄리안 Julian of Norwich 1343-1413

영국에서도 중세 여성석의가를 찾을 수 있다. 줄리안은 1395년에 영어권 최초의 여성으로서 「하나님 사랑의 계시들」을 저술했다. 신비주의적인 명상에 의한 저서다. 줄리안의 저서들에서 중심 주제는 '창조, 구원, 선택'이다. 줄리안이 살았던 시대가 가난했고 흑사병이 만연했다. 그런 절망이 깊은 시대를 '하나님의 사랑'의 관점에서 해석했다. 상담가의 역할도 했다. 그렇지만 줄리안의 저서는 전문적인 석의주석서가 아니었다. 힐데가르드처럼 중세 신비주의의 한계에서 벗어나지 못했다.

피잔의 크리스틴 Christine de Pizan 1363-1429

이탈리아인 크리스틴은 중세시대의 전형적인 페미니스트로 불린다.

이 사상은 폭넓은 독서에서 비롯됐다. 성서와 성서해석 문헌들을 많이 읽었다. 이를 근거로 여성들의 인권 문제와 교육 차별 등에 관해 많은 묵상집을 남겼다. 명확한 석의해석방법론이 있었던 것은 아니었다. 그렇지만 성서에 근거하여 제도 틀에 갇힌 여성들을 해방시키고자 애쓴 점은 높이 평가받아야 한다.

중세시대의 대표적 석의가

보에티우스 Boethius 480-524

　서로마 제국의 마지막 세대의 석의가다. 아우구스티누스 이후 가장 탁월한 석의가다. 아리스토텔레스의 논리를 기독교에 적용하여, 삼위일체를 그 논리로 설명하고자 했다. 이 논리는 나중에 비판을 받았다. 중세 스콜라철학의 선구자 역할을 했다. 고대와 중세의 가교 역할을 했다. 플라톤 사상도 도입했고, 아우구스티누스의 석의법도 수용했다. 옥중저서인 「철학의 위안」에서 '악인의 번영과 의인의 고통의 문제'를 다루었다.

베데 Bede 673-735

　성서연구에 헌신한 잉글란드의 석의가다. 성서연구에 평생을 바쳤다. 원문중심의 석의, 문법과 역사 방식으로 어휘를 설명하고자 했다. 성서본문을 대부분 암송할 정도로 지속적으로 소리 내어 읽었다. 성구색인사전처럼 활용할 수 있었다. 나중에 보니파시오Bonifacio 680-754가

베데를 "성령님이 조명하시는 교회의 양초."라고 평했다. 아우구스티누스와 그레고리우스의 저서를 탐독했다. 베데 역시 알레고리아의 영향에서 벗어나지 못했다.

안셀모 Anselmo 1033-1109

안셀모(안셀름)는 이탈리아 출신으로 영국 캔터베리 대주교를 맡았다. 스콜라신학의 창시자로서 아리스트텔레스학파가 변증법에서 사용하는 이성주의를 신학에 도입했다. 계시와 이성의 조화를 추구했다. 동방교회와 서방교회 성령론어 관한 조정도 시도했다. 특히 영국의 노예매매를 최초로 비판했다. 영국 극왕의 부당한 교회조직 개입도 거부했다. 교회개혁을 추구했다. 이와 같은 일은 건전한 성서석의로 가능하다고 여겼다. 나중에 스코투스, 데카르트, 헤겔에까지 영향을 끼쳤다.

아벨라르 Ablard 1079-1142

12세기에 가장 위대한 사상가다. 후사도들의 석의방법을 수용하여, 원문과 원어를 중시했다. 본문의 의미발견에 초점을 두었으며, 구원사 관점에서 석의했다. 이성은 신앙문제에 관하여 명료화 하는 기능으로 여겼다. 석의가의 임무는 본문의 의미를 발견하는 것으로 규정했다. 문자적 의미가 아니라 문자 이면의 의미를 더 강조했다. 플라톤 철학으로 본문의 상징의미를 석의하려고 했으며, 플라톤을 예언자라고 까지 말했다. 알레고리아 용어를 좀처럼 사용하지 않았지만, 실제로 사용한 때도 있었다. 특히 진리 발견을 위해서 '질문'을 가질 것을 가르쳤다. 그 시대에 교회의 가르침에 관해 '의문'을 가지라는 것은 혁명적인 발상이다. 성서본문 석의에서도 '논리'를 강조했다.

롬바르 Lombard 1095-1160

롬바르가 저술한「네 권으로 된 명제들」은 중세신학의 표준교재다. 아퀴나스, 루터를 비롯하여 칼뱅의「기독교강요」저술에 영향을 준 저서다. 그 당시 성서 다음으로 많이 읽혔다. 아벨라르의 영향을 받았다. 시편과 바울서신에 관한 해설서를 쓸 정도로 탁월한 석의가다. 후 사도들과 중세 석의가들처럼 성서본문의 알레고리아 석의법을 사용했고, 도덕적, 신비적 의미도 구별했다. 그러면서도 본문의 역사적 사실은 부인하지 않았다. 그가 '알레고리아가 판치는 세상' 가운데서, 성서본문에서 출발한 점은 석의의 공헌점이다. 그 본문의미에 관해서는 논쟁거리였다.

휴 Hugh 1195-1263

성 세르의 휴(휴고)는 13세기에 중심 역할을 한 석의학자다. 최초로 알파벳 순서에 의한 성서원어색인사전을 편찬했다. 이 사전은 후대의 본보기가 됐다. 그의 석의주석서는 아퀴나스를 비롯하여 그 당시 여러 석의가들의 참조문헌이 됐다. 1238년에 최초로 성서의 장을 구분했다.

아퀴나스 Aquinas 1225-1274

아퀴나스는 당대의 탁월한 주석가지만, 그의 저서 「신학대전」은 석의 해석이 불충분한 조직신학서다. 건전한 석의를 시도하려고 노력했지만, 여전히 중세 전통석의인 4중의기, 특히 알레고리아에서 벗어나지 못했다. 구약이 신약에서 알레고리아적으로 해석된다는 까닭에서다. 유형론적 석의도 사용했다. 특히 문자적 의미를 석의의 토대로 간주했다. 스콜라철학의 대부로서, 아리스토텔레스의 개념을 차용하여 신앙과 이성을 구분하면서도 조화를 추구했다.

니콜라스 Nicholas of Lyre 1279-1340

니콜라스는 알레고리아를 수용했지만, 암흑과 혼란이 진행되어온 중세시대를 깨우는 역할을 했다. 석의주석서로 중세시대와 종교개혁 사이의 다리 역할을 했고, 루터에게도 영향을 주었다. 그는 유대인 랍비의 영향으로 건전한 문자의미를 강조했다. 원문을 근거로 제롬이 번역한 불가타 라틴어 번역본을 비판하기까지 했다.

성서주석서 시대

중세시대는 그 어느 때보다 주석서가 많이 출간됐다. 후사도시대를 거쳐 중세시대는 주석서를 근거로 한다는 말까지 생길 정도다. 이는 이미 로마제국이 기독교를 국교로 정할 대, 성서에 관한 여러 후사도들의 저서를 근거로 한 데서부터 비롯됐다. 이런 까닭으로 중세도서관에는 성서 필사본보다 주석서 필사본이 더 많았다. 예배 때에도 성서본문보다는 주석서의 글을 인용하여 낭독하고는 했다. 그리하여 12세기에 주석서를 인용하여 편찬한 해설주석서Gloss가 출간됐다.

중세시대의 주석서나 해설주석서는 명확한 석의에 의한 석의주석서가 아니다. 교회의 교리적 권위를 강화하기 위한 근거 제시용이었다. 교회전통과 일치하려는 의도가 더 강했다. 결국 성서해석권을 독점하고자, 교황의 권위를 높이고자 후사도들의 글을 인용하려는 목적으로 출간한 문헌이었다. 이런 문헌 때문에 교회로 하여금 점점 본문의 정확한 원뜻에서 멀어지게 했다.

8) 종교개혁 전 개혁자들의 석의

예비적 이해

종교개혁 이전부터 가톨릭 전통 안에 머물면서 부패와 오류를 비판하는 새로운 개혁자들이 일어났다. 그들은 가톨릭의 4중의미, 특히 알레고리아 석의, 가톨릭교회가 전통을 성서와 동일한 권위로 내세우는 문제, 교황과 가톨릭교회의 부와 권력 추구의 악, 잘못된 석의에 의한 교리로 숨 막히게 하는 오류 등을 거부하기 시작했다. 그 운동의 참여자들은 가톨릭이 표준으로 정한 라틴어 번역본보다는 성서원문을 중시했고, 그 원문의 원뜻을 찾고자 했다. 종교개혁 전 개혁자들은 엄밀한 의미에서 종교개혁자는 아니지만, 넓은 의미에서 종교개혁자로 볼 수 있다. 특히 그들은 성서를 잘못 해석하여 이용한다는 것을 알고서 바른 해석에 관해 관심이 높았다.

르네상스

르네상스는 14세기에서 16세기 사이에 일어난 문예부흥운동이다. 고대그리스와 로마 등 고전문화를 재해석, 재발견하여 재생하려는 새로운 운동이었다. 당시 신의 이름으로 삶의 전 영역을 지배하던 가톨릭교회에 대한 새로운 도전이기도 했다. 고전의 원문과 원어연구의 중요성은, 성서석의에도 획기적인 변화를 일으켰다. 이는 에라스뮈스와 같은 종교개혁 전 개혁파들에게, 루터와 같은 종교개혁자들에게 큰 영향력을 끼쳤다. 중세시대의 암흑은 성서석의해석의 암흑과 같았다. 이 암흑에서 깨어나게 한 운동이 르네상스다. 르네상스의 전 영역이 다 성서적인 것은 아니지만, 종교가혁 전의 개혁운동으로 볼 수 있다. 르네상스 인문주의의 등장으로 석의의 대변화가 일어났다. 원문의 원뜻이 무엇인지를 발견하고자 했다. 성서를 모국어로 번역하기 시작했다.

대표적인 종교개혁 전 종교개혁주의들

성 빅토르학파

파리에 있는 성 빅토르 수도원을 중심으로 일어난 학파다. 주로 중세 가톨릭교회의 성서석의를 반대해서 일어났다. 종교개혁에도 영향을 끼쳤다. 휴고Hugo 1096-1141, 안드레Andrew 1110-1175, 리처드Richard

1110-1173가 중심인물이다. 휴고를 새로운 아우구스티누스로, 안드레를 새로운 제롬이라고 칭했다. 성서의 참된 해석은 자의·삭의가 아니라, 석의이어야 한다는 발견은, 석의사의 중요한 전환점이다. 중세교회의 4중의미를 거부하고, 문자적, 문법적, 역사적 석의를 주장한 것은 혁신적인 발상이다. 이러한 석의로만 본문의 원뜻을 바르게 알 수 있다고 주장했다. 게다가 중세 가톨릭의 표준성서인 라틴어 번역본보다, 히브리어 원문을 더 중요시한 것도 혁신적이었다. 안드레는 휴고의 석의방법을 따랐다.

발도 Aldo 1140-1205

발도는 프랑스 리용의 개혁자다. 성서를 열심히 연구했다. 주님의 발자취를 따르고자 애썼다. 많은 추종자들이 따랐다. 이들을 '왈도파'라고 불렀다. 무료급식회 등 성서석의를 근거로 하는 삶을 살았다. 가톨릭의 설교 독점권을 거부했고, 평신도도 설교와 성례전을 행하게 했다. 교황이 이를 금지시키자, 사도행전 5:29 말씀("사람에게 복종하는 것보다 하나님께 복종하는 것이 마땅하다.")을 근거로 거부했다. 신약교회가 십일조 헌금을 하지 않았다며 거부했다. 라틴어 대신 각 모국어로 설교했다. 가톨릭이 이단으로 규정했다.

오컴의 윌리엄 William of Occam 1280-1349

윌리엄은 영국 프란체스코수도회 안에서 종교개혁자로서 목소리를 높였다. 그는 이 수도회가 대부분 포기했던 청빈의 이상향으로 되돌아가기를 원했다. 자신이 추구하는 개혁운동을 근거로, 당시 교황 요한 네스 22세를 이단이라고 주장했다. 유명론에 근거하여 계시와 신앙에 의한 석의를 주장했다. 곧 당시 유행하던 이성에 의한 진리 발견은 불가능하다고 보았다.

위클리프 Wycliffe 1320-1384

위클리프는 영국 종교개혁의 선구자다. 석의사적으로 번역에 의한 공헌점이 있다. 1382년, 원문을 근거로 하지 않았지만, 제롬이 번역한 라틴어 번역본을 영어로 번역했다. 교황과 가톨릭교회의 권위보다 성서를 최상의 위치에 격상시키려고 애썼다. 가톨릭교회만이 독점하던 성서소유권과 성서해석권을 일반인들에게 돌려주려고 했다. 모국어로 된 성서번역을 시도했다. 논쟁과 진리 변증이 급박한 상황 아래에 있어서인지, 본문석의가 결여된 주제별에 의한 석의도 있었다.

하지만 성서를 근거로 하는 성서중심 사상은 강렬했다. 성서에 어긋나는 가톨릭교회의 전통을 배격했고, 성인숭배를 거부했다. 형식적이며 부패한 교황의 권위와 수도원제도를 비판했다. 당시 교황과 사제들이 돈과 세속권력 추구, 사치, 횡령, 사기, 죽은 자를 위한 미사, 미신 등 갖가지 악행을 자행하자, 특히 교황이 면벌부까지 만들어 팔자 교황을 적그리스도며 사기꾼이라며 교황제도를 폐지해야 한다고 주장했다. 성서에 비추어 볼 때, 교회법을 비롯하여 고해성사도 폐지해야 하며, 베드로나 교황이 교회의 머리가 아니라, 그리스도가 교회의 머리라고 강조했다. 그러자 가톨릭교회가 이단으로 단정했다. 그는 아퀴나스의 스콜라철학보다 아우구스티누스의 석의법을 선호했다. 성찬론에 관하여 가톨릭교회의 화체설을 거부했고, 성령 임재설을 설파했다. 그의 추종자들이 많았는데 그들을 '롤라드파'라고 불렀다. 영국보다 후스를 통해 체코에 더 영향력을 끼쳤다. 틴들, 루터, 칼뱅에게 영향력을 끼쳤다. 그는 사망한 후에도 유해까지 화형을 당했고, 그의 저서도 다 소각됐다.

후스 Hus 1372-1415

보헤미아의 개혁자 후스는 위클리프의 종교개혁에 감동을 받아 적극적인 개혁운동에 참여했다. 그는 가톨릭교회에 대한 저항의 한 가지로, 라틴어가 아닌 체코어로 설교했다. 위클리프의 개혁사상을 많이 소개했다. 특히 부를 축적하는 교황청의 행위를 향해 강도 높게 비판했다. 주후 1414-1418년 기간에, 위클리프와 후스의 개혁운동으로부터 가톨릭교회를 보호해야 한다는 콘스탄츠 공의회까지 개최됐다. 결국 화형으로 순교했다. 이 사건이 원인이 되어 후스전쟁(1420-1431)까지 일어났다. 후스의 추종자들이 그의 가르침을 이어가겠다는 동기였다. 후에 왈도파도 합류하여 '형제단'을 세웠는데 나중에 모라비안파의 경건주의 운동에 영향을 주었다.

사보나롤라 Savonarola 1452-1498

사보나롤라는 종교개혁 전, 이탈리아의 예언자적 개혁자였다. 아우구스티누스의 영향을 받았다. 성서연구에 전념했다. 은총에 의한 구원을 강조했다. 그는 예언서를 근거로 당시 교황의 성직매매와 죄악행위, 가톨릭 성직자들의 부패와 탐욕을 신랄하게 비판했다. 이 타락한 성직자들에게서 참된 교회를 구출해야 한다고 역설했다. 교회전통보다 성서권위를 높였다. 피렌체에 주님을 왕으로 하는 하나님 통치에 합당한 신정정치를 시도했다. 윤리적인 삶의 개혁이었다. 공교롭게도 피렌체는 르네상스의 중심지였다. 결국 사보나롤라는 교황의 결정으로 공개 화형을 당했다. 루터에게 영향을 주었다.

콜렛 Colet 1467-1519

종교개혁 전 영국의 종교개혁자다. 중세 4중의미를 그대로 따르지 않았다. 신약석의를 문자적, 역사적 측면으로만 석의했다. 기록자의 역사적 상황에 더 주목할 필요가 있다고 했다. 누구든지 성서를 이해할 수 있도록 석의해야 한다고 주장했다. 성서 전체의미의 통일성에 관해서는 에라스뮈스와 차이점을 보였다.

틴들 Tyndale 1494-1536

틴들(틴데일)은 7개 국어를 모국어처럼 사용할 수 있을 정도로 언어능력이 뛰어났다. 위클리프가 영어번역본을 출간한 150년이 지난 후, 틴들은 그리스어 원문을 근거로 1526년 최초로 원문을 근거로 번역한 영어신약성서를 발간했다. 당시 대부분 참된 의미가 감추어진 것으로 간주하고서 알레고리아 석의를 했지만, 틴들은 일차적으로 문자적 의미를 참 진리를 찾는 지름길로 여겼다. 이는 콜렛, 에라스뮈스, 루터,

칼뱅의 석의와도 일치했다. 특히 비유석의에 관해서는 매우 적절했다. 비유는 단어마다 의미가 있지 않다고 했다. 비유전체의 의미, 하나의 중심의미가 핵심이라고 했다. 그는 1531년「토머스 모어 경에 대한 응답」이라는 저서에서 가톨릭 추종파인 토머스 모어를 매우 강하게 비판했다. 모어가 성서보다 교회전통을 더 높인다는 까닭으로 그를 '거짓 교황, 예수를 배반한 가룻 유다'라고까지 했다. 그는 이 책에서 고해성사, 연옥 등 당시 가톨릭교회의 형식적 요소인 교회법도 비판했다. 영어구약성서도 히브리어 원문을 근거로 번역을 하던 중에, 헨리8세의 명령으로 체포되어 화형을 당했다. 그 후 1611년에 제임스1세의 왕명으로 틴들의 영어번역본을 근거로 신구약 영어성서, 흠정역본(KJV)이 출간됐다.

에라스뮈스 Erasmus 1466/69-1536

에라스뮈스는 네덜란드 출신의 인문주의자다. 그의 등장으로 가톨릭의 4중의미는 퇴색하고, 문법적-역사적 석의가 등장했다. 콜렛 등의 영향을 받았다. 그는 라틴어번역본(불가타)의 원어적 문제점을 비판했다. 본문석의를 위해서는 원어의미, 원어문법, 본문의 역사적, 지리적, 사회적 상황도 고려해야 한다고 주장했다. 지나친 알레고리아 석의를 반대했지만 어떤 본문에 대해서는 알레고리아를 사용했다. 여러 종교개혁자들에게 영향을 주었다. 그는 모든 사람이 모국어로 번역된 성서가 필요하다고 했다. 그래서 라틴어 번역본이 아닌 성서원문을 근거로 번역하도록 1516년에 그리스어 신약성서를 완간했다. 이 그리스어 원문성서는 틴들, 루터, 베자 등이 사용했다.

9) 종교개혁시대의 석의(주후1517-1600)

예비적 이해

우리는 하나님의 구원 목적과 계획을 아무도 막을 수 없다는 사실을 잘 알고 있다. 중세 가톨릭의 암흑성으로 희미한 빛만이 있던 때에도, '종교개혁'이라는 혁명과 같은 강력한 새 빛을 비추게 하셨다.

종교개혁은 '석의해석'이 결정적인 역할을 했다. 루터의 '이신칭의(믿음으로 의롭게 됨)'도 석의의 결과다. 중세시대 장기간 지배한 잘못된 교회 교리에서 성서와 교회를 해방시킨 것도, 석의에 의한 바른 의미를 추구한 결과다. 바른 성서해석과 성서이해의 문을 열어주었다. 그 이전과는 다른, 철저한 석의해석이었다. 종교개혁자들이 가톨릭의 근본적인 문제의 원인을 성서해석, 곧 석의해석에 있음을 간파한 것은 크나큰 공헌점이었다. 석의가 개혁의 근거였다.

개신교(개혁교회)는 종교개혁 시기가 그 출발점이다. 우리의 뿌리인 종교개혁자들의 석의를 이해함으로써 오늘 우리의 모습을 신중하게 돌아볼 수 있다. 새 방향으로 나아갈 수 있다.

오에콜람파디우스 Oecolampadius 1482-1531

오에콜람파디우스는 급변하는 16세기 개혁기에 현저한 역할을 한 독일 종교개혁자다. 성서원어인 히브리어와 그리스어 및 라틴어 능력이 뛰어났다. 그리스어 문법서까지 저술했다. 이 같은 원어능력으로 에라스뮈스가 그리스어 신약번역본을 번역할 때, 조력자 역할을 했다. 종교개혁자로서 가장 중요한 공헌점은, 석의주석서를 썼다는 점이다. 본문의미를 신중하게 이해하고자 했고, 원어의 중요성을 늘 인식했다. 일반인들은, 라틴어가 아닌 원문을 근거로 번역한, 각 모국어로 기록된 성서를 읽어야 한다고 했다. 그리스도가 성서전체의 초점이라고 했다. 그러면서도 구약 기록자들이 기록할 당시의 시대적 정황을 먼저 이해해야 함도 강조했다. 석의의 관점에서 보면 놀라운 착상이다. 억지해석의 가능성이 있는 과잉 기독론Too-Christocentric과는 다르기 때문이다. 정확한 석의를 위해서는 원어연구가 필수적이라는 점, 유대교 석의도 참조했지만 원뜻 이해에 있어서 다르기에 단호한 대응을 한 점은 참된 석의가다웠다. 석의과정에서 성령님의 사역도 중시했다. 성령님을 '내적 교사'라고 칭했다. 이는 칼뱅의 성령하나님의 내적 증거와 동일하다. 그의 석의주석서는 멜란히톤, 부쩌, 칼뱅 등 개혁자들로부터 호평을 받았다.

루터 Luther 1483-1546

예비적 이해

루터의 종교개혁에 관해서는 이미 잘 알려져 있다. 반면, 석의를 근거로 한 개혁은 잘 알려지지 않다. 루터의 석의는 종교개혁이전 개혁자들, 에라스뮈스 등과 안디옥학파의 영향을 받았다. 에라스뮈스에게서 원문과 원어의 중요성, 옥캄에게서는 교황도 유오하며, 한 인간에 지나지 않으며, 교황도 말씀 위가 아니라 말씀 아래에 있다는 참 진리의 영향을 받았다.

원문을 중요시한 석의

루터는 가톨릭교회가 표준으로 규정한 라틴어 번역본보다는 성서원문이 더 권위 있는 문헌으로 간주했다. 교황과 가톨릭의 전통교리를 반대하기 위해서라도 반드시 원문을 중심으로 석의해야 한다고 강조했다. 원문을 근거로 하는 것이 진리의 옳고 그름을 훨씬 더 정확하게 확인할 수 있다는 이유다.

성서는 성서에 의한 석의

루터는 성서가 최종 권위라는 뜻으로 "성서는 성서로 석의해야 한다."라고 했다. 가톨릭이 성서와 동등한 권위를 부여한 교회전통에 의한 해석이라도 성서전체 관점에서 확인이 필요하다고 했다. 교황이나 가톨릭교회의 권위보다 성서의 권위를 더 중시하려는 의도다. 또한 성서의 원뜻을 근거로 진리의 진정성을 파악하는 것이 '성서는 성서에 의한 석의'였다. 이 까닭으로, '오직 성서'를 외쳤다. 이는 성서를 펴거나 읽기만 하면 저절로 원뜻을 알게 된다는 뜻은 아니다. 교황과 가톨릭교회의 성서해석 독점권을 반대하는 뜻도 강했다. 그들이 늘 후사도들을 비롯한 교회의 전통과 일치하는 것을 진정한 원뜻, 진리로 여긴

것에 대한 거부다. 해석한 그 어떤 의미도 반드시 성서전체 관점으로 검증을 받아야 함이 '성서는 성서에 의한 석의'의 참뜻이었다.

안디옥학파 석의의 영향

루터의 석의는 가톨릭의 4중의미는 물론, 특히 알레고리아 석의를 배제시켰다. 문자적 의미를 석의의 출발점으로 규정했다. 알레고리아 석의는 여러 의미의 유추가 가능하기에 핵심의미에서 멀어지게 한다는 것이다. 이는 안디옥학파의 영향에 의한 결정이다. 루터가 추구한 문자적 의미란, 문자주의적 의미나 문자기속주의 혹은 자구주의의 의미가 아니었다. 성서본문에 관한 일차적인 의미, 기록된 사실 그대로의 의미를 말한다.[19] 알렉산드리아학파와 중세교회가, 이 같은 일차적인 문자적 의미를 무시한 알레고리아 석의를 추구하다가 원뜻에서 벗어난 점을 잘 알았다. 다른 한편으로, 이 문자적 의미를 '단순한 의미'라고도 표현했다. 이는 중세교회의 4중의미를 극복하는 한 가지 방법이었다. 이 단순한 의미, 문자적 의미를 이해하기 위해서는 문법적 석의가 필요하다고 했다. 하지만, 이 단순한 의미, 문자적 의미를 원뜻으로 확정할 수 있는지 반드시 살펴야 한다.

개인적인 번역권과 석의해석권 인정

루터는 성서원어인 히브리어와 그리스어를 연구한 후, 그 원문을 중

---

19) 필자가 석의방법론에서 제시하는 '본경'을 뜻한다.

심으로 1534년에 신구약을 독일어로 완역했다. 번역도 석의의 한 단계라서, 석의의 중요한 사역이었다. 사제들만 소유하던 성서를 모든 사람에게 되돌려 주었다. 동시에 누구든 성서석의해석을 할 수 있다는 점도 담겨있다. 이는 사제들만이 가진 성서해석권 독점에서 해방시킨 역사적인 사건이다.

신구약 관계성에 의한 석의

루터의 석의방향은 신구약 관계성의 필요성을 인식한 데서부터 출발했다. 곧 율법과 복음의 관계성에 의한 석의다. 성서전체를 언약의 관점에서 이해하려고 했다. 그리스도가 영원한 언약이시기에 석의의 중심으로 보았다.

성서의 중심 그리스도

루터에게 그리스도는 신구약의 핵심이다. 신구약 전체가 그리스도를 가리킨다는 기독론 중심의 석의를 전개했다. 그리스도가 하나님의 말씀이시기에 영원한 구원을 가져오게 하셨다고 믿었다. 말씀에는 영원하신 구원자, 그리스도로 충만하기에 그리스도–말씀 중심의 석의가 필요하다고 했다.

십자가와 믿음의 석의

루터는 철저할 정도로 그리스도의 죽으심을 석의의 중심 주제로 여겼다. 하나님의 낮아지심과 십자가에서의 죽으심이 구원을 완성하신 사건이라는 이유다. 믿음이란 이 십자가에서의 죽으심에 대한 믿음이라고 정의했다. 성서본문을 에워싸고 있는 십자가와 그것의 믿음을 근거로 하는 석의를 강조했다.

성령님의 조명에 의한 석의

루터에 의하면 성서는 성령님의 기록이다. 석의를 할 때, 원 저자이신 성령님의 인도와 조명을 받아야 한다고 했다. 성령님과의 관계성을 유지하기 위해 기도와 묵상을 석의해석법처럼 매우 강조했다.

기타

루터는 원문의 언어, 문법 및 문맥에 의한 석의도 강조했다. 알레고리아 석의는 다중의미가 가능하다는 그 문제점도 정확히 파악했다. 석의의 결과를 성서전체 관점과 연관시키는 석의의 중요성도 저서에 드러나 보인다. 유형론적인 석의도 수용했다.

미비점

루터 당시에 배경연구 문헌들이 풍부한 편이 아니었지만, 전문적인 본문배경 연구에 더 집중하지 못한 미비점이 있다. 석의의 필수적인 사항인 원어연구에 있어서도 좀 더 전문적인 원어배경 연구가 없었다는 점도 미비점이다. 석의를 할 때 자신이 처한 '상황'을 극복하지 못한 점도 있었다. 가톨릭의 행위에 의한 칭의 문제를 거부하려는 '투쟁정신'이 너무나 강렬하다 보니, 행위 믿음을 강조한 야고보서를 '지푸

라기 서신서'라며 폄하하기까지 했다. 또한 성서 전체를 기독론 관점에서 석의하다 보니 그리스도에 관한 기록이 별로 없는 책에 대해서는 배타적이었다. 율법과 복음의 관계에 의한 석의에서도 구약 전체를 복음이 없는 율법으로만 간주했다. 율법의 어떤 측면이 폐기됐는지를 식별하지 않았다. 그런 까닭으로, 성서의 권위를 성서에 계시된 '복음'에만 두었고, 성서전체에는 두지 않는 듯한 인상을 남겼다. 알레고리아 석의를 비롯하여 4중의미를 거부한다고 했지만, 어떤 부분에서는 알레고리아 석의에서 벗어나지 못한 점도 있었다. 이는 1,500여 년 동안 알레고리아 석의의 영향이 뿌리 깊었음을 입증한다.

　루터의 주석서를 보면 어떤 경우어는 문자주의로 석의한 점도 볼 수 있다. 이는 14세기 니콜라스의 석의법을 따르면서 두 가지 문자적 의미를 수용한 데서 비롯됐다. 그 두 가지 문자적 의미란, 구약본문 기록 당시의 문자적-역사적 의미와 신약시대에 적용하는 문자적-예언적 의미였다. 이 같은 문자적 의미를 영적 의미와 동일시하다 보니, 문자주의에 빠진 때가 있었다. 대표적인 예가 성찬론에 관한 문자주의적 석의였다. "이것은 내 몸이다."라는 구절을 문자주의로 석의하여 그리스도의 몸이 임재하신다는 공재설을 주장했다. 이로 인해 상징설을 주장한 츠빙글리와 논쟁했다.

츠빙글리 Zwingli 1484-1531

　츠빙글리는 스위스 종교개혁의 선구자다. 에라스뮈스의 영향으로 성서원어인 히브리어와 그리스어의 중요성을 알고서 익히 습득했다. 원어와 원문에 의한 바른 의미를 근거로 교회전통의 잘못된 가르침을 구별해야 한다고 강조했다. 성서의 명료성, 곧 성령님이 모든 그리스도인들을 하여금 깨닫게 하시는 그 뜻을 명백하게 알게 하는 명료성을 확신했다. "성서 자체가 해석에 관한 최종 심판자이지, 교황이나 교회의 전통이 아니다."라는 말은 불후의 명언이다. 오리게네스의 3중의 미를 수용했지만 문자주의자는 아니었다. 기독론과 유형론적인 석의도 사용했다. 상징의미도 석의하고자 했다. 석의를 할 때 성령님의 도우심도 구했다. 기록자들이 다양하게 사용한 성서문헌 양식에도 관심을 가졌다. 성찬론에 관하여 석의를 근거로 루터의 공재설을 비판했다.

부쩌 Butzer 1491-1551

부쩌는 에라스뮈스의 저서와 루터의 갈라디아서 주석서를 읽고서 감화를 받아 종교개혁에 헌신했다. 1531년에 석의와 관련 있는 서적을 저술했다. 그는 알레고리아 석의에 대해 여러 경멸어까지 사용하면서 강하게 비판했다. 알레고리아 석의를 성령님에 대한 모욕행위로 간주했다. 그리스도의 가르침에서 벗어난, 무익한 인간 발명품 안으로 유혹하는 사탄의 해악 행위라고까지 경멸했다. 기록목적에 의한 석의를 강조했다. 이를 테면, 복음서의 기록목적은 영생을 주시는 그리스도의 생애와 가르침을 알려주는 것이라고 했다. 부쩌는 인간 이성, 논리, 변증은 하나님께서 성서의미를 설명하도록 주신 은총의 도구로 여겼다. 교회의 내적 성장을 위하는 것이 석의의 목표라고 했다. 석의할 때 성령님의 사역을 강조했고, 기독론적인 유형론 석의도 사용했다. 특히 신학의 주제들과 주석을 병행했다. 그러다 보니 본문을 명확하게 보여 주지 못한 장황성이 있었다. 칼뱅은 이를 비판하면서 석의의 간결성과 명료성을 주장했다. 그 결과가 「기독교 강요」였다.

멜란히톤 Melanchthon 1497-1560

멜란히톤은 루터의 개혁동역자며, 독일 루터교단의 설립자다. 루터의 석의방법의 영향을 받았다. 가톨릭의 4중의미 석의를 거부하고자 문자적 의미의 중요성을 강조했다. 종종 알레고리아도 사용했지만 문자적, 역사적 의미에 비해서 지나치지 않았다. 그는 가치가 있어 보이는 주된 주제 중심으로 석의를 시도했다. 주제식으로 본문을 다루면 어떤 주제를 이해하기에는 유용할 때가 있지만, 본문이 말하지 않는 주제를 말할 수 있는 문제점도 있었다. 또한 성서본문과 관련된 전체 주제보다는 선택식으로 주제를 정하는 문제점도 일어날 수 있었다. 멜란히톤은 다른 인문주의자들과는 달리 본문의 진정성 문제에는 관심이 없었다. 이미 본문형태는 정해진 본문, 전수된 본문, 최종본문으로 인정했다. 깊은 진리를 찾고자 아리스토텔레스의 수사학을 사용했다. 그는 원 기록자들이 본문주제에 대하여 수사학적인 방법으로 기록했다고 확신했다. 원 기록자들을 '거룩한 수사학자'로 여겼다. 수사학적인 석의를 새롭게 시도했다. 루터의 영향력으로 루터의 석의방법을 인정하면서 수사학과 이신칭의와의 조화를 시도했다. 또한 루터와는 달리 야고보와 바울 사이에 조화가 있음도 밝혔다. 불링거, 츠빙글리, 칼뱅 등에게도 영향력을 주었다.

미비점 멜란히톤이 본문중심보다는 주제중심으로 석의를 한 점은 조직신학의 시초라고 볼 수 있지만, 본문의 원뜻과는 다른 주제 중심이나 조직신학을 전개한 미비점이 있었다.

무스쿨루스 Musculus 1497-1563

무스쿨루스는 성서원어 연구에 관하여 국제적으로 호평을 받은 종교개혁자다. 그는 가톨릭식 예배를 종결하도록 권했다. 이는 종교개혁를 따르는 개신교가 지금도 수용해야 하는 권면이다. 문자주의적 석의는 참된 원뜻을 흐리게 한다며 심층의미와 성서전체 관점에서의 의미를 추구했다. 기록자의 기록의도도 주목했다. 성서원어로 하는 본문석의도 강조했다. 원어 무시행위는 미신과 거짓교리를 향해 문을 여는 행위로 간주했다. 가톨릭교회와는 달리, 후사도들의 저서라도 성서의 가르침에 비추어 비판해야 함을 강조했다. 그 비판으로, 수용할 것은 수용하는 입장을 취했다. 알레고리아 석의도 비판하면서도 일부 수용했다. 칼뱅도 시편 주석서에서 그의 석의주석을 극찬했다. 인문주의자들의 문헌해석 전통방식을 수용하되 창조적인 방식으로 석의했다.

미비점 원어의 배경적 의미나 본문배경 연구에 의한 석의가 미비했던 것 같다. 문맥적 의미도 미비했다. 신구약 관계성에 의한 석의도 현저하지 못했다.

버미글리 Vermigli 1499-1562

버미글리는 원래 가톨릭 사제였다. 개신교로 개종한 후, 부쩌와 불링거의 개혁동역자가 됐다. 칼뱅의 「기독교강요」 저술에 영향을 주었다. 르네상스 인문주의의 영향을 받은 당시의 개혁자들과 동일한 석의방법론을 택했다. 원문 중요시, 성서는 성서에 의한 석의, 석의의 목적은 원 기록자의 기록의미를 명료하게 밝히는 것, 명확한 의미를 확정하기 위해서(석의) 알레고리아 거부, 원어연구를 근거로 하는 석의 등이 그의 석의법이었다. 그의 명료함은 부쩌의 지루함과 대조를 이뤘다. 그의 「신학총론」은 칼뱅의 「기독교 강요」보다 더 명료하다는 평을 받았다. 그리스도 중심의 석의, 석의과정에서 성령님의 역할도 강조했다. '개인 번역'의 필요성도 강조했다. 이는 종교개혁 이전의 개혁자들과 종교개혁자들의 공통점이기도 하다. 본문의 원뜻을 이해하기 위한 '개론'의 중요성도 알았다. 인접문맥 안에서의 의미 해석, 믿음의 유비에 의한 석의, 문법적, 역사적 석의도 병행했다. 성서석의가의 중요성도 기록으로 남겼다. 곧 석의가는 성서본문 각 절의 의미를 밝혀주는 사람으로 표현했다. 아우구스티누스에 대해 전적으로 동의하지 않으면서도, 중세까지 영향을 준 4중의미를 따르지 않으면서도 예정론을 비롯한 일부는 수용했다. 구약석의에서 유대교 랍비의 페쉐르 석의를 차용했다. 석의할 본문을 관련본문과 연관시키는 석의는 우리가 반드시 배워야 할 점이다. 아리스토텔레스의 철학, 르네상스 인문주의, 아우구스티누스 석의 등을 융합한 새로운 통합적인 석의를 시도했다.

미비점 성서의 최종 권위성을 인정하면서도 후사도들의 역할도 따르려는 가톨릭교회의 정서가 남아 있었다. 전문적인 본문배경 연구에 의한 석의는 미비했다.

펠리컨 Pellican 1478-1556

펠리컨은 에라스뮈스의 제자로서 유능한 개신교 석의학자다. 성서원어 특히 히브리어에 능통했다. 1504년 히브리어 문법서를 저술했다. 그는 요나서, 스가랴서, 계시록을 제외한 주석서를 최초로 썼다. 16세기 종교개혁 때 원어학적 분야에 공헌점을 남겼다. 사역자들로 하여금 히브리어와 그리스어 원문을 근거로 석의하게끔 훈련시키는 역할도 했다.

칼뱅 Calvin 1509-1564

예비적 이해

칼뱅은 그의 저서 「기독교 강요」와 주석서에 의해 오랫동안 영향력을 끼쳤다. 인문주의자 에라스뮈스를 비롯한 여러 종교개혁 이전의 개혁자들과 루터의 영향을 받았다. 최근에 칼뱅의 석의에 관한 연구가 시작됐다. 그 결과, 석의해석 관점에서의 영향력을 다시 끼치고 있다.

석의가의 임무 강조

칼뱅은 석의가의 첫째 임무로 원 기록자가 기록한 원뜻을 발견하는 것임을 강조했다. 석의가 자신의 견해를 투입하지 않아야 한다고 했다. 석의본질의 핵심을 이미 잘 알고 있었음을 입증한다. 석의자료가 많지 않던 그 때에, 그와 같은 핵심을 강조했음은 하나님의 은총이 아니고서는 불가능했다.

성서는 성서로 석의

칼뱅이 "성서는 성서로 석의한다."라고 말한 문구에 관한 오해들이 있다. 성서 한 권만으로 충분하다는 오해다. 또 자의적으로 성서 구절을 끼워 맞추기 하듯이 연결시키는 오해다. 혹은 어떤 본문의 원뜻을 제거하는 삭의를 한 후, 다른 본문의 원의를 그 본문의 원의로 확정하는 오해다. 칼뱅이 말한 본뜻은, 루터처럼, 신구약 전체에서 관련본문을 연관시키는 것을 말한다. 또한 그 본문의 의미를 발견하기 위해서는 여러 가지 도구들, 문법 등을 사용하여 비교하면서 석의함을 뜻했다.

기독론에 의한 석의

칼뱅은 철저할 정도로 기독론에 의한 석의를 시도했다. 구원사의 관점에서 볼 때, 그리스도의 죽으심과 부활 사건이 성서석의의 핵심으로 보았다. 신구약이 이 두 사건을 중심으로 통일성을 이루고 있기에 기독론적인 석의의 중요성을 일깨웠다.

성령님의 내적 사역과 조명에 의한 석의

칼뱅은 성서가 성령님의 인도를 받아 쓰인 것으로 확신했다. 이 확신으로 칼뱅은 성서의 참된 저자가 성령님이라고 강조했다. 그는 이러한 믿음을 바탕으로 성서를 해석할 때 반드시 성령님의 조명을 받아야 한다고 했다. 기록하게 하신 분이라서 석의에도 개입하실 수 있다는 뜻이다. 이는 기계적인 인도하심이나 조명의 의미가 아니었다. 성령님이 석의가의 지성과 경건성을 사용하신다고 했다. 석의가들의 ‘석의적인 노력’에 대해 함께 하시면서 ‘비추는 사역’이며, ‘식별하게 하는 조명 은총’이라고 했다. 원 기록자의 의도와 기록한 원뜻을 잘 발견하도록 조명하심을 뜻했다.

원 기록자의 의도를 중시한 석의

칼뱅이 살았던 시대적 상황을 고려하면, 원 기록자의 의도까지 중시한 것은 대단한 통찰력이다. 어쩌면 가톨릭의 부패가 이러한 통찰력을 하게끔 했을지도 모른다. 칼뱅은 가톨릭이 원 기록자의 의도와 목적을 무시한 석의, 곧 가톨릭교회의 의도와 목적을 위한 잘못된 석의를 누구보다 예리하게 간파했다. 기록자가 말하려고 했던 의미를 먼저 들어야 함을 강조했다. 이는 가톨릭의 가르침보다 기록자가 전하려고 한 원뜻을 먼저 들어야 함을 더 중요하게 여긴 것을 뜻한다.

명료함과 간결함을 요구한 석의

칼뱅은 석의의 결과가 명료해야 하고, 간결해야 함을 강조했다. 이는 간접적으로 가톨릭교회의 애매성, 장황함, 불명확성 등을 비판하는 의도도 담겨 있다. 명확한 석의에 의한 명확한 원뜻을 발견한다면, 그 결과는 명료함과 간결함으로 정리되기에 이 관점에서 요구했다. 곧 기록자가 말하려고 했던 의미를 먼저 찾아야 하고, 그러할 때 명료한 의미를 발견할 수 있다는 뜻이다.

유형론적인 석의

칼뱅은 알레고리아 석의를 배제하고서 그리스도와 바울의 석의방법이었던 유형론적인 석의를 채택했다.

기타

칼뱅의 석의는 문자적, 문법적, 역사적, 신학적 석의를 기본으로 하고 있다. 반복하거니와, 유의해야 할 점이 있다. 문자적 석의를 문자주의적 석의나 문자기속주의 혹은 자구주의의 석의로 오해하지 말아야 한다. 칼뱅을 문자주의자로 만들게 된다. 문법적 석의를 위해서는 히브리어와 그리스어의 중요성을 강조했다. 역사적 석의에 관해서도 오늘날의 역사비평학과 동일시하지 말아야 한다. 칼뱅이 말한 역사적 석의란, 본문이 처해 있었던 역사적 배경을 뜻했다. 신학적 석의에 관해서도 오해가 있을 수 있다. 이미 교회가 규정한 교리로 오해하기 때문이다. 칼뱅의 신학적 석의는 하나님께서 기록하게 하신 참뜻, 원뜻을 찾는 석의다. 무엇보다 칼뱅은 성서본문의 원뜻을 찾고자 부지런하게, 충성스럽게 탐구했다. 가톨릭의 왜곡된 억지해석을 질타만 하지 않았다. 이러한 열정과 헌신의 연구로 그 당시에는 보기 드문 새로운 창의적인 석의방법을 찾았다.

미비점

칼뱅의 석의해석학적인 공헌점을 아무리 과찬을 해도 부족하다. 루터보다는 덜한 편이지만 몇 가지 미비점이 있었다. 알레고리아 석의가 한 본문에 관해 여러 의미를 제시할 수 있기에 이를 배격하다 보니, 오직 '하나의 의미'만을 주장했다. 하지만 석의의 결과를 보면 다양한 의미가 발견된다. 물론, 그 의미들을 성서전체나 신앙의 관점에서 확인해야 한다. 또한 루터와 마찬가지로 좀 더 전문적인 원어배경 연구와 본문배경 연구가 미비했다. 문맥적 의미를 강조하면서도 어떤 본문의 석의에서는 문맥을 간과한 경우도 있다. 역사적 의미에 대해서도 기록된 본문의 후대에 발생한 사건을 소급하여 그 본문에 적용하는 오류가 있었다.

베자 Beza 1519-1605

베자는 칼뱅이 개혁활동을 한 제네바의 후계자다. 개혁교회를 국제화 하는 일에 결정적인 역할을 했다. 언어학적인 훈련을 받은 베자는, 특히 그리스어에 탁월한 능력으로 에라스뮈스의 제안대로 비평적, 대조적 석의를 시도했다. 에라스뮈스의 그리스어 신약번역본 출간과 최초의 영어번역본 제네바성서(1555-1560) 출간에 조력자 역할을 했다. 1588년 제네바성서 개정판 출판 때는 직접적인 역할을 했다. 성서의 참된 저자는 성령님이시기에 신중한 석의를 요구했다. 황당한 석의는 저자이신 성령님에 대한 모욕행위라고 했다. 문법적, 원어적, 역사적 석의 및 문맥적인 석의와 기독론적인 석의 등으로 성서전체를 조화 있게 관련시키는 석의를 시도했다. 석의의 목적은 하나님의 참뜻인 원뜻을 알게 해주는 것이라며 석의의 본질을 명쾌하게 정의했다. 석의에 근거하여 개혁교회 구원론의 초석을 놓았다. 16세기 개혁자들의 원어적 석의의 표준을 세우기도 했다. 칼뱅을 따랐지만, 그의 문제점에 관해서는 석의에 근거하여 비판하기도 했다.

플라키우스 Flacius 1520-1575

플라키우스는 칼뱅처럼 루터의 영향을 받았다. 히브리어 능력이 뛰어나서 원어연구와 원어문법 연구에 집중했다. 본문의 문자적 의미의 명료성을 밝혀야 한다며 중세의 알레고리아 석의를 배격했다. 1567년에 석의해석학의 기원이라고 불리는 책「성서의 열쇠(Clavis Scripturae Sacrae)」를 썼다. 이 책은 성서원어 분석에 의한 사전류와 같았다. 히브리적 의미에도 중점을 두었고 해석방법론도 포함되어 있다. 다른 저서에서는 원 기록자의 기록목적과 놓여 있었던 정황 발견의 중요성도 언급했다. 플라키우스의 석의의 열쇠는 그리스도다. 루터의 이신칭의도 중심 주제였다. 믿음의 유비에 의한 본문석의도 소개했다. 곧 모든 본문석의는 믿음의 요점과 그리스도를 메시아로 믿게 하는 일과 조화를 이루어야 한다고 했다. 루터처럼 율법과 복음의 구분에 의해 석의했다. 석의의 목적으로는 하나님의 뜻을 알고, 그 뜻대로 살며, 하나님께 영광을 드리는 것이라고 했다. 석의는 성령님의 인도하심이 필요하다는 점도 언급했다. '분석, 개념 정의, 종합'이 그의 석의의 핵심어다. 원 기록자의 의도를 중요시했다. 기록목적과 기록이유를 알 수 있어서다. 일반학문의 도구들도 사용할 수 있음을 역설했다. 본문의 진정성에 관해서는 의문을 가지지 않았다.

미비점 좀 더 전문적인 본문 배경연구, 곧 유대교배경, 그리스−헬라−로마 배경연구와 신구약 관계성에 의한 석의 및 성서전체 관점에서의 석의도 겸했더라면 후대교회를 위한 가장 적절한 석의의 모델이 될 수 있었다. 석의해석학 분야에 있어서 칼뱅보다 더 큰 영향력을 끼칠 수 있었다.

녹스 Knox 1513-1572

스코틀랜드 종교개혁자 녹스는 기욤, 위셔트, 칼뱅 등의 영향으로 종교개혁에 동참했다. 그는 성서가 모든 것의 근거라고 했다. 교회전통이 근거가 아니라고 했다. 66권만을 정경으로 인정했다. 비평적 석의를 시도했다. 특히 그의 비평적 인식은 가톨릭교회, 교황, 성모상, 메리 여왕을 비판하는 데서도 나타나 있다. 본문의 역사적 연구는 가현설과 같은 오석을 하지 않게 된다고 했다. 구약을 석의의 출발점으로 간주하다 보니, 구약에 더 무게를 두는 경향도 있었다. 어떤 경우에는 신약계시의 탁월성은 인정하지 않았다. 루터나 칼뱅에 비해 다소 문자주의적 석의가 있어 보였다. 역사비평학적인 방법을 사용하는 것도 동의했다.

멜빌 Melville 1545-1622

스코틀란드 장로회 창시자며 종교개혁자다. 녹스의 스코틀란드 종교개혁을 완성시켰다. 베자에게서 종교개혁정신을 배웠다. 멜빌을 '스코틀란드의 멜란히톤 혹은 베자'라고 불렀다. 프랑스 라무스의 개혁정신과 석의방법인 논리와 비평을 소개하기도 했다. 스코틀란드에 르네상스 인문주의 운동을 일으켰다. 목사후보생들에게 원어를 중심으로 하는 석의해석의 신학교육을 강화했다('경건과 석의해석능력'). 멜빌의 노력으로 그리스어 원문강독의 발전을 가져왔다. 개혁된 스코틀란드만의 석의교육에 의해 더 이상 유럽으로 유학가지 않았으며, 오히려 대륙에서 유학을 오게끔 했다. 바른 성서석의를 훈련시키어 가톨릭교회를 반대하게끔 했다. 가톨릭의 감독주의를 반대했다. 성서에 의하면 감독(주교)은 장로(목사)와 동일한 직분이라며 사제주의를 신랄하게 비판했다.

마무리

우리에게 알려진 종교개혁자들의 공헌점은 '이신칭의', 혹은 '하나님

의 주권' 혹은, '기독교강요'가 전부가 아니다. '석의해석'이 종교개혁
의 더 큰 공헌점이다. 석의해석이 있었기에 그 모든 개혁적인 사역이
가능했다. 중세 가톨릭교회의 근본 문제를 석의해석의 문제로 본 것도
종교개혁자들의 결정적인 공헌점이다. 이 공헌점이 잘 알려지지 않았
다는 것은 후예들이 신중하지 못한 점이다. 석의해석이 종교개혁의 주
춧돌이었다. 석의해석을 근거로 교황과 가톨릭교회의 문제점을 정확
히 파악했고, 종교개혁을 진행할 수 있었다. 종교개혁자들은 알레고
리아 석의에서 완전히 벗어나지 못한 점도 있었지만 철저하게 반대했
다. 알레고리아 석의를 반대하고자 문자적 의미를 강조했다. 이는 원
기록자가 사용한 문장의 문법과 그 본문의 역사적 정황으로 정확한 의
미를 찾고자 했음을 뜻했다(석의). 종교개혁자들의 문자적 의미는, 문자
나 어구에 얽매이는 문자기속주의, 자구주의, 문자주의와는 달랐다.
이 문자기속주의는 어느 시대든, 교권주의와 사이비나 이단들이 절대
불변의 법칙처럼 사용하는 방법이다. 오늘날 근본주의(잘못된 보수주의)
나 세대주의 석의에서도 쉽게 발견할 수 있다.

　16세기 종교개혁은 비평적인 석의법을 사용했지만, 종교개혁 이후
에 일어난 성서비평학과는 달랐다. 관련본문을 비롯하여, 문자적, 문
법적, 원어적, 역사적 연구를 시도한 후사도시대의 안디옥학파 및 라
틴학파와 유사한 비평적인 석의법이었다. 이는 르네상스 인문주의자
들의 영향력도 컸다. 명확한 석의에 근거한 비평적 인식이었다. 종교
개혁자들이 가톨릭 교권의 기세가 등등하던 시대에, 라틴어 불가타역
본에 문제가 있다고 한 것부터가 혁명과 같았다. 또한 모국어 번역은

이단의 길로 향한다며 금지한 시대에, 번역본보다는 원문 회복, 원어에 의한 석의, 라틴어가 아닌 원어로 된 원문을 근거로 하여 각 모국어로 번역해야 한다는 점도 대혁명의 선언이었다. 정확한 석의를 하려면 정확한 원문이어야 한 점도 인문주의 영향이었지만, 바른 석의의 기초다. 가톨릭처럼 문맥을 중시하지 않거나, 원뜻에 관한 석의해석이 없는 '성서낭독이나 성서읽기'를 비판했다. 기독론, 유형론 석의도 긍정적인 종교개혁자들의 석의적인 유산이다. 석의가의 신앙에 입각한 진지한 연구도 강조했지만, 다른 한편으로 성령님의 조명도 강조했다. 교황제도 폐지는 12세기부터 제기됐다. 그러다가 르네상스 인문주의가 불을 붙였고, 종교개혁자들이 적극적인 반대운동을 펼쳤다.[20]

종교개혁은 한 두 사람의 유명 인사의 지도력으로 성공한 게 아니다. 종교개혁 전 개혁자들을 비롯한 여러 동역자들이 있었기에 가능했다. 종교개혁 정신을 따르는 개신교가 종교개혁자들(종교개혁 이전의 개혁자들을 포함해서)의 석의해석법을 비평적으로 수용하고 따랐다면, 오늘날과 같은 혼란, 무지, 종교사기, 문자기속주의, 가톨릭적인 개신교, 내 마음대로 식의 자의·삭의해석과 같은 현상은 일어나지 않았을 것이다.

---

20) '아직도 폐지하지 않고 있는 교황제도'라는 말에 대해 가톨릭 측은 불쾌할 수도 있겠지만, 역사적 사실에 근거하여 언급했을 뿐이다. 석의의 관점에서 보면 가톨릭은 실패작이다. 그러기에 지금까지 보유해온 더마어마한 재원을 지난 2천여 년 동안 과오를 자행한 지역의 가난한 자들에게 다 나누어 주고서 스스로 문을 닫거나 개신교의 바른 석의를 근거로 하는 성서적 진리를 수용하여 변혁을 하는 것이 주님의 참뜻이 아닐까. 더 이상 하나님의 구원계획을 훼방하지 말아야 한다. 더 이상 하나님의 이름으로, 교회조직과 제도의 이름으로, 무오하지도 않는 교황의 이름으로 하나님께서 창조하신 온 세상과 사람들을 힘들게, 고통스럽게 하지 말아야 한다. 겸손히 하나님의 참뜻을 찾아야 하고, 그 참뜻대로 실행해야 한다.

훨씬 더 발전적인 방향으로 나아갔을 것이다. 하나님의 참뜻, 원뜻을 더 잘 깨닫고서 실천하는, 복음이 요구하는 바대로 사는 삶의 열매가 풍성했을 것이다. 하나님의 통치가 역동적으로 임재 하는 개혁교회와 세상이 되었을 것이다.

10) 종교개혁 이후부터 현재까지의 석의
(주후1601-21세기 현재)

예비적 이해

　종교개혁이후 개혁교회의 석의해석은 한 동안 종교개혁자들의 석의법을 따랐다. 그러다가 점점 더 혼란해지는 현상이 일어났다. 종교개혁자들의 석의해석법은 밀려나고 루터가 그토록 반대했던 스콜라주의를 도입한 개신교 정통주의가 등장했다. 그 후에는 새로운 시대정신의 힘, 이성주의와 계몽주의의 등장으로 종교개혁자들의 석의법은 힘을 잃어갔다. 종교개혁자들이 원뜻을 찾고자 한 석의에 관해서는 점점 무관심했다.

　계몽주의 추종자들은 종교개혁자들과 동일하게 원문과 원어를 연구했지만, 원뜻을 찾는 목적이 아니었다. 문제로 보이는 성서본문을 비평하려는 의도였다. 그렇게 함으로써, 당시 교회가 잘못된 교리(조직신학)로 세상과 사람을 지배하는 억압에서 벗어나고자 했다. 어떤 점에서 계몽주의의 출현은 가톨릭과 개신교 정통주의의 잘못된 석의에서 비롯된 점이 있다. 교리가 성서본문의 원뜻을 발견하는 석의를 지배했기 때문이다. 오히려 교리야말로 석의의 지배를 받아야 했다. 이는 그들이 내세운 정통주의가 진정한 의미에서 정통성이 없음을 뜻했다. 계몽주의자들이 본 이 문제점은 정확했다. 그렇지만 계몽주의를 토대로 한 석의해석의 폐해는 심대했다.

종교개혁 이후 석의해석이 혼란스런 결과, 근본주의 혹은 보수주의와 진보주의라는 양 극단으로 흘러갔다.[21] 근본주의와 보수주의는 더 보수적인 정통주의라는 명분을 내세웠지만, 문자기속주의를 취했기에 후대에 준 부작용이 심각했다. 이름만 다른 가톨릭의 문제점 그대로였다. 가톨릭적인 개신교로 변질되어 갔다는 뜻이다. 진보주의도 이성주의와 계몽주의의 영향으로 성서를 일반도서처럼 간주했다. 이성이라는 칼자루를 쥐고서 마음대로 휘두르기 시작했다. 성서비평학이라는 이름으로 거의 300여 년 동안 성서·교회·해석학을 지배해 왔다. 그렇지만 성서비평학도 한계점에 이르렀다. 교회를 걱정하는 분들이, 오늘의 세계교회의 실상이 성서비평학의 폐해라는 점을 인식하기 시작했다. 이제는 새로운 대안이 필요하다는 것을 여기저기서 요구하고 있다.

이 장에서도 석의해석과 관련 있는 부분에 관해서만 논하고자 한다.

코케이우스 Cocceius 1603-1669

---

21) 보수주의와 진보주의(자유주의) 용어는 원래 1789년 프랑스 혁명의 과격한 모습을 본 영국 정치인들이 사용하기 시작했다. 정치계에서 사용하던 용어가 신학계로 들어와서 사용됐다. 필자는 'Liberalism'이 자유주의보다는 진보주의가 더 적절한 번역어로 여겨진다. 동시에 양 극단주의에 치우치지 않는 '복음주의'를 선호한다. 이는 루터와 칼뱅의 추종자들에 대해 사용했던 용어다.

코케이우스는 종교개혁 후 대표적인 개혁자다. 행위언약과 은혜언약으로 언약신학을 완성한 17세기 개혁자다. 루터의 개혁주의를 더 발전시킨 점이 있다. 원어를 근거로 성서전체의 석의주석서를 썼다. 1669년에 그 석의의 결과로 볼 수 있는 히브리어와 아람어 사전도 출간했다. 구원사적인 관점에서 신구약을 석의했다.

그는 구원사 관점에서 제4계명 안식일의 본질을 정의했는데, 거룩한 날과 비거룩한 날의 분리를 반대했다. 모든 시간이 거룩화 되는 출발일로 보았다. 이는 푸티우스Voetius와의 논쟁점이었다. 코케이우스가 신약을 너무나 중시한 나머지 구약을 경시했다는 것이다.

코케이우스는 다양한 석의방법론을 제시했다. 원어 문법, 원어 어원, 의미론에 의한 접근, 상징적인 표현에 대한 수사학적인 석의, 연역법적인 논리적 분석, 하나님나라(통치)와 구원사, 종말론 관점에서의 석의, 신구약 관계성에 의한 석의는 유형론적 석의 등을 사용했다. 그러면서도 문자적 의미에 관해서는 알레고리아 석의도 부분적으로 사용했다. 하나님의 참뜻을 알기 위한 문맥적 석의도 강조했다. 그의 구원사 석의는 벵겔Bengel과 랑게Lange에게 영향을 끼쳤다.

가톨릭교회의 석의해석적 반응

예비적 이해

종교개혁운동이 활발히 일어나자 가톨릭교회는 매우 당황하지 않을 수 없었다. 1,500여 년간의 전통을 깨뜨리려는 도전에 직면했기 때문이다. 우선 종교개혁자들의 석의해석을 반대하는 일이 긴급했다. '석의해석'이 종교개혁자들의 근거라고 판단했다. 정확했다.

한편, 가톨릭의 이 반대운동이 성서비평학을 등장시키는 계기가 된 것은 정말이지 역설이다. 가톨릭교회는, 한편으로 근본주의적인 전통보수성을 견지하면서, 다른 한편으로 초자연성을 무시하며 교회전통에 도전하는 성서비평학과의 동맹이라는 '이중성'을 형성하기 시작했다. 아무리 강력한 가톨릭화를 시도했지만, 이 이중성은 방향성이 없기에 결국 거대한 조직이라는 덩치만 남게 된 것이다.

트렌트 종교회의 1545-1563

종교개혁을 반대하는 회의가 이탈리아의 트렌트에서 개최됐다. 종교개혁을 따르는 개신교를 이단으로 단정했다. 가톨릭교회 및 교회전통이 성서해석의 최고의 정통법정이라고 선언했다. 파스칼을 비롯한 몇몇 가톨릭 개혁자들도 있었다. 한편, 성서원어를 중요시하는 것은 개신교 종교개혁자들만의 점유물이 아니었다. 가톨릭이 종교개혁을 반대하면서도 성서원어의 중요성은 인식했다. 이는 가톨릭에 계속 남아 있었던 에라스뮈스의 영향력일 수도 있다.

카예탄 Cajetan 1469-1534

루터의 종교개혁에 저항한 이탈리아의 추기경이다. 교황권을 방어하고자 노력했다. 종교개혁자들이 성서원어의 중요성을 강조한 점은 수용했다. 1527년에 라틴어가 아닌 히브리어 원문에서 시편을 번역했다. 에라스뮈스의 그리스어 신약성서를 근거로 여러 신약주석서도 저술했다. 가톨릭교회의 전통적 석의를 따르지 않고서 문자적 의미에 의한 석의 시도는 획기적인 사건이다.

사도레토 Sadoleto 1477-1547

이탈리아 추기경으로서 루터와 칼뱅에 대해 반론을 제기했다. 그는 개신교가 종교개혁운동을 멈추고서 가톨릭교회로 다시 귀환하도록 적극적으로 설득시켰다. 화해도 시도했다. 제네바 시민들을 설득하여 가톨릭교회로 다시 돌아오라고 회유하기도 했다. 칼뱅과 종교개혁에 관해 논쟁했다. 1535년에 저술한 로마서 주석서는 개신교 개혁파들의 주석서와 유사한 점은 흥미롭다.

마시우스 Masius 1517-1573

1574년에 출간된 여호수아서 주석서에서 최초로 여호수아서가 후대에 편집되었다며 '편집비평'의 선구자 역할을 했다. 교황권과 가톨릭교회의 교권을 더 강화하는 한편, 개신교 종교개혁자들의 석의를 반대하고자 개신교보다 먼저 성서비평학 방법을 시도한 것은 역설적인 결과가 아닐 수 없다.

개신교 정통주의의 출현과 석의

예비적 이해

개신교 정통주의는, 종교개혁 후 스위스와 네덜란드 중심으로, 가톨릭교회와 루터파 및 알미니안주의를 반대하는 종교개혁 후예들의 운동이다. 교황권과 가톨릭교회 전통 권위와는 다른, 진정한 정통적인 권위를 세우고자 했다. 그런 까닭으로 가톨릭과는 달리 성서만이 최종 권위가 있음을 강조했다. 가톨릭을 반대하는 의도로, 성서의 권위를 높이고자 유대교의 축자영감설을 수용하여 내세웠다. 이 견해가 가톨릭교회의 잘못된 전통 권위를 반대함은 적절했지만, 개신교교회의 성서석의에 관하여 부정적인 영향력을 끼쳤다. 축자영감설로, 개신교로 하여금 잘못된 성서관은 물론, 소극적이며, 편협하며, 방어적인 해석 방향으로 나아가게 했다. 책 자체가 영감 됐다는 오해로 점 하나에까지 영감된 기계적 영감론에 빠지다 보니, 문자기속주의 안에 갇히게 했다. 게다가 성서본문을 읽는 것단으로도, 엉터리 설교라도 절대화 했다. 설교자를 가톨릭교회의 교황처럼 여기게 했다. 점점 가톨릭적인 개신교가 세워지게 했다. 루터파 정통주의처럼 스콜라 신학방법을 추구했다. 석의가 없는 교리화를 시도했다. 17세기까지 활동했다.

개신교 정통주의의 성서영감론과 석의

성서 원본에는 장절 구분이나 구두점도 없었다고 했다. 구약을 기록할 때 히브리어 모음이 없어서 자음만으로 기록했다고 했다. 전수된 성서는 사본과 번역본이었다. 장절, 구두점, 히브리어 모음은 후대에 첨가됐다. 그렇다면 현재 사용하고 있는 사본과 번역본은 영감되지 않았는가? 장절, 구두점, 히브리어 모음이 없는 원본 성서만이 정통성서란 주장인데, 그런 성서가 있는가?

프랑스 성 세르의 휴Hugh가 라틴어 번역본의 단어들을 알파벳 순서로 색인을 붙인 성구사전을 만들었는데 이 사전은 후대 모든 성서어휘색인사전Concordance의 견본이 되었고, 장절 구분에 영향을 주었다. 구약의 장절 구분은 유대인들이 탈무드 저술 이전부터 편리한 구약인용과 참조 목적으로 구분했다. 그러다가 성서의 장은 영국 캔터베리 대주교 랑턴Langton이 성서읽기를 편리하게 하고자 1226년에 최초로 장을 구분했다. 혹은 1238년에 휴(휴고)도 구분했다고 한다. 구약의 절은 1448년에 나탄Natan이, 신약의 절은 1551년에 에스티엔(스테파누스)이 그리스어 신약성서 출판 때 최초로 구분했다. 구두점은 16세기 베네치아 알도출판사 인쇄업자 마누티우스Manutius가 도입했다. 1555년, 신구약 라틴어 번역본에 장절 구분을 최초로 완성했고, 첫 영어성서 장절 구분은 1560년 제네바 판이다.

이 같은 개신교 정통주의 영감론은, 후대에 왜곡된 보수주의자들 및 이들보다 더 잘못된 근본주의자들의 영감론에 대해 선구자 역할을 했다. 그들 모두 유대교 영감론을 차용한 성서영감론을 심각할 정도로 오해했다. 그 심각한 오해는 성서해석에서도 매우 심각한 '오석'을 자행했다. 오늘날에도 교회 안에서 흔히 볼 수 있는 근본주의적인 오석이 바로 그 증거다.

오해한 성서영감론이란, '성서 책' 자체가 영감 된 줄로 착각했다. 이 주장은 현재 존재하지 않는 원본만이 영감되었음을 뜻한다. 동시에 현재 사용하는 사본과 번역본은 영감되지 않음을 뜻한다. 그렇다면 우리는 영감되지 않은 성서를 가지고 있단 말인가? 개신교 정통주의의 영감론은 기록자에 대한 '사람 영감'을 책이 영감이 되었다는 '문서종이 영감'으로 착각했다. 영감이란 성서가 기록될 때 '어떻게' 기록되었는가와 관련이 있다. 영감론에 관해 바른 이해가 필요하다.

30년 종교전쟁은 '석의 전쟁'

유럽 가톨릭교회와 개신교 개혁파들은 '석의해석'을 근거로 치열하게 논쟁하더니만, 마침내 전쟁으로까지 확대됐다. 개신교 개혁교회들의 교세가 확대되자 가톨릭교회를 지지하는 국가들이 반종교개혁운동을 전개했다. 이에 대해 일어난 것이 양자 사이의 30년간 전쟁이었다. 약 800만 명이 사망할 정도로 잔혹한 전쟁이었다. 종전 후, 개신교는 독립성을 확보하여 영향력이 더 커졌고, 가톨릭교회는 더 약화되기 시작했다. 이 전쟁을 '석의 전쟁'이라고도 표현할 수 있다.

영국 청교도의 출현과 석의

예비적 이해

청교도들은 16-17세기 영국성공회와 가톨릭의 형식주의를 거부한 영국의 개혁주의 개신교인들이다. "그릇된 교회전통을 정화한다(purify)."라는 목표로 출발했다. 칼뱅과 틴들의 영향력이 컸다. 나중에 핍박을 받게 되자 미국으로 건너갔다. 정결한 삶과 말씀대로의 경건한 삶을 강조했다. 성서이해는 주로 조직신학적 방법을 취했다. 전문적인 성서석의법은 사용하지 않았다. 석의의 관점에서 보면, 청교도의 석의법이 한국교회 초기에 영향력을 주었고, 하나의 전통이 되었기에 재고해야 할 문제점을 지니고 있었다. 청교도의 경건성 강조라는 긍정적인 측면은 수용해야 하겠지만, 석의해석에 관해서는 명확하게 검토할 점이 여전히 많다.

후퍼 Hooper 1495-1555

영국 성공회 주교였다가 영국 종교개혁의 선구자로 변신했다. 불링거의 영향을 받았다. 청교도들에게 큰 영향력을 주었다. 가운 착용을 사제주의라며 비판했다.

브래드포드 Bradford 1510-1555

부쩌의 영향을 많이 받았다. 후퍼와 함께 영국 종교개혁의 선구자 역할을 했다.

라무스 Ramus 1515-1572

라무스(라메)는 프랑스 논리철학자며 종교개혁자다. 가톨릭교회가 교의학의 근거로 삼은 아리스토텔레스의 혼란스러운 철학을 반대하고자 체계성이 있는 논리학(변증법) 책을 저술했다. 이 책은 영국 케임브리지를 비롯하여 유럽 전체의 청교도 등 개신교 성서해석에 영향을 끼쳤다. 장로중심의 개신교보다는 공동체적 개신교를 주장하기도 했다.

베자의 제네바 정통주의를 반대했다. 그의 '유용성'과 '논리적 분석'은
수사학적 표현과 전달에 의한 발상으로 당대의 해석학 방법으로 채택
됐다.

퍼킨스 Perkins 1558-1602

영국과 미국 청교도운동에 지대한 영향을 끼쳤다. 아우구스티누스,
제롬 등 후사도들과 칼뱅, 베자, 버미글리 등 종교개혁자 및 프랑스 라
무스의 영향을 받았다. 교리화 하기 보다는 성서본문의 원리를 일상생
활에 적용할 것을 요구했다. 가톨릭교회의 4중의미를 반대하고자 '성
서는 성서에 의한 석의'를 추구했다. 성서가 가장 탁월한 해석자라고
했다. 그러다보니 문자주의적 석의를 극복하지 못했다. 성서를 해석
할 때에 성령님의 사역도 강조했다. 문자적 의미를 성령님의 석의로
간주했다. 의미론적인 관심은 주목할 만하다. 곧 불명확한 의미를 어
떻게 명확한 의미로 결정할 것인가를 고심했다. 이는 석의해석의 목표
다. 석의해석을 할 때 이성, 논리, 수사학의 역할도 유용한 것으로 간
주했지만, 그것들은 성서에 지배 받아야 함도 강조했다. 성서본문의
의미든 교리든 실제 삶에 적용할 수 있어야한다는 점은 후대에 본보기
였다. 바른 진리는 바른 삶으로 이끌며, 바른 삶은 바른 진리에 근거해
야 한다고 했다.

오웬 Owen 1616-1683

오웬은 영국 청교도의 중요한 지도자다. 크롬웰의 자문 역할을 했다.

많은 저술을 남겼다. 성령론적 석의, 곧 성령님의 내적 증거와 조명 사역을 매우 강조했다. 히브리어 모음이 나중에 첨가되었기에 원형에 가까운 본문 회복이 필요하다고 했다. 그러면서도 엄격한 성서영감론을 주장했다. 제도교회의 형식주의 거부나 개인의 경건성을 강조한 점은 본받을 점이다. 하지만 석의의 관점에서 보면, 아무리 많은 책을 저술했다 하더라도 미비한 점이 적지 않다.

풀 Poole 1624-1679

루터나 칼뱅의 석의보다 가톨릭의 석의를 더 선호했다. 비평적 석의방법의 정보를 제공하고자 당시의 주석서들을 비교하는 문헌을 10여 년 동안 저술했다. 이 문헌은 16-17세기 석의해석의 유용한 자료였다.

헨리 Henry 1662-1714

영국 비국교도 목사다. 그의 주석서는 고전으로 불렸다. 매튜 풀의 주석서를 참조했다. 문법적, 역사적 분석 및 신구약 사이의 연속성으로 석의했다. 종교개혁자들처럼 '성서는 성서에 의한 석의'를 강조했다. 하지만 비평적 문제에 관해서는 무관심했다. 매튜 헨리가 좀 더 석의적인 관점에서 주석서를 저술했다면 더 유용한 공헌을 했을 것이다. 석의가 불충분한 개인경건용 묵상과 적용 중심으로 저술했기 때문이다. 기독론과 언약신학도 보이지만, 전문적인 석의주석서로 인정받지 못했다.

도드드리쥐 Doddridge 1702-1751

영국의 뛰어난 찬송가 작사자며 주석가다. 가정 경건성을 강조하면서 개인묵상용 신약주석서를 썼다. 하지만 석의에 근거한 석의주석서로 간주하기는 불충분했다.

에드워즈 Edwards 1703-1758

미국 대각성 운동의 지도자다. 종교개혁 정신과 청교도 신학자들(매튜 풀, 매튜 헨리, 존 오웬, 도드드리쥐 등)의 영향력을 크게 받았다. 구약을 신약의 예언으로 보는, 신약의 관점으르 구약을 이해하려고 했다. 유형론적인 석의는 석의사의 공헌점이다. 전도메시지를 위한 성서석의는 탁월했다. 뉴턴과 존 로크의 사유 방법을 수용하여 석의해석을 하려고 애썼다. 하지만 석의의 관점에서 도면, 좀 더 전문적인 원어연구나 본문의 배경연구로 하는 석의는 미비했다.

마무리

제임스 패커Packer는 존 오웬을 비롯한 청교도의 석의법을 여섯 가지로 분류했다: 1)문자적, 문법적 석의; 2) 일관성과 조화가 있는 석의; 3) 교리적, 신률적 석의; 4) 기독론적, 복음주의적 석의; 5) 경험적이며 실제적인 석의; 6) 신앙과 실제적 적용을 위한 석의.

하지만 전문적인 석의가 없는 적용중심이라서 문자기속주의에 의한 오해가 적지 않았다. 말씀의 실제적 적용 강조는 좋았지만, 철저한 원어연구나 본문의 배경연구 등 명확한 석의가 없었다. 이로 인해 후대에 문자주의적 석의의 길을 열어준 문제점이 있다.

독일 경건주의Pietism의 출현과 석의

예비적 이해

16세기는 가톨릭교회와 개신교가 첨예하게 대립한 시기다. 개신교 역시 가톨릭교회의 외형적인 힘에 밀리지 않고자 제도화와 교리화를 시도했다. 엉뚱한 발상이었다. 가톨릭적인 개신교로 변질해갔다. 그러자 17세기에 독일에서 이를 거부하는 개신교인들이 경건주의 운동을 일으켰다.

경건주의는, 정통주의가 석의의 근거가 없는 교리를 내세워 논쟁만 하자, '죽은 정통(Dead Orthodox)'으로 간주했다. 또 그와 같은 정통주의에서 벗어남이 주된 목표였다. 그들은 하나님의 말씀을 개인에게 철저히 적용하는 것을 강조했다. 피상적인 적용이 아니었다. 죄를 애통하며, 기도하는 태도로 성서를 연구하려고 했다. 라틴어가 아니라 원어를 근거로 하는 성서해석, 곧 석의해석을 시도했다.

아른트 Arndt 1555-1621

독일 경건주의의 아버지, 슈페너에게 영향을 주었다. 아른트는 에크하르트의 영향을 받은 타울러와 토머스 아 켐피스의 영향을 받았다. 그가 개혁교회 안에서 경건주의를 일으킨 점은 의미심장하다. 개신교 교파 분열을 막고자 애썼다. 그가 저술한 「진정한 기독교」는 각 가정마다 성서 다음으로 애독했다고 한다. 이 책이 석의와는 어떤 관련성이 있는지 좀 더 확인이 필요하지만, 그 시기에 환경문제에까지 관심을 가졌다는 것은 놀랍다. 루터는 종교개혁의 기본진리를, 아른트는 삶의 종교개혁을 시작했다는 평을 받았다.

슈페너 Spener 1635-1705

슈페너는 '독일 경건주의 운동의 아버지'다. 히브리어와 그리스어를 습득했다. 이 원어적인 능력을 근거로 문헌을 많이 저술했다. '경건한 열망(Pious Longings)'을 근거로 불필요한 논쟁을 버리고 종교개혁의 갱신을 추구했다. 이 갱신을 위해서는 개인의 회심이 먼저 있어야 함도 강조했다.

프랑케 Francke 1663-1727

슈페너의 경건주의 운동에 대해 가장 적극적인 추종자였다. 그는 할레대학에서 히브리어와 그리스어를 가르칠 정도로 성서원어 능력이 뛰어났다. 이 원어적인 기초를 근거로, 슈페너가 주장한 내용을 질적으로 향상시켰다. 원어에 의한 성서석의를 가장 중요하게 여겼다. 동시에 그는 철저한 회개를 강조했다. 가난한 자와 병든 자를 위해 많은 기관을 설립했고, 인도를 위한 선교단체도 세워서 활동했다. 독일사회에 대해서도 큰 영향을 끼쳤다. 이는 프랑케가 바른 석의로 통전적인 구원론을 근거로 하는 실천이기도 했다. 곧 바른 성서적 의미를 근거로 사람의 인격이 변화되면, 세상도 변화된다는 통전적 구원관의 결과다.

벵겔 Bengel 1687-1752

독일 경건주의의 위대한 석의가로 알려진 인물이다. 그는 성서석의란 신앙 교화를 위한 석의이어야 한다는 바른 석의해석관을 가졌다. 본문비평을 철저하게 시도했다. 그의 석의주석서는 국제적인 호평을 받았다. 웨슬리도 그의 주석서를 자주 인용했다. 현대 석의주석서의 견본이었다. 그리스어 신약성서에 유사성이 있는 본문을 최초로 분류했다. 원문의 원어의미와 문장의미도 연구했다. 다만 잘못된 석의를 근거로 주장한 재림시기에 관해서는 비판을 받았다. 구원사적 관점은 뚜렷했다. 이 구원사는 나중에 호프만, 슐라터, 몰트만의 신학에 크게 공헌했다. 벵겔은 문자주의와 문자적 의미가 차이가 있듯, 이와 유사하게 성서주의와 성서적 의미라는 용어를 사용하면서 그 두 가지에 의한 의미의 차이점도 강조했다. 석의와 자의·삭의의 구별도 명확했다. 그 어떤 것도 본문에 집어넣지 말아야 하며, 원뜻을 없애는 행위도 하지 말아야 하며, 오히려 본문에서 모든 것을 추출해야 한다고 했다. 성령님의 조명에 의한 석의도 강조했다. 석의가는 기록하게 하신 동일한 성령님과 동행하면서 성령님께서 의도하지 않는 의미를 만들지 말아야 한다고 했다. 아무리 깊은 의미가 있는 영적 진리라고 하더라도 역사적 배경을 무시한 석의는 명확한 석의를 훼방하는 행위라고 했다. 독일 복음주의 석의의 선구자였다.

진젠도르프 Zinzendorf 1700-1760

프랑케의 영향을 받은 후 '마음의 종교'를 강조했다. 이는 당시의 개신교 정통주의가 추구한 제도화와 교리화의 폐단에 대한 비판적인 강조였다. 이 강조점은 당시 모든 개신교의 기초가 됐다. 그는 기독론 중심으로 석의했다. '사랑의 의미'를 근거로 다양한 그리스도인들이 하나가 되어야 한다며 최초로 '에큐메니즘(교회일치주의)'이라는 용어를 사용했다. 보헤미아에서 독일로 탈출해온 모라비안들을 도왔고, 그들과 함께 세계선교에 헌신했다.

미비점

경건주의는 성서연구와 말씀대로 사는 삶의 경험 등에 큰 공헌을 한 것만은 틀림없지만 많은 비판도 받아야 했다. 하나님의 말씀을 깊이 이해하고자 문법적·역사적 석의를 할 때도 있었지만, 주관적인 자의·삭의해석에 치우치기도 했다. 특히 후기에 가서는 문법적·역사적 석의마저 버리고서 성령님의 기계적인 '내적 조명'으로 본문의미를 알 수 있다고 했다. 이 같은 그릇된 석의는 주관주의적인 경건한 교훈만을 찾는 경향으로 흘러가게 했다. 경건주의자 사이에도 석의의 의미가 서로 상충되는 결과를 초래했다.

이성주의와 계몽주의의 출현과 석의

16세기와 17세기 유럽은 정치권력과 종교권력에 의한 지배력이 강했다. 특히 종교권력은 인간의 출생에서부터 사망까지 전 삶을 지배했다. 이에 대해 각성을 강력히 요구하는 정의로운 무리들이 일어났다.

르네상스와 종교개혁의 영향을 받은 의식 있는 이들이, 이 두 권력의 횡포를 향해 도전하기 시작했다.

그들 중에는, 계몽주의의 초기라고 할 수 있는 이성주의, 그것의 열매로 볼 수 있는 계몽주의라는 도전 세력이 있었다. 이성주의는 종교 문제를 비롯한 모든 영역에 관해 '이성'이 가장 중요한 최고의 사고 방식이며 판단력이라고 규정했다. 인간의 이성을 옳고 그른 것을 판단할 수 있는 능력으로 생각했다. 이 이성주의는 이신론Deism, 인문주의Humanism, 경험주의Empiricism와도 연관되어 있다.

인간 이성을 강조한 이성주의는 신학과 성서해석에도 심대한 영향을 미쳤다. 수세기 동안의 교회전통에 의하면, 계시가 진리를 이해하는 수단으로 이성보다 탁월함을 가르쳤다. 계시된 진리 자체가 본래 합리적이라고 했다. 이성주의는 이를 반대하고자 이성이 진리의 옳고 그름을 판단할 능력이라며 도전했다. 계시와 그 계시를 기록한 성서도 인간 이성의 판단 대상으로 보았다.

한편, 루터는 인간 이성에 관하여 봉사적 용법Ministerial use과 권위적 용법Magisterial use으로 구분했다. 이성의 봉사적 용법은 하나님의 말씀을 더 잘 이해하고 복종하도록 인간 이성의 돕는 역할을 말한다. 이성의 권위적 용법은 인간 이성이 하나님의 말씀을 판단하는 위치에 군림하는 것을 말한다. 루터는 이성의 권위적 용법은 인정하지 않았다. 봉사적 용법만 인정했다.

종교개혁 후기시대에는 인간 이성의 권위적 용법이 점차 활기를 띠게 되어 성서해석 위에 군림했다. 인간의 삶과 사고와 행동을 규제하는 일에, 계시보다는 이성에 의존했고, 이성을 계시의 어느 부분을 수용할 수 있는지 없는지를 판단하는 데에 사용했다. 그들에게 성서해석의 핵심적인 수단이 이성이었다. 이뿐 아니라, 이 세상에서 정치든 종교든 그 어떤 것으로도 지배받을 것이 아니라, 이성으로 주체자로서의 삶을 추구하고자 했다.[22] 나중에 헤겔처럼 '절대 이성' 주장자도 출현했다.

이성주의를 근거로 하는 계몽주의는 정치적, 종교적 등 모든 권력의 전제적 권력과 억압을 거부하는 운동이었다. 먼저 이성으로 인간의 삶의 영역과 자연까지 관찰하면서 보편적 진리를 찾아야 한다고 했다. 그렇지 않으면 절대 왕권과 교회의 절대 교권의 족쇄에서 벗어나지 못한다는 까닭에서다. 성서에 기록된 기적 사건이라도 이성으로 검증되고 이해되는 사건만을 믿고자 했다. 초자연적 사건은 이성으로 믿을 수 없기에 그 의미를 재해석해야 한다고 했다.

칸트는 '미숙' 상태에서 '완성' 상태로 되는 뜻으로 계몽주의를 정의했다. 그릇된 전통도 격파해야 한다고 믿었다. 프랑스혁명에까지 영향을 주었다. 가톨릭교회와 개신교 정통주의의 교리에 대해서도 얽매이지 않아야 한다고 외쳤다. 성서를 동굴 안에다 가두는 근본주의나 보수주의보다, 더 발전적으로 해석하는 진보주의 석의를 정통성이 있는 것으로 여겼다. 이 점을 근거로, 성서를 비평적으로 해석하고자 했

---

22) 이성주의가 날뛴다는 이유로 인간 이성은 불필요하다는 또 다른 극단주의자가 되지 않아야 한다. 하나님은 거룩한 영으로 우리를 거듭나게 하실 때, 이성도 거듭나게 하신다. '거듭난 이성'으로 명확한 석의를 하도록 요구하신다.

다. 이는 성서가 계시되고 영감된 성서가 아니라, 역사적 문서들의 모음집으로 간주한 데서 비롯됐다.

이 사상은 절대진리 인식이란 불가능하다는 회의론에 근거했다. 이 회의론은 고대그리스 철학자 피르론Pyrron 주전360-270의 영향이었다. 피르론의 회의주의는 절대적이고 완전한 진리는 알 수 없다는 회의론이다. 16세기 피론주의자들은 성서만의 권위성을 인정하는 종교개혁 진리에 도전했다. 그들에게는 성서조차도 회의의 대상이었다. 데카르트의 스승이며 예수회 소속인 베론Veron 1575-1625이 이 같은 회의론에 근거한 논쟁을 활발하게 했다.

계몽주의는 교리적 석의를 거부했다. 어떤 점에서는 옳았다. 당시 교회가 석의해석을 교리의 시녀로 삼아서다. 바른 해석을 하지 않아서다. 성서조차도 교회의 교리를 입증해주는 증빙자료로 간주했다. 계몽주의는 교회의 교리주의를 거부하고자 진보주의를 추구하면서 역사비평학을 도입했다. 성서를 일반도서와 같은 방법으로, 종교사학적인 방법으로, 인간 이성으로 해석해야 한다고 주장했다. 이성이 성서석의해석까지 지배했다. 그런 시도로, 왜곡된 교리로 우월성을 고집하는 가톨릭교회와 개신교 정통주의의 오류를 드러내 보이고자 했다.

16세기에서 18세기 사이에 이성주의와 계몽주의 사상의 토대를 제공하거나 발전시킨 인물들은 다음과 같다: 베이컨Bacon 1561-1626, 홉스Hobbes 1588-1679, 데카르트Descartes 1596-1650, 스피노자Spinoza 1632-1677, 로크Locke 1632-1704, 버클리Berkeley 1685-1753, 흄Hume 1711-1776, 라이프니츠Leibniz 1646-1716, 칸트Kant 1724-1804 등.

이들은 성서석의해석에 대해 직간접적으로 영향을 주었다. 이성을 최종 권위로 여겼다. 이성이 진리와 거짓 및 선과 악을 결정할 수 있기에, 이성으로 믿을 수 있는 것만 믿고자 했다.

성서비평학의 출현과 석의

성서비평학은 이성주의와 계몽주의의 열매다. 성서비평학의 출발 의도는 옳았다. 가톨릭교회와 개신교 정통주의의 교리화·제도화에 대한 맹종 거부, 그릇된 교회전통과 교리에서의 해방, 석의가 없는 조직신학을 반대하려는 동기는 매우 적절했다. 출발과는 달리, 교의학(조직신학)의 토대를 제공하겠다는 뜻과는 전혀 다른 방향으로 나아갔다. 극에서 극으로 내달리고 말았다. 시몽과 스피노자의 영향으로 '역사비평학'이라는 용어가 성서비평학 전체를 대표하게 됐다.

또 다른 문제는, 이 역사비평학의 '비평'이 다른 의미로 사용되었다는 점이다. 원래 '비평'은 '사실 근거로 식별하는 기능'이다. 역사비평학의 비평은, 일반학문의 역사학을 비롯하여 자연과학, 철학 등 여러 학문의 방법론을 '그대로' 사용했다. 성서를 일반도서로 간주했기 때문이다. 이는 계몽주의 시대에 일어난 역사실증주의의 방법이다. 어떤 사건이 실제로 일어난 사건인가 아닌가를 입증하는 사상이었는데, 인간 이성으로 판단하다 보니, 초자연적 사건을 실제적 역사사건으로 인정할 수 없었다.

가톨릭교회는 한 동안 성서비평학과 동맹관계처럼 유지하다가 점차 교회전통과 권위에 도전을 해오자, 1870년 제1차 바티칸 종교회의를 통해서 역사비평학을 금지시켰다. 그러다가 다시 수용했다.

필자는 앞장 '석의의 필요성'에서 성서비평학이 일반학문방법을 무비평적으로 수용했고, 지금까지 300여 년 이상으로 해석학과 교회는 물론, 성서까지 지배해 왔다고 논했다. 성서본문의 원뜻을 발견하는 석의(석의해석학)와는 다른 점도 논했다.

게다가 또 다른 심각한 오해가 있었다. 성서비평학을 석의해석학으로 간주한 오해다. 연관성이 전혀 없지는 않다. 하지만 그 출발점과 목적이 달랐다. 오히려 성서비평학이 석의해석학에 대해 훼방자 역할을 해왔다. 독자들께서 이 차이점을, 성서비평학이 이제는 물러나야 한다는 점을 분명히 기억하여 주길 바란다.

주목해야 하는 성서비평학 석의가들

예비적 이해

이 책이 성서비평학 전문서적이 아니라서 전반적인 성서비평학자들을 다루지 않는다. 석의의 관점에서 주목할 필요가 있는 몇몇 학자들을 소개하고자 한다. 그들 가운데에는 석의의 관점에서 비판받아야 할 점이 많다. 수용할 점도 있다. 칸트가 근대적 비평주의의 문을 연 이래로 성서비평학의 발전은 가속도로 진행됐다. 최근(20-21세기)의 성서비평학 동향에 관해 연구가 더 필요한 독자들은, 상당한 연구가 잘 되어 있는 관련 전문서적을 참조하길 바란다.

드라이든 Dryden 1631-1700

17세기 영국 문헌비평의 아버지로 불렸다. 기록자의 관점에서 문헌을 이해하려고 했다. 이성적 판단으로, 추상적, 사변적인 것이 아닌, 실제적, 현실적 비평을 추구했다. 아리스토텔레스의 '크리테리아(표준)' 이론을 근거로 했다.

스피노자 Spinoza1632-1677

잘 알려진 바대로 네덜란드 유대인 철학자다. 당시 교회의 모순과 문제점을 지적한 것은 매우 적절했다. 독단적인 교회의 교리를 거부했다. 모든 속박에서 해방을 역설했다. 성서해석의 최종 권위가 교회에 있지 않고, '개인'에게 있다고 역설했다. '책(형식주의)'보다는, '책 속의 가르침'을 더 중시했다. 의미에 관한 바른 석의해석의 필요성을 인식했다. 원어와 역사적 연구도 강조했다. 하지만 그가 선택한 성서해석 방식은 자연의 해석과 같은 방식이었다. 근대 성서비평학의 기초를 제공했다. 인간 이성의 일반적인 기능으로 성서해석이 가능하다고 한 것은 재고해야 했다. 하나님께서 이성과 일치하는 진리를 말씀하셨기에 이성으로 판단이 가능하다는 것이다. 이는 이성에 불일치하는 초자연성은 거부한다는 의미였다.

시몽 Simon 1638-1712

프랑스인으로 근대 성서비평학의 창시자다. 최초로 모세의 오경 기록권을 부인했다. 그는 아우구스티누스, 루터, 칼뱅조차 히브리어의

미숙함으로 본문석의의 문제를 제대로 해결하지 못했다고 비판했다.
존 로크 등에 영향을 주었다.

로크 Locke 1632-1704

영국 철학자이면서 성서석의해석에 지대한 관심을 가졌다. 그리스도
의 신성을 부인한 소시니안주의자, 혹은 이신론자라고 비판받았다.[23]
로크의 활약으로 영국 이신론의 황금시대를 열었다. 교회의 전통적인
석의해석, 특히 교리적인 전제로 하는 석의를 비판했다. 근대 성서비
평학 토대의 한 축을 이룰 정도로 영향력이 컸다.

아스트릭 Astruc 1684-1766

프랑스 유대인 개신교 목사의 아들이며 의사였다. 고전원문 연구법
을 터득했다. 스피노자의 영향을 받고서 오경문서 가설을 최초로 주장
했다. 후대 성서비평학의 토대를 마련했다.

에르네스티 Ernesti 1707-1781

18세기 역사비평학 출현에 중요한 역할을 했다. 철저한 원어중심 석
의가다. 문법적·역사적 석의를 강조했다. 성령님의 조명은 불필요하

---

23) 이신론은 하나님의 존재는 인정하지만 세상사나 인간사에는 개입하지 않는다는 사상
이다. 저 멀리 계시는 하나님으로 정의했다. 이 세상은 합리적인 자연법으로 운행되
며, 인간 이성으로 누구다 다 신의 존재를 알 수 있다는 보편적 종교관이 그 특징이
다. 계시나 초월성이 역사 안에 내재한다는 진리를 부인했다. 이신론자들의 견해는
다양하다. 영국, 프랑스, 독일, 미국 등으로 확산됐다.

다고 했다. 흥미로운 점은, 본문석의에 관한 역사비평학이 에르네스티의 원래 목적이 아니었다는 사실이다. 당시에 본문에서 멀어진 여러 비평학으로 하여금 본문으로 되돌아오게 하려는 것이 그의 목적이었다. 그런 까닭으로, '문법적, 역사적'이라는 두 용어를 사용했다. 이는 고대문헌 연구방법인 문헌학적인 접근컵이었다. 당시의 역사적 방법과는 구별되는 방법이었다.

제믈러 Semler 1725-1791

루터파 교회의 목사 아들이었던 제믈러는 교회의 맹종 요구에 혐오증을 느꼈다. 점점 루터파 정통주의와 경건주의 운동을 반대했다. 철저한 역사비평학 방법에 근거하여 루터파 교회의 영감론, 형식주의, 교리주의를 비판했다. 이 같은 얽매임어서 해방시키는 이성의 합리적 판단을 성서해석의 근거로 내세웠다. 성령님의 조명도 배제했다. 알레고리아 석의도 반대했다. 성서를 고대종교 문서와 동일시했다. '신학'이라는 학문과 '종교'라는 실제적 삶을 갈라놓았다.

가블러 Gabler 1753-1826

제믈러의 영향으로 최초로 성서신학과 조직신학(교의신학) 분리를 주장했다.[24] 석의해석과 강해도 구분했다. 기록자 당시의 정황을 근거로 하는 석의의 필요성도 역설했다. 칸트의 도덕적 석의를 알레고리아 방

---

24) '성서신학'이라는 용어는 크리스트만Christmann 1590-1644이 최초로 사용했다. 개신교 조직신학의 토대를 제공하려는 목적이었다.

식과 같다며 비판했다. 이는 성서의 역사성을 무시한 결과라고 했다. 하지만 그는 과도할 정도로 역사비평학을 성서신학의 방법론으로 간주했다.

슐라이어마허 Schleiermacher 1768-1834

개혁파 목사 가문의 후손이었다. 모라비안 형제단의 영향을 받았다. 많은 비판을 받지만, 석의해석 분야에서는 어떤 공헌점은 있다. 석의해석자는 그릇된 편견이나 교리나 선이해의 내용을 본문에 주입시키지 말아야 한다고 주장했다. 이는 가다머보다 먼저 제시한 착상이다. 석의해석을 위해 '신약서론'의 필요성도 강조했다. 이 점도 불트만보다 먼저 강조한 필요성이다. 문법적·심리적 석의도 주장했다. 심리적 석의란 기록자의 의도를 이해하는 의미로 사용했다. 유사한 본문 사이의 비교·대조 석의도 제안했다. '현대 해석학의 아버지'로 불린다. 하지만 계몽주의 영향으로 성서를 일반도서처럼 혹은 일상생활의 대화를 이해하듯 해석하고 이해해야 한다고 했다('이해의 기예'). 교회전통의 교리로는 본문의 의미를 발견할 수 없다는 이유다. 이 '보편적 해석학'은 가다머의 '철학적 해석학'에 영향을 주었다.

바우어 Bauer, FC 1792-1860

튀빙겐학파의 창설자다. 이성주의와 계몽주의 방식처럼, 하나님의 계시성을 부인하고 성서를 일반역사서와 동일하게 종교사학 관점으로 이해하려고 했다. 성서비평학에 지대한 영향력을 끼쳤다. 헤겔의 변증법을 근거로 베드로 중심의 유대적 기독교(정)와 바울 중심의 이방인 기독교(반)를 토대로 초기기독교(합)가 태동했다고 주장했다. 성서를 헤겔철학의 관점으로 본 것이다. 성서를 당시의 철학논리로 석의하게 했다. 슐라터, 리츌, 하르낙, 리츠만 등이 그의 비평학을 추종했다.

호프만 Hofmann 1810-1877

랑케Ranke 1795-1886의 영향력으로 최초로 '구원사' 석의를 제안했다. 당시 관행과 같았던 개신교 스콜라주의. 신구약 신학의 분리, 일반종교사적 접근을 거부했다. 구약도 하나님의 구원목적 방향이 있었고, 신약에서 완성됐다는 구원사였다. 미국과 유럽의 개신교 정통주의로 하여금 대변혁이 일어나게끔 충격을 주었다. 19세기 탁월한 석의가인 존 브라이트, 오스카 쿨만 등 수많은 제자들에게 영향을 주었다. 다만 구원사 석의는 먼저 공시적 석의를 시도한 후라는 석의의 기본 방향이 미비했다.

벨하우젠 Wellhausen 1844-1918

루터교회 목사의 아들로서 성서비평학의 전환점을 세웠다. 구약성서 비평학의 선구자로서 아히호른의 저자다. 에발트Ewalt 1803-1875의 영향으로 기존의 가설들을 근거로 '문서가설'을 주장했다. 오경이 모세의 기록문헌이 아니라, 수세기 동안 여러 문서들의 편집 형태라고 했다. 그것들을 순서대로 나열하면 최소한 JEDP 등 네 가지 문서는 존재했다고 추론했다. 그는 성서비평학 석의가들 중에서 유일하게, 본문의 역사적 배경연구로만 그치지 말고, 그 본문의 의미 파악을 하는 데까지 나아가야 함을 주장했다. 그의 제안을 들었다면, 성서비평학이 석의해석학으로 바뀔 수도 있었다.

슐라터 Schlatter 1852-1938

칼 바르트의 스승이다. 그는 성서의 핵심단어에 관해 철저히 연구했다. 이 연구는 그의 제자 키텔로 하여금 신약신학사전을 발간케 했다. 슐라터는 당시 유행하던 일반 역사학(역사주의) 방법을 극복하고자 성서 본문 중심의 연구에 집중했다. 헬라철학이나 그릇된 교리를 거부하면서 철저하게 히브리적 역사 방법과 유대교 배경으로 성서본문을 석의했다. 하나님의 구원사와 일반사 구별을 강조했다.

케임브리지 트리오

케임브리지 트리오는 웨스트코트Westcott 1825-1901, 호르트Hort 1828-1892, 라이트푸트Lightfoot 828-1889다. 유럽 대륙의 과격한 역사비평학과는 다른 방향으로 잉글랜드에 정착시켰다. 그리스어 신약원어와 본문비평 연구가 탁월했다. 튀빙겐학파의 석의해석에 도전장을 냈다. 동일한 비평적 원리를 사용하더라도 그들과는 달리 매우 신중하며 본문의 의미를 찾으려는 실제적인 방법을 택했다. 철저한 원전 중심, 원어의 역사적 배경, 비교언어학적인 연구 및 구문론 연구와 본문비평 연구를 근거로 석의주석서를 많이 출간했다. 역사비평학 방법을 수용하면서도 초기 그리스도인들과의 '믿음의 공유' 관점을 견지했다. 키텔Kittel 1888-1948의 원어연구의 선구자들이다. 무엇보다 석의해석이 명확했다. 먼저 원 기록자와 원 기록자게에 어떤 의미였는가를 확인하는 데에 초점을 두었다. 독일의 과도한 역사비평학 석의가들보다는 온건했다는 평을 받았다. 라이트푸트는 성서석의에 근거하여, 평신도 동역 및 여성 동역의 필요성을 제기한 선구자다.

그렇지만 필자가 제시하는 석의의 관점에서 보면 '귀족' 석의와 같은 점이 있다. 이 트리오의 방법은 전문가이어야 사용할 수가 있다. 교회 공동체 차원에서 보면 불필요한 연구 부분도 상당하다.

독일 성서비평학과 영국 성서비평학의 차이점

독일 성서비평학은 주로 일반 역사학 방법을 사용했지만, 영국은 고전학(고전문헌학과 고전언어학) 방법을 사용했다. 19-20세기 영국의 탁월한 성서비평학자들로서, 독일 성서비평학자들처럼 과도하지 않는 학자들 혹은 성서비평학을 비판하면서 부분적으로 수용한 학자들로는 페어번Fairbairn 1805-1874, 람제이Ramsay 1851-1939, 모펫Moffatt 1870-1944, 도드Dodd 1884-1973, 테일러Taylor 1887-1968, 타스커Tasker 1895-1976, 헌터Hunter 1906-1991, 모울Moule 1908-2007, 브루스Bruce 1910-1991, 모리스Morris 1914-2006, 크랜필드Cranfield 1915-2015, 캐어드Caird 1917-1984, 바렛트Barrett 1917-2011, 해러슨Harrison 1920-1993, 그린Green 1930-, 프랑스France 1938-2012 등이다. 몇몇 저자의 저서는 일반 독자들도 쉽게 이해할 수 있다.

같은 시기에 과도하지 않는 독일 성서비평학자들로는 카일Keil 1807-

1888, 델리취Delitzsch 1850–1922, 예레미아스Jeremias 1900–1979, 폰 라드 von Rad 1901–1971, 고펠트Goppelt 1911–1973, 슈나켄부르크Schnackenburg 1914–2002, 베츠Betz 1917–2005, 헹얼Hengel 1926–2009, 슈툴마허 Stuhlmacher 1932– 등이다.

일반적으로 성서비평학자들의 저서는 난해한 편이다. 그들의 저서에서 불필요한 성서비평학 논점은 건너뛰기skipping, 훑어읽기Skimming, 초점읽기Focus Reading로 독서하되, 석의요점 중심으로 읽어나간다면 유익함이 있다.

위의 학자들은 독일의 과도한 성서비평학자들과는 달랐지만, 여전히 성서비평학 안에 머물렀다. 성서비평학을 석의해석학으로 간주했다.

마무리

성서비평학은 동기부터가 이성주의와 계몽주의 사상의 실천이었다. 역사 안에서 발생한 모든 사건은 자연법칙의 인과율에 지배받기에 초자연성을 배제시켰다. 성서가 영감된 계시가 아니라 인간의 종교적 체험을 기록했을 뿐이라고 했다. 증거가 없는 그릇된 가설을 근거로 출발했다. 성서도 일반문서와 동일하다는 보편적인 사고가 강했다. 성서비평학 방법 자체도 문제다. 불필요할 정도로, 아니 쓸 데 없는 것들로 난해하다. 몇몇 전문가들만 사용할 수 있다. 주된 논점에 관하여 그들 사이에도 일치점이 없다. 성서비평학은 성서 위에 군림하여 지배하려고 했다. 교회를 더 혼란스럽게 했고 사양길로 가게 했다. 물론, 성서비평학의 등장은 교회가 일차적인 책임이 있다. 보다 못한 게르하르트 마이어Maier가 1974년에 「역사비평학의 종말」이라는 책을 출간했다. 그런데도 아직 종말에 가까이 가있지 않다.

계몽주의와 관련 있는 또 다른 해석방법론

철학적 해석학

태동의 배경 철학적 해석학은 종교개혁, 계몽주의, 프랑스혁명, 산업혁명 이후, 발전하기 시작한 자연과학이 지배하는 시대에 태동했다. 자연과학의 방법으로 이끌어 낸 지식을 진리로 제한시키는 점에 대한 반발이었다. 계몽주의의 영향을 받았지만 동조파이기보다는, 오히려 계몽주의의 도구로 과거 철학, 계몽주의, 자연과학을 비판하면서 새 대안으로 제시했다. 인간의 정신활동을 탐구하는 정신과학은, 정신과학방식으로 진리를 도출해야 함을 강조하면서 출발했다.

이 학파의 공통점은, 인간을 지배하거나 배제시키는 그 어떤 것도 용납할 수 없다는 반감이다. 가톨릭과 개신교 정통주의의 그릇된 교권과 왜곡된 교리에 의한 인간 지배, 자연과학의 이성과 실험으로 도출한 그 결론으로 시도한 인간 지배, 기계에 의한 인간 노예화 들을 거부했다.

철학적 해석학은 슐라이어마허Schleiermacher 1768-1834, 딜타이Dilthey 1833-1911, 후설Husserl 1859-1938, 하이데거Heidegger 1889~1976, 리꾀르Ricoeur 1913-2005를 거치면서 가다머Gadamer 1900-2002가 한층 더 구체적으로 정립했다. 각기 차이점과 독창성이 있지만, 공통점이 있어서

철학적 해석학파로 볼 수 있다.

필자는 석의해석학과 관련하여 이 학파에 관해 간략히 논하고자 한다.[25]

'철학적 해석학?' 이 학파의 학자들이 왜 '철학적 해석학'이라고 했는가? 철학이 '세계와 인간(삶, 존재, 인식, 역사, 언어 등)에 관해 탐구하는 학문'이듯, 철학적 해석학도 세계와 인간이라는 지평을 향해 접근하여 해석한다는 의미로 사용했다. 이들에게서 세계란, 인간과 사물 등 존재하는 모든 존재자의 세계며, 삶의 경험의 영역이며, 그들과의 관계성으로 이루어진 구조를 '세계'로 간주한다. 자연과학의 세계관과는 달랐다. 자연과학으로는 인간존재와 가치, 불안과 죽음과 같은 인간 실존의 문제를 해결할 수 없기에 정신과학의 한 방법인 '철학'으로 해석하고자 했다.

가다머에게 영향을 준 학자들 가다머는 여러 학자의 영향을 받았지만 비판도 했다. 영향을 받은 점을 중점으로 간략히 논하면 다음과 같다.

첫째, 창시자로 볼 수 있는 슐라이어마허의 '보편적 해석학'이 한 가지 배경이다. 슐라이어마허는 성서해석학과 같은 특정한 해석이라도 보편적 해석과 상호 보편성이 있어야 한다고 주장했다. 가톨릭과 개신

---

25) 필자는 '철학적 해석학'을 석의해석학 관점에서 비판하고자, 개인적인 '자기이해'를 근거로, 독자들도 이해하기 쉽도록 에세이 형식으로 썼다. 더 관심이 있는 독자는 전문서적을 참조하라. 이 학설에 관한 대부분의 문헌들이 명료하지 못하고, '자기이해'가 결여되어 있으며, 정리가 덜 된 인용 중심으로 기술되어 있어서 이해하기가 쉽지 않다(필자의 개인적 견해).

교 정통주의의 잘못된 문자기속주의 석의, 잘못된 성서영감론, 왜곡된 교리, 알레고리아 해석 등은 주관적 해석이라서 명확한 원뜻을 알 수 없다는 이유다. 보편적인 인간이해의 방법에 의한 성서해석을 주장했다.

둘째, 가다머에게 영향을 준 그의 스승, 하이데거의 학설은 덜 알려진 듯하다. 아마 그가 나치당에 협조를 한 것이 하나의 까닭일지도 모른다. 가다머보다는 하이데거가 이 학파의 창립자처럼 보일 정도로 뛰어난 점이 있어 보인다. 후설의 영향을 받은 하이데거는 평생 '존재'에 관해 연구했다.[26] 딜타이와 후설의 학문을 통합한 듯하다. 하이데거는 자연과학의 방법(이성, 실험, 증명 등)으로는 삶의 세계 안에 존재하고 있는, 존재자의 존재의미를 배제하는 것으로 간주했다. 그 방법은 정신과학의 방법이 될 수 없기에, 존재론 방법이어야 했다. 자연과학의 결론을 '단순한 의미'로 보았다. 존재자는 세계 안에서 풍부한 존재의미를 지닌 것과는 대치됨을 강조했다. 학자들은 다음과 같이 대조한다: "하이데거에 의하면, 자연과학은 나무 한 그루에 대해 '목질'이라는 제한적 의미를 부여한다. 반면, 존재톤적 해석에 의하면 이 단순한 의미보다 더 풍부하고 다양한 의미를 준다."

또한 '현 존재'를 해석과 이해의 중심으로 보았다. 과거라는 전승에 참여함으로써 이해한 점을 근거로, 미리 이해할 것도 예상하면서, 지금 현 존재로서의 이해(과거 이해의 적용)가 필요함을 강조했다. 이 해석

---

26) 어떤 학자들은 현상학을 토대로 시도한 후설을, 철학적 해석학의 창립자라고도 주장한다.

과정(과거 근거―미래 지향―현재 실존 이해)을 '해석학적 순환의 과정'이라고 칭했다.

셋째, 리꾀르는 가다머와 더불어 철학적 해석학의 대표자다. 철학과 신학의 융합을 시도했다. 철학적 해석학의 영향으로 성서문헌과 독자와의 관계성만 강조했다. 독자가 의미를 결정한다는 이유다. 성서기록자가 누구인지 모른다는 전제로, 저자(기록자)와 저자(기록자)의 의도를 제외시켰다. 상징과 비유에만 관심을 두었다. 리꾀르 역시 자연과학적인 분석 방법보다는 실존주의 관점으로 이해하려고 했다. 그러다 보니, 그가 피하려고 했지만, 성서본문을 철학에 종속시킨 결과를 초래했다. 무조건 믿음으로 수용하라는 가톨릭과 개신교 정통주의의 믿음일관주의Fideism는 거부했다.

가다머 가다머의 철학적 해석학은 다음과 같은 몇 가지 특징이 있다.

첫째, 가다머 학설의 출발점 이해가 중요하다. 자연과학과 인간 자아가 대립하던 시대적 상황이 그로 하여금 철학적 해석학을 출발하게 했다. 인간 자아를 배제시키는 자연과학의 결론에 대해 반론을 제기했다. 인간의 순수 자아는 어떤 결론에 이르기 전에, 중립 혹은 객관자의 위치에 있어야 하고, 어떤 사전 의도나 목적이 없어야 했다. 자연과학은 이미 형성되고 경험된 어떤 선입견이 있어서 객관성이 없는 것으로 보았다. 나아가 인간 자아를 배제시키면, 인간존재의 의미도 없어지게 하기에, 인간존재의 의미와 가치를 인정하는 존재론적(철학적) 해석학이 필요하다는 것이 그의 출발점이다. 그 해석학으로, 자연과학과는 달리, 예술을 비롯한 여러 영역에서 인간이 경험할 수 있는 진리를 찾고자 했다. 이성(유럽대륙이 주도)과 경험톤(영국이 주도) 증거에 뿌리를 둔 인식론보다는 존재론으로 해석하려는 시도였다. 정신과학은 정신과학의 방법(존재적·철학적 해석학)이 필요함을 강조했다.

둘째, 가다머는 문헌해석학에 관한 구체적인 방법론에는 관심이 없다고 했다. 자연과학처럼 어떤 '방법론'과 같은 방식을 시도하지 않겠다며 자연과학과의 차별화를 시도하려는 의도였다. 자신의 '철학적 해석학'은 방법론이 아니라, '이해되어지는 것'이라고 했다. 이 이해행위가 더 보편성이 있다고 주장했다. 자연과학은 매우 제한적이라는 이유다. 이 '이해'의 대상이 두 지평이었다. 곧 저자를 넘어서, 문헌분문의 지평과 독자 지평의 만남(융합)이 이루어질 때 '이해'가 가능한 것으로 보았다.

셋째, 가다머에게는 '전통과 권위, 역사, 언어, 과거와 현재, 이해 등'이 중요한 핵심어휘다. '전통'이 펼쳐진 지평을 이해할 때, 인간은 존재론적인 '역사'에 참여하고, 이 역사 참여는 현재에 영향을 미치는 역사, 곧 영향사적인 지평이 형성된다그 했다. 그와 같은 지평 형성이 바로 이해가 가능한 조건이었다.

가다머에게는 '언어'도 중요했다. "이해될 수 있는 존재가 언어다(Sein, das verstanden werden kann, ist Sprach.),"라는 명제가 그의 기본적 토대다. 좀 당황스럽지만, 가다머는 인간존재 자체를 '언어'로 본 듯하다. 존재자가 언어라는 매개로 자신을 드러내며, 언어로 경험한다고 주장했다. 예술작품도 '언어'로 보았다. 어떤 이해를 표현하고 있다는 이유다. 이는 "말하는 존재로서 인간은 인간이 된다."라는 하이데거의 언어 존재성의 영향을 받은 듯하다. 그렇다고 존재와 언어를 동일시하지는 않았다.

가다머의 '이해'도 독특하다. 인간존재를 '이해하는 존재자'로 보았다. 곧 가다머의 이해란, 과거의 역사적(영향사적) 지평과 현재의 해석자 지평을 새롭게 만나게 해주는 매개였다.

기록자의 의도를 배제하고자 했다. 배제하지 않으면 다시 기록자의 의도로 환원될 수 있다는 이유다.

넷째, 모든 해석자는 객관적이지 못하다고 했다. 이미 형성된 선입견이 있다는 이유다. 그런 까닭으로, 존재자들은 서로 만남과 대화로 객관성을 찾아야 한다고 했다. 가다머가 말하는 객관성이란, 그가 명확하게 밝히지 않았지만, 자연과학이나 실증주의에 의한 객관성을 뜻하는 듯하다. 정신과학의 영역에 대해 자연과학의 객관적인 지식을 적용할 수 없다는 의미에서 객관적이지 못하다는 측면도 있는 듯하다. 반면, 언어를 이해할 때 언어의 객관성이 나타난다고 했다. 다만 저자와 저자의 의도를 배제해야 객관성이 있다고 주장했다. 또한 '상황'을 객관성의 기준으로 제시했다.

다섯째, 이해의 의미도 독특하다. 두 지평의 만남에서 가능하다고 했다. 곧 문헌본문의 지평과 해석자 지평의 만남을 근거로 한다. 해석자가 전승에서 영향을 받은 영향사적 의미나 경험한 의미, 곧 이미 이해한 의미로 본문 지평과 만날 때 이해의 의미를 발견한다고 단언했다. 이 경우, 해석자의 선이해 의미가 결정적인 역할을 한다. 이미 형성된 이해의미를 능동적으로 본문 지평에 투사하는 경우와 같다. 만일 선이해 의미가 왜곡된 것이라면 어떻게 되는가? 가다머는 이를 피하기 위해 긍정적인 선입견을 제안한다.[27] 긍정적인 선입견은 정당한 의미를 내포하고 있다는 이유다. 전통과 권위에 의한 긍정적인 선입견도 인정한다.[28] 도덕원리가 그것으로 형성된다는 까닭이다. 나아가 과거와 현재가 서로 동의할 때, 참된 의미가 발생한다고 했다. 현재의 해석자가 동의하지 않으면 의미란 존재하지 않음을 뜻한다. 편견이 없는 이해의 객관성을 위해 기록자의 기록의미는 배제했다.

석의해석학 관점에서 본 문제점·차이점 및 공헌점 먼저 석의해석학 관점에서 본 문제점 혹은 차이점을 논하고자 한다.

첫째, '두 지평의 만남(융합)'의 문제점이다. 가다머에 의하면, 문헌본문과 독자, 과거와 현재가 동등한 상대자다. 동등한 자격으로 만난다. 그런 까닭으로, 저자와 저자의 의도를 제외시켰다. 과거와 현재의 만남도, 이미 형성된 과거에 대한 이해를 적용시키면서 둘은 만나야 한다고 했다. 하지만 이 두 상대자는 결코 동등하지 않다. 과연 이런 만남이 성서본문에 대해서도 가능할까.

성서본문은 '저자−기록자−독자'가 관련되어 있다. 저자나 기록자와 그들의 의도를 배제시킨다는 것은, 성서 자체를 배제시킴을 뜻한다. 이해하지 말라는 뜻과 같다. 더구나 성서는 거룩한 영의 사역이 있어야 만남이 가능하다. 가다머가 말하는 방식처럼, 결단만 하면 언제 어

---

27) 가다머는 '긍정적인 선입견'으로 계몽주의가 모든 선입견을 배제한 것을 비판한다.

28) 데카르트는 이성을 불허하는 절대복종의 권위에 의한 선입견을 비판했다. 가다머는 데카르트의 이 주장을 비판하고자 권위에 의한 선입견을 인정했다. 하지만 이는 불명확하다. 어떤 '권위'이어야 하는지 명확하게 규명하지 않아서다.

디서든 만남이 이루어지지 않는다. 성서의 독자는 문제가 있는 인간이다. 대등하지 않다. 저자의 말과 그 의도에 청종해야 하는 존재자다. 가다머의 주장과는 다른 방식으로 만난다. 특히 과거의 이해가 왜곡될 경우는 어떻게 되는가? 가다머는 이 점에 관해 명확하게 언급하지 않았다. 자칫 자의·삭의해석을 하게 만든다. 성서와 우리는, 가다머가 사유한 것처럼, 기차의 두 궤도로 존재하다가 만나는 존재자가 아니다. 나무와 같다. 뿌리(성서)를 의존하는 줄기-가지-잎사귀이다(의존 융합). 원 저자이신 하나님을 만나야 하고, 기록자와도 만나야 한다. 그러할 때 진정한 존재의미를 찾는다. 의존 융합, 원 저자와 기록자와의 만남은 초월성의 개입으로 이루어진다. 가다머에게는 초월성이 보이지 않는다. 모든 성서 독자는 초월성의 역사로 만나며, 이 초월성이 삶의 근원이며 원동력이다. 원뜻을 정확히 전달하기 위해서 그때·그곳으로 가장 가까이 가야 한다. 이 경우, 현재의 모습은 보이지 않아야 한다. 있다 하더라도 일단 내려놓아야 한다.

둘째, 출발 동기가 다르다. 가다머는 철저하게 인간학적 관점이다. 성서도 인간의 서적이라서, 인간 모두의 보편적 사유방식으로 해석할 수 있다는 보편적 해석학을 근거로 하고 있다. 가다머의 주장대로라면, 하나님께서 계시하시고 기록하게 하셨다는 신 관점은 이해의 방해자라서 배제시켜야 한다. 이 관점조차 선입견이라서 객관적인 해석이 불가능하다는 이유다. 반면, 석의해석학은 신 계시의미를 이해하려는 것이 그 출발점이다. 원뜻을 이해하지 못한 상태에서 그때·그곳으로 되돌아가야 한다. 인간존재에 관한 이해도 신학적 인간학이다.

셋째, 이중(문제1+문제2)의 문제점이 있다. 가다머는 철학적 해석학이 방법론이 아니라고 했지만, 사실상 방법론이다. 어떤 이해든 방법론 없이는 불가능하다. 설령 '무방법'으로 이해했다고 하더라도, 그것조차 자연스레 방법이 된다. 가다머에게는 '이해, 언어, 존재, 선입견, 전통과의 대화, 역사성, 철학 등'이 다 방법론이다. 한편, 무방법(문제1)이라는 철학적 해석학(문제2)으로는, 성서를 비롯한 이 세상의 모든 대상을 해석할 수가 없다. 선입견에 관해서도 이중의 문제점이 있다. 선입견을 배제해야 객관적인 이해가 가능하다면서(문제1), 선입견 상태에서 이해한다는 모순이 있다(문제2). 오류가 있는 '과거─전통─권위'에 의한 선입견에 관해 책임 있는 설명도 없다. 현재적 지평이 선입견의 문제가 있다면 어떻게 되는가? 현재의 해석자가 현재의 시대적 산물로 과거에 채색한다면 어떻게 되는가? 가다거가 사용하는 주된 핵심어휘들에서 유사한 이중의 문제점이 있다.

석의해석학은 성서가 하나님의 계시라는 전제를 근거로 한다. 그 계시를 인간 언어로 기록하게 하신 방법론이 존재한다. 하나님 관점의 전제와 이 전제와 무관한 인간의 편견과는 다르다.

넷째, 가다머는 자신의 논의가 문학적(문헌학적) 해석학과는 상관이 없다고 했다.[29] 하지만 그의 저서 「진리와 방법」을 읽어가다 보면, 그가 추구한 것이 철학적 해석학인지, 문학적(문헌학적) 해석학인지 구별하기가 애매한 경우가 있다. 이를 테면, 본문의 언어 이해와 그 이해의 의미에 관해서 논했을 때는 더 그러하다. 저자 배제, 역사성 강조, 예술을 언어예술로 간주한 점, 독자 중심 등이 그의 저서 전반에 차지하는 비율이 높기에 더더욱 문학적(문헌학적) 해석학으로 간주하게 만든다. 문학적 해석학이 아니라면서 사용하는 모순이 있다.

석의해석학은, 저자나 기록자를 배제하는 문학적 해석학 방법론을 거부한다. 독자 스스로가 본문의 원뜻을 결정한다는 독자반응도 거부한다. 가다머처럼 거부한다면서 사용하지 않는다.

다섯째, 객관성이 결여된 문제점이 있다. 자연과학 방법은, 이미 형성되고 경험된 점이 있어서 객관성이 없기에 배제해야 한다고 했다. 존재자의 '현재적 삶의 경험'과 '상황'을 그 기준으로 제시했다. 하지만 이 경험과 상황은 개인적·주관적 경험이며 상황이라서 상대적으로 나타난다. 만일 가다머가 말하는 영향사가 오류가 있다면, 전통이해가 바르겠는가? 어떤 객관적 기준이 될 수 없다. 가다머의 주장대로라면, 이는 객관성이 결여된 주관주의라서 배제시켜야 한다. 주관성을 객관성으로 오해했다.

석의해석학 관점에 의하면, 그리스도의 죽으심과 부활은 '객관적인 진리'다. 보편적으로 적용할 수 있는 사실이라서 객관적인 진리다. 이 객관적인 진리가 개인에게 적용될 때, 다양하며 상대적인 개인적·주

---

29) 가다머가 사용한 용어가 '문학적 해석학'인지 '문헌학적 해석학'인지 불분명하다. 필자는 문학적 해석학이 아닌가 사료된다. 19세기 말, 러시아 형식주의의 문학 이론과 관련이 있어서다. 이 이론은 그 이전의 문학이론들이 방법에만 집중한 점에 반론을 제기한 점, 작가의 의도를 배제한 점, 작품 언어 사이의 상호관계 및 언어조직을 분석한 점, 문학작품을 언어예술로 간주하여 예술을 중시한 점, 역사성을 강조한 점, 독자를 중심으로 하는 점에서 그러하다. 혹은 생트–뵈브와 슈어러의 문헌(문학) 실증주의가 작가의 생애와 사회적 배경에 집중한 점과 거리를 두려는 의도로 사용하지 않겠다는 선언인지도 모른다. 혹은 슐라이어마허에게 영향을 준 볼프와 아스트의 고전주의적 문헌해석학(역사적, 문법적 해석 중심이며, 해석학으로서의 미비점이 적지 않음)을 따르지 않겠다는 취지로 그런 표현을 했을지도 모른다.

관적 경험을 한다. 타인과 다른, 자기만의 경험이라서 개인차가 있다. 게다가 객관과 주관은 분리될 수 없어서 둘 다 필요하다. 이 객관과 주관의 관계성을 구별하지 못하여, 많은 그리스도인들조차, 가다머처럼, 상대적인 주관적 경험을 객관적인 진리로 착각한다. 가다머에 의하면, 현재의 경험과 상황 시점(주관을 객관으로 간주)에서 원뜻(진리)을 결정한 후, 그것으로 그때·그곳으로 가려는 태도다. 그렇게 되면, 진정한 원뜻을 발견할 수 없다. 원 저자이신 하나님의 계시의미, 기록자의 기록의미가 객관성이다.

　여섯째, '언어'의 문제점이 있다. 모든 존재자를 언어로 간주한 점이, 상징인지 아닌지 명확한 언급이 없다. 자칫 인간 자체를 언어와 동일하게 여길 수 있다. 이는 인간 존재자를 언어의 도구로 전락시킨다. 나아가 모든 인간으로 하여금 그가 추구한 철학적 해석학의 도구가 되게 할 수 있다. 이 논리라면, 언어를 비롯한 전통, 권위, 역사 등으로 인간 자체를 지배할 수도 있다. 언어로 모든 존재자를 이해할 수 없다. 언어만으로 모든 해석이 가능하다면 얼마나 좋으랴. 또한 언어로 이해될 수 없는 존재자(하나님)는 존재가 아닌가? 철학적 해석학의 한계를 보여줄 뿐이다.

　석의해석학은 언어만을 중요시 하지 않는다. 가다머의 보편적 언어이해와 특정한 성서원어 이해와는 차이점이 있다. 더구나 언어와 하나님을 동일하게 여기지 않는다. 성서원어로 하나님은 물론, 인간조차 지배하지 않는다. 하나님에 관해 언어로 일부분만 이해할 뿐이다. 전부 다 알 수도 없다. 가다머는 왜곡된 번역의 언어이해 문제점도 다루지 않았다. 성서는 다양한 언어읽기를 필요로 한다. 배경과 전경도 필요하고, 성령님의 조명에 의한 언어이해도 필요하다.

　일곱째, 이해의 대상인 존재자에 관한 문제점이다. 가다머의 이해 대상은, 세계와 인간의 삶의 영역이라는 한정된 영역이다. 가다머의 철학적 해석학으로는, 세계 안팎에서 초월하여 존재하시는 하나님에 관해서는 불가능하다. 그는 보이는 세계만을 바라보았다. 현재의 세계는, 그리스도의 죽으심과 부활로, 하늘과 땅의 경계선이 제거되고 융합이 이루어진 독특한 '세계'며, '현재'다. 이런 '현재'가 과거와 만날 수 있겠는가. 더구나 이 '세계'는 존재자들만 존재하지 않는다. 존재자를 존재하게 하신 '자존자'가 계신다. 인간은 '세계-내-존재'를 포함하여 측량할 수 없는 창조주의 무한한 창조 영역 안에서 자존자의 다스림을 받는 존재자다.

　여덟째, 시간적인 역사성의 문제점이 있다. 가다머는 지금도 시간과 역사 안에 내재하는 무시간적인 영원성은 간과했다. 그 차이점에 관해 논하지도 않았다. 가다머에게는 영원성은 없고, 시간적인 역사성 측면만 있을 뿐이다.

　아홉째, '선입견'의 문제점이 있다. 가다머는 '선입견은 편견'이라고 했다. 편견이 문제의 원인자라고 했다. 반면, 비판과 성찰이 있는 편견은 긍정적 편견, 그것이 없는 편견은 부정적 편견이라고 했다. 대화와 개방으로 수정이 필요하다고 했다. 하지만 그 수정이 오류일 때는 어떻게 되는가? 사실, 이 주장도 편견이다.

　석의해석학 관점에서는, 신 계시라는 정당한 전제, 신앙의 응답이라는 정당한 전제 없이는 이해할 수가 없다. 하나님의 객관적 진리, 계시하여 기록하게 하신 원뜻은 참뜻이라서 인간의 삶의 표준이다. 자의·삭의에 의한 왜곡으로 편견은 발생할 수 있지만, 이 표준으로 살아갈 때 편견이란 존재하지 않는다. 동일한 하나님의 통치를 받는 자아와 타자아의 두 지평이 서로 대화할 때, 하나님의 참뜻, 원뜻에 관하여 일치할 때도 편견은 해소된다. 따라서 가다머의 긍정 편견과 부정 편견은, 신 계시 전제에 대해 편견이 된다.

열째, 모순점이 적지 않다. 가다머는 인간 지배를 거부한다면서 언어나 전통권위로 인간을 지배하는 모순, 객관성을 거부한다면서 인정하는 모순, 선입견을 배제한다면서 필요한 요소로 간주한 모순, 이성을 거부한다면서 이성에 의한 비판과 성찰을 하는 모순, 방법론이 아니라면서 여러 방법론을 제시하여 하나의 방법론인 철학적 해석학을 제시하는 모순, 저자의 의도를 배제한다면서 자신의 저서에서는 자신(저자)의 의도를 드러내며 수용하기를 바라는 모순, 자연과학을 비판했지만 유사점이 있는 모순 등이다.

마지막으로, 하버마스, 베티, 데리다 등이 왜 가다머를 신랄하게 비판했는지 주목할 필요가 있다. 그들이 가다머의 객관성 결여, 과거회귀주의, 상대화, 해답이나 대안이 없는 시도 등에 관해 비판한 그 까닭을 고찰해 보라.

가다머의 철학적 해석학이 끼친 공헌점이 전혀 없지는 않다. 이 공헌점에 관해서도 석의해석학적인 관점에서 논한다면 다음과 같다.

첫째, 가다머는 그가 살던 시대의 교회와 자기시대의 문제점(주로 자연과학)을 해결하고자 했다. 가톨릭과 개신교의 절대무오한 절대교권주의, 왜곡된 교리 등에 대해 직접적으로 비판하지 않았지만, 이미 이 점을 염두에 두고 있었다. 교회나 자연과학, 그 어떤 것도 인간을 지배할 수 없다는 이유다.

오늘의 교회는, 왜 가다머를 비롯한 철학자들이 이와 같은 시도를 했는지 뼈저리게 깨달아야 하는 점이 있다. 인간 수호자가 되려는 그런 시도들에 대해 교회가 일차적인 책임이 있다. 석의해석학에 의한 원뜻이 교회 혁신과 우리시대의 문제점을 해결할 수 있는 근거를 제공한다. 가다머가 시도한 것처럼, 석의결과를 근거로 우리시대의 교회문제와 시대문제를 해결하는 소명에 참여할 필요가 있다.

둘째, 전체 작품에 의한 해석의 필요성을 일깨운 점이다. 부분과 전체, 전체와 부분은 '해석학적 순환'이라는 가다머의 논점은, 성서 전체 관점에서 이해하는 석의와 어떤 연결점이 있다. 이 경우에도 막연하게 시도하지 않아야 한다. 반드시 공시적 접근에서 출발해야 한다. 자칫, 한쪽으로 치우치는 통시적 접근으로만 나아갈 수 있어서다. 아무튼, 필자가 석의는 성서전체 관점으로 해야 한다는 점, 보편의미인지 특정 의미인지 식별할 필요가 있음을 강조한 점과 관련이 있다.

셋째, 현대인을 잘 이해하고서 진리를 설명하려고 한 점도 공헌점으로 볼 수 있다. 가다머가 신 계시에 관해서는 관심이 없었지만, 현대와 현대인이라는 지평에 관한 시야를 넓힌 공헌점이 있어서다. 인간이 존재하는 모든 영역에 관심을 가져야 함을 일깨웠다. 가다머의 이런 시도가 다소 난해하여 성공적이라고 말할 수 없지만, 현대인과 소통하고자 현대적 표현법을 사용했음은 주목할 만하다.

강해나 적용할 때, 그 대상이 경험하고 있는 삶의 경험이라는 지평이해가 필요하다. 이는 전인 전 영역을 향한, 원 창조상태로 회복시키려는 하나님의 구원 계획안에 포함된 요스다. 이 경우, 유의할 점은 있다. 가다머의 학설 그대로를 따르지 않아야 한다. 과거 전통과 현재 청중을 동일시하지 않아야 한다. 그렇다고 현재의 청중에 관한 이해가 없는 과거 전통만을 강조하지도 않아야 한다.

넷째, 일반은총 영역에 관한 새로운 시야를 넓혔다. 가다머가 특별은총에 관해서는 무관심했지만, 우리로서는 그가 이해하려고 애쓴 일반은총 영역에 관해, 특별은총에 근거하여 선별적으로 대화할 수 있다. 하나님의 창조세계와 그 세계 안에 있는 일반은총을 내버려 두지 않아야 한다. 하나님의 구원사역도 특별은총을 근거로 하되, 일반은총 영역도 도구며, 구원 대상이라는 사실을 기억하자. 철학을 비롯한 일반은총으로는 구원받지 못하지만, 구원사역의 도구라는 점을 기억하자. 따라서 특별은총을 생각할 때, 그 은총과 관련있는 일반은총도 같이 고려할 필요가 있다.

다섯째, 가다머의 진지한 성찰의 태도를 배워야 한다. 그의 진지함에 비해 우리는 어느 정도인가? 비그리스도인도 이러한데, 하물며 그리스도인은 어느 정도이어야 하겠는가? 우리는 어느 정도로 자기반성·자기성찰·자기검증을 하는가? 천극행 직행표를 이미 예약했기에 놀고먹어도 괜찮다는 식은 아닌가? 드한 그의 대화, 열림, 개방의 태도도 배울 점이다. 특히 진지하게 배우면서 탐구하는 태도도 배울 점이다. 하나님을 경외한다면, 엄청난 구원은총을 감사한다면 이런 태도가 강력하게, 자연발생적으로 일어나지 않을 수 없다. 자다가도 일어난다.

여섯째, 가다머가 거부한 비인간화도 배울 점이다. 구원의 한 측면에는 하나님의 형상 회복이 있다. 이는 온전한 인간화다. 하나님께서 창조하신 원 창조의 인간이 된다는 뜻이다. 신앙생활 할수록 점점 더 온전한 인간이 되어가야 한다는 뜻이다. 우리의 실상은 어떠한가? 왜 세월이 갈수록 비인간화로 인간이 되지 않는가? 그러기에 슐라이어마허나 가다머가, 교회공동체와 그 개별체들이 자행하는 비인간화에 대해 반기를 들고 나오지 않았는가? 하나님의 이름으로 인간을 건물교회의 노예나 목사의 노예로 만드는 해악, 그리스도인을 포함한 인간 생명력을 말살시키는 기독교적 해악, 건물교회와 사람교회가 자행하는 비인간화의 해악을 더 이상 행하지 않아야 한다. 하나님께서 주신 은총으로 비인간화를 자행하는 행위를 즉각 멈추어야 한다. 그 은총으로 온전한 인간화를 지향해야 하지 않겠는가.

신해석학파New Hermeneutic의 출현과 석의

신해석학파는 불트만Bultmann으로부터 시작되었다고 할 수 있지만, 구체적으로 발전시킨 학자들은 불트만의 제자들인 푹스Fuchs 1903-1983와 에벨링Ebeling 1912-2002이다. 이 학파는 성서언어의 의미를 실존주의적으로 해석한다. 성서본문을 기초로 하는 석의해석법에는 관심이 없었다. 어떻게 성서본문의 언어를 실존적으로 해석하느냐에만 관심이 있었다. 계몽주의의 영향을 받은 방법론이다. 해석자 인간 자신의 실존의미만이 중요하다는 것이다. 본문이 말하는 의미, 하나님의 참뜻은 해석의 대상이 아니었다. 성서본문의 언어는 인간의 실존적인 의미만이 있는 것이 아니기에 교회공동체에 혼란만 야기했을 뿐이다.

데리다Derrida 1930-2004의 해체주의

데리다의 이론이 지속적으로 영향을 주고 있기에 석의의 관점에서 규명이 필요하다. 데리다의 해체주의는, 진리와 존재 안에는 차이(차연)가 있고, 이 차이로 위계관계와 대립관계가 형성되기에 이를 해체하자는 주장이다. 데리다의 주장대로라면, 신의 경우도 신과 인간이라는 위계관계가 형성되기에 해체해야 한다. 이는 니체Nietzsche 1844-1900의 영향이다. 성서본문에 관해서도 원뜻과 허위 원뜻, 혹은 석의와 비석의인 자의·삭의가 이분법적으로 공존하기에 이것도 해체해야 한다. 그렇다면 진리 규명은 영원히 불가능하다. 철저하게 모든 것을 상대화 시키려는 의도다. 이는 신 존재를 믿지 않는 인간들에게는 호감을 줄 수 있지만, 계시자에 대해서는 술덤벙물덤벙한 짓이다. 데리다의 주장대로라면 '해체'조차도 '해체'해야 한다. 해체와 비해체에 의한 대립관계가 발생하기 때문이다. 게다가 해체한 후 진리나 존재에 관한 대안이나 해답이 없다. 진리나 존재를 해체했기에 아무 것도 없어서다.

성서비평학에 대한 비평적 대안들

예비적 이해

기독교 안팎에서 성서비평학의 장기집권에 의한 지배행위에 넌더리를 느끼지 않을 수 없었다. 몇몇 학자들이 새로운 대안을 제시했다. 그들의 공통점은 성서비평학을 '비평'하려고 했다는 점이다. 하지만 이 대안조차도 한 부분에 지나지 않기에 거대한 성서비평학을 대항하기에는 역부족이었다. 간략하게 그 핵심만 논하고자 한다.

신정통주의의 출현과 석의

성서비평학을 주도한 진보주의가 개신교 정통주의에 도전했지만 그 한계와 문제점을 드러냈다. 이에 개신교 신정통주의Neo-Orthodoxy가 일어났다. 신정통주의는 개신교 정통주의 및 가톨릭의 교권주의와 진보주의에 대해 중간 위치다. 신정통주의는 정통주의의 축자영감설 성서관을 수용하지 않았다. 동시에 성서를 일반 종교서적과 동일시한 진보주의도 따르지 않았다. 바르트Barth 1886-1968가 대표적인 인물이다. 이성보다는 그리스도 안에서의 계시를, 내재하신 초월성을 강조했다. 그렇지만 그가 과도한 성서비평학을 반대했지만, 어느 정도 수용하기도 했다. 본문해석을 윤리적 실천 영역까지 포함시켰지만, 그의 석의해석은 여전히 교리적이며, 비본문적, 비석의적 신학적 착상 안에 있었다. 신언이 인간의 언어로 기록되었기에 이 부분에 관한 전문적인 석의해석을 간과했다. 성서본문에 기록된 석의의미보다는 그 내용이 무엇이든 선포될 때 비로소 하나님의 말씀, 전달의미라고 주장했다. 이는 선포되지 않을 때는 원뜻이 될 수 없다는 뜻이다. 하나님의 원뜻이 '선포', 하나님께서 말씀하실 때에만 의미로서 효력이 있는 것이 아니다. 우리가 발견하지 못했을 뿐이지, 하나님께서 계시하신 참뜻, 원뜻은 여전히 기록으로 보존되어 있다.

근본주의의 출현과 석의

　근본주의Fundamentalism는 신정통주의처럼 계몽주의 이후의 진보주의 석의에 대항하고자 미국에서 일어났다. 1895년 미국 나이아가라 집회에서 다섯 가지 근본적인 진리를 규정했다: 성서의 축자적 무오성, 그리스도의 신성, 동정녀 탄생. 대속, 재림 때의 신체적 부활. 가톨릭 안에서도 추종자가 생겼다.

　근본주의는 문자적 의미에 충실하려고 했지만, 사실상 문자기속주의에 충실했다. 문자주의자들로 불리지 않을 수 없다. 성서를 읽기만 하면 즉석석의와 즉석이해가 가능하다고 믿었다. 또한 성서를 읽기만 하면 모든 문제의 해답을 즉각 가진다는 잘못된 확신을 가지게 했다. 성서에 관해 그 어떤 질문이나 비평적 탐그도 거부했다. 본문의 역사적 배경 연구도 거부했다. 성령님이 단어와 문장과 구두점까지 일일이 다 받아쓰게 한 것으로 오해했다. 신언이 영감되었다며, 인간의 언어로 기록된 특징을 인정하지 않았다. 번역의 문제도 무시했다. 성서보다 덜 중요한 신조, 교리, 예배형식을 더 중요시했다. 한국교회에 부정적인 영향력을 끼쳤기에 이 사상을 반드시 검증해야 한다. 성서비평학이

극단으로 내딛자, 근본주의는 정반대의 극단으로 향해 나아갔다. 한
국교회에 영향을 준 세대주의도 또 다른 근본주의의 형태다. 이들은
반지성주의, 반현대주의, 반사회성으로 지향했다. 한국교회에 잘못된
종말론(문자주의적 해석)을 심었다. 하나님의 일반은총을 무시했다. 복음
전파보다는 복음방어에 치중했다.

정경비평

 샌더스Sanders 1927-와 차일즈Childs 1923-2007가 제안했다. 다른 성서
비평학들은 본문 이전의 형태에 집중했지만, 정경비평은 본문 형태를
최종 형태로 인정하면서 석의해석을 하려는 방식이다.

 두 사람 사이에는 차이점이 있다. 차일즈는 '정경비평'이라는 용어를
사용하지 않으려고 했다. '정경적 접근' 용어를 선호했다. 그 비평이
여러 성서비평학들 중의 하나가 된다는 이유다. 차일즈 주장의 핵심
은, 여러 성서비평학이 본문의 배경연구로 끝난 것에 이의를 제기했
다. 정경 안에 있는 '정경 본문'의 의미를 밝히는 데까지 나아가지 않
아서다. 역사적 연구는 반드시 정경 문맥 안에 기록된 의미와 연관시
켜야 한다고 주장했다. 반면, 샌더스는 차일즈와는 달리, 가톨릭의 정
경 등 여러 형태의 다양한 정경 본문까지 고려하려고 했다.

 석의 관점에서 보면 차일즈의 주장은 다소 애매모호하다. 그가 덜 강
조한 역사적 배경연구 없이는 원뜻을 확정할 수 없어서다. 또한 정경
을 어느 것으로 할 것인지 등 명확한 석의 시도가 없다는 점이다.

문학비평

계몽주의 이후 역사비평학이 성서해석을 지배하자, 20세기에 역사비평학을 비판하는 문학비평이 등장했다. 문학비평사에 의하면 고대로부터 매 시대마다 다양한 문학비평이 있었다. 성서해석과 관련성이 있는 문학비평은 주로 러시아 형식주의의 영향을 받은 영미 학자들이 주도했다.

문학비평에 의하면 역사비평학은 무문학성(무공시성)이었다. 그러자 역사비평학은 문학비평을 향해 무역사성(무통시성)이라고 비판했다. 문학비평 방법론 중, 석의해석학 관점에서 가장 비판을 받아야 하는 것은 독자반응비평이다. 이는 성서본문의 원뜻 결정이 독자에게 있다는 주장이다. 독자가 의미를 경험할 때 진정한 의미가 되기에 독자가 중요하다는 논리다. 독자가 의미를 어떻게 이해하는가에 의해 의미가 결정된다는 주장이다. 하지만 문학비평이 역사비평학의 대안 역할을 하기에는 너무나 미흡하다. 독자를 성서의 저자와 기록자로 만드는 행위다. 성서가 그런 독자의 손 안에 있을 수 있겠는가. 터무니없는 짓과 같다. 현대문학작품에 대한 문학비평법으로 고대문헌인 성서본문의 의미를 어떻게 다 음미할 수 있겠는가.

귀납법적 성서연구

성서비평학을 거부하는 또 다른 방법인 귀납법적 성서연구 운동이 미국에서 일어났다. 자세한 내용은 제266-271쪽을 참조하라.

신학적 해석학(📖)

신학적 해석학도 성서비평학의 반초월성 문제점 때문에 등장했다. 최근에 조직신학자 반후저Vanhoozer가 발전시켰다. 신학적 해석학이 새로운 것은 아니다. 이미 후사도시대부터 시작됐고, 2천여 년 동안 신학적 해석이 시도됐다.

신학적 해석학은 성서를 하나님과 관련하여 해석하려는 시도였다. 곧 성서를 하나님의 위격, 말씀, 행위와 관련 있는 것을 '신학적'이라고 한다. 이는 성서비평학이 인간 기록자에 관해서만 관심을 가지는 점을 거부하는 근거다. 곧 원 저자이신 하나님에 관해서도 관심을 가져야 한다는 주장이다. 혹은 '믿음' 및 교회공동체의 종말론적인 윤리와 관련 있는 것을 '신학적'이라고 한다.

문제는 이 '신학적 해석학' 용어가 무엇을 뜻하는지 불명확하다는 점이다. 신학적 해석학이 방법론을 말하는지, 성서본문의 원뜻을 말하는지 애매하다. 신학적 해석학파들의 논점을 보면, 방법론에 더 초점을 두고 있다. 성서를 '신학적으로' 접근하고 있어서다. 이 경우, 자칫 역사비평학이 반대했던 석의가 없는 교리나 조직신학의 재생처럼, 혹은 석의가 없는 신학적 해석학으로 보일 수 있다. 혹은 근본주의적인 개신교 루터회 정통주의의 신학적 해석학과 유사점이 있어 보일 수 있다. 혹은 귀납법적 성서연구와 유사한 점도 있어 보인다. 좀 더 철저한 석의해석을 근거로 하지 않기에 그런 문제점을 보이고 있다.

역사비평학이 초월성을 배제하고 철저하게 역사성에만 강조를 하자, 초월성을 지닌 '신학성'으로 대응한 듯하다. 하지만 이 '신학성'이 석의적인 근거가 미비한 문제점을 지니고 있다. 성서비평학을 반대하면서도 어떤 방식은 수용한다고 했다. 그렇다면 두 해석학 사이의 관계성부터 먼저 명확히 정립할 필요가 있다. 어떤 학자들은 '신학적 해석학'을 '신학적 석의'라는 용어로 사용한다. 이 용어도 모든 석의방법을 다 포함하지 않고 있다. 두 용어 다 방법론적으로 협소하다. 정상적인 석의는 번역, 원어, 양식, 문맥, 본문의 배경 연구 등의 단계를 거치는데, 두 용어는 일부분에 그치고 만다. 또한 이분법적인 문제점도 지닌다. '신학적'과 '비신학적'을 대립시키고 있어서다. '신학'이라는 용어는 본질(내용), 방법론, 적용까지 포함한다. 신학적 해석학(신학적 석의) 추종자들이 생각하는 것보다 그 범위가 훨씬 더 넓다. 이미 선정된 신학적 주제를 근거로 접근하기에 객관성이 결여되고 진정한 석의로 볼 수 없는 점도 있다. 이런 선이해적인 신학적 주제를 근거로 다른 모든 방법론을 '비신학적'이라고 비판하는 모순을 지니고 있다.

신학적 해석학이 교회 전통의 교리를 뜻하는지, 조직신학을 뜻하는지, 무엇을 뜻하는지 좀 더 명확히 밝혀야 했다. 신학적 해석학이라고 했을 때 신학적으로 접근한다는 취지인데 이는 방법론을 말한다. 성서의 메시지를 이해하고자 해석한다는 것인지, 그 이해와 해석을 위한 방법론이 '신학적'인지 불분명하다. 어떤 경우에는 본문의 신학적 메시지, 신학적인 내용을 '신학적'으로 간주하기 때문이다. 신학적 해석학의 목적이 '신학성'이 없는 역사비평학을 거부한다는데, 역사비평학에 신학적 접근이 전혀 없지 않다. 무엇을 거부하는지도 명확하지 않다. 신학적 해석학파들에 의하면, 그들이 말하는 '신학적 방법론'이 없는 다른 방법론들은 모두 다 '비신학적'이라는 그릇된 비판만 하고 있다. 이 학파들이 말하는 신학적 방법만으로 본문의 원뜻을 발견할 수 없다.

북미의 성서석의해석학

예비적 이해

영국과 독일 등 유럽대륙에서 성서비평학으로 인한 혼란과 회의로 소용돌이를 치고 있을 때에 북미는 어떠했는가? 한국교회가 유럽보다는 북미의 영향을 더 많이 받았기에 확인할 필요가 있다.

근대 북미 석의해석의 선구자는 모우지즈 슈트어트Stuart 1780-1852다. 독일성서비평학을 수용했지만 보수주의 관점을 유지했다. 그는 수많은 사역자들(목회자, 학자, 선교사, 성서번역가 등)을 양성했다. 미얀마로 파송 받은 미국개신교 최초선교사 아도니람 저드슨Judson 1788-1850도 그의 제자다. 북미에서는 보수주의이든 진보주의이든 대부분 영국과 독일의 성서비평학을 수용했다. 보수주의는 성서비평학을 수용하되, 본문 연구에 더 치중했고, 진보주의는 독일 종교사학파의 이론을 적극적으로 수용했다.

올브리히트Olbricht가 북미 성서석의 해석사를 네 시기로 분류한 내용을 소개한다.

독일유학파 시기 1900-1915

독일에서 유학한 북미 유학생들이 귀국 후 교수가 되어 문법적-역사적 비평을 가르친 시기다. 종교개혁정신을 견지한다고 했지만, 예수의 동정녀 탄생을 부인하는 사건도 생겨났다. 1890년대 독일에 간 북미 유학생은 400명 이상이나 되었다고 한다.[30] 북미에서 처음에는 독일성서비평학을 비판 없이 수용했는데 점점 상당한 저항을 받기도 했다. 기독교교단에서 독일성서비평학을 강의하는 교수들을 해임까지 시켰다. 그런데도 지속적으로 이 성서비평학을 가르쳤다.

영국의 영향을 받은 시기 1916-1945

독일이 제1차 세계대전의 주범 역할을 하자, 북미 유학생들은 영국으로 방향을 바꾸었다. 동시에 영국의 많은 학자들을 교수로 초빙했다. 이 시기에는 유럽대륙과는 달리, '눈에 보이며 쉽게 이해하는 경험'으로 진리를 찾아야 한다는 유용성과 증거를 강조하는 영국경험론의 영향으로 실용성이 있는 성서해석을 시도했다. 고고학, 고문서학, 언어학, 문화사 등의 학문방법으로 성서를 이해하고자 애썼다. 특히 이 시기에 고대근동학과 고고학 분야에 탁월한 학자인 올브라이트Albright 1891-1971를 추종하는 올브라이트학파가 형성됐다. 라이트Wright, 피츠마이어Fitzmyer, 브라운R.E.Brown, 프리드만D.N.Freedman, 브라이트Bright 등 유능한 학자들이 그의 제자다. 고고학이 전반적으로 성서의 권위를 약화시키지는 않았지만(어떤 경우에는 약화시키지만), 역사

---

30) 한국에 잘 알려진 메이천Machen 1881-1937도 1905-1906 2년간 독일 마르부르크와 괴팅겐에서 수학했다.

적 사실관계를 입증하는 일에는 혼란을 야기한 점이 있었다.

유럽대륙 시기 1945-1980

양차 세계대전 이후, 유럽대륙에는 신정통주의 운동이 일어났고, 새로운 학자들의 연구가 있었다. 북미는 여전히 영국과 독일 등 유럽의 성서비평학과 교류했다. 교회공동체를 내실 있게 견고하게 세우기보다는, 국제적인 성서비평학과의 대화와 학문적인 공헌을 하려는 데에 집중했다.

북미 시기 1981-1999

북미는 1980년부터 일부 군소교단 소속원을 포함한 소수를 제외하고서 더 이상 유럽으로 유학가지 않았다. 오히려 유럽, 아시아, 아프리카, 호주 등에서 북미로 연구하러 오게끔 했다. 포스트모더니즘은 유럽보다 북미에 더 영향을 주었고, 새로운 성서신학을 발전시켰다. 성서비평학에 새로운 방법론(설화비평, 수사학비평, 문학비평, 페미니즘 등)이 등장했다. 영국, 독일 등 유럽과 더불어 세계를 주도하는 한 축을 이루었다.

마무리

20세기 북미 성서신학은 영국과 독일 성서비평학을 토대로 발전시켰다. 이 성서비평학을 국제화 하는 일에 선도적인 한 역할을 했다. 하지만 염려되는 부분도 있었다. 성서비평학의 틀에서 벗어나지 못한 점이 있어서다. 학문적 전통성이나 깊이 있는 연구력 분야에 유럽과는 차이점도 있다. 성서비평학이 득세하면서 석의해석학을 발전시킬 기회가 없었다.

11) 한국교회의 석의사

예비적 이해

한국교회의 석의사에 관하여 이 지면에서 다 다룰 수 없다. 필자는 별도로 저술하고자 한다. 다만 간략하게 몇 가지만 언급하려고 한다. 석의해석의 본질, 필요성, 방법을 중심으로 논하고자 한다.

1930년대 표준주석서를 보면, '석의'를 근거로 해석하려는 시도가 있었다. 하지만 '석의'라는 용어는 사용했지만, 구체적인 석의방법은 없었다. 이 때에 석의를 제대로 보급시켰다면, 한국교회는 석의에 근거한 건전한 성서해석과 설교 및 사역을 했을 것이다. 전 총신대학 박영희 학장이 1988년에 「신약석의의 방법과 실제」라는 책을 저술했다.[31] 하지만 그리스어 낱말 풀이를 중심으로 저술했을 뿐이며, 그리스어 문법을 소개했다. 이 책은 문법서가 아닌데도 불필요한 내용이었다. 문법, 역사, 배경이라는 용어만을 사용했을 뿐, 별다른 구체적인 논증이 없었다. 신학교육기관에서도 구약석의와 신약석의라는 과목

---

31) 그는 1988년 필자에게서 처음으로 '석의'에 관해 듣고서 이 책을 저술했다. 그가 석의를 이미 알고 있었다면 강의사역 때부터 석의를 가르치고 석의에 관한 교재를 저술했을 것이다.

이 개설되어 있었다. 지금도 개설되어 있지만 신학생들이 '석의'가 무엇인지, 그 방법론은 무엇인지조차 모르고서 졸업을 해왔다는 것은 무엇을 뜻할까? 이와 같은 현상의 결과가 현재의 한국교회 모습이다.

홍수처럼 쏟아진 설교집과 강해서

지금도 국립중앙도서관 웹사이트에서 '설교집'이라는 검색어를 치면 3,455개나 된다. '강해'라는 검색어를 쳐도 관련 자료만 그 이상임을 알 수 있다. 이 통계는 한국교회가 지난 130여 년 동안, 설교집이나 강해서를 매년 60여 권 이상으로 출판했다는 것을 뜻한다. 수많은 교회 교우들이 담임목사의 책이라고 구매했을 것이다. 그 내용이 어떠하든 어떤 분들에게는 도움이 되었을지도 모른다.

하지만 이 설교집과 강해서가 한국교회를 병들게 한 주범이었다고 하면, 독자들은 어떤 생각을 하겠는가? 대부분 그리스도인들은 설교자의 설교로 하나님의 뜻을 깨닫는다. 설교청자의 역할만 해왔다. 중세시대와 흡사하다. 성서해석권과 설교권을 독점한 사제들, 듣기만 하는 교인들로 이루어진 것이 중세의 교회공동체였다. 이런 현상이 지금 이 시대에도 여전하니 그 병폐가 어떠하겠는가?

더 심각한 문제는 홍수처럼 출판한 설교집과 강해서에 비성서적인 내용, 원뜻이 아닌 것들이 비일비재하다는 점이다. 석의에 근거하지 않아서다. 자기 마음대로 해석한 '자의·삭의해석'에 의한 내용, 그릇된 전통적인 교리에 근거한 내용, 늘 듣던 같은 내용을 반복한 내용,

본문의 원뜻과는 무관한, 곧 하나님의 참뜻이 아닌, 사람의 귀에 듣기 좋은 내용이 수두룩하게 쌓이듯 채워져 있다. 무슨 책을 출판하든, 석의에 근거한 내용인지 아닌지를 반드시 확인해야 한다.

강해설교 Expository Preaching

한 때 두란노서원을 중심으로 한국교회에 강해설교가 소개된 적이 있었다. 아마 목사들의 설교 수준을 높이려는 목적이었을 것이다.

두란노서원이 주관한 강해설교의 주강사는 데니스 레인Lane이다. 그는 영국 OMF 선교사로서 이 단체의 해외본부장을 역임하면서 해외선교에 크게 공헌했다. 그는 강해설교 사역을 통해 한국교회 설교자들로 하여금 각 책을 연속적으로 설교하게 한 점, 본문에 충실한 설교를 하게 한 점에는 일조했다.

하지만 여러 측면에서 심각한 문제점이 있었다. 간략하게 몇 가지만 적어본다.

첫째, '강해설교'라는 용어부터가 문제점이었다. '강해'나 '설교'가 본문의 의미를 풀어서 청중에게 잘 전달한다는 유사점이 있다. 강해설교의 방법, 곧 의미 전달, 기록자의 의도 이해, 문맥 중시 등은 강해방법이 아니라 석의방법이다. 석의설교Exegetical Preaching 혹은 석의적 강해Exegetical Exposition를 '강해설교'로 오해한 게 분명하다.

둘째, 석의에 충실하지 못한 강해설교였다. 석의가 전혀 없었던 것은 아니었다. 문맥을 살피거나 본문구조를 분석한 점은 석의의 한 단계로 볼 수 있다. 하지만 그 정도로는 정상적인 석의로 볼 수 없다. 강해는 반드시 석의에 근거해야 한다는 이 원리부터 소홀했다. 그래서인지 '석의'라는 용어 사용이 보이지 않았다.

셋째, 원문중심이나 원어 연구 및 배경 연구에 관한 미비점이다. 특히 이 두 가지 연구는 석의해석의 기본적인 작업인데도 경시했다는 것은 심각한 문제점이었다.

넷째, 석의신학적인 근거가 부족했다. 신앙 없는 석의신학Exegeology도 문제지만, 석의신학 없는 신앙도 문제점이다. 이는 신앙뿐 아니라 우리의 모든 사역은 건전하고 균형감이 있는 석의신학적인 근거가 있어야 한다.

다섯째, 많은 목회자들로 하여금 신대원에서 훈련받은 '신학' 대신에 '석의가 없는 괴상한 강해설교'에 치중하게 했다. 강해설교의 정체가 무엇인지도 모르고서 흉내를 냈을 것이다. 강해는 석의에서 출발해야 한다는 석의적 강해, 석의설교로 되돌아가야 했다.

마지막으로, 주강사 레인은 석의전문가가 아니었다. 필자는 어떤 까닭으로 선교사인 그가 성서해석에 관해 한국 목사들의 주강사가 되었는지 지금도 의문이다.

귀납법적 성서연구 Inductive Bible Study

예비적 이해

한국교회에 한 동안 귀납법적 성서연구가 유행했을 때가 있었다. 이

방법론은 19세기 말, 유럽의 성서비평학에 대한 반감으로 미국 시카고대학 중심으로 일어난 성서연구 운동이었다. 하퍼Harper 1856-1906 교수와 그의 제자 화이트White 1863-1944 교수 중심으로 시작됐다.

성서해석학 관점에서 보면 수용할 수 없는 문제점이 있었기에 세계 신학계 전체가 이 방법을 인정하지 않았다. 오히려 미국 실용주의식 발상이며, 용어부터 문제가 있다는 비판을 받았다. 어떤 점에서는 외형상 석의방법의 일부분이 있어 보이지만 석의해석학과 일맥상통하는 해석학이라고는 인정받지 못했다. 더구나 '귀납법적 연구'는 베이컨이나 이신론자들 및 성서비평학자들이 사용한 방법이었다. 이런 점에서 귀납법적 성서연구를 다루어야 하는 이유가 있다.

용어의 문제

'귀납법'이라는 용어는 철학이나 논리학에 사용하던 용어인데, 과연 성서해석학 영역에 사용할 수 있는지 그 적절성부터가 의문이다. 엄밀한 의미에서 성서해석은 연역법적 방법론도 필요하다. 성서가 하나님께서 계시하신 말씀이라는 전제(결론), 하나님의 참뜻인 원뜻이 기록되어 있다는 전제(결론), 신앙이 요구된다는 전제(결론)가 있어서다. 대충 '방향 그림(무전제나 무결론에 의한 관찰–해석–적용)'이 유사하다는 발상, 그것도 한 부분의 유사점을 근거로 사용한 듯하다. 반면, 연역법은 귀납법과 정반대로 어떤 전제를 근거로 접근하여 사실이나 결론적인 내용을 이끌어내는 방식이다. 과연 귀납법의 원리가 성서해석학 방법론으로 적절한가? 과연 전제 없는 해석이 가능한가? 일반도서라면, 문학전집이라면 그럴 가능성은 있겠다. 성서의 주된 대상은 하나님의 백성들, 거듭난 그리스도인들이다. 이미 어떤 '전제나 결론'이 있다.

논리 적용의 문제

우리가 어릴 때부터 배우 진리의 결론, 혹은 세례를 받기 위해 배운 진리의 결론이 있다. 귀납법적 성서연구에 의하면 이런 진리의 결론도 버려야 한다. 과연 그럴 수 있는가? 이런 진리는 귀납법적 방법으로 알게 된 진리도 아니다. 그렇다면 진리가 아닌가? 설령, 귀납법으로 어떤 결론을 이끌어냈다고 하자. 그 결론도 하나의 전제나 결론이 된다. 연역화로 변한다. 이처럼 귀납법 논리의 적용 문제가 있어서 성서 해석의 방법으로 사용하기에는 부적절하다. '하나님의 사랑'을 알게 된 감격으로 성서를 이해할 때, 이 '하나님의 사랑'이라는 전제나 결론도 버려야 하는가? 더구나 성서이해는 성령님의 도우심이 필요하다. 이 진리도 전제가 되기에 버려야 하는가?

필자가 앞에서 논한 바와 같이, 비전문적인 보통 방식으로 성서를 읽을 때 깨닫는 진리도 있을 수 있다고 했다. 이는 귀납법이나 연역법과는 아무런 상관이 없다. 요한 사도가 요한복음서를 기록할 때, 기록목적을 명확히 기록했다. 이 목적으로 읽기만 해도 이해할 수 있는 부분이 있다. 이처럼 귀납법이나 연역법 방법을 사용하지 않고서도 얼마든 어떤 결론에 도달하는 진리들은 진리가 아닌가?

예수와 바울에게 적용 불가

예수께서 하나님나라(통치)의 진리 결론으로 말씀하셨을 때, 귀납법적인 방법을 사용하지 않으셨다. 이미 진리의 결론, 하나님의 참뜻인 원뜻이 무엇인지 아시고서 말씀하셨다. 오히려 연역에 가깝다. 구약본문은 자신을 가리킨다는 결론까지 선언하셨다. 바울도 마찬가지다. 바울의 복음 선포부터가 이미 그리스도의 죽으심과 부활 사건이 전제(결론)다. 바울이 선포한 이 진리도 귀납법으로만 알 수 있는가? 이미 완성된 전제(**결론**)의 진리다.

성서 기록자들의 연역적 기록전제

성서 기록자들도 본문을 기록할 때 어떤 전제나 결론으로 기록했다. 모세가 오경을 기록할 때 출애굽 구원사건이라는 전제(결론)가 있었다. 이 구원사건을 전제(결론)로 수많은 성서본문이 기록된 것부터가 구태여 표현을 해본다면 연역적이다. 신약도 그리스도의 죽으심과 부활에 근거한 기록문헌이 상당하다. 이 진리를 전제로 하여 기록했다. 연역적 기록이다.

마무리

결국, 성서해석은 귀납법 혹은 연역법과는 무관하다. '접근 방식'이 비슷해보여서 미국 실용주의에 의한 방법론이 아닐까. 이미 계시되어 기록된 결론적인 진리가 있고, 원 청자·독자들에게 '결론'으로 적용된 진리가 있다. 이 같은 진리 이해를 귀납법이나 연역법으로 발견한다는 것은 논리적 근거가 없다. 성서본문을 이해할 때 '어떤 결론을 가지고서 접근하지 않아야 한다는 점'은 수긍이 간다. 이 한 가지에 대해서만 귀납적이라고 동의를 해주자. 하지만 이 점도 사실상 어떤 '전제며 결론'이다. '무결론이나 무전제'가 하나의 전제며 결론이기 때문이다. 더구나 구체적인 귀납법적 방법들이나 그 진행단계를 보면 귀납법 그 자체와 무관하다. 뭔가 어울리지가 않는다. 모국어 중심 강조점은 이게 왜 귀납법과 관련이 있는가? 오히려 원어를 강조할 필요가 있다. 사실적 증거를 근거로 의미를 추론한다고 하지만, 이미 사실적 증거 자체가 의미일 경우가 있다. 연역법도 사실적 증거가 필요하다. 만일 귀납법이 적절한 해석법이었다면 유럽을 비롯한 세계신학계와 신학교육기관으로부터 인정을 받아서 사용했을 것인데 현실은 어떠한가?

혹 귀납법을 고려해 볼 수 있다면, 성서연구의 결과를 청중에게 전달할 때 '설득 방법'이나 '전달 방법'의 한 가지로 사용이 가능한지 고려해볼 수는 있겠다. 그럼에도 귀납법 한 가지로 성서연구 전체를 가능하게 한다는 것은 모순이다. 귀납법적 성서연구가 성서해석 방법론을 말하는지, 발견한 진리의 결론으로 나누거나, 적용하거나, 가르치거나, 설교할 때 사용하는 방법론인지 그 구분도 명확하지 않다. 성서는 연역으로도 이해가 가능한 본문도 있다. 오히려 연역이 더 논리에 맞다. 귀납법의 논리라면 어떤 것이든 얼마든 성서연구방법으로 사용할 수 있다. 아직 알려지지 않는 '무인도 탐사법'도 한 가지 방법이라는 주장이 제기될 수 있다.

논리철학자 박창균 교수의 견해에 귀 기울일 필요가 있다. 그는 "아무리 귀납법에 의한 결론이 옳다고 하더라도 그 결론은 늘 오류일 가

능성이 있다. 연역법은 그 전제가 옳으면 그 결론은 참이다."라며 핵심 요지를 언급했다.[32]

21세기 해석학은?

필자가 이미 앞에서 논한 것처럼, 강해·설교를 비롯한 모든 사역은 반드시 석의를 근거해야 한다. 모든 사역을 성서본문의 의미를 근거로 하지 않는가. 석의(석의해석학)가 필요하지 않을 수 없다. 석의를 근거로 다시 출발한다면, 지금 21세기를 섬기는 우리 시대가 한국교회 해석사의 분수령이 된다. 역사가들이 21세기 한국교회사를 논할 때 석의로 새 출발을 한 시기였다고 기술할 것이다.

---

32) 필자가 박창균 교수와 석의해석학에 관해 토론했을 때 들었던 내용을 인용했다.

석의해석법의
예비적 이해

예비적 이해

석의해석법은 석의절차를 말한다. 모든 방법론처럼 석의해석도 체계가 있는 방법이 필요하다. 필자는 체계 있는 절차를 제시하고자 한다. 독자들로 하여금 성서본문을 더 잘 해석·이해(석의) 하도록 돕기 위해서다. 다른 시대에 살았던 그리스도인들의 석의해석과 연속성과 불연속성 관계를 형성하면서 우리는 우리시대의 방법론을 생각해야 한다. 하나님의 주권적인 섭리로 우리시대에만 시여하신 도구들이 있다. 그 어느 시대보다 성서본문의 원뜻을 더 잘 이해할 수 있는 석의방법론들이다.

석의방법론을 이해하기 전에 먼저 이해해야 하는 몇몇 사항들이 있다. 그 예비적 이해의 사항들이란 무엇인가?

석의방법과 석의목적

우리가 석의방법을 사용할 때마다 늘 석의목적이 더 중요하다는 점을 인식할 필요가 있다. 원뜻을 발견하려는 석의목적에 초점을 두어야 한다. 방법론을 추구하다 보면, 이 주된 목적에서 벗어나서 방법론에만 치우치기 쉽다. 그렇기에 석의방법 각 단계는 반드시 원뜻과 연결시켜야 한다. 모든 석의단계는 원뜻 발견을 위한 단계라는 뜻이다. 미확정 원뜻으로 간주하더라도 이 목적을 잊지 말아야 한다.

석의목적보다 석의방법에 더 치우친 대표적인 예가 성서비평학을 비롯한 여러 비평학이다. 지난 300여 년 동안 이 비평학들은 방법론에 지나칠 정도로 치우쳤다. 이를 테면, '문학적으로 읽기'를 주장하기도 했다. 성서가 그 당시의 문화적인 양식으로 표현, 전달, 기술되었기에 문학적인 측면도 있다. 하지만 문학읽기 주장은 성서이해에 있어서 무엇이 주된 것인가를 경시하도록 우리의 관심을 옆길로 가게 만든다. 기록된 본문에 담겨있는 원뜻을 이해하기 위해서, 기록자가 그 당시의 문학양식을 사용했는지 아니했는지를 검토하는 작업은 문학읽기와는 전혀 다르다. 혹은 기록자가 문학양식을 사용할 때 그대로 사용했는지, 어떤 의도성이 있어서 그 틀에 얽매이지 않고 자유롭게 사용했는지까지 탐구하는 작업도 문학읽기라는 말과는 분명한 차이점이 있다.

　기록자가 어떤 문학양식으로 기록했더라도 원뜻을 전달하려는 목적이 있었다. 시편이 시 양식으로 쓰였다고 해서 아예 현대문학 시감상법으로 음미하려고 한다면 어떻게 돼겠는가? 문학양식을 아예 무시할 수 없지만, 그렇다고 현대문학양식에 전적으로 의존해서 읽으려는 것은 당시의 시인이 쓰려고 한 참된 의도를 놓치게 된다. 어떤 경우에는 기록자들이 당시의 어떤 문학양식에 입각해서 기록한 경우도 있지만, 반드시 어떤 문학양식 틀에 맞추어서 그것을 원칙으로 삼아서 기록하지 않은 경우도 있다. 일반문학과 성서에 기록된 문학적인 양식의 문장이해 사이에 차이점이 있음을 유의해야 한다. 석의해석으로 읽기와 문학적으로 읽기라는 말 사이에는 엄연한 차이가 있다는 뜻이다. 전자는 원뜻을 발견하는 석의를 목적으로 삼는다. 방법론에 집중하는 문학읽기를 비롯한 성서비평학과는 다르다.

신앙과 이성

신앙과 이성의 관계성에 관해 오랫동안 논쟁이 있었다. 여러 질문도 제기될 수 있다. 이성으로 그냥 문서를 읽기만 하면 되는데도 왜 석의가 필요한가? 석의를 모르고서 이해한 경우는 어떠한가? 신앙만 있으면 그 누구의 도움도 없이, 어떤 난해문이라도 이해할 수 있지 않는가? 이해란 사고력을 요하기에 이성과 분리될 수 없지 않는가? 신앙과 이성의 관계는 무엇인가?

신앙은 이성 이상의 것이지만 반이성 관계도 아니며 이성과 대립관계도 아니다. 이성이라는 도구로 신앙을 표현한다. 하나님의 창조세계 안에 두신 법칙이다. 신앙과 이성의 관계를 정확히 이해해야 하는 까닭이 있다. 석의를 위해서다. 거듭난 이성이 필요하다. 우리가 거듭날 때 우리의 이성기능도 거듭난다. 이 거듭난 이성은 거듭난 신앙과 하나가 되어 석의를 위해 필요한 기능을 발휘한다. 성령님의 조명사역에도 필요하다. 석의과정에서 비평(식별), 탐구, 분석, 종합, 창조의 기능을 가능하게 한다. 거듭난 신앙과 거듭난 이성은 진정한 석의를 가능케 한다. 이는 이성주의와 계몽주의, 종교사학적 접근, 일반역사학 방법론에 입각한 그릇된 해석까지도 수정하게 한다.

물론, 거듭나지 못한 이성은 석의를 하지 못한다는 뜻은 아니다. 그 결과와 대화할 수 있다. 하지만 석의의 목적과는 다른 방향으로 가게 된다. 신앙의 이성으로 검증받아야 하는 관계성이 있다.

공시성Synchronic과 통시성Diachronic

공시성과 통시성이라는 두 용어는 스위스 구조주의 언어학자 드 소쉬르de Saussure 1857-1913가 처음으로 사용했다. 그 후 성서해석학에서도 도입하여 사용했다.

공시성은 그리스어 '함께(sun: together)'와 '시간(chronos: time)'의 합성어에서 유래했다. 곧 공시적 석의란, 성서본문이 기록될 당시의 그 시점, 특정한 때를 중심으로 접근하는 방법을 말한다.

통시성은 그리스어 '……을 통하여(dia: through)'와 '시간(chronos: time)'의 합성어에서 유래했다. 통시적 석의란, 성서 전체의 역사적 흐름, 발전, 변천에 따라 탐구하는 방법을 말한다. 구원사적인 해석이 그 대표적인 예다.

석의해석학의 측면에서 보면, 구원사가 나름대로 공헌점은 있지만, 공시적 석의가 결여된 통시적 석의 일변도라는 치명적인 문제점이 있었다. 통시적 석의는 역사적 측면을 이해하는 데는 공헌점이 있지만, 본문의 원뜻을 소홀히 여긴 문제점이 있기에 반드시 공시적 석의의 결과를 근거로 해야 한다. 유감스럽게도, 교회가 2천여 년 동안, 공시적 방식은 무시한 채 통시적 방식에만 치우쳤다. 그 결과, 원뜻에서 멀어지고 말았다.

이 두 유형은 다음에서 논할 16단계 석의방법론과도 관련이 있다. 그 다양한 방법론을 두 용어로 요약할 수 있어서다. 이는 넓은 의미의 석의 방향이기도 하다. 이 두 방식은 각기 나누어서 그 결과를 통합하거나 혹은 처음 출발부터 결합하거나 하는 방식으로 전개된다.

예수께서 마태복음 5:3에서 말씀하신 "마음이 가난한 자"가 누구인가를 알려면, 먼저 기록당시의 정황에서 마음이 가난한 자가 누구인지를 알아야 한다(공시적). 또 이 말씀을 하신 의도, 이 말씀의 대상 등을 알아야 한다. 언어는 그리스어를 사용했지만, 그 뜻은 히브리적인 것이 빈번한 것처럼, 유대문화권에서는 가난한 자가 누구인지 다들 익히 알고 있었다. 별도의 긴 설명이 필요하지 않았다. 우리는 구약시대와 당시 유대문화권에서 '마음이 가난한 자'란 어떤 사람인가를 확인할 필요가 있다. 바울은 이 말씀을 어떻게 이해하고 더 확장하여 사용했는가도 살펴볼 필요도 있다(통시적). 그렇지 않으면, 자칫 문자에 얽매이어 '경제적인 가난한 자'로 오해할 수 있다.

이 가난한 자란, 구약시대와 그 전승을 이어받은 유대문화권에서는 하나님의 도우심 없이는 살 수 없는, 절체절명의 상태에 놓인 사람들, 오로지 하나님만을 의존해야 하는 사람들을 말한다(시70:5). 당시에는 소수를 제외하고 대부분 경제적으로 가난한 자들이었다. 누군가의 도움 없이는 도저히 살 수 없는 '절대의존의 태도'를 가진 사람을 뜻했다. 시편을 비롯하여 구약에 이러한 절대의존의 태도가 잘 표현되어 있다. 예수께서 하나님 없이는 살 수 없다는 내적 의존태도, 이런 태도를 제자들에게 요구하셨다. 그러할 때 지속적으로 하나님의 다스림을 받는 통치권 안에 머문다는 것이다("천국이 그들의 것이다.").

다른 한편, 간접적으로 바리새파 사람들과 서기관들의 태도와 대조하신 말씀이다. 그들은 종교행위를 하지만 그 내면의 실상은 하나님 없이도 살 수 있는 사람들, 마음이 부유한 사람들이었다.

바울에게서도 이 절대의존의 태도는 서신서 곳곳에 기록되어 있다. 요한은 "포도나무이신 예수 안에 거해야 한다."라고 기록했다.[1] 이 마태복음 5:3에 관하여 석의방법의 전체 방향을 요약한 공시적, 통시적 방식으로 그 원뜻을 찾을 수 있다.

성령님의 조명과 석의가의 책임

필수성

앞에서 필자는 석의과정에서 성령님의 조명이 필수적이라고 강조했다. 하나님의 초월성이 개입되어 기록한 성서본문을 유한한 인간이 어떻게 이해할 수 있겠는가. 성령님의 조명이 필요하다. 오리게네스는 기록하게 하신 분에게 그 의미를 질문하라고 말했다. 그렇다고 오해는 하지 않아야 한다. 성서 한 권만 펴놓고서 성령님께 묻기만 하면 기계적으로 해답을 주신다는 의미가 아니다. 석의자료들을 사용해야 하고, 그때에 유기적인 방식으로 도우신다는 뜻이다. 루터와 칼뱅 등 종교개혁자들도 한 목소리로 석의도구들을 사용해야 하는 점과 사용할 때에 성령님의 내적 조명사역을 의존해야 함을 강조했다.

---

1) 요한복음서와 바울서신서는 공관복음서와 통시적 관계성이 있다.

평시성

성령님의 도우심이 필요함은, 평소 성령님과의 관계성이 중요하다는 뜻도 내재한다. 어느 날 갑자기 성령님의 조명을 받는 것이 아니다. 특별한 경우는 그럴 수도 있다. 하지만 항시적으로, 자기반성으로 늘 삼위일체 하나님과의 관계성을 유지함이 필요하다.

유기적 방식의 조명

성령님의 조명이 무슨 비밀 의미와 같은 것을 제공한다는 뜻은 아니다. 기계적 방식으로 계시한다는 의미도 아니다. 석의가와 유기적인 방식으로 도우시는 사역이다. 석의가는 그 어떤 노력을 하지 않아도, 묻기만 하면 성령님의 조명만으로도 원뜻을 발견할 수 있다는 직통계시주의는 위험하다. 동시에 석의가는 자신의 지성으로 원뜻을 발견할 수 있어서 성령님의 조명은 불필요하다는 이성주의도 위험하다.

이 유기적 방식의 조명은 어떤 균형감을 견지할 것을 요구한다. 성서가 일반서적과 다르기에 무릎을 꿇고서 성령님의 조명을 구해야 한다. 그렇다고 석의가의 진지한 탐구와 신중한 애씀이나, 성서 이외의 다른 석의자료들을 제외시키는 것을 뜻하지 않는다. 성령님께서 자동기계처럼 성서본문의 모든 원뜻을 비추어 주신다는 뜻도 아니다. 성서가 성령님의 영감으로 기록되었지만, 인간의 언어와 문화 도구로 기록되었기에, 거듭난 지성으로, 성령님의 조명 아래에서, 석의자료들을 사용하면서 원뜻을 발견하는 균형감으로 석의한다는 의미다.

석의문헌의 필요성

반복하거니와, 가정마다 가정의학 서적이나 가정법률 서적이 있듯이, 석의문헌도 필요하다. 석의가가 여러 석의자료들을 사용할 때, 성령님은 유기적인 방식으로 도우신다. 석의문헌을 검토할 때 인내, 성실, 꾸준함 등을 요구하시면서 도우신다. 석의문헌을 참조하여 석의할 때, 성령님의 조명 아래에서 원뜻이 무엇인지 부단히 탐구해야 한다.

석의방법의 특징

예비적 이해

우리가 석의방법의 각 단계를 알기 전에 석의방법의 몇몇 특징을 알 필요가 있다. 각 단계별 석의방법을 더 잘 이해하기 위해서다.

전제성

석의과정 각 단계에서 몇몇 전제성이 필요하다. 이 전제성은 본문의 원뜻을 왜곡시키는 ‘편견’과는 다르다.

첫째, 원뜻을 발견함이 주된 목적이다.

둘째, 석의방법은 석의목적을 위해서다.

셋째, 교회공동체와 개별체를 세우는 실제적인 석의이어야 한다.

넷째, 모든 그리스도인은 만인성서석의가로서, 석의해석의 책임과 의무가 있다.

다섯째, 성령님의 조명을 의존하는 신앙의 태도가 필요하다.

여섯째, 석의자료들도 필요하다.

일곱째, 지금·이곳의 우리는 66권 성서전체의 독자며, 정경 이후 21세기 독자다.

이 전제성들은 늘 '열린 전제성'이어야 한다. 수정에 대해 얼마든 수용할 수 있다는 열림이 있는 전제성이라는 뜻이다.

실제성

아무리 좋은 이론이라도 실제성이 있어야 한다. 또한 아무리 유용한 실제성이라도 근거가 되는 논리적 이론이 필요하다. 둘 다가 필요하다. 특히 실제화 하지 않는 이론은 무거운 짐만 지운다. 무용지물과 같다.

비평(식별)

비평(식별)이란 어떤 기준에 비추어 대상의 가치, 의미, 기능 등이 적절한지 아닌지를 밝히며 식별해 보는 것을 뜻한다. 석의단계에서 왜 비평적인 접근이 필요한가?

한 가지 예를 들자면, 번역이 원문을 근거로 잘 되었는지 확인하기 위해서는 '비평'이 필요하다. 이러한 비평은 석의과정 내내 요구된다. 특히 원뜻인지 아닌지에 관해서는 비평적 식별력이 요구된다. 이런 점에서 석의해석의 '비평'은 성서비평학의 '비평'과는 다르다. 성서본문을 파괴하려는 의도가 없다. 교회공동체와 개별체의 신앙을 파괴하려는 의도도 없다. 도리어 세워지게 하려고 한다. 석의비평은 성서비평학처럼, 본문 그 자체나 영감된 사실과 초월성을 비평하지 않는다. 무엇이 본문의 참된 원뜻인지 식별하는 의미에서의 비평일 뿐이다. 교회가 2천여 년 동안, 과연 원뜻을 전수했는지 아닌지 식별하는 의미에서의 비평이다. 석의해석인지, 자의해석인지, 삭의해석인지를 비평(식별)하는 기능을 말한다.

석의해석학과 조직신학(✍)

이미 조직신학을 배웠을 경우, 자칫 조직신학의 내용을 석의의미로 오해할 수 있는 문제점이 발생한다. 더 심각한 문제는, 조직신학의 내용이 원뜻을 발견하는 석의해석학을 근거로 하지 않았을 때다.

교회사적으로 조직신학, 특히 교회교의학의 잣대로 본문을 해석함으로써 교회공동체에 심각한 폐해를 끼쳤다. 공헌점이 전혀 없는 것은 아니지만, 왜곡된 교리를 만든 주범과 같다. 왜곡된 '교권적 교단신학'까지 등장하여 교회를 침체시켰다. 이는 이미 증명되다시피 했다. 조직신학의 내용이 석의해석학에 근거했는지 검증이 필요하다. 그렇지 않을 경우, 예외 없이 본문의 원뜻에서 멀어지게 하는 자의·삭의해석이 된다.

이 같은 조직신학의 문제점 때문에 성서신학이 생겨났다. 조직신학을 돕기 위해서였다. 하지만 서로 각자의 길로, 그것도 부정적인 길로 가고 말았다. 조직신학자들은 겸손해야 한다. 건전하고 균형감이 있는 석의결과를 근거로 전개해야 한다. 지난 2천여 년 동안, 조직신학의 폐해가 어떠했는지도 되돌아보아야 한다. 아니, 조직신학이라는 용어가 언제, 왜 생겼는지부터 살펴볼 필요가 있다. 조직신학, 구약학, 신약학 등의 학과를 폐지하고서 통합해야 한다는 요구가 왜 등장하는지도 진지하게 고민할 필요가 있다.

석의신학의 가능성(✍)

긴 세월 동안 신학이란 무엇인가에 관해 많은 이론들을 제시했다. 그 많은 이론들을 요약하면, '본질'로서의 신학, '방법'으로서의 신학, '적용'으로서의 신학으로 분류할 수 있다. '본질'이란 어떤 사물이 무엇인가라는 본바탕을 뜻한다. 곧 기독교 진리가 무엇인가를 제시한다. '방법'이란 진리의 본질을 알기 위해서 접근하는 방법론을 말한다. '적용'이란 적절한 방법으로 발견한 진리의 본질을 사역과 삶 등 실천영역에 적용하는 것을 말한다. 이 세 가지를 동시에 갖춘, 균형감이 있는 신학이 진정한 신학이다.

석의신학Exegeology이 바로 이 세 가지 역할을 할 수 있다.[2] 석의야말로 원뜻이라는 기독교의 기본진리, 본질을 보여준다. 보다 나은 가장 적절한 방법론 역할도 한다. 곧 이 방법으로 원뜻, 곧 진리의 본질을 발견한다. 또한 석의의 결과는 모든 사역과 삶 등 실천영역의 토대가

---

2) 석의신학(Exegeology)이라는 용어는 '석의(Exegesis)'와 '신학(Theology)'의 합성어다. 필자가 독자들의 이해를 돕고자 사용하는 용어다.

된다. 석의에 근거하지 않는 사역과 삶은 하나님의 뜻에서 멀어진다. 석의 안에 본질, 방법, 적용이라는 세 가지가 밀접한 관계성을 가지면서 진정한 신학의 역할을 해준다.

주어진 과제와 주안점

예비적 이해

다음 장에서 본격적인 석의방법론으로 이어진다. 원뜻을 가장 잘 드러내는 석의를 할 때 어떤 과제를 안고 있는가? 어디에다 주안점을 두어야 하는가? 이 과제와 주안점은 서로 어우러져 있다. 과제가 무엇인가를 알 때 그것에 주안점을 두어야 하기 때문이다.

첫째

'그때·그곳'으로 가장 가까이 접근해야 한다. 이는 석의의 출발점이다. 우리와 성서본문과는 워낙 먼 거리에 있기에 자칫 '그때·그곳'에 가기도 전에 중간에서 멈출 가능성이 매우 높다. 건전한 상상력을 발휘해서라도 가장 가까이 가야 한다.

둘째

석의는 신언에 관한 것이기에 이 세상에서 가장 어려운 일이라서 가장 수준 높은 '진지함'과 '신중함'을 필요로 한다. 사람이 하는 말을 이해할 때도 조심성이 필요하다. 하물며 신언에 관한 말씀인데 더더욱 그렇게 해야 하지 않겠는가. 진지함과 신중함이 없다면 신언을 천박한 수준에 내동이치는 것과 같은 짓을 행한다.

셋째

하나님을 신뢰하며 의지하는 신앙심에 의한 구도자의 태도로 철저한 탐구가 필요하다. 우리가 신언을 철저한 탐구로 다 밝힐 수 있는 대상은 아니지만, 성령님의 조명 아래에서, 철저한 탐구력으로 정말 원뜻인지 아닌지 깊이 파고들어 확인해보아야 한다. 이 철저한 탐구는 하나님께서 창조세계 안에 두신 창조법칙이라서 철저한 신앙인이라면 자동반사적으로 하기 마련이다. 특히 석의자료를 참조할 때, 철저한 탐구가 없다면 포기하고 만다. 혹은 대충 끝내고 만다.

넷째

최상의 객관적인 근거를 찾으려고 해야 한다. 석의의 결과가 객관적이라면 어떤 점에서 그러한지 그 근거를 제시할 수 있어야 한다. 이는 원뜻의 근거이기도 하다. 그렇지 않으면 주관적인 오판Subjective Misjudgement의 늪에서 헤어나지 못한다. 특히 한국 교육이 객관적인 근거로 하는 훈련이 결여되어서 석의를 하는 한국인 석의가의 사고도 그렇게 될 수 있다. 그러기에 다양한 석의자료를 활용할 필요가 있다.

다섯째

다시금 반복하거니와, 원뜻을 발견하는 것이 석의의 주목적이라는 것을 잊지 않아야 한다. 석의방법의 각 단계를 지나다보면 원뜻 발견이라는 최종점까지 가지 못할 수도 있다. 다양한 방법을 사용하더라도, 이 주목적을 항상 기억하면서 시도해야 한다.

여섯째

명료화가 필요하다. 석의단계에서 복잡하며 혼란스러운 내용에 직면할 수 있어서다. 불명료한 상태로 그대로 둔다면 석의하는 본인은 물론, 주변 사람들에게까지 불명료 안에 머물게 한다. 특히 사역자는 섬기는 대상으로 하여금 '불명료의 은혜'를 끼친다. 원뜻을 명료화하는 연습이 필요하다.

일곱째

자신의 석의내용이, 종교의 자유를 이용한 마음대로 하는 자의·삭의해석이 아닌지를 늘 자문해야 한다. 우리 모두 다, 석의해석보다는 자의·삭의해석을 할 가능성이 다분히 높다. 자의·삭의해석자는 자신은 물론, 이웃으로 하여금 하나님의 참뜻, 원뜻을 알지 못하게 하는, 눈을 어둡게 만든다. 자신의 잘못된 생각을 심거나 기호에 맞는 자의·삭의해석을 하기도 쉽다. 괴상한 영해를 하는 자의·삭의해석, 즉석요리처럼 함부로 요리하듯 하는 자의·삭의해석을 할 수도 있다. 자신의 견해가 정말 하나님의 말씀인지, 원뜻인지, 진리인지 진지하게 숙고하지 않고서 밀어붙이듯 '자의·삭의해석 포기 절대 반대'라는 아집으로 버티지 않도록 유의하자. 교회가 중대형화로 양적 성장을 했다는 것만으로 자신이 만능성서해석자·석의가라는 착각을 하지 않아야 한다. 만일 설교내용에 '사기, 공갈, 강요, 유사수신행위, 엉터리, 거짓진리, 사이비나 이단과 같은 내용'이 있다면 어떻게 할 것인가? 성공적인 목회자가 되고자, 중대형화 교회를 세우고자 이에 필요한 것을 주입하여 해석하는 것은 세뇌 공작과 같다.

여덟째

다음 장에서 제시하는 석의방법론은 모든 본문에 다 사용할 수 없다. 필자가 굳이 강조하지 않더라도, '탄력성 있게' 사용하게 됨을 독자들이 스스로 깨닫게 된다. 혹은 제시한 석의방법론보다 더 좋은 방법이 있다면 병행하여 사용할 수도 있다. 그렇지만 필수적인 방법이라고 강조한 방법들을 경시하지 않기를 바란다.

마지막으로

성서비평학과는 달리, 석의방법이 교회공동체와 개별체 신앙을 위한다는 점도 잊지 않아야 한다. 석의가는 교회공동체를 견고히 내실 있게 세우며, 개별체들의 신앙과 삶에 어떤 영향을 줄 것인가, 성장과 성숙에 초점을 두어야 한다. 나아가서 하나님께서 창조하신 세계를 섬기는 석의방법인지, 하나님나라(통치)가 확장되고 하나님의 구원계획이 이루어지게 하는 원뜻을 찾는 일에 공헌하는 석의방법인지를 늘 살피고 또 살펴야 한다.

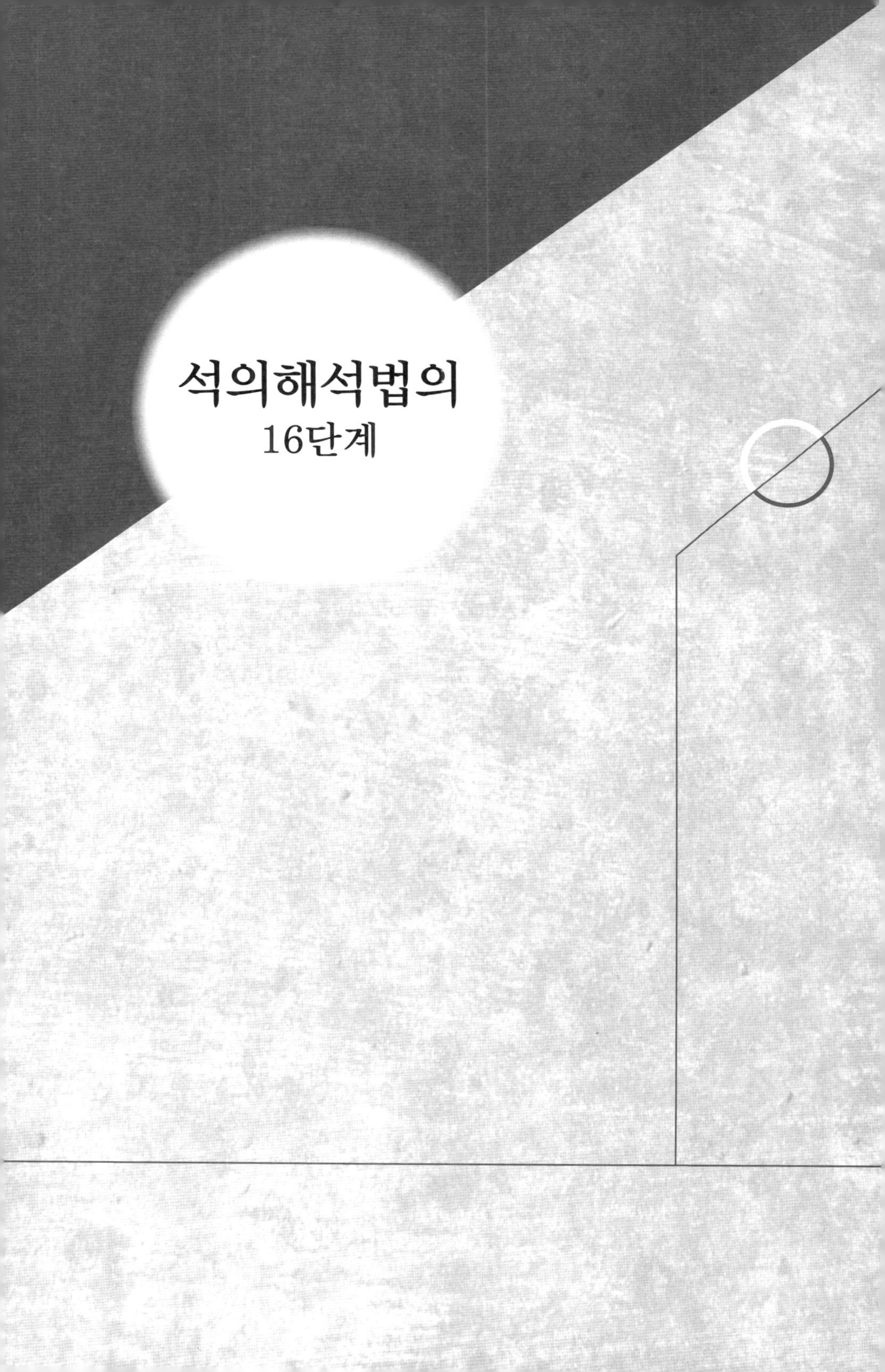

석의해석법의
16단계

01) 본문 선정

예비적 이해

석의의 첫째 단계는 가장 먼저 석의하려는 본문을 선정하는 단계다. 본문을 선정할 때, 장·절·단락에 얽매일 필요는 없다. 성서본문은 원래 문장구두점, 장·절, 단락나누기가 없었다. 쭉 이어지듯 본문을 기록했다. 관련 있는 문장을 포함하도록 선정 한다. 여러 번 정독을 해야 할 때도 있다. 특별한 경우를 제외하고서, 주제 혹은 제목에 의한 선정보다는 각 권별로 이어지는 본문 선정이 더 바람직하다. 이는 자칫 본문의 원뜻이 왜곡된 주제 의미나 제목으로 희석될 가능성이 있다. 본문의 원뜻을 발견하는 석의의 관점에서 보면, 각 권별로 기록된 그대로 석의하는 것이 원 기록자의 의도와도 상통한다.

'본문비평'을 해야 하는가?

긴 세월 동안, 현재의 본문에 관한 진정성 여부를 두고서 논쟁이 극렬했다. 현 본문 이전의 본문, 원본에 가장 가까운 본문을 찾아야 한다는 주장도 강했다. 이를 본문비평이라고들 한다. 하지만 우리말 번역본이라도 본문형태는 심각한 문제가 없다. 사본의 차이는 있지만, 현재의 번역본을 원본에 가장 가까운 본문, 정경의 본문으로 인정한다고 해서 구원의 길과 삶의 길에 대해 그 어떤 문제도 일어나지 않는다. 아무도 원본을 찾을 수 없다. 더구나 일반 독자들은 원본에 가장 가까운 본문을 결정할 수도 없다. 전문연구가도 어렵다. 현 번역본이 원본에 가장 가까운 증거들이 있기에 그대토 공인된 본문형태로 사용할 수 있다.

본문비평을 해보고 싶다면 개인적으로 '개인 서재나 연구실'에서 연구하면 된다. 연구하되 공동체에까지 끌고 나와서 혼란을 야기하지 말아야 한다. 성서비평학자들처럼, 존재하지도 않는 '가설'로 시도하지 않기를 바란다. 새로운 사본이 발견된다면 계속적으로 연구할 필요는 있다.

02) 잠정 번역

예비적 이해

잠정 번역은 석의의 둘째 단계다. 이 번역은 석의가가 원뜻을 확정한 후 '최종 번역'을 할 때까지 일시적으로 해두는 번역이다. 잠정 번역이라고 하여 무의미하지 않다. 아무렇게나 해도 되는 번역도 아니다. 최종 번역과 큰 차이가 나지 않을 수도 있다. 혹은 최종 번역과 같을 수도 있다. 그러기에 잠정 번역을 할 때도 매우 신중해야 한다. 최종 번역의 모체가 되어서다.

잠정 번역도 석의의 한 과정

잠정 번역도 중요한 석의과정의 하나다. 모든 번역은 석의 형태를 지

닌다. 본문의 원뜻이 무엇인지 알기 위한 기초단계와 같다. 번역 과정
에서 원뜻을 발견할 수도 있어서다. 원 기록자가 그때·그곳에서 본문
을 어떻게 기록했는지 우리말로 명확히 표현할 때, 명확한 원뜻이 발
견되는 경우도 있다. 이 단계에서 성서본문을 읽자마자, 번역을 하거
나 의미를 곧바로 결정하는 '즉석요리'와 같은 습관을 버려야 한다. 우
리말로 번역된 문장이 원 기록자가 쓴 명확한 문장인지, 보다 나은 명
확한 번역인지를 먼저 확인하는 습관을 가져야 한다. 이 과정으로 자
연스레 번역도 바른 석의를 위해서 매우 중요한 단계임을 알게 된다.
반드시 원문에 충실한 번역이 되게끔 애써야 한다. 원문 읽기가 어려
운 독자는, 영어 번역본이나 혹은 우리말 번역본들 중에, 보다 나은 번
역이 된 번역본을 사용하기를 바란다.

　우리말 성서를 처음으로 번역할 때 중국어 번역본을 토대로 했다. 더
심각한 문제는 이 중국어 번역본이 히브리어와 그리스어 원문이 아닌
영어 번역본, 킹 제임스 번역본(흠정역)을 근거로 번역했다는 점이다.
그 결과가 어떠하겠는가. 다행히 우리말 번역본 '새번역'이 원문을 중
심으로 한, 보다 나은 번역본이다. 여전히 미비점이 있지만, 이 번역
본을 당분간 사용하기를 권한다.

'개인 번역'을 권한다(✍)

　유능한 석의가 역할을 하려면 먼저 유능한 번역가이어야 한다. 스스
로 번역을 해보는 것도 필요하다. 자신이 번역해보는 것은 본문에 더

가까이 감을 인지할 수 있다. 비록 잠정 번역이지만, 원뜻을 발견하는데 유용한 점이 있다. 특히 원뜻이 난해한 본문에 관한 잠정 번역이 쉽지 않지만, 나중에 최종 번역으로 보다 나은 번역이 가능하기에 직접 번역을 해보길 권한다. 당연히 히브리어와 그리스어 원문을 토대로 번역하는 것이 좋다. 원문 번역이 어려우면 우리말 여러 번역본을 비교·대조하면서 성서읽기를 겸하여 번역을 시도해보길 권한다. 혹은 우리말보다 번역이 더 잘 된 것으로 평가받는 영어 번역본(NIV, NRSV, ESV 등)을 근거로 번역해보는 것도 한 방법이다. 인터넷을 이용하면 여러 영어 번역본을 짧은 시간에 다독을 할 수 있는 장점이 있다. 무엇보다, 전문적인 연구를 하려는 사람은 반드시 원문을 근거로 번역할 수 있어야 한다. 인터넷에 의한 행간 원문도 유용하다.

개인 번역으로 신앙의 비평 사고도 함양된다. 비평 사고란 식별과 선택을 뜻한다. 성령님이 임하시면, 곧 성령님의 통치권 안에 들어가게 되면, 누구든 신앙의 비평 사고가 형성되는데, 이 사고를 지속적으로 연마할 필요가 있기에 번역을 해보길 권한다.

다른 한편으로, 직접 번역을 한다는 것은 설교자나 번역책임자들에게 일종의 경종을 울릴 수가 있는 장점이 있다. 한국교회의 번역 수준을 향상시키게 하는 자극제가 될 수도 있어서 필자는 강력히 권한다. 번역 수준이 향상되어야 그 어느 때보다 훨씬 더 나은 번역본 출간을 기대할 수 있다. 석의도 더 잘 할 수 있다.

예수께서도 탁월한 번역가이셨다. 어릴 때부터 그리스어로 기록된 구약 70인역본을 읽으셨고, 회당에서는 히브리어 본문의 낭독과 아람어에 의한 번역과 해석을 들으셨다. 또 빌라도 총독을 비롯하여 로마인에게는 라틴어로 말씀하셨을 것이다. 최소한 히브리어, 아람어, 그리스어, 라틴어에 능통하셨을 것이며, 대상에 따라서 정확히 번역하시면서 사용하셨을 것이다. 그리스어 구약본문을 아람어로 번역하여 가르치신 번역가의 삶에 주목할 필요가 있다.

오역의 예들

오역으로 이미 장기간 굳어진 예들이 있다. 우리가 자주 사용하는 '하나님 나라The Kingdom of God'부터가 오역이다. 원어(히브리어 'malkut'; 그리스어 basileia) 의미는 이 땅에 임하시며 다스리시는 '하나님의 통치 The Reign of God', 곧 하나님께서 우주의 왕과 주로서 온 세계를 다스리시고자 주권을 행사하는 영원하신 '하나님의 통치'를 뜻했다. 영어권에서 먼저 오역을 했다. 이 오역으로 하나님의 주권적 통치행위는 약화되고, 이 땅과 통치하시는 온 세계와는 무관한, 죽은 후에 가는 곳이라는, 제한성이 있는 지리적 의미로 오해하게 하는 오역이었다. 하나님의 통치 영역은 측량할 수 없는 무한 영역이다.

'독생자'도 유사한 예다. 영어권에서 먼저 '유일하신 아들(the only Son)'을 '독생자(the begotten Son)'로 오역했다. 마치 성자하나님은 성부하나님의 피조물인 것처럼 잘못 번역한 결과다. 이단들의 공격 구실을 제공했다. 다행히 우리말 새번역본에서 유일하신 아들이라는 의미인 '외아들'로 바르게 번역됐다.

이 외에도 '덕을 세우다' 혹은 '영혼'이라는 번역도 유사하다. '덕을 세우다.'라는 번역은 교인들이 성장하게 하는 '세움'의 의미인데도, 유교적 가치관으로 오해한 오역이었다. '영혼'이라는 오역은 헬라적 이원론에 의한 오역이다. 우리 몸에 영혼이 어디에 있는지 생각해본 적이 있는가? 어쩌면 영혼에 대해 뇌(우리의 몸과 마음의 중추지)를 가리키는 수화언어가 더 정확할지도 모른다. 히브리적 인간관은 늘 전인성으로 표현했다. 몸과 마음을 분리하지 않았다. 바울이 표현은 그리스어로 했지만, 원 의도는 구약 히브리적 전인성을 뜻했다. 그러기에 인간 전체를 표현하는 번역이어야 한다. 우리갈 '몸넋'이 사람에 대한 비분리 언어라서 더 적절해 보인다.

유의점

번역할 때 단어 맞추기에 의한 번역을 하지 않도록 해야 한다. 문자주의적 번역보다는, 유진 나이다Nida가 제시한 것처럼 역동적 동등성 Dynamic Equivalence 번역이 필요하다.[1] 역동적 동등성 번역은 의미로 가능하다. 단어 맞추기가 아닌, 단어의 원래 기능과 의미와 서로 견줄 수 있는 번역을 말한다.[2] 이는 성서원어 의미에 관해 기본적인 이해를 필요로 한다. 가장 명확한 역동적 동등성 번역은 의미론적인 번역이

---

1) '역동적 동등성'은 유진 나이다의 이론이다. 그의 번역이론은 성서번역에 큰 공헌을 했다.

2) 이런 까닭으로 원뜻 확정 후, 의미론적으로 번역하는 최종번역이 필요하다.

다. 언어적 일관성 원칙을 유지할 수 있어서다. 원뜻 확정 후 최종 번역에서 더 명확히 할 수 있겠지만, 잠정 번역에서도 의미에 의한 번역이 가능하다.

그러기에 잠정 번역이라도 명확한 번역이 이루어져야 한다. 그렇지 않으면 비스듬한 번역, 변조 번역, 번안 번역(자국 문화 관점에서의 번역: 이를테면 원문 '빵'을 '떡'으로 번역), 완전한 오역 등의 현상이 일어난다.

번역은 해석과 같고 주석과 같다는 사실을 기억하면서 신중한 태도로 번역할 것을 권한다. 한 가지 덧붙인다면, 하나의 번역본을 '절대 성서'로 오해하지 말아야 한다. 원본이 없어서다. 그렇다고 현재의 번역본들이 심각한 문제가 있다는 뜻은 아니다. 다른 언어로 옮기는 일은 쉽지가 않다. 지나치게 의역을 하거나, 현대화 하려다가 원문과의 동등성을 상실하기가 쉽다는 점도 유의하자.

잠정 번역을 하다보면 어떤 원뜻을 발견할 때가 있다. 그렇더라도 미확정된 원뜻으로 간주해야 한다. 마지막 단계, 원뜻 확정단계에 필요한 것이니 메모를 해두길 바란다.

특히 '개인 번역'으로 교회공동체에 심각한 문란을 일으키는 행위를 하지 않아야 한다. 인간의 야심과 죄성으로 그럴 가능성이 있기에 매우 신중해주길 바란다.

03) 관련 본문 찾기

관련 본문을 찾아야 하는 까닭

관련 본문을 찾는 것이 석의의 셋째 단계다. 첫째 단계에서 선정한 본문과 직·간접적으로 혹은 암시적 인용을 비롯하여 관련이 있는 본문을 찾는 단계다. 이는 명확한 원뜻을 찾는 석의를 위해서 필요하다. 다른 본문은 필요 없다거나, 오직 한 본문만을 사용해야 한다는 아집적인 본문주의Textualism에 의한 오류에서도 벗어날 수 있다. 난해한 본문의 경우, 다른 관련 본문으로 원뜻을 찾을 수 있는 경우가 있다. 40여 명의 성서기록자들이 각기 동일한 원뜻에 대해 어떻게 다양하게 전달하려고 했는지도 살필 수 있다. 또한 지금·이곳의 우리는 66권 전체의 독자, 예수의 죽으심과 부활 이후의 독자, 정경 66권 확정 이후의 독자, 교회사적으로도 2천여 년이 지난 21세기의 독자라는 이유만으로도 관련 본문을 찾는 것이 필요하다. 곧 신구약 전체의 독자로서 구약과 신약의 독자들과 만난다. 그러기에 성서전체와 관련하여 원뜻을 찾아야 한다. 성서 각 권은 서로 연속성 관계가 있지만, 신구약 각 책마다의 독특성이 있어서 다른 책들과는 불연속성 관계도 있다. 불연속성이란, 각 시대마다 다른 방식으로 기록되었거나, 대체된 것을 기록했거나, 더 확장된 것을 기록한 본문 사이의 관계를 말한다. 석의하려고 선정한 본문과 관련 있는 본문들을 반드시 찾아야 한다.

어떤 관점에서 관련 본문을 찾는가?

우선 신구약 전체에서 찾는다는 점이 대전제와 같다. 성서를 1600여 년 동안 40여 명이 기록했지만 조화를 이루기에, 한 절이라도 성서전체 관점에서 어떤 관련성이 있는 본문을 찾는다.

* 석의하고자 선정한 본문과 동일한 정황의 본문에서 찾는다.
* 직간접적으로 관련이 있는 정황의 다른 본문에서 찾는다.
* 동일 기록자의 다른 본문에서 찾는다.
* 동일 시기의 다른 본문에서 찾는다.
* 동일한 주제와 관련 있는 다른 본문을 찾는다.
* 관련 있는 다른 단락이나 장·절이 있는 본문에서 찾는다.
* 신구약 사이의 주제에 의한 연속성과 불연속성이 있는 본문에서 찾는다.
* 한 기록자가 여러 권을 기록한 각 권 사이의 관련 본문에서 찾는다.
* 동일한 양식의 본문에서 찾는다.
* 인접 본문에서 찾는다.
* 구약은 구약 사이의 관계성, 구약배경, 신구약 전경으로 찾는다.
* 신약은 구약배경, 신약 사이의 관계성, 신약배경과 전경으로 찾는다.
* 원어적 관계나 다른 관계성으로도 찾는다.

몇 가지 알기 쉬운 예를 찾아보자. 구약은 오경에 속한 각 책 사이의 '내적 관련성'이 있다. 오경과 다른 책들 사이에도 '외적 관련성'이 있다. 혹은 역사서, 시문헌서, 지혜서, 예언서 등도 유사한 관련성이 있다.

신약의 각 책은 구약과의 관련성이 있다는 점은 기본사항이다. 대부분 구약본문에 대해 직접 인용, 간접 인용, 암시적 인용의 관계가 있기에 반드시 구약본문에서 관련 본문을 찾아야 한다. 신약기록자들이 구약을 근거로 기록했을 경우가 많다. 대브분 히브리인(유대인)이라는 점에도 유의하자. 마태복음서, 마가복음서, 누가복음서는 '공관복음'이라는 관련성이 있기에 같이 석의해야 한다. 공관복음서는 요한복음서와 사도행전 및 다른 신약 책들과도 관련성이 있다. 요한복음서도 동일하다. 사도행전은 예수의 승천 후 하느님의 구원사역이 성령하나님의 사역으로 어떻게 진행되었는가를 기록했기에 4복음서들과 분리될 수 없는 관련성이 있다. 바울서신서는 반드시 사도행전과 관련시켜야 한다. 다른 서신서와 요한계시록도 동일한 관련성이 있다.

관련 본문 찾기

관련 본문을 찾는 방법은 어렵지 않다. 관주·해설 성서, 스터디성서, 성서어휘색인사전Concordance, 성서원어사전Lexicon, 사전류, 신구약개론서, 신구약신학서, 석의주석서Exegetical Commentary, 석의 관련 논문 등의 문헌을 보면 잘 정리된 관련 본문을 소개하고 있다. 이를 테면, 선정한 본문에 관한 석의주석서를 보면, 관련 본문을 자세히 안내해주고 있다.

이 관련 본문은 석의자료에서 용이하게 찾을 수 있는 경우도 있지만, 석의과정에서도 지속적으로 발견된다. 이 과정에서 관련 본문도 공시적 석의를 한 후 사용해야 한다는 점을 유의해야 한다.

04) 개론 이해

석의의 넷째 단계는 선정한 석의본문과 관련 본문의 신구약 개론적 이해를 하는 단계다. 석의 단계에서 '선이해'가 필요한 기본내용이다. 이 선이해란, 선정한 석의본문과 관련 본문의 '각 권에 관한 개론적 이해'를 말한다. 다음 사항들이 선이해가 필요한 주된 기본내용이다. 이 개론 이해를 위해서 신구약개론서를 비롯한 유용한 문헌들이 출판되어 있어서 어렵지 않게 확인할 수 있다. 시몽Simon이 1678년에 최초로 구약개론서를 저술한 이래로 풍부한 신구약개론서들이 독자들을 기다리고 있다.

* 원 기록자가 누구인가?
* 원 청자·독자가 누구인가?
* 원 기록자 및 원 청자·독자가 처해 있었던 주된 원 삶의 정황은 무엇인가?
* 기록 시기는 언제인가?
* 기록 장소는 어디인가?
* 기록 경위·까닭·목적은 무엇인가?
* 중심 주제(신학 주제)는 무엇인가?
* 기타, 사전 이해가 필요한 것이 있는가? 있다면 무엇인가?

유의점

　위의 기본내용은 각 권마다 동일하게 다 확인되지 않는다. 각 권마다 개별적으로 다를 수 있다. 특히 아무리 힘들어도 '기록목적'은 반드시 살펴보아야 한다. 기록자가 무슨 목적으로 기록했는지를 알 때에 본문에 대한 석의의 방향을 설정할 수 있다. 66권 중, 기록자가 기록목적을 직접 기록하여 쉽게 알 수 있는 책도 있다. 반면, 기록목적을 기록하지 않는 책들이 더 많다. 따라서 이 기록목적에 관한 이해를 확인할 필요가 있다. 이 단계에서 때로 몇몇 원뜻을 발견한다. 이 경우도 일단 미확정된 원뜻으로 간주하자.

　개론 이해를 위해서, 앞 장 '관련 본문 찾기'에서 소개한 석의문헌들을 그대로 사용해도 도움이 된다. 각 권 개론에 관해 연구가 잘 된 문헌들이 상당히 많다. 개인의 능력에 맞는 문헌들을 이용하면 된다. 성서비평학자들이 연구한 내용도 포함하고 있다. 그 내용들 중, 원뜻을 찾는 것과 무관한 부분은 읽지 않아도 된다. 석의와 무관한 내용일 때가 적지 않아서다. 이를 테면, 모세, 요한, 바울이 원 기록자가 아니라는 가설을 세우고서 난해한 토론을 길게 전개하는 책들이 있다. 그럴 때는 건너뛰기로 읽거나Skipping, 훑어 읽거나Skimming, 필요한 부분에만 집중적으로 초점 읽기Focus Reading를 하는 것이 유용하다. 무엇보다도 '기록목적'만은 반드시 읽어야 한다.

05) 암송·묵상 및 주제·난제 찾기

석의의 다섯째 단계는 선정하여 번역한 석의본문과 관련 본문을 다독하면서 암송하며, 묵상하며, 그 본문에서 주제와 난제를 찾는 단계다.

암송과 묵상

잠정적이지만 번역한 석의본문과 관련 본문을 여러 번 읽으면서 암송한다. 암송하는 것이 효과적으로 석의할 수 있음을 석의과정에서 경험한다. 성서 자체가 입말로 전수된 것을 글말로 기록했다는 점, 낭독 목적으로 기록했다는 점, 또한 말씀을 들은 청자들이 기억과 암송을 잘 할 수 있도록 기록했다는 점과도 상통한다. 성서를 기록할 때, '소리'의 효과를 이용했기에 소리 내어 암송하는 것이 유익하다. 암송한 다음 묵상한다.[3] 본문 내용을 더 명확히 새기기 위해서다. 이는 석의를 능숙하게 하기 위한 준비단계다.

주제 찾기

석의의 넷째 단계인 개론 이해에서 각 권의 중심 주제를 확인해야 한다고 했다. 이 다섯째 단계에서는 각 권의 중심 주제를 재확인한다. 그

---

3) 시편 1:2의 '묵상'은 '작은소리로 읊조림'을 뜻하는 의미도 있다.

런 다음, 책 전체의 중심 주제와 관련 있는 석의할 본문의 중심 주제나 종속 주제(소주제)를 찾아본다. 반복되는 주제도 찾는다. 이 작업을 위해서는 여러 석의자료의 도움이 필요하다. 우리가 미처 파악하지 못하는 중요한 여러 주제들을 제시하고 있다. 이 중심 주제나 종속 주제는 명확한 원뜻을 발견하기 위해서 단락이나 문장 전체의 의미를 대표할 때가 있다.

난제 찾기

석의본문과 관련 본문을 보면 원뜻이 무엇이었는지 알기가 매우 난해한 부분들을 반드시 만나게 된다. 선정하여 번역한 본문에서 하나님의 뜻, 원뜻이 무엇인지를 안다는 것부터가 어렵다. 특히 상징적인 표현일 경우 더더욱 어렵다. 본문을 보자마자 가장 눈에 뜨이는 모호하거나 난해한 부분은 어떤 단어의미나 문장의미에 관한 것일 수 있다. 혹은 특별한 관용구로 표현된 특이한 부분, 문화적으로 극명한 차이가 나는 부분, 기록 당시의 원 기록자와 원 독자 사이에는 소통의 문제가 없어서 긴 설명이 없는 부분, 서로 상반되는 부분 등 난해함으로 당황스러울 때가 한두 번이 아닐 것이다.

따라서 무엇을 의미하는지 난해함에 직면할 때마다 메모가 필요하다. 특별히 너무나 난해하여 집중적으로 더 연구가 필요한 부분은 반드시 메모하는 것이 석의해석 과정에서 수월하다.

석의해석을 해나갈 때 이 메모한 난제들에 관하여 전문적인 석의해석 도구들(사전류, 석의주석서, 논문 등)을 참조하면 해결할 수 있다. 그렇다고 모든 난해한 부분을 다 해결해주는 것은 아니다. 하지만 위와 같은 시도는 난제에 관하여 무조건 믿는 맹신이나 불건전한 영해를 하지 않기 위해서라도 필요하다. 개인의 주관적인 오판을 하지 않기 위해서도 필요하다.

06) 본문 양식

문제점

성서의 본문 양식에 관한 오해가 한두 가지가 아니다. 이 오해는 오해하는 것으로 끝나지 않는다. 하나님의 참뜻, 원뜻을 발견하지 못하게 할 수 있다. 이 오해들은 어떤 것인가?

첫째, 성서의 본문 양식에 관한 무관심부터가 오해의 길로 들어서게 한다. 원 기록자들이 성서를 기록할 때 사용한 양식에 관하여 반드시 확인해야 한다.

둘째, 성서가 특정한 한두 가지 정도의 본문 양식으로 기록된 것으로 오해한다. 성서는 다양한 양식으로 기록됐다. 창세기만 하더라도 법률 양식만을 사용하지 않았다. 이는 오경 전체를 율법 양식으로 간주한 오해다. 창세기에는 시 양식, 실화 양식,[4] 상징 양식 등 다양하다.

셋째, 문학비평의 오해다. 성서의 본문 양식 전부를 '문학형식'으로 간주한다. 영어의 'literature'가 '문학 혹은 문헌'이라는 뜻인데, 문헌 양식을 전부 문학 양식으로 오역한 것이 아닌지 의문이 들 정도로 이

어휘 사용에 심각한 문제가 있다. 으늘날의 문학비평법으로 성서본문 전체를 다 해석할 수 있는가? 그렇지 않다.

본문 양식이 사용된 까닭

모든 문헌을 기록할 때 그 형식이 있을 수밖에 없다. 글형식 없는 기록은 있을 수 없다. 성서도 마찬가지다. 본문 양식이 없는 내용이나 전달의미는 없었다. 원 기록자들이 전달할 어떤 원뜻의 중요성 때문에 이에 상응하는 글양식을 채택했다. 누구와도 소통할 수 있는 방식이었다. 따라서 성서의 본문 양식 이해가 필요하다. 원뜻을 다양한 양식으로 기록했기에 필요하다. 본문 양식을 알 때 원뜻을 발견할 수도 있다.

성서의 본문 양식 특징

각 권이 특정한 한 가지 글양식으로 기록된 듯해 보이지만 다양하다. 구약은 기본적으로 시 양식과 산문체적 실화 양식이다. 각 권의 양식은 원뜻 발견에 영향을 준다. 각 양식 특징을 신중하게 살펴보아야 한다.

몇 가지 예를 찾아보자. 잠언서 본문은 언약법 양식과는 다르다. 그

---

4) 필자가 사용한 '실화 양식(실제로 있었던 역사적 사건의 양식)' 용어에 유의하라. '설화'는 신화나 전설도 포함되기에 또, 무엇을 말하는지 명확하지 않아서 사용하지 않았다. 설령, 어떤 양식이 신화 양식이라고 하더라도, 혹은 그 내용은 야훼신앙의 표현이라고 하더라도 사용하지 않는 것이 더 바람직하다. 현재로서는 성서 본문양식에 관하여 '실화'보다 더 적절한 용어가 없다.

런데도 하나님께서 보증하시는 약속(언약법)으로 너무나 쉽게 인용한다. 어려움에 직면했을 때, 대응하는 삶의 기술, 삶의 법칙을 기록하고 있다. 속담과 격언의 특징을 먼저 이해해야 한다. 솔로몬의 후손들을 보라. 잠언서대로 되지 않았다. 잘 가르쳤는데도 그 결과는 부정직이었다(잠22:6). 하나님의 백성들이 삶의 기술보다는 결과만 가르치고 강조한다면, 지혜롭지 못한 후세들이 되고 만다.

비유 양식에 관해서도 영해나 알레고리아 해석을 하지 않아야 한다. 모든 문장의미를 일대일 법칙으로 의미화 하지 않아야 한다. 핵심을 찾아야 한다. 문맥에서 그 대상이 누구인지도 찾아야 한다. 가장 중요한 것은 하나님나라(통치)의 특징을 드러내는 것이 중심 주제라는 점을 놓치지 않아야 한다. 서신서 양식의 경우, 고대수사학적인 방식으로 기록된 특징이 있다. 이 특징은 일상생활의 양식이었다. 전문인들만이 이해할 수 있는 양식이 아니었다.

본문 양식으로 발견되는 원뜻

고대문헌의 양식은 독특한 점이 있다. 단순히 글의 양식만이 아니다. 그 양식 자체에서부터 원뜻을 발견하는 경우가 있다. 그렇다고 모든 양식에서 발견하는 것은 아니다. 시의 경우, 감사와 찬양시, 애통과 탄원시, 교훈시, 지혜시, 왕통치시, 신앙고백시 등으로 구분된다. 감사와 찬양 혹은 탄원 등은 일차적으로 넓은 의미에서의 원뜻을 발견한다. 혹은 법률 양식의 경우, 오늘날의 법률과는 다르다. 곧 하나님을 찬양하며 기리는 목적이 전제되어 있어서 율법 양식에서 찬양과 기림이라는 넓은 의미에서의 원뜻을 발견한다. 이 본문 양식에서 발견되는 넓은 의미의 원뜻은 확정으로도 볼 수 있지만, 일단 석의과정을 위해 미확정 원뜻으로 구분한다.

구약의 본문 양식

예비적 이해

오늘날 우리가 문자메시지를 작성하여 곧바로 발신하는 것과는 달리, 구약본문은 짧은 시간 안에 단숨에 기록되지 않았다. 구약 양식을 오늘날처럼 명확하게 분류할 수도 없다. 넓은 의미로 분류할 수는 있다. 하지만 각 권의 각 본문이 어떤 양식인지 확인할 필요는 있다. 각 권 전체가 특정한 하나의 양식으로 기록된 것도 있지만, 다양한 양식으로 구성된 것도 있어서다. 구약이 이웃국가의 기록방식에 비해 주제나 목적이 달랐지만, 고대근동의 기록방식과 공통점은 있다.

오경

오경에는 율법, 실화, 역사, 원인과 기원 관계, 제의, 계보, 언약법 등의 양식이 사용됐다. 율법양식은 출애굽기, 레위기, 신명기에만 사용됐다. 실화양식은 창세기, 출애굽기, 민수기를 비롯하여 구약 여러 책에 사용된 것을 볼 수 있다. 비유 양식, 의인화 양식 등 특별한 양식도 사용됐다.

역사서

 구약의 역사서는 예언신학의 관점에서 기록됐다. 이런 까닭으로, 히브리 정경에는 일부 역사서가 예언서에 포함됐다. '예언신학의 관점'이란, 고난의 원인이 타락한 인간의 죄성에서 비롯되었기에 그 실상을 보여주려는 특징이 있다. 과거 회상과 반성으로 하나님의 언약을 존중할 것을 제시한다. 반면, 역대기서는 사무엘서와 열왕기서의 해설서라고 할 수 있다. 이스라엘의 국가적 평화는 하나님을 경외할 때이었음을 보여준다. 공통적으로 후손들에게 왜 과거 사건이 발생했는가를 주지시키려는 목적이 있었다. 주로 긍정적인 측면을 다루고 있다.

 당시 고대근동국에는 구약보다 더 많은 역사서가 있었다. 연대기적 역사서, 특정한 왕들의 치적을 선전하는 것이 그 목적이다. 성서는 달랐다. 역사적 방식이라도 그 주된 목적은 신학적이었다. 우주의 왕이신 하나님을 더 경외해야 한다는 것이 그 초점이었다. 하나님께서 역사적 사건마다 어떻게 통치하셨는지를 알려 주려고 했다.

시 문헌

 구약에 사용된 시 양식은 독특하다. 구약의 많은 부분이 시 양식이다. 책 전체가 시로 기록된 책이 있는가 하면, 일부분이 시 양식인 경우도 있다. 시 양식에 관해 습관적으로 저지르는 오해가 있다. 현대시와 동일하게 간주하는 습관이다. 그렇지 않다. 히브리시는 현대시처럼 운율과 리듬이 중요하지 않았다. 가장 주된 특징은 평행대구법 Parallelism 형식이다. 시인이 표현하려는 사상의 의미에 의한 평행 구조였다. 전형적인 평행대구법은 유사(동일한 내용을 다른 언어로 표현), 상이(다른 내용을 다른 언어로 표현), 종합(뒷절이 앞절의 내용을 완성)으로 분류된다. 이같은 양식 이해에서 어떤 원뜻을 발견할 수 있다. 그러니 본문 양식 이해가 왜 중요하지 않겠는가.

예언서

예언서 양식도 시간적으로, 과거, 현재, 미래를 모두 다 포함하고 있다. 미래만이 아니다. 내용적으로 '예'가 '미리'를 뜻하는 예고 예언Foretelling이 있으며, '맡기다'를 뜻하는, 하나님의 위탁말씀을 전하는 대언 예언Forthtelling이 있다. 예언서에는 대언 예언이 더 많다. 문제는 예고 예언을 예언서의 전부로 간주한다는 점이다. 대언 예언은 전해진 말씀으로 권면, 위로, 경고, 책망, 교정, 교훈, 격려, 강화, 심화 등의 목적이 있었다. 따라서 이 양식에서 어떤 원뜻을 발견할 수 있다.

지혜서

지혜서 양식도 독특하다. 어느 민족이든 각기 고유한 삶의 지혜가 있었고, 그 지혜를 문서로 보존해 왔다. 개인적으로, 공동체적으로, 직면하는 삶의 문제가 무엇인지, 그 문제들을 어떻게 해결해야 하는지는 모든 인류의 기본적인 사안이었다. 지혜로운 삶에 관해 깊은 묵상과 성찰로 형성된 것이다. 다양한 삶의 경험을 통해서도 지혜를 알게 된다. 특히 왕들은 자녀는 물론, 국가행정 담당자들로 하여금 지혜로운 사람으로 양성하길 원했다. 그러기에 그들에게 지혜를 가르치지 않을 수 없었다. 이스라엘 왕들도 이웃나라에서는 어떻게 지혜를 가르치는지에 관해서도 관심을 가지지 않을 수 없었다. 이스라엘 지혜보다 훨씬 더 오래된 수메르와 바빌로니아 지혜도 습득했을 것이다. 이집트 지혜는 잠언서 양식의 기원이 되기도 했다. 서로 영향을 주고받았다. 하지만 이스라엘의 지혜는 그 당시 그 어떤 나라의 지혜보다 더 탁월한 점이 있다. 이 점이 이스라엘 지혜가 이웃국가의 지혜와 다른 점이다. 서로 유사한 점도 있었지만, 하나님의 백성으로서 그들보다 더 능가하는 신앙의 지혜라는 점에서 분명히 달랐다.

기타

묵시문학 양식도 포함되어 있다. 이 양식은 상징성이 강하기에 원뜻을 매우 신중하게 찾아야 한다.

신약의 본문 양식

복음서

복음서는 예수 자신이 쓴 자서전이 아니다. 제자들이 주후 50-90년 사이에 그리스어로 기록했다. 이는 예수께서 주후 27-30년에 아람어로 가르치신 말씀, 능력 행하심 등을 기록한 것이다. 복음서에도 다양한 당시의 양식들이 사용됐다. 구약인용, 비유, 격언, 선포 스토리, 치유 기적, 자연 기적, 역사기록 등의 양식들이다. 이러한 양식들은 원뜻을 발견하는 문으로 들어가게 하는 입장문과 같다. 기록 당시에는 복음 양식이 없었다. 복음서 기록자들이 창의적인 발상으로 사용한 양식이다.

역사서(사도행전)

'사도행전'이라는 책명은 누가가 사용하지 않았다. 2세기 말 에이레나이오스가 처음으로 사용했다. 누가의 기록목적에 의하면 '성령행전'이 더 적절하다. 예수께서 승천하신 후, 지상사역이 성령님에 의해 지속됐다. 성령님께서 어떻게 초기교회를 세워지게 하셨고, 확장되게 하셨는지를 기록했다. 이 책명의 차이는 원뜻 발견에서도 차이를 드러낸다. 주체가 성령님이 아니라 사도들이 되어서다. 가톨릭의 교황권과 교권을 강화하고자 '성령행전'보다는 '사도행전'으로 칭한 것이 아닌지 의구심을 불러일으킨다.

비유

성서에 기록된 본문 중, 특히 신약의 비유본문 석의가 가장 어렵다. 영해나 알레고리아화 하기는 쉽다. 이는 비유본문의 참뜻, 원뜻을 제거하는 삭의행위다. 주로 비유는 결론 부분에 핵심점이 있다. 가라지와 알곡 비유를 보라. 잘 모르겠다면 차라리 아예 언급조차 하지 말라. 틀림없이 이단들과 같은 행위를 한다. 차라리 침묵하라.

기타

서신서와 묵시록 양식도 사용됐다. 신약의 본문 양식에 관한 더 구체적인 이해를 위해서는 신약개론서를 참조하라.

마무리

필자는 이 단계에서 신구약 본문 양식에 관해 전문적으로 논하려고 한 것은 아니다. 더 전문적으로 알고자 하는 독자는 다른 문헌을 참조하길 바란다. 다만, 위에서 간략히 살펴본 바대로, 본문 양식으로 원뜻을 발견할 때가 있음을 알리려는 것이 그 목적이다. 본문 양식이 해석과 이해의 기능이 있어서다. 성서는 다양한 본문 양식으로 구성되어 있기에 일일이 살펴야 한다.

07) 본문 문맥

문제점

우리가 성서해석에서 범하는 잘못 중, 본문의 문맥을 확인하지 않는 경우가 많다. 그 결과, 하나님의 뜻을 어기는 범죄행위를 자행한다.

대표적인 한 가지 예를 들어보자. 고린도전서 14:34, "여자들은 교회에서 침묵해야 한다."라는 문맥을 먼저 확인하지 않으면 어떻게 되는가? 모든 여성들은 교회에서 말 한 마디라도 할 수 없다는 금기사항의 근거가 된다. 이게 과연 하나님의 뜻인가? 바울이 이 구절을 기록할 때 고린도교회라는 '특정한 교회', 그 교회 교우들 중 은사를 받았다며 시끄럽게 하는 '특정한 소수의 여성'이 그 대상이었다.[5] 보편적으로 모든 교회의 모든 여성 그리스도인들을 대상으로 하지 않았다.

이 같은 '문맥이해 결핍증'에 의한 자의·삭의해석은 심각한 질환이다. 그 증세가 지금도 여성 리더십을 허용하지 않는 교단에서 볼 수 있다. 하나님의 뜻을 어기는 범죄자들이 아닌가. 이는 자신이 원하는 생각을 증명하고자 혹은 자기 필요에 의해 문맥과 상관없이 인용하는 습관성 질환이며 범죄행위다. 잘못된 가톨릭의 전통을 따르는 '가톨릭의 후예들'의 행위다. 하루 속히 이 죄악을 버려야 한다.

문맥을 확인하라

석의할 본문의 앞뒤 문맥을 반드시 살펴야 한다. 본문이 어떠한 문맥에서 기록되었는지를 살필 때, 그 문맥으로 원뜻을 찾는다. 문맥을 확인하지 않으면 엉뚱한 석의를 할 수 있다.

본문의 문맥과 연결된 인접immediate 문맥은 찾기가 어렵지 않다. 이전 단락이나 이후 이어지는 단락과 연관된 문맥이어서다. 유사analogous 문맥도 어렵지 않게 찾을 수 있다. 원접distant 문맥도 성서전체에서 찾을 수 있다. 특히 신구약 관계성으로 원접 문맥도 찾아야 한다. 성서본문을 석의할 때, 문맥이 뚜렷하지 않는 구약지혜서 본문처럼 석의하지 않도록 유의해야 한다.

---

5) 이 본문의 특정의미는 동일하게 은사를 받았다며 시끄럽게 하는 남성들에게도 적용할 수 있다.

본문 문맥으로 발견되는 원뜻

문맥을 안다는 것은 원뜻에 더 근접한다는 의미와 같다. 그만큼 문맥이 중요하다. 문맥을 파악하면 미확정이지만 원뜻을 발견할 때가 있다.

복음서를 보면 예수께서 바리새파 사람과 서기관을 책망과 경고하시는 문맥이 있다. 이 문맥으로 예수의 말씀이 책망과 경고라는 원뜻이 있다는 것을 파악할 수 있다. 또 그 대상도 제자들이 아니라 바리새파 사람과 서기관임을 알 수 있다.

이 같은 문맥을 무시한 채, 제자들에게 하신 말씀으로 오석하는 경우가 많다. 이는 제자들을 바리새파 사람과 서기관으로 만드는 행위다. 책망과 경고의 말씀을 은혜의 말씀으로 간주한다. 하긴 책망과 경고의 말씀도 은혜이긴 하지만, 원뜻을 명확하게 발견할 수 없게 된다.

때로는 동일한 단어나 문장의미라도 다른 상황에서 다른 의미로 바뀌는 경우도 있다. 그러기에 문맥이 무엇인가를 살피지 않을 수 없다. 단어부터가 문맥에 따라   그 의미가 다를 수 있다. 사전적 의미가 문맥적 의미에 따라 달라진다는 뜻이다. 바울이 '율법'을 로마서와 갈라디아에서 각기 다른 문맥에서 사용했기에 이 문맥을 살피지 않으면 엉뚱한 의미로 해석한다. 문장이나 다른 표현 구절도 문맥에 따라 얼마든 그 의미가 달라질 수 있다.

08) 원어 연구

문제점

한국교회에 원어 연구의 중요성이 점점 증가하고 있다. 하지만 원어 연구가 '필수'라는 인식은 부족한 듯하다. 원어의미를 정확히 모를 때 어떻게 되는가? 하나님께서 계시하신 참뜻, 원뜻을 명확히 알 수 없다. 우리말의 경우도 동일하다. 우리말 '말'은 "말과의 동물 총칭, 물속 민꽃식물의 총칭, 장기짝의 하나, 곡식측량 그릇, 언어 등"의 의미로 사용한다. 따라서 먼저 이 어휘의 의미를 연구하지 않으면 정확한 뜻을 알 수 없어서 곡해를 일삼게 된다.

특히 우리말의 의미를 성서원어의 의미로 결정하는 사례가 적지 않다. 혹은 어원으로만 원어의미를 결정하기도 한다. 어원 연구를 해야 하지만, 반드시 어원의 의미가 원어의미라고 단정할 수 없다. 수천 년을 지나면서 사회적, 문화적 요인으로 변천된 의미가 있어서다. 제임스 바Barr가 "어원보다 사용 어법이 더 중요하다."라고 한 점은 의미심장하다.[6]

원어 연구가 가장 먼저 선행되어야 함에도 이를 생략하고서 곧바로 본문석의를 시도하는 일이 너무나 잦다. 대부분 원어 연구는 신학교육기관에서 필요한 일로 생각한다. 교회사역과는 관련이 없다고 여긴다. 졸업하자마자 원어도 잊어버린다. 그리고는 설교나 성서를 가르

---

6) 그렇다고 바가 주장한 모든 논점에 다 동의할 수는 없다.

치는 일을 너무나 잘 할 수 있다는 태도를 가진다. 정말이지 황당하다. 가끔 원어 연구를 근거로 설교하는 경우도 있지만, 그것조차 부정확하며 빈약하기 짝이 없다. 주일마다 설교본문은 다르지만 설교내용은 거의 유사하다. 이는 무엇을 뜻할까. 최소한 원어 연구조차 하지 않음을 뜻한다.

원어 연구의 중요성

예비적 이해

원어는 하나님께서 원 기록자로 하여금 선택하게 하신 전달 매개체다. 하나님께서 그의 백성들과 소통하시고자 전달하라고 하신 참뜻, 원뜻을 전달하는 도구였다. 우리가 어떤 문헌을 석의한다는 것은 그 문헌을 기록한 언어가 전달하는 의미를 석의한다는 말과 같다. 따라서 원어 연구보다 더 중요한 사역이 어디 있겠는가.

게다가 원어를 이해하려고 할 때 여러 장벽이 있을 수 있어서 원어 연구가 더더욱 중요하다. 한 번만 사용한 단어들이 있다. 필사 과정에서 일어날 수 있는 오기로 다른 단어를 사용한 경우도 있다. 우리말의 경우에도 '말'을 '맛, 마, 맡, 망, 맏, 맞' 등으로 잘못 표기할 수 있다. 애매하고 난해한 원어도 있다. 긴 세월을 거치면서 어휘의미가 변한 것도 있다. 또한 동음다의어와 유사어 및 상의어는 물론, 상징어까지 탐구할 필요가 있다.

고대언어는 어떤 특정한 상황(문맥)에서 특정한 소통의미를 위해서 어떤 특정한 단어로 표현하고 전달하는 것이 보편적이었다. 따라서 어떤 단어가 지닌 개념의미를 파악해야 한다. '모든'의 의미가 '모두 다'를 뜻하지 않을 때가 있다. 특정한 좁은 의미로 어떤 '제한적 모든'일 수 있다. 모든 기록자가 동일한 의미로 사용하지 않은 경우도 있다. 혹은 다른 단어로 동일한 의미를 표현한 경우도 있다. 그러기에 사전의미 그대로 인용하지 말아야 한다. 어원연구로 의미를 결정할 때도 매우 신중해야 한다. 어원이 역사적 과정에서 변형될 수 있어서다. 우리말 '서울'도 '새벌 〉셔블(ㅸ) 〉셔울 〉서을'로 변했듯이 말이다.

원어 연구 실제의 예

구약에서 사용된 히브리어 '복(baruk)'은 한국인들이 흔히 생각하는 무속신앙의 복 의미가 아니다. 원래 '무릎을 꿇는 행위'라는 전제의미가 있었다. 왕이 신하에게 좋은 것을 하사할 때 무릎을 꿇고서 받은 것을 뜻했다. 이는 하사품보다는 특별한 은총의 대상이라는 관계성에 더 강조점이 있었다. 혹은 이방종교 신들에게 예배와 기도할 때 무릎을 꿇는 것을 뜻했다.

창세기 12:3에 사용된 '저주하다' 동사는 같은 동사가 아니었고 그 의미도 같지 않다. 히브리어 원문은 "너를 경멸하는(qəlala) 자를 내가 벌하겠다(a-rar)."이다. 히브리어 '경멸하다'는 권위를 가진 신, 왕, 부모에 대해 모독, 경멸, 경시 행위 및 하찮게 여기는 언행을 뜻했다. '벌하다'보다는 덜 강한 표현어였다. '벌하다'는 사악한 행위자에 대한 합법적 행위를 뜻했다.

창세기 12:5의 "가나안 땅으로 들어갔다."에서 히브리어 '들어가다 (bo)'는 특별한 목적을 향해 움직이는 것을 뜻했다. 노아가 하나님의 특별한 명령과 뜻을 위해 방주에 들어간 행위와 같은 의미다. 단순히 이동한 것을 뜻하지 않았다.

신약 빌립보서 2:3의 '다툼과 허영'도 원어와 전혀 다른 의미로 착각할 수 있다. 두 어휘는 로마사회의 부도덕한 사람들을 지칭했다. '다툼'이란, 시민들을 섬기기보다는 권력과 출세만을 추구하는 로마 관리의 극심한 '야망'을 뜻했다. '허영'도 경쟁자를 누르고자 근거가 없는 허위사실로 자기 평가를 높이는 야심만만한 사람의 행위를 뜻했다. 빌립보교회 그리스도인들 중에 이런 가치관에 동화된 사람이 있었던 것이다.

빌립보서 3:2의 "개들을 조심하라."에서 '개들'은 유대인들이 가장 경멸하는 대상, 비유대인들을 뜻했다. 그 개들은 당시 불결한 유기견으로, 길거리를 떠돌며 쓰레기나 썩은 고기를 먹었고 사람을 공격했다. 바울은, 자신이 감옥에 있는 점을 이용하여 자신이 전한 참 복음에 대해 다른 복음(유대주의자들의 율법 준수)으로 짖어대듯 공격하는 그들을 개들로 표현했다.

성서원어를 비롯한 고대근동언어의 몇몇 특징

단어의 지시대상과 지시의미의 관계

고대근동인들은 우리와는 다른 언어체계를 가졌다. 어떤 단어가 대상을 가리킬 때, 단순히 그 대상만을 뜻하지 않았다. 그 대상에 대한 개념, 사상 등을 표현하는 데에 더 중점을 둔다. 그러기에 원어를 연구할 때 사전의미로 그치지 않아야 한다. 사전의미만 고려하면, 석의를 원어 낱말풀이 하는 정도로 오해한다. 히브리어 '야훼'는 단순히 야훼라는 대상보다는 야훼가 어떤 분이신가에 더 초점을 두고서 사용했다. 하나님을 '목자'라고 표현했을 때도, 하나님을 단순히 목장에서 일하는 목동 정도로 뜻하지 않았다. 목자라는 대상 이면에 담겨있는 깊은 의미에 대해 상상력과 연상으로 표현했기에 이 부분에 집중해야 한다. 지시대상과 그 대상의 지시의미가 동일하지 않다는 점을 늘 명심할 필요가 있다. 그렇지 않으면 이 두 가지를 동일시하게 되는 왜곡이 시작된다. 고대근동인들은 단순하게 대상을 지칭하고자 어휘를 사용하지 않았다. 내적인 경험과 깊은 사고를 근거로 원어를 사용했다는 점을 간과하지 말자.

구전문화권의 언어 특징

필자가 성서문헌은 원래 입말로 전해 내려오던 구전 내용을 글말로 기록했다는 점을 수차례 반복적으로 강조했다. 구전문화권에서 언어란 단순히 사고표현 기호만이 아니다. 행동까지 포함했다. 이 사실은 오늘날 우리가 사용하는 언어 및 그 언어이해와 큰 차이가 있다. 성서원어에서도 이러한 특징이 뚜렷하다. 히브리어 단어 '알다(yada)'는 단순히 지적으로 아는 것만을 뜻하지 않는다. 그 단어의미가 실제로 일어난 사건이나 그 의미대로 행하는 그 행위까지를 나타낸다. 전인적인 인식과 행동까지를 포함한다. 따라서 이 부분까지의 의미를 찾아야 한다. 그리스어 동사 시제의 경우도 시간 개념보다는 행위 개념에 더 초점이 있다.

다의어 특징

고대근동어들은 어휘 수가 많지 않았다. 그런 까닭으로 한 단어를 여러 의미로 사용했다. 원 기록자들이 어떤 본문을 기록할 때 문맥 혹은 여러 목적으로 적절하게 다양하게 사용했다. 따라서 어떤 의미로 사용했는지, 그 단어의미를 명료화 할 필요가 있다.

상징어와 함축어

고대근동인들의 사고나 기록방법이 오늘날의 우리들과 동일하지 않다는 것쯤은 알고 있을 것이다. 사실이다. 성서는 그 어느 책보다 상징어와 함축어가 많다. 그런데도 이 사실을 너무나 당연하다는 듯이 무시한다. 이 무시의 태도로 인해, 그때·그곳의 사람들이 잘 이해할 수 있었던 상징어와 함축어가, 지금·이곳의 우리들에게는 '함정어'나 '즉석요리 언어'처럼 될 수 있다.

예수께서 "내 이름으로 구하면 무엇이든 이루리라(요14:13-14)."라고 하신 말씀에 대해 "예수님의 이름으로 기도합니다."라고 하기만 하면 무제한으로 응답해주신다는 보증서처럼 해석하고 가르친다. 주문A Magic Word처럼 말이다. 결코 주문을 거는 것이 아니다. 물론 기도는 해야 한다. 하지만 '내 이름으로'라는 문구가 뜻하는 상징의미나 함축의미를 반드시 고려해야 한다.

당시의 제자들은 이 문구가 무엇을 뜻하는지 긴 설명이 없어도 이해했다. 기도의 전제성이라는 점을 잘 알았다. 당시 사람들은 오늘날과는 달리, 어떤 사람의 이름을 사용할 때 그 사람의 '뜻과 의도하는 목적', 그것으로 나타나는 영광의 의미가 있다는 점을 알고 있었다. 곧 '예수의 뜻과 목적을 실현하는 기도'이어야 했다. 그 실현으로 하나님의 영광을 드러내는 기도라는 것을 알았다. 하나님의 뜻이 하늘에서처럼 이 땅에 이루어지기를 바라는 기도 목적임을 알았다. 그렇지 않는 기도는 기도 응답에서 제외된다는 뜻도 함축되어 있었다.

지금·이곳의 우리들은 '펭귄 캠페인: 지구온난화현상을 막아야 한다.'라는 문장의 상징의미나 함축의미를 금방 이해한다. 하지만 그때·그곳의 사람들은 무슨 말인지 금방 알 수 없는 경우와 같다.

보이지 않는 불가시적 세계에 관하여, 보이는 가시적 세계의 단어들을 상징화, 함축화 하여 사용한 성서언어들의 심층의미를 확인하지 않으면 진정한 석의를 할 수 없다. 상징어와 함축어가 지닌 의미는 비확정된 의미이기에 확정 작업이 필요하다. 또한 상징과 함축의 경우도 문맥이 중요하다. 아무리 가장 뛰어난 고도의 상징과 함축이라도 그 의미는 문맥에서 확정되어야 한다.

원어의 문맥의미

앞 단락에서 보듯이 원어이해가 난감할 때가 있다. 사전을 보아도 어려울 때가 있다. 그러할 때 어떤 문맥에서 어떤 의미로 사용했는지를 알지 않으면 안 된다. 특정한 문맥에서 정확히 어떤 의미로 사용되었는지를 확인하는 것이야말로 명확한 석의의 필수요건이다. 우리가 원어를 비롯한 어떤 언어의 어휘를 이해함은 문맥에서 이해한다는 의미와 같다. 원어이해란, '문맥의미'라고 표현함이 더 적절하다. 특정한 상황과 문맥에서 정확한 의미를 발견할 수 있어서다.

창세기 12:1, "그때에 주님께서 아브람에게 말씀하셨다."에서 히브리어 '말하다(a-mar)'는 구약에서 5,300번 이상 사용됐다. 이 문맥에서의 의미는 '명령하다'가 더 적절하다. 따라서 번역도 "명령하셨다."가 더 나은 번역이다. 이는 하나님의 창조사역 때도 사용된 어휘인데, 그대로 이루어져야 하는 권위 있는 명령 말씀을 뜻했다. 하나님의 말씀이 아브람의 전신을 휘감았고, 가장 깊은 곳까지 스며들어 반응하게끔 했음을 뜻한다. 12:5의 히브리어 '취하다(lakah)' 동사도 단순한 어떤 행동의미가 아니었다. 새로운 곳을 향해 출발하는 일종의 공형어였다(창11:31; 36:6; 46:6).

원 기록자의 원어 선택

원 기록자가 어떤 언어를 선택하여 기록할 때, 아무런 생각 없이 선택하지 않았다. 선택 의도와 목적이 있었고, 그것으로 어떤 특정한 원어를 채택했다. 따라서 우리는 원어 연구를 할 때, 원 기록자가 어떤 의도와 목적으로 어떤 원어를 채택했는지를 살펴야 한다. 더 자세한 내용은 석의의 열두번째 단계, '원 기록자의 기록의도·목적'을 참조하라.

성서원어 배경 찾기

유용한 원어사전 등 석의자료를 사용할 때, 사전의미만을 찾는 것은 의미발견에 불충분하다. 어떤 언어가 고대근동 혹은 그리스—헬라—로마 문화권에서 어떻게 사용됐는지, 원어의 배경이해도 필요하다. 이는 성서언어만이 아니라 모든 언어에 대해서 동일하다. 따라서 성서원어를 이해하려고 할 때 원어사전 등 석의자료에서 사용된 어휘가 비성서 문헌에서 어떤 의미로 사용됐는지를 살펴야 한다.

성서언어와 일반언어의 차이점

원 기록자가 전달하려고 한 원뜻을 기록했다는 것은, 성서가 그 전달된 원뜻을 저장하고 있다는 말과 같다. 하지만 그냥 읽는 것만으로 모든 원뜻을 발견하는 것은 아니다. 읽고 이해되기만 하면 얼마나 좋으랴. 기록된 원뜻, 곧 저장된 원뜻은 필수적인 적절한 석의도구를 사용하여 '밝혀질 때' 이해되는 그런 특징이 있다. 곧 진정한 원뜻으로 '여겨지고 확정될 때' 기록된 원뜻을 이해하게 된다. 이런 점에서 원뜻은 언어와 관련이 있다. 그 까닭은 언어라는 도구로 기록되어서다. 그렇다고 원뜻으로 확정되지 않는 것은 허위 원뜻이라고 주장하는 것은 아니다. 원뜻 특징을 언급했을 뿐이다. 이미 전제로 밝힌 것처럼, 하나님의 원뜻은 우리의 이해나 발견과는 상관없이 원초적으로 원뜻이다. 우리가 다 이해하지 못할 수도 있다. 그런데도 여전히 하나님의 원뜻으로 자존하고 있다.

원 기록자가 사용한 성서언어는 일반언어다. 하지만 두 언어 사이에는 근본적인 차이가 있다. 성서언어는 일반언어를 사용했지만 계시언어, 신앙언어다. 신앙고백이 담긴 언어였다. 신앙고백이 없다면 기록하기가 어려운 내용이다. 성령님의 영감으로 채택된 언어라는 점에서 두 언어의 차이점이 있다. 그러기에 성서언어가 일반언어를 사용했다는 까닭으로, 일반언어의 기능처럼 여기고서 마음대로 성서언어를 이해하는 일은 삼가야 한다. 그러지 않으려면 성서언어의 연구를 철저하게 하지 않을 수 없다. 표면의미가 일반언어지만 그 심층의미는 신앙의미라는 특수한 의미이어서다. 더구나 우리말이 아닌 고대언어로 기록되었기에 두 언어의 차이점에 유의해야 한다.

70인역본 연구의 중요성(✍)

바빌론 포로살이 이후 이스라엘 백성들은 점점 모국어인 히브리어를 잊어갔다. 게다가 알렉산더 대왕의 강력한 헬라화 정책에 동화되어 갔다. 흩어진 유대인은 물론, 팔레스타인 유대인까지도 점점 더 그리스어를 사용했다. 그리스어로 번역된 구약이 필요했다. 디아스포라 세대를 위해서 히브리어 성서를 그리스어로 번역하지 않을 수 없었다. 그런 필요성으로, 그리스어로 번역한 성서가 70인역본이었다(주전

250-150).

이 역본을 주목해야 하는 까닭이 있다.

첫째, 구약과 신약의 다리 역할을 해준다. 예수와 신약기록자들이 구약을 인용할 때 이 역본을 사용함으로써 신약을 탄생하게 한 역할을 했다.

둘째, 구약본문 이해에 필수 참고서와 같다. 히브리어 본문을 그리스어로 번역했기에 구약의 원어의미 이해의 보조자료와 같다. 구약 히브리어 본문에 애매하거나 난해한 히브리어 어휘들을 보다 더 정확하게 알 수 있다. 그리스어 어휘와 대조방식으로 정확한 의미를 확인할 수도 있다. 물론 번역 당시 그리스어로 정확하게 번역하지 못한 부분도 있다.

그럼에도 원어 연구자료로, 그리스어 70인역본을 비롯하여 구약 히브리어 사본, 아람어 타르굼역본, 신약그리스어 사본, 유대교 문헌, 신구약 관련 비성서문헌도 참고하면 유익한 점이 있다.

원어 어휘의미의 결정 과정

첫째, 다양한 사전적 의미를 찾는다.

둘째, 각 사전적 의미의 다양한 문맥적 의미와 원어의 배경을 찾는다.

셋째, 구약 혹은 신약 전체에서 사용된 의미와 비교·대조한다.

넷째, 특정한 문맥에서 사용된 의미를 최종 결정한다.

이 과정에서 어휘의 표면의미와 심층의미도 주의 깊게 구분해야 한다. 표면의미를 심층의미로 왜곡시킬 가능성이 높아서다. 특히 우리말의 어휘의미를 성서원어의 어휘의미로 결정하지 않으려는 주의도 필요하다.

이때 성서어휘색인사전Concordance과 성서원어사전Lexicon을 반드시 사용해야 한다. 신학사전, 석의사전, 석의주석서, 70인역본 등 여러 석의자료도 참조한다. 성서원어를 알 수 없는 사람은 우리말로 번역된 석의자료로도 가능하다. 이러한 과정을 통해 원어의미를 찾을 수 있다.

일차적으로 원어의 다양한 어휘의미를 찾아야 한다. 사전적 의미를 비롯하여, 어원적 의미, 문맥적 의미, 그림언어의 의미, 표면의미와 심층의미, 유사어와 상이어 등의 의미를 찾는다. 특히 문맥적 어휘의미는 매우 중요하다. 예를 들면, 바울은 '율법'이라는 어휘의미를 어떤 문맥에서는 구약의 기록된 율법을 의미하고 있으며, 다른 문맥에서는 그 율법이 아닌 다른 규례(기록된 구약 율법을 더 엄격히 적용하려고 확대하고 세분화 한 구전 미쉬나)를 의미하기에 이 의미에 따라 석의가 달라진다. 혹은 율법을 폐기했다고 했을 때, '형식의미'의 폐기를 뜻할 때가 있다. 혹은 율법으로 의롭게 될 수 없다고 했을 때도, '본질의미'는 없고 '형식의미'만의 행위를 지적한 것이다.

문장의미·단락의미

예비적 이해

성서원어의 어휘의미는 문장의미와 단락의미의 토대를 이루고 있다. 일차적으로 원어의 어휘의미 이해가 있어야 한다. 원어 연구는 어휘의미를 기초로 한, 문장의미와 단락의미 이해로 나아가게 된다. 어휘든, 문장이든, 단락이든 기본적으로 먼저 어떤 '문맥'인가를 반드시 확인해야 한다. 문맥을 근거로 하는 어휘의미, 문장의미, 단락의미 이해는 기본사항이다. 또한 문장과 단락이 다른 문장이나 다른 단락 사이에서 어떤 관계성으로 의미가 있는지, 혹은 각 책 전체에서, 나아가 성서전체에서 문장과 단락이 어떤 의미가 있는지도 이해할 필요가 있다.

어휘의미와 문장의미의 관계

어휘와 문장은 둘 다 어휘로 구성된다. 둘 사이는 어떤 관계성이 있는가? 각 분리된 어휘들도 이미 의미를 지니고 있다. 하지만 어휘의미는 문장 안에서 의미의 역할을 한다. 문장 없는 어휘의미란 존재할 수 없다. 이 두 관계도 세심하게 살펴야 한다.

문장의미

의미는 문장을 기본으로 한다. 문장의미는 문장을 형성하는 어휘들의 의미와 다를 수 있다. 그럼에도 문장의미는 어휘의미에서 출발한다. 문장의미란 특정한 문맥에서의 의미이다. 따라서 사전적 의미 그대로인지, 문맥에서의 의미인지 확인이 필요하다.

문장의미는 여러 어휘의미들에 의해 결정되고, 여러 문장의미가 있기에 중심의미를 찾는 일이 필요하다. 문장도 어휘처럼 문장 자체가 하나의 기호와 같아서 언어적 의미가 있다. 엄밀한 의미에서 의미의 기본단위는 어휘보다는 문장이다. 원어의 어휘의미를 정확히 결정했다면, 그것들이 구성하고 있는 문장의미를 결정해야 한다. 문장의미로 어휘의미도 명확해진다. 문장 사이의 의미, 앞뒤 문장 사이에 어떤 관계에 의한 의미, 특히 고대 관용어로 표현한 문장의미 등에 유의하면서 다양한 문장의미를 찾아야 한다. 성서본문의 한 문장의미가 정확해야 다른 문장의미 이해도 정확할 수 있다. 부정확하면, 다른 문장의미에 대해서도 부정확하게 된다.

단락의미

여러 문장으로 이루어진 성서본문의 단락이해도 중요하다. 원 기록자의 중심생각이 내포되어 있어서다. 단락의미는 기본적으로 단락 안에서 일관성을 유지한다. 여러 어휘나 구와 절과도 연결된다. 곧 어휘, 구, 절, 문장, 관용어, 각 책, 성서전체 등과 의미의 관계를 이루고 있다.

어떤 성서본문은 중심문장과 보충문장 등으로 이루어져 있다. 보충문장이란 중심문장에 대해 구체화 하거나 특정화 한 보충문장들이다. 단락은 단락의 중심 주제 혹은 이 중심 주제의 일부분을 전개시켜 나가는 일련의 문장들로 구성된다. 하나의 단락 안에는 중요한 개념이 소개되거나 지침서 혹은 안내서 역할을 한다. 개념 사이의 관계, 서론적 언급이나 결론적 요약도 내재한다. 개념도 전체개념 혹은 부분개념, 상하위 개념을 구분한다. 목록화(이를 테면 성서본문의 계보 등), 시공간적 순서, 배열과 분류, 비교와 대조 등 여러 유형의 절이 결합되어 있다. 성서본문의 단락 역시 단락 사이의 의미도 살펴볼 필요가 있다.

언어의 보편성

예비적 이해

석의해석에서 언어문제를 논할 때, 현대언어학을 논하려고 하는 것은 아니다. 하지만 성서언어학과 현대언어학 사이의 어떤 관계성을 배제할 수 없다. 제임스 바가 현대언어학을 성서언어학에 적용할 필요성을 주장했지만, 여전히 두 언어학 사이에는 일치하지 않는 점이 있다. 그런 차이점이 있지만, 어떤 보편성은 존재한다.

존재적 보편성

언어의 존재적 보편성이란, 인간이 존재하기 시작한 이래로 같이 존재한, 존재 그 자체에서 비롯되는 보편성을 말한다. 성서가 기록된 그때·그곳이나 오늘의 지금·이곳이나 언어가 인간의 존재와 뗄 수가 없다. 매일 들이마시는 공기와 같다. 어느 시대든 인간이 공기 없이 살 수 없듯이, 언어 없이는 살 수 없다. 어느 시대든, 어떤 형태로든 언어가 사람이 존재하기 시작한 이래로 존재하지 않을 수 없다. 천지를 창조하신 하나님께서도 창조 때와 그 이후에 '언어'로 말씀하셨고, 자신의 뜻을 알리시고자 계시하신 의미도 '언어'로 기록하게 하셨다. 언어가 없다는 말은 인간이 존재할 수 없다는 말과 같다.

언어원리의 보편성

현대언어도 먼저 사용된 수천 년 전의 언어원리를 기초로 하여 발전해 왔다. 언어원리의 보편성이 있다. 지속적으로 계승 발전되었고 영향을 받았기에, 고전어와 현대어 사이에 언어원리의 어떤 보편성이 존재한다. 언어가 의미전달의 도구라는 점부터가 보편적이다.

촘스키Chomsky는 대부분의 언어는 보편성이 있는 구조 특색이 있다고 했다. 인간은 생득적으로 누구나 다 언어를 소유한다는 점에서 언어의 보편성을 주장했다. 주로 문자로 의미를 표기한다는 점, 언어구조와 문법기능의 보편성, 의미전달의 도구라는 점, 언어 배후의 배경 등 이 네 가지를 보편성의 근거로 제시했다. 특히 촘스키의 '보편문법론'은 성서언어 연구에 유용한 점이 있다.

각 언어는 생각을 표현하는 기능상의 보편성도 있다. 어느 시대든 언어는 인간이 전달하려는 전달의미를 생각한 것을 표현한다. 그 생각한 전달의미를 전달하고자 할 때 언어를 사용한다.[7] 혹은 후대의 사람들에게도 전달하려는 목적으로 글말로 기록한다. 우리는 소화기 전문의사가 아니라서 소화기가 어떤 구조로 되어 있는지에 관한 전문지식은 없다. 그렇지만 누구든 소화기작용에 의해 음식을 소화시킨다(소화기 기능의 보편성). 우리가 언어 전문가는 아니지만, 언어를 전달매개체로 사

---

7) 하나님은 계시로 전달한 의미를 성서 기록자들로 하여금 생각하게끔 했다.

용한다는 점에서 언어의 기능적 보편성이 있다.

현대언어학의 제한성

언어의 보편성이 있다고 하여 모든 현대언어 방법론을 성서언어에 적용할 수 없다. 현대언어 이론들이 언어를 이해하는 일에 완벽한 원리를 지닌 것도 아니다. 때로, 너무나 복잡한 이론을 구성하는 점도 있다. 전문가들조차 충분한 이해 없이 현대언어학 이론을 사용하는 경우도 있다. 그들의 저서에서 논증하는 이론을 읽어보면 과연 유용성이 있는지 의문이다. 아무런 검증도 없이 그대로 사용하기에는 적절하지 못한 점이 있음은, 또 다른 문젯거리다. 예를 들면, 성서원어의 관용어법은 현대언어학으로 이해할 수 없다. 오히려 당시 비성서문헌의 도움을 받아야 한다. 필자의 개인적인 견해로는, 촘스키가 제안한 '보편문법론'만은 공통적으로 사용할 수 있다는 점에 동의한다. 모든 언어에는 체계성이 있어서다. 어느 언어라도 체계성이 없다면 언어를 사용할 수가 없다. 의미를 전달하는 도구였던 언어로 형성되는 과정에서 분명히 어떤 규칙으로 체계를 이루었다. 문법의 보편성이 있었다. 앞에서 다룬 '문장의미와 단락의미도' 이 브편성과 관련 있다. 그런 까닭으로 그 이상의 것들을 다루지 않았다.

09) 문법·구문·수사법

문법관계

보편문법론

앞 단계에서 보편문법론에 관하여 논했다. 어떤 근거로 보편문법론이 가능한가?

인간이 언어를 사용한 때부터 말의 규칙, 문법을 생각하기 시작했다. 고대 메소포타미아에서도 문법을 다루었다. 이 규칙은 후대에 지속적으로 영향을 주었다. 고대 그리스인들도 일찍이 문법을 연구했다. 헤라클레이토스, 호메로스, 플라톤, 아리스토텔레스, 디오니시우스 등이 그리스어 문법을 다루었다. 인도에서도 주전 5세기에 파니니Panini라는 학자가 산스크리트어 문법서를 저술했다. 주전 2세기에 트락스Thrax는 최초로 서양문법의 체계를 만들었다. 암흑과 같았던 중세시대에도 문법연구는 활발했다. 인간 언어의 보편적 원리가 있다는 점을 발견했다. 13세기에 베이컨도 그리스어 문법과 라틴어 문법 사이에 '보편문법'이 있음을 주장했다. 촘스키도 같은 입장이다.

놀라운 사실은, 고대 문법이 21세기까지 여전히 영향을 주고 있다는 점이다. 고대근동–그리스–로마–중세–유럽–근현대로 이어지는 문법이다. 이 과정에서 비교문법의 발달로 보편성이 더 확인됐다. 역사적으로 아무런 교류가 없었는데도, 지리적으로 먼 거리인데도 그리스어와 산스크리트어 사이의 문법이 유사하다는 사실을 발견했다.

그렇지만 어떤 분야가 보편성이 있는지 매우 유의하면서 접근해야한다. 자칫 21세기에 발전한 매우 난이도가 높은 현대문법의 어떤 분야에다 귀속시킬 수 있어서다.

성서원어 문법의 중요성

필자는 이 단계에서 히브리어, 아람어, 그리스어 등 성서원어 문법을 설명을 하고자 함은 아니다. 다만 원뜻을 발견하기 위해서는 문법이 왜 필요한가를 논하고자 한다. 원 기록자들이 마구잡이식으로 의미를 전달한 것이 아니라, 의미와 언어의 연결에서 어떤 체계와 규칙으로 본문을 기록했다. 그 체계와 규칙이 무엇인가? 바로 문법적인 문장이다.

이를 테면, 히브리어에는 과거, 현재, 미래라는 시제가 없다. 완료형과 미완료형이 그 역할을 한다. 그러기에 미완료동사를 완료동사로 오역이나 오석을 할 수 있다. 장소를 나타내는 표현은 장소 정보보다 행위자의 행동을 강조한다.

그리스어 문법도 우리말이나 영어 문법과 다른 규칙이 있다. 하나님의 행위를 강조하는 신적 수동태가 있다. 중간태도 있다. 중간태란 '타자가 시작했거나 완성한 결과에 참여하는 행위'에 관해 사용한다. 곧 하나님께서 시작하신 일, 완성하신 결과에 참여한다는 의미를 나타낸다(빌2:15). 조건문의 경우, 서절이 미완성 조건의미가 아니다. 사실이나 완성된 사건 관점의 완성된 조건의미다(롬6:5). 엄밀한 의미에서 조건이 아닌 조건 형식으로 표현한 것이다. 특히 그리스어 시제는 시간의미보다는 행동의미를 나타낸다.

이처럼 히브리어와 그리스어 문법을 알 때, 번역과 의미해석을 명확히 할 수 있다. 성서본문에 사용된 여러 문법에서 의미를 발견할 수 있다.

성서원어문법 실제의 예

창세기 12:2-3 문장은 목적이나 결과를 나타내는 '와우 접속사'로 시작한다. 하나님의 강력한 실행의지가 표현된 약속을 뜻했다. 따라서 이 문법에서 원뜻이 무엇인지 찾을 수 있다. 반면, 3절의 '벌하겠다'는 와우가 없는 의지표현이다. 복을 주신다는 혜복 등이 주된 의도라면, 이 벌은 종속 의도로 간주할 수 있다. '복과 혜복' 강화용법으로 '벌' 문구를 사용한 듯하다. 12:7의 니팔형 동사도 하나님의 현현 사건에 대해 사용된 것을 알 수 있다.

요한복음 11:5, "예수께서 마르다, 그의 자매, 나사로를 사랑하셨다."에서 그리스어 동사 '사랑하다'는 미완료다. 미완료는 이미 일어난 과거 사건의 계속과 반복을 나타낸다. 이는 요한 사도가 예수께서 지속적으로 그들을 사랑하셨음을 나타내고자 미완료를 사용한 것을 알 수 있다. 그렇다면 이 문장의 원뜻은 지속적으로, 변함없이 사랑하셨다는 사실을 알 수 있다.

구문관계

문법과 구문Syntax은 밀접한 관계성이 있지만 다른 점도 있다. 문법은 주로 사용하는 언어의 기본규칙을 뜻한다(왜). 문장의 기본단위를 형식언어로 표시한다. 반면, 구문론은 문법의 한 분야이지만, 문장의 구조를 뜻한다(어떻게). 의미의 최소단위인 문장의 구조를 논리적으로 분석할 수 있는 원리다. 구문은 의미 있는 문장, 효력 있는 문장을 만든다. 어휘를 배열하되 아무렇게나 하지 않아서다. 구문은 문장 성분(명령, 서술, 의문, 감탄, 수동과 능동 등)으로 어휘를 배열한다.

어떤 언어든 기본문형을 비롯한 구문 이해가 필요하다. 히브리어와 그리스어도 마찬가지다. 문장을 구성하고 있는 각 어절의 성분을 이해함이 중요하다. 각 단어들의 주어 기능, 목적어 기능, 서술어 기능, 분사 기능 등의 기능을 확인해야 한다. 우리말을 비롯한 현대어와 성서원어의 구문론과는 차이가 있기에 일일이 분석을 해보아야 한다. 구문관계로 원뜻을 찾게 된다. 이 점이 중요하기에 필자는 석의 단계에서 다루고 있다.

마태복음 1:16을 보면, 요셉의 족보가 기록됐지만, 예수의 탄생에 관해서는 요셉을 배제시킨다. 구문을 보면 마리아와 연관시키는 배열을 하고 있다. 창세기 12:1 이하도 첫번쩨 명령형("떠나……가라")에 대한 목적절 구문으로 배열하고 있음을 알 수 있다.

석의를 할 때 구문론 한 가지만을 고수하지 않아야 한다. 구문관계도 석의의 한 가지 방법일 뿐이다. 구둔관계 이해가 익숙해지면 다양한 방식으로 시각화하여 표시할 수 있게 된다. 그래픽이나 기호나 선 도식에 의한 다이어그램 등의 방법이다. 히브리어와 그리스어 구문론 문헌은 풍부하다. 이 문헌의 구문론을 참조하면서 얼마든 구문관계에 의한 석의가 가능하다.

수사법

예비적 이해

석의와 관련된 수사법은 '고대수사법'을 말한다. 성서원어 이해도 쉽지 않는데 고대수사학 기법까지 알아야 하는가? 둘 다 쉽지 않다. 그렇다고 외면할 수도 없다. 석의과정의 한 단계라서 반드시 확인해야 한다. 다행히 누구든 이해할 수 있는 수사법이 있어서 어렵지 않다. 필자는 고대수사법 중에서 성서본문과 관련 있는 몇몇 기법을 소개하려고 한다.

주전 1세기부터 고대수사법이 발전하여 최절정을 이루었다. 이 수사법들 중 몇몇 기법이 특히 바울서신에서 사용된 것으로 확인된다. 구약 히브리적 수사법이 신약에서도 종종 발견된다.

수사비평학이 등장했지만 문학비평학의 한 분야로만 다루다 보니 둘 사이의 관계가 명확하지 않다. 성서에 사용된 수사법은 고대수사법 관점에서 접근하는 것이 더 적절하다.

제의수사법 Ritual Rhetoric

고대근동기의 수사법은 주로 왕과 제사장이 일반 평민들에게 이행 혹은 금지를 요구할 때 '설득'을 위해 사용했던 수사법이다. 특히 제의수사법이 발달했다. 이 수사법은 제의행위에 대해 정확성과 진정성을 요구하고자 설득시키기 위한 방법이었다. '설득'이 가장 두드러진 특징이다. 제의자들로 하여금 어떤 행동을 하게 하거나, 금지시키고자 했을 때 '설득'이 필요했다. 고대근등의 수사법을 영향 받은 아리스토텔레스도 수사법의 정의를 '설득'이라고 했다. 이 설득은 사고전환을 일으키어 요구사항이나 금지사항을 이행하게 했다.

 제의행위에서 어떤 설득을 했을까? 무엇보다 신성한 성전에서 행하는 제의행위의 정확성과 진정성을 가르치며 설득시키고자 했을 것이다. 설득을 그 목적으로 하되, 동시에 이행요구 의미와 금지요구 의미의 제의행위들을 문헌에 기록하여 전승시키기도 했다. 이뿐 아니라, 제의수사법은 비제의행위에 대해서도 영향을 주었다. 종교와 정치가 일체이던 시기라서 왕들의 통치행위나 법정이나 일상생활에서도 제의수사법을 사용했다. 이처럼 제의수사법이 삶의 모든 영역에까지 영향을 주었다.

 이 수사법은 구약문헌에도 영향을 끼쳤다. 성서의 제의본문에는 제의행위의 이행과 금지에 관해 철저하게, 정확하게, 진정성 있게 이행하도록 설득시킨 것을 볼 수 있다. 제의수사법을 사용했던 것이다. 격려, 권고, 동기부여 등의 설득이 주된 목적이었다. 제의 순서, 과정, 방법, 시기 등 여러 제의법에는 설득을 목적으로 하는 고대수사법 방식으로 기록된 것을 볼 수 있다. 또한 진정성이 있게끔, 정성을 다하고 마음과 뜻을 다하도록 요구하고자 그 방식으로 기록했다. 이는 구약 여러 본문에서 확인된다(출12:1-20; 레17:1-16; 신12:1-31; 왕상8:62-64 등). 비제의에 관해서도 이 수사법으로 기록했다(창15; 17장; 삼상1). 특히 왕들에게 요구한 엄격한 제의행위에 관해서도 제의적 수사법으로 기록했다 (삼하6; 왕상 8:62-64; 역상15-16; 역하7 등). 마음과 뜻을 다하는 진정한 제의는 보상이 있다며 설득을 시키는 것도 제의수사법이었다.

제의수사법은 어느 특정한 계층만이 사용하지 않았다. 모든 평민들까지 소통이 가능할 정도로 보편화 됐다.

대조제유법 Merism

대조제유법은 가장 이해하기가 쉬운 고대수사법이다. 이 수사법은 두 가지 대조어로 전체를 표현하는 수사법이다. 창세기 1:1 '천지(하늘과 땅)'가 좋은 예다. 이 두 대조어는 단순히 하늘과 땅만을 가리키는 것이 아니었다. 하나님께서 우리가 측량할 수 없는 영역, 무한 영역의 우주 전체를 창조하신 것을 가리킨다. 시편 121:8에도 같은 수사법을 사용했다. '들어가다+나가다' 두 단어가 일상생활 전체의미로 사용한 것이다. 하나님께서 들어갈 때나 나갈 때만이 아닌, 일상생활 전체를 보호하심을 나타낸다. 이 수사법으로 원뜻을 더 명확하게 발견할 수 있다. 위의 예처럼 하나님의 창조세계가 단순히 하늘과 땅이라는 의미와 무한한 무측량의 창조세계라는 의미와는 큰 차이가 있다. 하나님의 무한하신 권능에 관해서도 더 잘 표현해주고 있다. 하나님의 보호하심 영역도 삶의 전체이지, 들어가고 나가는 두 경우만이 결코 아닐 것이다.

교차대구법 Chiasmus

이 수사법은 히브리 시문장에 많이 사용됐다. 앞 문장이 뒤 문장에서 순서가 바뀐 기법이다. 〈가나-나'가'〉 혹은 〈가나다-다'나'가'〉 혹은 〈가나다라-마-라'다'나'가'〉 등 다양한 형식으로 표현됐다. 동의 혹은 반의 형태를 띠고 있다. 신약에서도 사용됐다. 대표적인 예가 마가복음 2:27에서 볼 수 있다. "안식일은(가) 사람을 위하여 만들어진 것이다(나). 사람이(나') 안식일을 위하여 만들어진 것이 아니다(가')."

상징적 환유법 Metaphoric Metonymy

이 수사법은 한 대상에 대해 어떤 밀접한 관련성이 있는 다른 대상으로 대용하는 수사법이다. 다윗의 이름이 이스라엘 국가적 왕의 이름에서 종말론적인 의미의 이름으로 대용한 것이 이 수사법의 좋은 예다. 예루살렘이라는 지리적 이름도 종말론적인 '새 예루살렘'이라는 상징 의미로 대용된 경우도 동일하다. 이 수사법의 경우, 상징적 의미라는 점에 유의해야 한다.

반복수사법 Repetition

고대 저술가들은 종종 강조하려는 목적으로 자유롭게 창의적으로 되풀이 하는 기법을 사용했다. 핵심이 변하지 않는 범위 안에서 반복하는 수사법이었다. 단순한 반복법이 아니었다. 성서본문에서도 자주 사용된 것을 확인할 수 있다.

신인동형수사법·신인동감수사법

신인동형수사법Anthropomorphism은 하나님에 대해 사람의 형태로 표현한 수사법이다. 출애굽기 33:22-23에 "하나님의 손바닥, 하나님의 등, 하나님의 얼굴"로 표현했다. 신인동감수사법Anthropopathism은 하나님에 대해 사람의 감정으로 표현한 수사법이다.

특히 신인동감 수사법이 사용된 문장을 번역할 때 유의할 점이 있다. 하나님께서 인간의 악에 대해 혹은 그 심판하신 결과를 보시면서 측은히 여기신 표현을 '뉘우쳤다' 등으로 오역했기 때문이다(출32:14; 삼하 24:16 등). 이 오역 때문에 가톨릭교회나 개신교 근본주의자들이 이 수사법에 대해 이의를 제기한 적이 있었다.

이 두 가지 수사법은 인간이 가장 잘 이해할 수 있는 방식으로 표현하되, 상징적으로 사용했다. 하나님께서 인간처럼 말씀하시고 들으신다는 표현과 같다. 신인동감 수사법의 경우, 하나님께서 기뻐하심과 정반대의 감정을 표현한 것이다. 곧 지정의 인격을 지니신 하나님으로 표현했다. 하나님의 또 다른 사랑의 표현이었다. 그렇다고 하나님께서 인간처럼 한계가 있거나 나약함이 있다는 뜻은 아니다. 고대그리스나 로마시대의 신화적인 신들과 동일한 표현으로 간주하지 않아야 한다. 이 수사법이든, 그 무엇이든 우리는 하나님에 관해 모든 것을 다 표현할 수는 없다.

격언 수사법 Apothegm

어떤 진리나 생각을 간결하며 날카롭게 나타내어 인상적인 효과를 주려는 수사법이다(마22:21; 눅17:24).

완곡어법 Euphemism

어떤 표현을 부드럽게 할 필요성이 있을 때, 간접적으로 혹은 암시적으로 표현하는 수사법이다. 구약에 '발을 가리다'로 번역된 문장은 '용변을 보다'를 완곡어법으로 표현한 수사법이다(삿3:24). 히브리어 '알다'를 사용한 문장은 부부관계에 대한 완곡어법으로도 표현했다(창4:1, 17).

일치대응 수사법 Anaphora

문장 앞부분에서 이미 언급한 의미를 가리키는 수사법이다. 야고보서 2:14에 후반부의 '그 믿음'은 전반부에서 언급한 행위 없는 믿음을 가리킨다. 강한 인식을 하게끔 강조할 때 사용했다.

결구 반복 수사법 Epistrophe

강조 목적으로 문장 끝 부분에 어휘나 구절을 반복하는 수사법이다. 신명기 32:10에 '야곱'이 반복하여 기록된 것을 볼 수 있다. 시편 118:10-12에 "나는 주의 이름으로 그들을 물리쳤다."라는 문장을 끝부분에 반복하여 표현했다. 고린도전서 13:11에 '어린아이'가 반복된다.

대상 직시 수사법 Deitic

특정 개인이나 사물을 직접적으로 지시하는 수사법이다. 누가복음 18:13에 '그 죄인'이라며 특정인을 지시하고 있다. 보편적인 의미가 아니다. 문맥에서 특정인 혹은 보편인을 구별할 때 원뜻이 달라진다.

예기 수사법 Prolepsis

미래 사건의 확실성을 강조하고자 과거나 현재에 일어난 것처럼 표현하는 수사법이다. 요한복음 11:2 "마리아가 향유를 주께 부었다."라는 기록은 미래 사건의 확실성을 강조하고자 표현한 예기 수사법이다. 이는 실제로 12:3에서 행해진다. 예루살렘 멸망 예고에서도 사용됐다(눅19:44). 아브람을 아브라함으로 개명한 것도 확실한 미래적 사건을 강조한 수사법이다. 바울도 하나님께서 에베소교회 그리스도인들을 이미 그리스도와 함께 천상에 앉게 하셨다고 기록했다(엡2:6). 실제는 미래의 사건인데도, 이에 대한 확실성을 강조하고자 예기 수사법을 사용했다. 미래에 있을 반박을 미리 예상하고서 대응하는 표현에 대해서도 사용했다.

예비과정 수사법 Progymnasmata

이 수사법은 고대그리스에서 발달하여 로마시대에 확산됐다. 전문적인 수사법을 배우기 전단계인 예비과정의 수사학 기법이었다. 몇 가지만 소개해 본다. 해설수사법Diegema은 아리스토텔레스의 영향이 있었던 것으로 추정된다고 한다. 이 방법을 사용하려면 '명확함, 예리함, 설득력, 명료함'이 요구됐다. 주로 고대역사가들에게서 기인되는 주제에 관한 해설수사법이다. 일화수사법Chreia은 짧고 유용성이 있는 점이 그 특징이다. 이 수사법은 복음서에서 자주 사용됐다. 예수께서 적대자들과 논쟁을 하시는 문맥에서 사용된 것을 볼 수 있다. 그 외의 수사법들 중, 석의와 관련된 것이 있다면 석의주석서를 통해서 확인이 가능하다.

일반 독자를 위한 제안

히브리어나 그리스어의 문법-구문론-수사법을 배우지 못한 일반 독자는 어떻게 해야 하는가? 염려할 필요가 없다. 하나님의 주권적인 섭리 은총으로, 누구든 중요한 문법적 문장과 구문관계를 잘 이해할 수 있도록 유용한 석의문헌들이 출판되어 있다. 특히 매우 친절하게 자세히 설명을 한 석의주석서나 원어분석서를 주의 깊게 참고하면 어렵지 않게 잘 이해할 수 있다. 그러기에 진리를 탐구하는 구도자의 마음으로 반드시 이 세 가지를 확인해야 한다. 원뜻을 바르게 이해하기 위해서다. 인터넷으로 행간원문읽기Interlinear에서도 가능하다. 어코던스Accordance 컴퓨터 프로그램, '바이블웍스BibleWorks'나 '로고스Logos' 소프트웨어의 기능을 이용하면 둔법관계, 구문관계 등을 확인할 수 있다. 다양한 고대수사법에 관한 석의자료에서도 확인이 가능하다.

10) 본문 정황(본경·배경·전경)

예비적 이해

석의란, 그때·그곳으로 되돌아갈 뿐만 아니라, 그때·그곳에 전달된 본문의 정황을 아는 것도 포함한다고 했다. 원뜻을 찾는 석의란, 원 기록자와 원 청자·독자가 놓여 있었던 삶의 정황과 기록된 사건의 정황과 관련이 있어서다.

이 정황에는 본경·배경·전경 등 세 가지로 분류된다. 필자가 사용한 '-경(Ground)' 용어는 '정황' 의미로 사용했다.

이 세 가지도 매우 중요하다. 지금·이곳에 있는 우리는 성서본문과 너무나 먼 거리에 있기에, 그때·그곳으로 되돌아가서 이 세 가지를 반드시 살펴야 한다. 진정한 석의, 그때·그곳에 전달된 원뜻을 명확하게 발견할 수 있어서다. 그렇다고 모든 본문 전체에 이 세 가지를 획일적으로 다 사용되는 것은 아니다. 각 본문에 대해 다양하게 사용될 수도 있다.

본경 The-very-ground

본경이란 본문이 드러내 보이는 그대로의 정황이다. 독자들이 읽을 때 일차적으로 발견하는 문자적 의미를 뜻한다. 하나님에 관해 어떻게 기록했는지, 무슨 일이 있었는지, 본문의 사람들이 어떤 반응을 보였는지 등 본문의 일차적인 내용을 말한다. 하나님께서 모세에게 "너의 발에서 너의 신발을 벗으라."라는 본문의 본경은 기록된 그대로 '모세에게 신발을 벗으라는 것'이다. 이는 모세가 전달하려고 한 원뜻은 아니지만, 본경 이해는 본디 그대로를 이해하는 것을 말한다.

이 본경은 아직 원뜻을 발견하기 전의 기록내용이다. 이 본경 이해는 어렵지 않다. 문제는 본경 내용을 원뜻으로 확정할 때다. 더 이상 살펴볼 것이 없다는 듯, 본경 내용을 석의의 최종판으로 간주하는 것은 진정한 석의가 아니다. 문자적 의미와는 다른, '문자주의'라는 덫에 걸린다. 본경 내용의 이해만으로 그치면 표면의미만 발견한다. 대부분 원뜻을 발견하기도 전에, 이 본경 내용의 이해를 원뜻으로 오해한다. 표면의미는 원뜻이 아닐 때가 많다. 그러기에 심층의미나 상징의미를 놓치고 만다. 결국 진정한 원뜻을 이해하는 데까지 나아가지 못한다. 본경 내용의 이해만으로 끝내기에 갖가지 억해와 곡해를 하기 마련이다. 본경 내용은 다음에 이어지는 배경도 살펴야 한다.

복음서를 보면 예수께서 제자들을 둘씩 파송한 기록이 있다(막6:7). 어느 종교단체는, 이 본경내용을 근거로, 오늘날 전도를 할 때, 반드시 두 명씩 짝을 지어서 하는 것이 '정통 전도법'이라고 주장한다. 실제로 그렇게 행동한다. 하지만 이 둘씩 짝지은 것은 유대문화권과 관련 있다. 유대문화권에서는 증거자의 신빙성을 강조할 때 2-3명의 증인을 요구한다(신19:15). 전도를 위한 절대 진리나 교리적 까닭이 아니었다. 복음 대상자와 접촉점을 가지기 위한 문화적 이유다. 따라서 오늘날 우리의 전도방법으로 기록한 것이 아님을 알 수 있다. 이런 오해의 경우가 한두 가지가 아니다.

배경 Background

예비적 이해

배경은, 선정 본문의 동시대적 문화적 배경을 비롯하여, 그 본문의 뒷부분, 본문기록에 영향을 주거나 관련 있는 다양한 본문 배후의 것들을 말한다.

안타깝게도 배경 이해가 없는 석의가 빈번한 것을 얼마든 볼 수 있다. 이 배경 이해는 석의과정에서 매우 중요한데도 가장 취약하다. 본문의 각 배경을 살피지 않는 석의는 진정한 석의가 아니다. 그때·그곳으로 되돌아가지 않기 때문이다.

구약배경은 종교, 역사, 정치, 사회, 문학, 언어, 군사, 상업, 지리, 고고학 등 '이스라엘을 비롯한 고대근동지역의 총체적인 문화사적 배경'을 말한다. 신약배경은 구약과 유대교, 그리스-헬라-로마 배경을 반드시 확인해야 한다.

영국이 축구 종주국이라는 사실을 대부분 잘 알고 있다. 하지만 축구공의 기원이 '바이킹 족의 머리'라면 아마 놀랄 것이다. 믿거나 말거나 한 전설 혹은 신화가 아니다. 바이킹 족들이 한 때 영국을 침공하여 어린아이, 임산부 등 가리지 않고서 잔인하게 살육했다. 분이 풀리지 않은 영국군인들이 바이킹족의 시체에서 목을 베어 그것으로 발로 게임을 했다. 이것이 오늘날 축구의 배경이다. 이 축구의 예처럼, 원뜻을 발견하는 진정한 석의를 하려면 그때·그곳의 배경을 반드시 알지 않으면 안 된다.

본문의 배경 이해 없이는 원뜻을 발견하기가 쉽지 않다. 하다못해 예수께서 탄생하신 때에 통치하던 헤롯왕이 누구인지 알 필요가 있다. 헤롯 왕이 여러 명이 있어서다. 예수께서 물을 포도주로 변하게 하셨을 때(요2:1-11), 당시 포도주가 사막지역에서 사용하던 청량음료수라는 사실을 모른다면, 예수께서 과음권우가나 양조장 공장장 역할을 한 것으로 오해할 수 있다.[8] 이처럼 배경 이해는 원뜻 발견에 결정적인 역할을 할 때가 있어서 중요하다.

구약본문의 배경 연구

구약본문은 고대근동의 문화와 관련성이 깊다. 히브리어 문자부터 셈족어에 뿌리를 두고 있다. 오해의 함정도 있다. 그들과 유사점이 있다고 하여 전적으로 다른, 차이점을 간과한다. 배경 연구를 할 때 주변국가의 문화와 유사점과 차이점이 있다는 균형감을 잃지 않아야 한다.

구약배경 연구의 유의점 구약배경을 연구할 때 구약시대 전체에 영향을 준 고대근동인의 세계관 이해가 먼저 필요하다. 고대근동기에 널지 퍼져있었던 신화적 사상이 그들의 세계관을 지배했다. 삶의 문제를 해결해줄 수 있는 유일한 세계관이었다. 이 사상으로 점성술도 발전했다. 하지만 성서 기록자들은 하늘개념을 사용했지만 고대근동인들이 잡신들을 숭배하는 것과는 다른 방식으로 사용했다는 점에 유의해야 한다. 다만 신화사상에 익숙한 사람들과 소통을 위해서 그들이 사용하는 용어를 사용했을 뿐이다. 잡신들과 비교나 대조조차 할 수 없는 유

---

8) 구약시대에는 나실인에게만 금주 명령이 주어졌다. 이스라엘인을 비롯하여 사막지역에서 살아야 했던 고대근동인들은, 오늘날과 다른 방식으로 발효시킨 포도주를 청량음료수처럼 마셔야 먼지 등을 희석시킬 ᄼ 있었다고 한다. 예수께서 유월절 만찬 때 그와 같이 발효된 포도주를 나누어 주셨그, 그 포도주를 포함한 일반적인 유월절 음식으로 자신을 기억하라고 하셨다.

일신 하나님에 관해 그들과 다른 방식으로 기록한 점에 신중한 주의가 필요하다.

오경 창세기 창조실화는 아카드민족의 창조기록과 유사점이 있다. 하지만 하나님 주권통치의 관점에서 기록했다는 근본적인 차이점이 있다. 연대기도 수메르인의 것과 유사하며, 홍수실화도 메소포타미아와 홍수기록과 유사하지만 근본적으로 다르다. 주변국가 문화요소들을 사용하여 기록했을 때, 어떤 점이 같으며 다른지 매우 유의해야 한다. 언약법(출20-24 등)도 당시의 법률과 유사한 점이 있다. 특히 주전 2천년 경의 것과 매우 유사하다. 제의법도 당시 힛타이트나 우가릿 제의법과도 유사하다. 하지만 그것들과는 차이점이 있다. 이를 테면, 예배자의 태도와 동기에 더 강조점이 있었다. 그것들은 쌍무적 계약에 의한 언약법이지만, 하나님은 이스라엘과 편무적 계약방식으로 약정하셨다.

역사서 여호수아서에 기록된 가나안 정복사건은, 주변국가의 역사문서와 유사점이 있다. 하지만 그것들과는 다른 새로운 기록특징이 있다. 여리고성 성벽 붕괴사건(수6장) 등은 고대근동의 정복문헌에도 있다. 땅 분배도 우가릿 문헌에 유사한 기록이 있다. 이 경우에도 분명한 차이점이 있음을 간과하지 말자. 이스라엘에게 일어나는 결과들은 하나님과의 바른 관계성에 달려 있다. 이 관계성 유지라는 하나님의 참뜻, 원뜻을 강조하려는 목적이었다. 이 목적으로 주변국가의 역사적 주제와 구성을 사용했을 뿐이다. 열왕기를 비롯한 역사서들의 연대기적 실화도 고대근동국의 지배자들에 관한 문헌과 유사점이 있다. 하지만 이스라엘과 유대 왕들에 대해 하나님의 관점에서 비판적으로 기록했다는 차이점이 있었다. 허위사실로 왕권을 강화하거나 미화하고자 하지 않았다. 특히 역사서는 오경이 그 배경이라는 점에 유의해야 한다.

시가서 시가서도 인접국가와 유사점이 있다. 인접국가에는 시로 기록된 문헌들이 많다. 많은 유사점이 발견된다. 이스라엘과 주변국가의 시형식을 보면 공통점이 있었다. 두 줄이 짝을 이루어 의미를 전달하는 방식, 두 연 형식, 둘째 연에 강조점 있는 방식, 동의어나 반대어에 의한 평행법,[9] 세 번 반복법, 교차대그법 형식 등이 유사하다. 하지만 근본적인 차이점이 있다. 형식이 유사한 우가릿 시는 바알숭배 표현법이지만, 이스라엘은 하나님을 찬양한다. 이 목적을 위해서 유사한 표현법을 변혁시킨 점이 다르다. 서론과 결론 부분을 더 첨가시키는 방식도 다르다.

예언서 예언서도 고대근동의 예언문서와 유사한 점이 있다. 시와 역사 형식이 융합된 것은 고대근동에도 발견된다. 차이점도 명백하다. 이스라엘의 예언서는 그 대상이 일반 평민만이 아니었다. 왕, 제사장 등 그 누구도 예외가 없다. 시간적으로도 미래에 관한 것만이 아니었다. 현재의 사회윤리 문제까지 다루었다.

반성 지금까지 구약본문의 배경 연구에 의한 원뜻을 확정하는 일에 소극적이었다. 신약이해를 위해 구약을 인용하는 정도로 취급했다.

---

9) 동의평행법은 둘째 줄이 비슷한 뜻을 지닌 다른 말로 첫째 줄을 반복하거나 강화한다. 반의평행법은 둘째 줄이 반대되는 다른 말로 첫째 줄의 의미와 대조를 이룬다.

신약의미와의 연속성을 강조하다가 구약본문의 원뜻을 약화시키거나 손상시키거나 핵심을 놓치기도 했다. 구약이 신약에 종속되지 아니하며, 동등하며, 고유한 원뜻이 있다는 점부터 명심해야 한다. 그렇다면 구약본문의 배경 연구야말로 필수적인 일이다.

구약본문의 배경 연구에 의한 원뜻을 찾기란, 어쩌면 신약본문의 그것보다 더 어려울지도 모른다. 우선 시공간적으로 더 먼 거리에 있어서다. 게다가 석의자료가 충분하지 못하다. 최근에 고고학적인 노력으로 문헌 및 비문헌 자료들이 발견되지만 여전히 미흡하다.

구약의 배경 연구에 또 다른 어려움이 있다. 2천여 년 동안, 가톨릭교회가 구약본문의 배경 연구 없이, 자의·삭의해석으로 원뜻을 왜곡시켰기 때문이다. 그 왜곡을 진리로 확정했기 때문이다. 더 힘들게 하는 점은 하나님의 뜻, 원뜻이라고 확정한 그 결과들이 일치하지 않아서다. 혼란과 고민만 남긴 셈이다. 개신교마저 가톨릭의 중세시대 이래로 굳어진, 배경 연구가 없는 원뜻을 그대로 수용한 것도 어렵게 하는 까닭이다. 특히 '영해' 혹은 '알레고리아화' 한 결과를 원뜻이라고 한 것은 무거운 짐이다.

구약본문의 배경 연구로 석의할 때 기본적인 방향이 중요하다. 이스라엘 민족은 한 민족공동체의 백성이면서 동시에 하나님의 백성이다. 이 두 측면을 동시에 다루어야 한다. 불행하게도 한쪽으로 치우친 경우가 적지 않다. 그래서 이스라엘 종교사라는 차원에서만 다루기도 했다. 그럴 경우, 하나님의 백성이라는 구원사 측면을 무시한다. 이를테면, 이스라엘의 문화사 입장에서 음식법을 비롯한 규례법을 이해하더라도 하나님 백성의 관점에서 이해하고자 탈이스라엘화가 필요하다. 제도에 대해서도 마찬가지다. 오늘날까지 가톨릭이 구약제도에 근거해서 여러 가지 제도를 그대로 유지해온 것은 그 대표적인 예가 아닌가. 교회는 물론, 지구촌까지 망치게 한 주범이다. 고대근동 지방에서의 음식문화와 오늘날 각기 다른 문화권의 음식문화는 다른 점이 있다. 그런데도 하나님께서 모든 지역에 이스라엘 민족에게 요구하신 음식만 먹도록 요구하셨겠는가. 그 음식규례에서 하나님께서 말씀하시고자 하신 원뜻이 무엇인지, 곧 배경 가운데 담겨있는 원뜻을 찾아야 했다.

역사서를 이해할 때도, 지금까지 습관처럼 그러했듯, 이스라엘 역사서를 이해하는 것만이 전부가 아니다. 이스라엘 역사서이기는 하지만 원뜻 발견에서는 하나님 백성의 역사서라는 배경이 있다. 양자는 상호 관련되기에 어느 쪽도 무시할 수 없다. 이스라엘 민족과 이스라엘 왕들에 대한 기록에서 어떤 하나님의 구원사적인 의미가 담겨있는가? 어떻게 탈이스라엘화 할 수가 있는가? 모세나 아브라함이 이스라엘 민족의 지도자나 조상만이 아닌, 하나님나라(통치)의 관점에서 어떤 위치가 있는가? 기록자가 어떤 의미로 이들에 대해서 기록했는가? 또한 이스라엘에게 주어진 율법, 제도 등이 어떤 점에서 하나님나라(통치)의 원뜻을 담고 있는가? 이스라엘 족장사, 가나안 정복사 등은 하나님나라(통치)의 어떤 원뜻을 담고 있는가? 오경, 역사서, 시가서와 지혜서, 예언서 등에 기록된 하나님나라(통치)의 원뜻은 무엇인가? 그들의 상호 배경관계는 무엇인가? 이런 질문에 대해 답할 수 있어야 한다.

반면, 전자와는 전혀 다른 방향에서 접근한 경우도 있다. 이스라엘 민족사 배경을 제외하고서 단지 하나님나라(통치)의 백성이라는 측면에서만 본문을 이해하려는 시도다. 그 결과 갖가지 방법론이 제공됐다. 특히, 배경을 제외시킨 '영해'는 개인의 주관적인 견해로 얼마든지 만들어지는 왜곡된 엉터리 원뜻이다. 지나친 기독론 의미에 의한 접근도 그러했다. 기독론이 어떤 경우에는 알레고리아 의미로 오용되는 경우가 있었다. 혹은 양자 사이를 비논리적으로 오가기에 혼란스럽게 했다.

마무리 구약본문의 배경 연구는 필수적이다. 고대근동의 문화적 배경, 구약 각 권 사이의 배경 관계성 이해야말로 본문석의를 위해 매우 중요하다. 배경 이해가 없는 석의는 석의가 아니다.

신약본문의 배경 연구

현재 신약의 배경 연구는 구약보다 더 잘 되어 있어서 탁월한 신약배경 연구서들이 출판됐다. 따라서 필자는 핵심사항을 요약하여 소개한다.

신약본문은 반드시 구약배경부터 출발해야 한다. 구약 시편만 하더라도 신약에서 100번 이상 인용됐기에 구약배경을 철저히 탐구해야 한다. 특히 신약에서 구약본문의 인용은 직접인용, 간접인용, 석의적 인용, 암시, 인용의 흔적 등 다양하기에 지나치지 않아야 한다. 또한 신구약 중간기와 유대교 배경도 필요하다. 유대교 배경은 구약배경과의 차이점과 유사점을 먼저 확인한 후 탐구가 필요하다. 히브리적 배경에 의한 개념이나 사상을 그리스어로 기록한 부분이 있기에 배경 연구가 필요하지 않을 수 없다. 그리스-헬라-로마 문화 배경도 직간접적으로 관련 있기에 반드시 필요로 한다. 외경은 경전이 아니지만, 배경 연구에 참고할 수 있는 문헌이다. 신약 각 권 상호배경도 포함시켜야 한다.

전경 Foreground

전경은 '그림언어'다.[10] 그림이나 사진에서 어떤 주된 대상(사람이나 사물 등)의 앞부분의 경치가 '전경'이다. 석의할 본문 이후에 기록된 신구약본문이 전경이다. 혹은 기록시기와는 상관없이, 현재의 성서 배치 순서로 석의할 본문 그 이후에 배치된 신구약 본문도 전경에 해당된다. 곧 어떤 본문이 그 본문 이후에 기록되거나 배치된 본문들 중에서 어떤 관련성이 있는 본문을 살펴볼 때, 그 후대의 본문을 전경으로 보는 것이다. 창세기에 기록된 노아의 홍수심판 본문의 전경은, 누가복음 17:26-27과 히브리서 11:7 등이다.

이 전경은 셋째 단계인 관련 본문 찾기와도 관련 있다. 관련 본문은 범위가 더 넓으며, 주로 본문중심의 관계성을 말한다. 반면, 전경은 선정 본문의 이후와 관련 있다. 주로 문학사적인 관계성에 더 치중한

---

10) '전경'의 의미가 다양하게 사용되기에 '배경'과 혼동하지 않아야 한다. 때로 그림의 전체 경치를 칭하기도 한다. 필자가 사용한 '전경'은 그림의 주된 대상(사람이나 사물 등) 앞부분의 경치를 말하듯, 석의할 본문을 주된 대상으로 간주했을 때, 그 본문의 앞부분, 곧 그 본문을 기점으로 하여 그 이후에 기록되거나 배치된 본문과 관련짓는 상징어다.

다. 이런 차이점이 있지만, 때로는 병합하여 석의할 수 있다. 전경이라도 관련 본문을 찾게 되고, 관련 본문 찾기 역시 전경적인 흐름 속에서 찾는 경우가 있어서다.

배경과 전경의 동시적 이해

본문 석의를 할 때, 특히 구약본문을 석의할 때, 배경과 전경을 동시에 이해함이 필요하다. 상호 관련성이 있어서다. 이런 까닭으로, 필자는 본문 석의를 할 때 늘 배경과 전경을 같이 탐구한다. 물론, 먼저 배경 이해가 필요하다. 그런 다음, 그것을 기초로 하여 자연스레 전경도 동시에 이해할 때 석의할 본문의 원뜻을 더 잘 발견할 수 있다.

복음서와 바울서신서 사이에서도 배경과 전경 사이의 관계성을 볼 수 있다. 복음서는 바울서신서 이전에 기록되거나 배치되었기에 바울서신서의 배경이 될 수 있다. 동시에 바울서신서는 복음서 이후에 기록되거나 배치되었기에 복음서의 전경이기도 하다. 누가복음과 사도행전, 사도행전과 바울서신 사이에서도 동일하다.

11) 두 관점의 기록의미

예비적 이해

두 관점의 기록의미를 살피는 이 단계도 매우 중요하다. 세 가지 유형의 두 관점을 소개하고자 한다. 원 기록자들이 두 관점에서 기록한 점에 매우 유의해야 한다.

첫째, 삼위일체 하나님의 관점(신 관점)과 반응한 사람의 관점(반응자 관점), 곧 신학적 인간학 관점으로 기록한 기록의미다.

둘째, 사실 진술·진리 선포와 이 사실·진리를 근거로 요구하는 실천 행위라는 두 관점으로 기록한 기록의미다.

셋째, 객관적 은총과 주관적 은총이라는 두 관점으로 기록한 기록의미다.

하나님 관점과 반응자 관점의 기록의미

하나님 관점의 기록의미

성서를 기록할 때, 신 관점, 곧 하나님 편에서 기록한 본문들이 있다. 하나님의 구원계획, 목적, 인간을 비롯한 창조세계에 대한 하나님의 참뜻이 계시되었는데, 그 계시의 내용의미를 기록한 본문들이 있다. 곧 하나님이 누구신지(Person), 그가 하신 말씀이 무엇인지(Word), 그가 행하신 행위(Work)에 관한 기록본문에서 위격의미, 말씀의미, 행위의미를 발견할 수 있다. 또한 하나님의 백성들에게 어떤 신앙과 윤리적 삶을 요구하셨는지 요구의미도 기록되어 있다.

반응자 관점의 기록본문에서도 하나님의 관점으로 이해해야 할 때가 있다. 이는 하나님 관점의 의미와 분리될 수 없는 관련성이 있어서다. 하나님 관점의 의미가 없다면 반응자 관점의 의미는 존재할 수 없다.

이 경우, 유의할 점이 있다. 하나님 관점의 기록이 '생략'된 점에 유의하고 또 유의하자. 알미니안주의자들처럼, 인간 자력으로 윤리행위가 가능한 것으로 착각할 수 있다. 좀 더 구체적인 논점은 반응자 관점에서 이어지는 단락을 참조하라.

이 하나님 관점 기록에는 '초월성' 의미가 있음도 유의하자. 하나님께서 역사 안에, 인간의 삶의 영역에 내재하시며 개입하실 때, 초월성으로 활동하신다. 이 초월성이야말로, 기독교의 본질이며, 복음의 생명력과 능력이다. 하나님의 은혜로 어떤 행위를 했을 때, 이 은혜는 초월성에 의한 은혜다. 믿음도 동일하다. 초월성의 선물 믿음을 주신다. 하나님의 사랑도 초월적인 선물 사랑이다. 먼저 수직적으로 '덧입은 이 초월적 사랑'으로 하나님과 사랑의 관계를 유지한 다음, 수평적으로 '덧입은 이 초월적 사랑'으로 이웃 사랑을 실천하게 된다.

사도행전을 보면, 1세기 초기교회는 성령하나님의 초월성 능력으로 시작되었음을 알 수 있다. 제자들이 이 능력을 의존한 사실도 기록하고 있다. 이 의존으로, 로마제국과 유럽 전체에까지 영향력을 끼쳤다. 이 초월성 능력의 다스림 안에서 세상을 살았음도 기록하고 있다. 그러다가 제도화, 조직화, 건물화, 대형화, 예배 공형화를 시도한 후부터 이 초월성을 멀리했다. 제도-조직-건물-대형-공형예배(미사)를 의존했기 때문이다. 그러자 세상의 힘에 밀리기 시작했다. 형식과 껍데기만 남는 위기에 직면하지 않을 수 없었다. 이 '잊힌 초월성' 현상이 지금까지 지속되고 있다. 복음전파와 온전한 구원사역에 동참은 물론, 창조세계를 관리하라는 어명도 수행할 수 없는 까닭이기도 하다. 오히려 세상으로부터 교회가 관리당하는 처지에 놓여있다. 지금이라도, 하나님 관점의 의미를 찾으면서. 멀리하고 외면했던 초월성 안으로 들어가야 한다. 그렇지 않으면 인간의 나약함과 한계성에서 바동댄다. 하나님 관점의 기록에는 초월성을 의존해야 함을 알려주고 있다.

반응자 관점의 기록의미

기록자들이 성서본문 전부를 신 관점으로 기록하지 않았다. 하나님의 말씀과 행동에 대하여 사람들이 어떻게 응답했는가도 기록했다. 그 반응의 기록은 긍정반응뿐 아니라 부정반응까지도 다 포함하고 있다. 이런 까닭으로, 성서를 가장 정직한 책이라고들 말한다.

인간은 원래 창조 당시부터 '신학적 인간'이다. 창조주에 대해 어떤 반응을 보여야 하는 존재다. 하나님의 형상으로 창조되어서다. 하나님과의 관계성으로만 존재하며 살아가야 하는 피조물이어서다.

두 관점의 관계성

이 두 관점은 각기 별도의 관점이 아니다. 신학적 인간학 관점(반응자 관점)은 늘 신 관점에 의존해 있다. 사람의 반응도 하나님의 사역, 개입, 허용, 침묵 등 하나님의 주권행위 아래에서 일어난다.

하나님 관점의 기록이 생략된 반응자 관점

성서를 기록할 때 하나님의 주권행위에 대해 생략된 경우가 적지 않다. 생략된 채 사람의 반응 중심으로 기록한 경우가 있다. 곧 '하나님의 관점 기록이 생략된 반응자 관점'이다. 따라서 이 생략된 신 관점에 유의해야 한다. 기록된 본문을 보면 사람이 스스로 반응한 것으로 보일 수 있다.

복음서에 보면 예수께서 "믿음을 보셨다."라는 기록이 빈번하다. 이는 사람이 스스로 믿음을 가진 것으로 오해할 수 있다. 사실이 아니다. 그 사람은 그 반응 전에 예수의 말씀을 들었거나, 다른 사람의 증거를 통해서나, 어떤 경로로 믿음을 선물로 받은 그 과정이 생략됐다. 믿음은 전적으로 하나님의 선물이다. 이 선물 믿음을 받은 과정이 생략됐다는 뜻이다. 선물로 주신 믿음을 의지하여 믿음의 반응을 보인 점만 기록됐다는 뜻이다.

알미니안주의자들은 이 생략된 기록방식을 오해했다. 인간의 자유의지로 하나님의 구원을 비롯하여 모든 것을 결정할 수 있다고 주장했다.[11]

석의가는 반응자 관점의 기록에 대해 하나님께서 어떻게 개입하셨는지를 반드시 살펴야 한다. 그러할 때 명확한 원뜻을 찾을 수 있다. 그렇다고 잘못된 칼뱅주의자, 인간의 반응을 제외하거나 인간의 책임문제를 제외한 채, 하나님의 주권행위만 강조하는 편향된 오해도 하지 않아야 한다.

이를 테면, 예수께서 치유하신 기록본문에는 두 관점의 기록의미가 어우러져 있다. 어떤 경우에는 믿음 반응과 상관없이 일방적으로 치유하셨음을 기록하고 있다(마15:29-31). 반면, '믿음' 반응을 보시고서 치

---

11) 하나님께서 인간에게 자유의지를 선물로 주신 것은 사실이다. 하지만 이 자유의지는 하나님과의 바른 관계성을 유지할 때 바르게 사용할 수 있다. 이는 알미니안주의자들의 주장과는 다른 견해다.

유했다는 기록본문도 있다. 이 본문에 대해, 마치 인간 스스로의 믿음으로 치유를 받은 것처럼 석의해석을 하기가 쉽다. 믿음을 선물로 받지 못한 사람들이 스스로의 힘으로 믿음을 가질 수 없다.

칼뱅주의는 알미니안주의와 정반대의 입장을 취하면서도 '믿음 치유' 본문에 관한 해석은 알미니안주의와 같을 때가 있다. 그렇다면 믿음의 기원은 어디인가? 인간 스스로인가? 고전 12:9에 믿음은 선물임을 기록하고 있다. 믿음 치유의 당사자들은 믿음을 선물로 받은 사람들이다. 다만 그 받은 과정, 믿음을 선물로 주신 하나님에 관해 신 관점의 기록을 생략했을 뿐이다. 초월성이 있는 이 '선물 믿음'을 받으면 '신뢰 믿음'으로 이어지는 응답이 가능하다. 이는 기록자가 어느 관점으로 기록하는가에 의해 그 표현이 달라진다. 믿음을 선물로 받고서 신뢰하고서 응답한 '신학적 인간학' 관점, 반응자 관점으로 표현했다. 이런 예들이 성서에 많다. 늘 이 두 관점에서 기록한 것을 식별할 필요가 있다.

앞 단계들과의 관련성

신 관점의 의미나 반응자 관점의 의미를 찾을 때, 앞 단계에서 진행된 여러 석의방법의 결과들과도 연결시킬 필요가 있다. 이를 테면, '신적 수동태' 문법관계가 있는 본문의 경우, 하나님께서 행동하시는 행동의미를 찾을 수 있다. 원어의미로도 가능하다. 반응자 반응에 관하여 법정에서 사용하던 의미나 군사적 용어의 의미가 사용된 본문에서도(배경 이해로) 반응자 관점의 기록의미를 찾을 수 있다.

마무리

　독자들께서 두 관점으로 기록된 부분의 중요성을 알았을 것이다. 특히 반응하는 사람의 관점으로 기록한 부분도 하나님 관점으로 그 의미를 살핌이 필요함도 알았을 것이다. 그 사람의 반응을 허용하시는 하나님의 개입, 뜻이 내포함도 알았을 것이다. 다시 말해, 반응자 관점은 먼저 하나님의 개입과 허용이 전제되어 있다. 이를 테면, 믿음의 반응은 그렇게 보이도록 먼저 하나님께서 역사하셨는데 그 과정을 생략되었을 뿐이다. 따라서 반응자 관점의 기록의미는, 신 관점의 기록의미를 전제로 하고 있다. 이 같은 두 관점의 기록의미는 앞 단계들의 석의결과에서도 찾을 수 있다.

사실 진술·진리 선포(직설법) 관점과 실천행위(명령법) 관점

예비적 이해

　원 기록자들이 성서본문을 다음과 같은 두 가지 관점으로도 기록했다. 윤리적 실천행위를 요구하는 명령법Imperative과 이 요구 명령법의 근거와 이유를 설명하는 직설법Indicative 관점이다. 사실 진술과 진리 선포, 동시에 이를 근거로 실천행위 요구라는 관계로 연결하고 있다. 또한 이 두 가지 관점과 연결되거나 수반되는 여러 가지도 같이 기록하고 있다. 이 기록방식을 알 때, 원뜻을 더 명확하게 찾는다.

기록 방식

이 두 관점은 동시에 기록되는 경우가 있지만 따로 떨어진 기록도 있다. 혹은 둘 중에 생략된 경우도 있다. 혹은 '사실 진술·진리 선포-실천행위 요구-사실 진술·진리 선포'처럼 반복 등으로 다양하게 기록하고 있다. 혹은 기록자들이 후자를 먼저 기록하는 경우가 많다. 혹은 뒤에 기록하거나 건너 뛴 곳에 기록했다. 그러기에 두 관점 중 어느 관점과 연결된 다른 관점이 무엇인지를 찾아야 한다. 그러할 때 원뜻을 더 명확히 알게 된다. 윤리적 명령인"서로 사랑하라."라는 문장이 있을 때, "하나님은 사랑이시다."라는 진리에 관한 직설법 표현은 앞뒤에 있거나 혹은 떨어져 있을 수 있다. 혹은 생략될 수도 있기에 각각의 짝을 찾듯 찾아야 한다.

구체적인 예들

신명기 5:6-21은 두 관점으로 기록됐다. 십계명을 요구하기 전에, "이집트 종살이에서 이끌어 낸 주 너희 하나님이다."를 먼저 기록하고 있다. 그런 하나님이시니(진리 선포) 이어지는 계명을 지킬 것을 요구한다.

예수께서도 두 관점으로 말씀하셨다. 제자들에게"내가 너희를 사랑했다." 그러니 "서로 사랑하라."라고 요구하셨다. "아버지와 내가 하나다." 그러니 "너희도 하나가 되어야 한다."라고 요구하셨다.

바울서신서의 기록특징

이 두 관점은 바울서신서의 기록특징이기도 하다. 대부분 잘 아는 바대로, 바울 사도는 로마서 1–11장까지는 구원론에 관한 진리 선포를 기록하고 있다. 12장부터는 그 구원론을 근거로 요구되는 실천행위를 기록하고 있다. 그런 까닭으로 12:1에서 '그러므로'로 시작한다. 또 복음을 받았으니, 혹은 은혜로 구원받았으니(사실 진술), 이제는 복음에 합당하게 행하라고 기록한 본문(사실 진술에 근거한 실천행위 요구)이 한두 가지가 아니다.

생략된 두 관점에서 원뜻 찾기

성서본문에는 두 관점 중 어느 하나를 생략된 기록이 있다고 했다. 따라서 명령법에서 진리나 사실을 찾아야 하고, 직설법에서 윤리적 명령을 찾아야 할 때가 있다. 곧 사실 진술이나 진리 선포는 있는데 실행 요구가 없어도 당위성 실행이 내포된다. "내가 너희의 하나님이다."라는 진리를 선포했을 때, 이미 '복종'이라는 실행이 내포된다. "……이다."에는 "……해야 한다."가 요구됨이 포함되어 있다. "주님의 때가 가깝다."라는 문장은 "그러기에 오늘에 더 충실하고 재림 신앙인으로서 합당하게 살아야 한다."라는 요구가 이어지고 있다.

동시에 실행 요구만 있을 경우, 그 요구의 근거가 되는 사실이나 진리가 무엇인지를 찾아야 한다. 문장 가까이에 있을 수 있고, 떨어진 곳에 있기도 한다. 혹은 반복되기도 한다. "너희는 거룩하고 흠이 없어야 한다."라는 기록에는 "하나님은 거룩하시다."라는 진리를 전제로 하고 있다.

객관적 은총 관점과 주관적 은총의 관점

어떤 사실이나 진리를 근거로 하는 것을 '객관'이라고들 한다. 반면, 이 객관의 적용 대상을 '주관'이라고 한다. 이 주관에 대해, 주관하는 당사자만의 고유한 생각으로 객관적인 사실이나 진리를 적용하기에 '주관적'이라고도 말한다. 이 '주관 혹은 주관적'은 상대적이기도 하다. 개인별로 차이가 있다. 매우 다양하다. 그러기에 이 주관을 객관으로 착각하지 않아야 한다. 주관을 객관의 근거로 삼거나, 주관이 객관적인 진리의 근거가 없을 때, 매우 심각한 '주관적인 오판'을 하기 쉽다.

한편, 객관을 상대화 하거나 상대적인 것으로 간주하지 말아야 한다. 오늘날 문화적 상대주의의 영향으로 절대적 진리는 없다는 주장들이 강하다. 하나님의 계시 진리도 상대화 하려고 한다. 그렇지 않다. 기독교 진리조차 상대화 한다면 정말이지 이 세상은 존재조차 불가능하다.

그리스도의 죽으심과 부활 사건은 객관적인 진리며, 객관적인 은총이다. 이 객관적 진리와 은총이 개인에게 적용되는 것은 주관적 은총이다. 이 주관적 은총은 매우 다양하다. 어떤 사람은 눈물을 흘린다. 어떤 사람은 조용한 응답을 한다. 상대적이다. 주관하시는 하나님만의 고유한 생각에 의해 주관적 은총을 시여하신다. 필자가 입은 국가 공권력 피해의 진실 규명은 43년이나 걸렸다. 반면, 어떤 분은 5년 만에 규명되었고, 또 어떤 분은 지금도 규명되지 않아서 고통 속에서 지내고 있다. 각 가정마다 임한 은총도 다양하다. 건강 문제는 없지만 경제 문제가 있다. 경제 문제가 없지만 자녀 문제 등 인간관계의 문제가 있다. 상대적이다. 이 상대적이며 주관적인 은총을 객관적인 진리로 삼지 않아야 한다. 하나님은 한 개인이나 가정에 모든 은총을 다 주시지 않는다. 다 주시면 하나님을 의존하지 않음을, 신앙으로 응답하지 않음을 너무나 잘 아신다. 불의한 자가 더 건강하고 장수하며 부유할 수도 있다.

'하나님의 사랑'은 모든 사람을 대상으로 한다는 점이 객관적 진리다. 제한이 없다. 하지만 하나님의 사랑이 실제적으로 경험되는 것은 선택적이다. 주관적으로, 상대적으로 경험된다. 개별차가 있다. 또한 하나님의 사랑에 관한 경험도 다양하다. 그러기에 상대적이며 개별차로 경험되는 주관적인 은총을 객관적인 진리의 근거로 삼지 않아야 한다.

다시금 강조하거니와, 성서 기록자들이 이 객관적 은총과 주관적 은총을 같이 기록했다. 하나님께서 구원 목적을 위해 필요한 은사를 주신다는 진리는 객관적 은총이다. 하지만 개인에게 주실 때 동일하지 않다. 다양하다. 그 분량도 다르다. 그렇다고 서열이 있는 것도 아니다. 하나님께서 자신의 구원 계획과 목적에 필요한 바대로 시여하시며, 그것으로 공동체를 섬기라고 시여하신다. 따라서 이 주관적인 은총은 어떤 객관적인 은총을 근거로 하는지 확인할 필요는 있다. 전자는 후자의 적용 대상이어서다.

주관적 경험이나 은사를 객관적 진리로 삼지 않아야 한다. 성서의 기록본문을 보면, 이 두 은총은 동전의 앞뒤처럼 서로 맞물려 있다. 우리는 이 두 은총을 식별해야 한다. 어느 관점으로 기록했는지 식별할 때에 원뜻을 더 잘 이해한다.

12) 원 기록자의 기록의도·목적

예비적 이해

우리가 편지를 쓸 때, 쓰려는 근본적인 목적이나 까닭이 있다. 안부 전달 등 여러 의도나 목적으로 쓰게 된다. 그냥 해본 말을 쓰듯이 하지 않는다. 성서를 기록한 원 기록자들도 그런 기록의도·목적이 있었다. 아무런 생각 없이 기록하지 않았다.

이 단계에서는 석의 전체 단계에 대해 원 기록자의 어떤 의도·목적이 있었는지를 살핀다. 원 기록자가 어떤 특정한 양식이나 원어어휘를 사용했을 때, 혹은 문법을 사용했을 때 어떤 특정한 의도나 목적으로 채택했는지를 알아보는 단계다. 본문 배경에서도 그 당시의 법률, 군사 등 문화적인 요소들을 사용했을 때, 어떤 특정한 기록의도와 목적이 있을 수 있다. 이 점을 알 때에 원뜻을 더 잘 찾을 수 있다. 문장의 배열이나 두 관점의 기록의미에서도 기록의도와 목적을 알 수 있다. 한편, 석의의 넷째 단계인 '개론 이해'에서는 각 권 '전체'에 관한 기록자의 기록의도·목적을 살피는 단계다.

우리는 석의가로서, 성서본문을 석의할 때마다, 하나님의 주권 행위로 원 기록자가 있었다는 사실, 그들은 하나님께서 계시하신 참뜻, 원뜻을 전달하고자 기록했다는 사실, 기록했을 때 특정한 의도와 목적이나 동기가 있었다는 사실, 의도된 원뜻, 목적된 원뜻이 있었다는 사실에 유념해야 한다. 기록자나 기록의도는 생각조차 하지 않고서 '나'를 중점으로 하여, 나만 은혜를 받아야 한다며 본문에 다가가는 악습에서

조속히 벗어나야 한다. 혹은 회중들에게 '은혜 받았다.'라는 말을 듣고
자 설교자 자신의 의도와 목적을 내세우지 않아야 한다. 이는 석의 없
는 '즉석석의요리'가 되고 만다.

복음서에 기록된 좋은 예들

　복음서에 좋은 예들이 있다. 복음서 기록자들이 예수의 비유말씀과
기적행위를 기록한 의도, 근본적인 목적이 있었다. 하나님나라(통치)의
특징을 알려주기 위함이었다. 특히 기적은 기적 그 자체가 의도와 목
적이 아니었다. 예수의 초월적 능력에 의한 질병치유는, 그 치유 자체
가 목적이 아니었다. 예수께서 하나님나라(통치)의 메시아라는 사실, 하
나님의 주권적 통치가 이미 임했다는 사실을 알려 주려는 것이 참된
의도와 목적이었다. 이미 하나님께서 하나님의 나라(통치)를 시작하셨
다는 사실, 이 땅과 인생들은 그의 주권 통치를 이미 받고 있다는 사
실, 현재의 삶에서 미래의 온전한 통치를 지금 미리 선험하고 있다는
사실을 알리려는 목적이었다.

　반면, 바울의 경우처럼, 가시와 같은 질병이 낫지 않음도 기록했다.
혹은 고통을 허용하시는 기록도 있다. 왜 그랬을까? 낫지 않는 질병과
고통의 신음소리, 눈물을 흘리는 소리도 동일한 기록의도와 목적이 있
어서다. 그 소리는 다시 오실 주님을 기다리고 있다는 소리며, 오시는
주님의 발자국 소리를 기다리는 소리다. 치유와 불치유 기록은, 양자
모두 기록의도와 목적이 있다. 모든 질병이 다 낫고, 모든 문제가 다
해결됨은 미래의 종말이 임했다는 뜻이기에 오해를 하지 말자. (그렇

다고 앉아서 기다리기만 하지 않아야 한다. 우리는 기다리면서, 이미 임한 하나님 통치의 초월적 은총, 선험의 은총으로 악과 고난·고통의 문제와 씨름하며 투쟁해야 함이 주어진 종말론적 현재적 책임이다. 기다림과 투쟁을 동시적으로 받았다. 미래적 종말과 예수의 다시 오심을 간절히 기다릴수록, 현재적 삶에 더 충실하기 마련이다. 몸부림을 치듯 투쟁하는 삶을 살아간다. 오늘이 나의 마지막이라는 종말론적인 인생관으로 말이다.)

이처럼 기록의도와 목적 속에는 '의도된 원뜻'이 내재한다. 그렇지 않으면 예수께서 병 고치는 '의사'로 이 땅에 오신 것으로 오해하게 만든다. 잘못된 메시아관이다. 마태는 마태복음서를 기록할 때 구약본문을 많이 인용했다. 이 인용은 유대인들을 위해서다. 그들에게 구약에서 약속된 그 메시아가 오셨다는 의드된 월뜻을 기록했다.

기록의도·목적과 원뜻

그렇다면, 원 기록자들이 사용한 단어나 문장 속에 전달하려는 의도된 원뜻을 어떻게 다루었을까?

의도란 어떤 행위 이전에 하려고 하는 계획을 뜻한다. 원 기록자의 기록의도란, 전달하고자 했던 원뜻을 기록하려고 했던 계획이며, 근본적인 목적이다. 이 의도 안에는 기록할 '원뜻'이 담겨 있어서 '의도된 원뜻'이다. 이는 의도와 원뜻이 결합되어 있다. 필자가 〈04. 석의의 역사적 발자취(석의해석사)—01) 고대근동기의 석의〉에서 언급한 것처럼, 인간이 최초로 전달하려고 했던 정보를 뇌정보실에 저장한 것과도 관련 있다.

어느 시대의 인간이든, 전달할 원뜻을 기록하기 전에 먼저 뇌정보실에 저장한다. 모세가 당시 법률양식을 이용하여 율법을 기록하려고 했을 때, 먼저 뇌정보실에서 하나님을 찬양하고 기리는 의도와 목적으로 기록하고자 계획했을 것이다. 이는 본문 양식에서도 어떤 원뜻을 찾을 수 있음을 말한다. 레위기 3:17, "피를 먹지 말라."라는 문장을 기록할 때, 생명의 주권자 하나님을 기억하며 생명을 존중해야 함을 강조하려는, 의도된 원뜻을 먼저 생각했고, 이 점을 뇌정보실에 저장했다. 그런 다음, 그 의미를 이 문장으로 표현했다. 어떤 면에서 석의란, 원 기록자의 뇌정보, 언어로 전달하려고 했던 뇌정보와 공유한다.

마무리

석의의 각 단계에서 발견된 결과들 중에서 원 기록자의 어떤 특정한 의도와 목적이 있었는지, 그들의 의도된 원뜻은 무엇이었는지를 살핌이 이 단계의 핵심사항이다. 원 기록자들이 성서를 기록할 때, 각 권 전체에 대한 기록의도와 목적이 있었다고 했다. 때로는 명시하기도 하지만 없는 경우도 있다. 그러할 때 어떤 근거로 유추가 필요하다. 어휘 선택, 문장이나 문법 특징, 문맥, 두 관점의 기록 등에서 원 기록자의 기록 의도와 목적을 어렵지 않게 찾을 수 있다. 본문구조에서도 원 기록자의 의도나 목적을 찾을 수 있다. 그러할 때 원뜻이 더 명확해진다. 어떤 어휘의미가 원 기록자의 의도와 목적으로 특정한 문맥에서 전혀 다른 의미로 사용된 경우도 있다. 그러기에 원 기록자의 의도와 목적을 매우 신중하게 살펴야 한다.

13) 본문구조 분석

구조분석의 본질과 필요성

석의할 본문의 구조 분석이 왜 필요한가?

본문구조란, 각 문장이 혹은 문장의 결합이 서로 연결하면서 석의할 본문의 전체를 이루는 짜임새다. 본문구조 분석이란, 원 기록자가 전달하려고 한, 여러 의미들이 어떻게 짜여 있는지를 분석하는 작업이다. 본문이라는 글을 구성하고 있는 문장들이 각기 무엇을 말하고 있는지 분석해보는 작업을 말한다. 각 문장이 원뜻을 발견하는 일과 관련하여 각기 무엇인가를 말하고 있다는 뜻이다. 배경을 말하는지, 문장 상호 간의 어떤 관계를 말하는지, 하나님에 관해 말하는지, 반응한 사람에 관해 말하는지, 강조점을 말하는지 등 다양하게 분석할 수 있어서 원뜻을 찾는 일에 필수적인 단계다. 잠정 번역 단계에서부터 이미 어느 정도로 자연스레 구조분석이 시작된다. 특히 복잡하거나 긴 본문의 경우, 본문구조 분석을 하게 되면 석의하기가 훨씬 더 쉽다.

구조분석 방법

예비적 이해

본문 문장을 각기 분석해보면, 서론문장, 결론문장, 중심문장, 종속문장, 독립문장, 강조문장 등을 파악한다. 이 경우에도 원 기록자의 입장에서 할 수 있어야 한다. 현대인들이 잘 이해하게끔 하려는 의도로 현대문학작품 분석법으로 구조를 분석하지 않아야 한다. 오히려 기록 당시의 문법, 구문, 수사법, 양식으로 구조를 분석하는 것이 더 나은 방법이다. 보편문법론에 의한 분석도 좋은 방법이다. 오히려 이 파악으로 단락 전체의 짜임새가 한 눈에 들어오듯 한다. 특히 가장 난해한 비유본문의 경우, 구조분석이 중요하다. 알레고리아나 영해 석의를 하지 않기 위해서다. 비유본문의 경우, 대부분 그 결론이나 비유의 핵심이 마지막 문장일 경우가 많다고 했다. 그러기에 비유본문의 문장 순서대로 본문구조를 분석할 필요가 있다. 마지막 문장이 실마리를 제공한다. 그런 다음, 본문구조 이해로 원뜻 이해를 향해 나아갈 수 있다. 본문구조는 전체의미 안에서 각 의미들이 통합된다. 논리적으로도 조화를 이룬다.

　본문구조 분석을 하다보면, 본문의 전체의미, 단락의 중심의미나 행간의미도 발견한다. 원뜻을 확정하기 위한 기초 작업과 같다. 기록내용에 손상을 입히지 않으면서 석의할 본문의 내용을 더 잘 이해한다. 자신만의 고유한 기호로 혹은 다양한 방식으로 분석내용을 어떤 도식으로도 표시할 수 있다.

　요약하면, 본문구조 분석은 석의하려는 본문을 조직화하는 방법이다. 원 기록자가 전달하고자 하는 전달의미를 구성하는 조직이 있어서다. 원 기록자는 전달 목적을 위해 다양한 방식으로 표현했기에, 이를 근거로 각각 기록한 본문의 여러 의미를 명료화 할 수 있다. 석의가의 관점에서 보면, 본문구조 분석이란 일종의 접근·해석·이해의 전략이다. 이 전략으로 다양한 형태의 구조를 발견한다. 서론적 의미와 결론적 의미, 시공간관계의 의미, 원인의미와 결과의미의 관계, 유사성 의미와 상이성 의미의 관계로, 비교의기와 대조의미의 관계를 이루고 있는 구조들을 분석하는 전략이다. 이는 각 문장이 단락본문 안에서 어떤 역할을 하는지, 서로 어떤 관계를 형성하고 있는지를 파악하게 한다. 다음 단계에서 원뜻을 확정할 때, 이 본문구조를 중심으로 해야 하기에 이 단계 역시 중요하다.

가능한 한, 스스로 본문구조를 분석하는 훈련을 쌓았으면 한다. 그런 다음, 구조분석이 된 다른 석의문헌들을 참조하길 바란다. 석의과정에서 분석한 구조가 수정될 수 있다는 점도 염두에 두자.

아래의 도표는 기본 분석표다. 이 구조에서 더 세밀한 구조 분석을 할 수 있다. 이를 테면, 하나님 말씀과 행위에 대해 혹은 아브람의 반응에 대해 원어나 문법 혹은 배경이나 전경 등으로 더 구체적인 분석이 가능하다.

구조분석 실제의 예(창12:1-9)

*하나님의 찾아오심	12:1	하나님께서 하란에 머물고 있는 아브람에게 찾아오시다.
*하나님의 명령	12:1	"너는……떠나……가라!"
	12:2d	"너는 복이 되라!"

*하나님의 언약 (1)	12:2a	"내가 너로 큰 나라를 세우게 할 것이다."
*하나님의 언약 (2)	12:2b	"내가 너에게 혜복할 것이다."
*하나님의 언약 (3)	12:2c	"내가 너의 이름을 떨치게 할 것이다."
*하나님의 언약 (4)	12:2d	"너는 복이 될 것이다(복이 되라)."
*하나님의 언약 (5)	12:3a	"너를 축복하는 자에게 혜복할 것이다."
*하나님의 언약 (6)	12:3b	"너를 경멸하는 자를 벌할 것이다."
*하나님의 언약 (7)	12:3c	"땅의 모든 사람이 너로 인해 복을 받게 될 것이다."
*아브람의 반응 (1)	12:4	말씀대로 떠나다.
	12:5	가나안 땅으로 들어가다.
	12:6	가나안 사람들이 있는 세겜 땅 모레의 상수리나무가 있는 곳까지 이르다.
*하나님의 나타나심	12:7a	아브람이 가나안 땅에 들어가자 나타나시다(현현).
*하나님의 확증성 재언약 (8)	12:7b	후손에게 가나안 땅을 주시겠다는 확증성 재언약
*아브람의 반응 (2)	12:7c	제단을 쌓다.
	12:8a	산간지역으로 옮기어 벧엘 동쪽과 서쪽, 아이 동쪽에 장막을 치다

| *아브람의 반응 (2) | 12:8b | 제단을 쌓고 주님의 이름을 부르다. |
| | 12:9 | 이동하여 네겝까지 내려가다. |

```
A: 찾아오시는 하나님 ············ A': 나타나 주시는(현현) 하나님
B: 하나님의 명령 ············· B': (미기록된 하나님의 요구하심)
C: 하나님의 언약(1)–(7) ········ C': 하나님의 확증성 재언약(8)
D: 아브람의 반응(1) ······················ D': 아브람의 반응(2)
```

14) 원뜻(원래의미) 확정하기

예비적 이해

원뜻을 확정한다는 것은 쉽지 않다. 어쩌면 이 세상에서 가장 어려운 일이라고 해도 과언이 아니다. 신 은총 없이는 한 순간도 살 수 없는 인간이, 감히 하나님의 참뜻인 원뜻을 확정할 수 있겠는가?

그런데도 하나님은 이 일을 하라고 요구하셨다. 필요한 모든 도구들까지 마련해 주셨다. 특히 21세기에 사는 우리들에게는 2천여 년 동안의 석의자료들을 넘쳐나는 선물로 안겨주셨다. 무엇보다 성서본문을 기록할 때 '영감 은총'을 주신 성령님께서, 석의자료들을 참고하면서 석의하는 우리들에게 '조명 은총'으로 원뜻을 확정하게끔 빛을 비

추신다. 앞의 모든 선행단계를 원뜻 확정단계와 연결시켜 주시면서 도우신다.

문제점

각 단계별 석의로 끝나는 것이 아니다. 최종적으로 원뜻을 확정하는 단계에 이르러야 한다. 이 단계는 석의의 꽃과 같다. 흔히 볼 수 있듯이, 원어 연구 하나만으로 끝나거나, 아예 앞 단계들을 거치지 않고서 직통으로 본문석의를 한다면, 즉석요리처럼 되어서 원뜻을 왜곡시키고 만다. 특히 삭의해석을 하거나, 문자주의적인 자의해석 한 가지로만 원뜻을 확정하는 과오를 자행하지 않아야 한다. 필자는 한 가지 좋은 예가 생각나서 적는다: "해질 무렵, 어느 큰 저수지에 피라미 한 마리가 물 위로 뛰는 것을 보고서 그 저수지에는 피라미만 있다는 자의해석으로 단정하지 않아야 한다. 여러 종류의 물고기가 산다는 의미를 제거하는 삭의에서 비롯된다. 힘들겠지만, 잠수복을 입고서 저수지 밑바닥까지 전체를 샅샅이 탐사해야만, 어떤 물고기들이 살고 있는지를 정확히 파악할 수 있지 않겠는가?"

성령님의 조명 아래·신앙의 사고와 신앙적 비평으로 확정하기

원뜻 확정에서 이 부분을 가장 먼저 두는 까닭은, 석의 진행을 성령님의 조명 아래에서 해야 하기 때문이다. 처음부터 매 단계마다 절대적으로 성령님의 조명 사역을 의존해야 한다. 성령님은 석의가로 오셨다가 승천하신 그리스도가 하시던 지상에서의 석의사역도 이행하고 있다. 지금도 예수께서 천상에서 성령님으로 하여금 지상 사역 때와 동일한 석의사역을 하게끔 하시기어 성령님의 도우심이 필요하다.

원뜻을 최종적으로 확정하고자 석의관련 여러 자료들을 참조할 때, 성령님의 조명은 이 일과 매우 긴밀한 관련이 있다. 사전, 석의주석서 등 석의자료들에는 수많은 논점들이 있다. 이 논점들에서 원뜻과 관련 있는 논점을 발견해야 한다. 이 일은 성령님의 조명 아래에서, 신앙의 사고와 신앙적인 비평이 필요하다. 성령님의 조명을 받는 신앙의 사고는, 신앙적인 비평의 사고력으로 변화를 받는다. 이 기능으로 그 수많은 논점을 볼 때마다, 명확한 원뜻을 찾게 된다. 일반적인 사고력도 사실관계를 명확히 이해하게 한다. 하물며 신앙의 사고와 신앙적인 비평 기능은 더더욱 명확하지 않겠는가. 건전하고 균형감이 있는 유추까지도 가능하게 한다.

신앙의 사고는 우리가 거듭날 때 성령님의 사역으로 형성되는 사고다. 이 신앙의 사고로 헤아리며 비평(식별)한다. 비그리스도인들과 동일한 언어를 사용하더라도, 의미는 같더라도, 신앙이 담겨있는 신앙언어며, 의미도 신앙의미며, 사고도 신앙의 사고다.

원 기록자들이 신앙의 사고로 기록했기에 오늘날의 석의가인 우리도 신앙의 사고로 접근이 가능하다. 성령님 안에서 하나가 될 수 있어서다. 원 기록자가 신앙의 사고로 기록한 원뜻을 이해할 수 있다는 뜻이다. 원 기록자와 오늘날의 석의가 양자 모두, 성령님의 사역이 있기에 신앙의 사고가 가능함을 뜻한다. 성령님께서 인간의 사고기능과 유기적인 관계를 이루면서 행하시는 사역이 있어서다. 더 자세한 논점은 제401-403쪽을 참조하라.

사고 기능 중에는 비평하는 기능이 있다. 신앙적 비평으로 원뜻을 확정하기 위해서는 누가가 누가복음과 사도행전을 기록할 때처럼, 우리도 문헌정보수집, 분석, 논리 정연화, 명료화, 변별, 분류, 유추, 통합 등의 과정을 거친다. 이 일에 대해 성령님께서 신앙의 사고에 의한 신앙적 비평(식별)으로 확정하게끔 도우심을 잊지 말라.

미확정된 원뜻 모으기

예비적 이해

석의의 전 단계에서 발견한 원뜻들은 일단 미확정된 원뜻이라고 했다. 이 단계에서 원뜻을 확정하기 위해서 그와 같은 미확정된 원뜻들을 먼저 모은다. 이는 최종적으로 원뜻을 확정하기 위한 사전 작업이다.

거듭 말하지만, 우리가 확정적인 원뜻을 완벽하게 결정할 능력이 없다. 늘 주관적인 오판을 할 수 있기에 성령님의 조명 아래에서, 객관적인 근거(석의자료)로 매우 신중해야 한다.

미확정된 원뜻의 유형

앞 단계에서 발견한 원뜻들은 일단 미확정된 원뜻들이다. 최종적으로 확정되지 않아서다. 이를 어디에서 발견하는가? 이는 '어떤 유형이 있는가?'라는 질문과 같다.

　주된 유형들을 정리해보면, 본문 선정, 잠정 번역, 관련 본문, 개론 이해의 단계를 거치면서, 또한 문먹, 원어 연구, 문법–구문–수사법, 본경–배경–전경, 두 관점의 기록의미, 원 기록자의 기록의도·목적, 본문구조 분석 등으로 발견한 원뜻이 일단 미확정된 원뜻들이다. 이 외에도 단락의미, 행간의미, 연결의미(다른 단어, 구, 절, 문장, 문맥, 각 책, 신구약 관계성에 의한 의미), 확장의미, 성서 전체의미 등으로도 구분된다. 다양하다는 점을 기억하자. 그렇지 않으면 '세 가지 의미' 등 어떤 틀을 임의적으로 정하고서 그 틀에 맞추려고 한다. 이는 다양한 원뜻을 제한시키는 과오다.

본문구조 분석을 중심으로 확정하기

　앞 단계에서 본문구조 분석의 중요성을 논했다. 원뜻을 최종적으로 확정할 때, 본문구조 분석을 중심으로 하기 때문이다. 분석한 각 문장 혹은 결합문장들이 각기 최종적인 석의의 대상이다. 첫째, 모아진 여러 앞 단계의 미확정 원뜻들을 필요할 때마다 활용한다. 둘째, 본문구조 분석에 의한 결과를 근거로 한다. 셋째, 앞 단계에서 석의한 결과들, 곧 원어 연구, 문법, 배경 등에 의한 원뜻을 분석한 본문구조에 유효적절하게 적용한다.

신구약 관계성으로 확정하기

예비적 이해

원뜻을 확정할 때, 신구약 사이의 관계성도 중요하다. 구약의 어떤 부분이 신약에도 이어지는 연속성 관계가 있는가 하면, 단절되는 불연속성 관계도 있다. 곧 구약시대에는 형식의미와 본질의미 둘 다 유효했다. 하지만 신약시대에는 구약의 본질의미만 이어졌고(연속성), 형식의미는 폐기됐다(불연속성). 그런데도 형식의미를 여전히 절대화 하거나(성전-제사장-십일조-토요일 안식일-7년 안식년-50년 희년-유월절 등), 형식의미 상실을 본질의미 상실로 오해하는 경우가 적지 않다. 이 연속성과 불연속 관계성은, 신구약 의미가 어떻게 동시적으로 만나서 통합의미를 이루는가를 말해준다. 그러기에 구약본문의 의미를 가볍게 여기지 말아야 한다. 신약본문에 대해서도 구약과의 관계성을 제외한 문자주의적인 해석을 삼가야 한다. 각 본문이 자기시대에서 어떤 원뜻을 담고 있었는지를 먼저 살핀 후, 신구약 관계성에 의한 원뜻을 찾는 과정이 필요하다. 특히 신약본문에는 구약본문을 인용한 경우가 많다. 반복 하거니와, 직접인용, 재인용, 간접인용, 암시적 인용 등 다양하게 인용했다. 이는 무엇을 뜻하는가? 신약기록자들이 유일한 정경으로는 구약뿐이었다는 사실, 기록할 때 어떤 측면에서든 영향을 받은 구약배경이 있다는 사실을 뜻한다. 구약 상호간에도, 혹은 신약 상호간에도 다양한 인용관계를 이루고 있기에 이 관계에 의한 석의가 필요하다.

대표적 본보기가 되는 예수와 바울

신구약 관계성으로 하는 대표적인 석의의 본보기는 예수와 바울에게서 명확하게 볼 수 있다. 앞에서 예수께서 새로운 계시자와 석의가로 파송 받으셨다고 했다. 예수의 신분부터가 석의가이셨다. 자신의 죽으심과 부활을 근거로 구약을 새롭게 해석하신 탁월한 석의가이셨다. 구약율법에 대해 새로운 원뜻으로 해석하시는 새 모세, 새 율법스승으로서, 구약예언 전승에 대해 새로운 원뜻으로 해석하시는 새 예언자로서, 구약지혜 전승에 대해서도 새로운 원뜻으로 해석하시는 새 지혜자로서, 구약역사 전승에 대해서도 서로운 원뜻으로 해석하시는 새로운 구원사적 역사가의 모습에서 볼 수 있다. 바울 역시 신구약 관계성에 의한 탁월한 석의가였다. 예수께서 보여주신 그대로였다. 구약율법, 구약예언, 구약역사 전승에 대해 새로운 원뜻으로 해석한 새 율법스승, 새 예언자, 새 지혜자, 새 구원사적 역사가로서 서신서를 썼다.

한편, 본 장에서는 〈04. 석의의 역사적 발자취(석의해석사)〉에서 다룬 예수와 바울의 석의방법, 이를 테면, 페쉐르나 유형론 등을 별도로 다루지 않는다. 신구약 관계성을 비롯하여 배경 연구 등, 석의과정에 포함될 수 있어서다.

신구약 관계성에 의한 연결의미와 확장의미 찾기

신구약 관계성으로 원뜻을 확정할 때, 연결의미와 확장의미가 원뜻일 수 있다.

첫째, 구약의 경우, 오경, 역사서, 성문서(시가서와 지혜서), 예언서 사이에, 혹은 각 권 자체 사이에 연결의미와 확장의미를 먼저 찾는다. 그런 다음, 신약과의 관계성으로 연결의미와 확장의미를 찾아야 한다.

둘째, 신약의 경우, 우선적으로 기억해야 할 점이 있다. 신약기록자들이 가지고 있었던 유일한 정경은 구약이었다. 그리스도가 오시기 전까지, 대부분 유대교 관점에서 구약을 이해했다가 그리스도의 오심과 죽으심 및 부활 사건 이후에는 구약을 다시 새롭게 이해하기 시작했다. 그 결과, 이 두 사건을 근거로 많은 구약본문을 인용했다. 신약 27권 각 권이 구약과의 어떤 관계성(연속성 및 불연속성)을 이루고 있는지, 그 관계성에 의한 연결의미와 확장의미가 무엇인지를 반드시 살펴야 한다.

기본적으로 신약은 구약배경, 유대교배경, 그리스-헬라-로마 문화배경으로 석의하되, 구약과 유대교와는 어떤 연속성과 불연속성이 있는지를 살펴야 한다. 그런 다음, 어떤 연결의미와 확장의미가 있는지도 살펴야 한다. 곧 공관복음서 관계, 공관복음서와 요한복음서 관계, 네 복음서와 신약 다른 23권과의 관계, 특히 누가복음과 사도행전의 관계, 복음서와 바울서신 및 공동서신의 관계, 사도행전과 바울서신의 관계, 바울서신과 공동서신의 관계, 요한계시록과 신약 26권 관계 등 여러 측면에서의 연결의미와 확장의미를 발견해야 한다.

셋째, 왜 연결의미가 중요한가? 동일한 원뜻에 관해 서로 다른 표현방식으로 다양하게 기록했기 때문이다. 왜 확장의미가 중요한가? 원뜻이 더 확대된 경우도 있어서다. 이를 테면, 복음서에 기록된 원뜻이 바울서신에서는 더 구체적으로 확장되어 있다. 곧 바울이 복음서에 기록된 예수의 가르침에 담겨있는 원뜻을 훼손시키지 않으면서, 때로는 회상하면서 확장의미를 기록했다. 그리스도의 죽으심의 원뜻에 관하여 바울은 그 원뜻을 훼손시키지 않으면서, 동시에 그의 죽으심을 회상하면서 새롭게, 창조적으로, 훨씬 더 구체적인 확장의미를 기록한 것을 볼 수 있다.

주의해야 하는 기독론적 구약석의

 구약을 신약의 관점, 특히 기독론 관점에서 석의할 때도 신중함이 필요하다. 모든 구약본문을 그리스도의 관점에서 석의할 수 없기 때문이다. 구약기록자들은 일차적으로 자기 당대의 청자·독자를 위해, 이차적으로 이어지는 후손들을 위해 기록했다. 후손들을 위해 기록한 것도, 자기 당대의 사건들을 중심으로 하고 있다. 즉 구약기록자들은 신약기록자들이 그리스도에 관하여 기록하리라고는 생각할 수 없었다─우리의 위치에서 보면 그런 관계성이 있다는 해석을 할 수 있지만. 신약기록의 내용(그리스도의 위격, 가르치신 말씀, 능력 행하심 등)에 관해 알지 못했다. 신약기록자들이 증거 하려고 한 그리스도를 알지 못한 채 구약을 기록했다. 구약 본연의 기록목적, 기록상황이 있었다. 그러기에 구약본문의 경우, 기독론과 상관없이 먼저 원뜻을 찾아야 한다. 구약본문을 석의할 때 기독론을 남용하여 억지 해석을 하지 않도록 유의해야 한다.

공시적 근거에 의한 통시적 석의인지 확인하기

　신구약 관계성에 의한 원뜻을 확정할 때, 먼저 공시적 근거에 의한 것인지를 확인해야 한다. 그렇게 확인이 되면, 통시적 석의가 가능하다. 공시적 석의란, 신구약본문을 석의할 때, 특정한 본문을 기록할 당시에 어떤 의미이었는지를 먼저 살피는 것을 뜻한다고 논했다.

　이를 테면, 창세기의 언약법에 관해 공시적인 원뜻을 발견한 후, 그 이후의 구약 본문의 언약법이나 신약의 새 언약에 대한 통시적인 원뜻을 발견한다. 곧 구약 창세기 본문의 공시적인 의미를 근거로, 그 이후의 구약본문의 언약법이나, 신약의 새 언약법에 관한 본문의 원뜻을 정할 수 있다. 다윗의 이름의미가 변천된 것이 그 좋은 예다. 국가의 왕 이름에서 나중에 종말론적인 의미의 이름으로 바뀐다. 이와 같이 언어는 지속적으로 변화며 새 의미로 창조되거나 옛 의미는 소실된다. 그래서 통시적인 석의가 필요하다. 이 두 가지는 석의의 전체단계에 대해 포괄적인 표현으로서, 석의는 공시적 접근과 통시적 접근으로 하되, 반드시 공시적 접근의 결과를 근거로 통시적 접근을 시도해야 한다는 말로 정리될 수 있다.

전제의미 확인하기

　신구약 관계성으로 원뜻을 확정할 때, 어떤 본문에 전제의미가 있는지 확인할 필요가 있다. 고대문헌 기록의 특징 중 하나가 전제의미를 밝히지 않는다는 점이다. 곧 전제 제시를 피하려는 특징이 있다.

　한 예를 들어보자. 구약 오경을 기록할 때 출애굽 사건이 그 전제의미다. 사실, 창세기부터 말라기까지 이 사건의미가 늘 전제하고 있었다. 그런데도 창세기를 기록할 때, 이 중차대한 역사적 사건의미에 관해서는 침묵했다. 이 전제의미를 간과하면 창세기 본문을 '창세기적으로만' 해석한다. 원 기록자, 모세가 창조론을 믿었지만 창조실화를 기록한 전제의미는 출애굽 구원사건의 의미다. 이 전제의미를 살피지 않으면 창세기 기록이 '이집트에서 구원하신 하나님께서 어떤 분이신가'를 알리려는 원 기록자의 의도와 목적을 놓치고 만다.

지금·이곳 석의가의 위치의미

신구약 관계성은 지금·이곳에서 석의를 하는 우리의 위치의미도 인식시킨다. 우리는 그리스도의 죽으심과 부활 이후의 독자, 66권 정경완성 이후의 독자, 2천여 년이 지난 21세기 독자다. 하나님의 계시 전체 관점에서 이해해야 하는 위치에 서있음을 기억하자.

성서전체 관점으로 확정하기

예비적 이해

하나님나라(통치)가 성서전체tota scriptura 관점이다. 이는 성서전체의 의미며 전체주제다. 어떤 본문의 원뜻을 최종적으로 확정할 때 '하나님나라(통치)'라는 성서전체 관점에 비추어 보아야 한다. 그렇지 않으면 오순절 성령강림 사건에 대해, 오늘날 지금·이곳에서도 제2, 제3의 체험을 해야 한다는 경우처럼, 오석을 당연히 행한다. 성서전체 관점에서 보면, 이 사건은 '단회적 사건'이다. 그리스도의 초림=>죽으심=>

부활=〉승천=〉성령강림 사건이 역사적·단회적 사건이듯, 이 사건들과 연관되어 이어지는 역사적·단회적 사건이다. 유일하게 남아있는 사건이 재림이다. 그러기에 늘 원뜻을 확정하기 전에, '하나님나라(통치)'라는 성서전체 관점에서 확인할 필요가 있다. 이 관점은 하나님의 구원 계획과 목적이기도 하다.

균형감

성서전체 관점에서 살필 때, 균형감이 있는 석의가 가능하다. 이를테면, '사랑'에 관한 본문의 석의를 할 때, 사랑만을 강조하지 않게 된다. '정의'에 관한 것도 동시적으로 석의한다—하나님의 정의도 하나님의 사랑 행위다. 사랑과 정의 중, 어느 하나만을 강조할 때 불균형적인 원뜻과 비논리까지 발생한다. 그러기에 늘 성서전체 관점에서 원뜻을 확정하면 균형감이 있다.

한국교회가 불균형감이 충만할 정도로 심각한 문제가 있어서 이 균형감에 관해 앞으로 매우 유의해야 한다. 균형감의 예를 찾는 것은 어렵지 않다. 하나님은 말씀하시는 분이지만, 때로는 침묵하시는 분이시다. 개입 등 행동을 하시지만, 보고만 계실 때도 있다. 우리의 뜻과 상관없이 주도하시는 주권행위가 있지만, 우리의 태도와 반응에 대해 응답하시는 주권행위도 있다. 기도 응답도 즉답이나 변답으로 하시지만, 무응답으로도 응답하신다. 때로는 즉각 행하라고 하시지만, 때로는 기다리라고 하신다. 어느 한쪽으로 편향되지 않도록 유념하자.

특정의미와 보편의미 식별하기

이 식별도 원뜻을 확정하는 본문석의에서 매우 긴요하다. 특정한 교회, 특정한 상황에 전달된 특정의미를 어느 시대든 전 교회, 전 그리스도인들에게 적용하는 경우가 빈번하기 떠문이다. 어떤 본문의 경우는 특정의미가 보편의미를 지니고 있지만, 늘 보편의미인지 아닌지를 식별하면서 원뜻을 정해야 한다. 이 식별도 성서전체 관점에서 살피는 것이 필요하다.

아브람에게는 하란을 떠나라고 하셨지만, 12제자들에게도 "나를 따르라!"라고 하셨지만, 어느 제자에게는 집으로 되돌아가라고 하셨다(눅8:39). 이 각각의 본문에서 특정의미화 하기가 쉽다.

따라서 성서전체 관점에서 그 본문의 보편의미가 무엇인지를 다시 살펴야 한다.

연계-분석-식별-통합으로 최종 확정하기
(Connective-Analytic-Discriminative-Synthetic)

본문구조 분석을 중심으로 한 원뜻을 확정할 때, 연계-분석-식별-통합으로 진행한다. 앞 단계에서 발견한 다양한 미확정 원뜻들과 본문구조 분석 결과, 신구약 관계성에 의한 결과, 성서전체 관점에서의 결과 등을 서로 연계하여 분석한다. 그런 다음, 각각에 대해 식별한 후, 통합하여 최종적으로 원뜻을 확정한다. 이 과정에서도 성령님의 조명 아래에서, 신앙의 사고와 신앙적인 비평(식별)이 당연히 필요하다.

원뜻의 논리문제 확인하기(✍)

의미에도 논리가 있다. 성서에도 의미논리가 존재한다. 따라서 명확한 원뜻을 결정하기 위해서는 논리의 문제도 고려해야 한다. 구약 십계명에는 "네 부모를 공경하라.", 신약 복음서에서는 "나와 복음을 위하여 부모를 버리라.", 바울은 "주 안에서 네 부모를 공경하라."라고 각기 기록하고 있다. 여기서 어느 하나만을 '효' 의미로 택할 경우, 비논리가 발생한다. 공경해야 하는가? 공경하지 말아야 하는가? 주 안에서 공경은 무엇인가? 이런 질문 속에서 헤어나지 못한다. 이 각각의 원뜻 사이에 논리가 필요하다. 셋 다 '효'에 관한 주제라는 공통점이 있다. 하지만 그 효의 의미가 논리적이어야 한다.

우선 각기 전달된 '상황'이 다르다. 그렇지만 신구약 관계성으로 십계명의 의미도 결국 '주 안(하나님의 신앙공동체)에서의 효', 곧 하나님의 뜻 안에서 효를 뜻한다. 복음서의 요구는 선교적 상황에서 요구됐지만, 하나님의 뜻인 '효' 의미와도 관련 있다. 따라서 논리가 정립된다. 논리를 정립해야 비논리나 모순이 발생하지 않는다. 때로는 상위의미가 하위의미를 포함하거나 다른 대체 표현으로도 의미의 논리관계가 이루어지기도 한다.

우리는 비트겐슈타인Wittgenstein이 '그림이론'으로 의미와 논리 관계를 논한 점에 관해 귀 기울일 필요가 있다. 그는 의미가 실재하지만 논리적 관계로 의미가 성립된다고 주장했다. 곧 논리라는 기능으로 의미가 성립함을 뜻한다. 어떤 대상에서 의미를 찾을 수 없을 때, '논리'라는 그림 안에 의미가 내재하고 있기에 의미를 찾을 수 있음을 뜻한다. 그는 정경 이후의 사람이지만, 경청할 만한 논점이라서 인용했다. 하지만 성서기록자들은 현대언어철학과 같은 논리체계를 근거로 기록하지 않았다. 전달하려는 원뜻과 그들 사이의 관계성으로 기록하다 보니 '의미론적인 논리'가 성립되어 어떤 논리가 자연스레 형성됐다. 따라서 우리는 '의미론적인 논리'를 추구해야 한다.

아울러서 논리실증학파의 견해도 한 번쯤이라도 귀 기울여 보자. '의미와 논리의 관계성'과 관련이 있어서다. 이 학파는 비트겐슈타인의 이론에 동의하면서 형이상학을 극복하고자 했다. 형이상학의 어휘는 '무의미'하기에 어휘와의 논리성이 성립될 수가 없는 것으로 보았다. '유의미'한 어휘만이 논리가 성립될 수 있으며, 검증이 가능한 것을 의미로 간주한다는 전제성이 있다.

필자는 의미의 논리에 관한 논점은 동의할 수 있지만, 검증 가능성에 의한 의미 확정에는 동의할 수 없다. 물론 검증이 필요할 때도 있다. 하지만 신앙의 어휘들 중, 신 존재에 관한 어휘는 우리의 검증과 상관없이 자존을 입증한다. 성서에 원 기록자들이 전달하려고 했던 '전달 원뜻'이 이미 저장되어 있다. 우리가 그 전달 원뜻을 찾든 못 찾든 영구히 존재하고 있다. 검증이 불가능한 진리도 있다는 뜻이다. 하여튼 이 학파가 의미의 논리문제를 다루었다는 점은 참고할 만하다.

원뜻이 비논리적으로 발생하는 예들이 적지 않다. 그 해결책을 반드시 알고서 본문에 접근해야 한다. 그렇지 않으면 한 부분에 치우치는 비논리적인 원뜻을 확정할 수 있다. 성서에 기록된 원뜻, 곧 하나님의 뜻에 관해 말할 때, 최소한 논리적인지 비논리적인지를 반드시 숙고해야 한다. 이런 까닭으로, 성서 전체의미와 연관시킨 원뜻을 생각하지 않을 수 없다. 신구약 관계성으로 원뜻을 확정하지 않을 수 없다. 우리는 66권의 독자, 21세기의 독자라는 점도 다시 새길 필요가 있다. 확정된 원뜻이 논리의 일관성이 있는지 확인이 필요하다.

가장 흔한 비논리는 '축복'만이 하나님의 뜻이라는 점이다.[12] 좋은 결과만 하나님의 뜻이라고 외치는 비논리가 한국교회당 안에 가득하다. 그러다가 어느 날, 하나님께서 기뻐하시는 뜻은, 프란체스코나 테레사를 본받는 삶이라고 외친다. 그들처럼, 가난해질 때까지 다 나누는 희생과 헌신을 요구한다. 자신은 행하지 않으면서 말이다. 도대체 헷갈리게 하는 까닭이 무엇인가?

석의자료를 최대한 참조하기

예비적 이해

성서 한 권만으로 성서를 해석하고 이해할 수 있다면 얼마나 좋겠는가? 성서를 읽기만 하면 모든 구절을 이해할 수 있다면 얼마나 좋겠는가? 그렇지 못하다는 것이 우리의 고민이다. 수천 년 전에 기록된 문헌에 대해 자료 하나 없이 우리의 시력과 뇌기능으로 이해하려고 시도하는 것부터가 모순이며, 원뜻 확정에 다다를 수가 없다.

---

12) '축복' 용어가 하나님에 대해 사용할 수 없다는 점을 잘 알면서도 자꾸만 난발하고 있다.

다행히 2천여 년 동안 석의가들이 탐구한 석의자료들이 있다. 21세기를 살아가는 우리들에게 이 같은 석의자료들이 있다는 것은 하늘의 선물이며 행운이다. 석의자료들을 참조하면 할수록 원뜻을 더 잘 발견할 수 있다는 것은 엄청난 선물이다. 하나님의 주권적인 섭리로 시여하신 이 천국 진주와 같은 선물을 가볍게 여기지 말자. 대단한 석의의 빛을 비추어 주어서다. 성령님의 조명의 빛 아래에서, 신앙적인 비평(식별)으로 선용하도록 산더미와 같은 석의자료를 우리들에게 안겨주셨다.

석의주석서 활용법

석의주석서를 사용할 때 한 가지 우의해야 할 점이 있다. 아무리 바빠도 바로 펼치지 않기를 권한다. 먼저 여러 사전을 이용하여 원어 연구, 배경과 전경, 의미연구 등 스스르 할 수 있는 것부터 한 후에 최종적으로 석의주석서를 참조하길 바란다. 왜냐하면, 가끔 석의주석서에 원어 연구가 잘못된 경우가 있어서다.

그렇다고 석의주석서를 경시하지 않아야 한다. 필수문헌이다! 성서와 함께 있어야 할 문헌이지만, 사용할 때는 객관적인 안목이 필요하다. 칼뱅 주석서에도 오류가 있다. 부정확한 요점을 그대로 인용할 경우, 강해나 적용에도 오류가 발생한다. 우리의 신앙과 삶에도 그대로 오류가 발생한다. 그렇다고 성서 한 권만을 읽어야 한다는 생각을 하지 않기를 바란다. '성서 한 권만'이라는 주장에는 더 빈번한 오류가 발생할 수 있다. 안심하라! 공동체의 유익을 위해 헌신적으로 저술한 탁월하고 유용한 석의주석서들이 우리를 기다리고 있다. 성서가 주지 않는 놀라운 은총을 경험하게 한다. 개인적으로 어려움이 있는 독자는, 최선을 다했지만 진전이 없는 독자는, 먼저 석의주석서를 참조하되, 반드시 여러 석의주석서를 비교·대조하면서 독서하길 권한다.

특히 사역자는, 예수께서 "전심전력으로 하나님을 사랑하고 이웃을 사랑하라."라는 말씀에 순종한다면, 최소한 영어 석의자료라도 읽을 수 있도록 노력하길 바란다. 성서원어를 비롯하여 영어를 정복하길 강권한다. 이 일에도 성령님의 도우심이 있다. 사전을 펼 때도, 밤을 새울 때도 함께 하신다. 이런 노력자가 소명을 받았다는 증거가 아닌가? 지극히 정상적인 사역자다. 말씀사역을 위해 주님께 '목숨'을 바칠 각오를 했는가? 진정으로 충성심이 있는 진정한 사역인가? 그렇다면 성서원어와 최소한 영어는 극복할 수 있다. 뜻이 있는 일반 독자들도 성령님께서 함께 하시니 도전 해보길 권한다.

15) 해석사·이해사·영향사에 대한 고찰과 검증

엄밀한 의미에서 이 단계는 석의방법론은 아니지만, 반드시 거쳐야 하는 단계라서 포함시켰다. 지난 2천여 년 동안, 교회가 성서본문을 어떻게 해석하고 이해했는지, 어떤 영향을 주었는지를 고찰하는 일도 석의과정에서 필요하다. 성령님의 조명 아래에서 석의결과(확정된 원뜻)를 근거로 교회사적 발자취를 따라 가보는 회상적 고찰이다.

2천여 년 동안, 교회가 무엇을 원뜻이라고 해석하고 가르쳤는지 비교·대조를 해봄으로써 더 객관적인 근거를 가진다. 또한 바른 영향력을 끼쳤는지 검증도 가능하다. 교회가 왜곡의미로 옆길로 갔는지, 혹은 명확한 원뜻으로 하나님의 뜻대로 바르게 나아갔는지 그런 확인도 가능하다. 그 원인까지도 찾을 수 있다. 그러기에 이 단계도 매우 중요하다.

이 단계의 훈련도 쌓아간다면 점점 더 왜 필요한지를 깨닫게 되어 더 적극적으로 하게 된다. 그 동안, 펼치지도 않았던 기독교해석사 관련 문헌을 찾게 될 것이다. 후사도들의 주석서, 종교개혁자들의 주석서, 종교개혁 이후 시대와 최근까지의 주석서를 정독하게 될 것이다.

특히, 확정된 원뜻으로, 지금까지 발간된 수많은 설교집과 강해서와 비교·대조 해보라. 석의설교인지, 자의·삭의설교인지 어렵지 않게 식별할 것이다. 발견하고 확정한 원뜻에 관하여 해석사·이해사·영향사의 고찰로 더 확증하게 될 것이다. 여과로 수용할 것과 수정할 것도 식별하여 '석의해석사 바로 세우기'까지도 가능하다.

16) 최종 번역

최종 번역 단계는 석의의 둘째 단계에서 번역한, 잠정 번역을 최종적으로 번역하는 단계다. 잠정 번역을 최종 번역으로 확정할 수도 있다. 그럼에도 재확인이 필요하다. 최종번역은 15단계로 확정한 원뜻을 근거로 한다. 의미론적인 번역이다. 이 의미론적인 번역은 인류 문명과 더불어 시작됐다고 했다. 수메르어와 아카드어를 공용어로 사용했던 고대국가에서부터 채택한 방법이다. 따라서 번역은 의미를 근거로 하는 번역으로 마무리해야 한다. 그런 까닭으로, 의미에 의한 번역단계인 최종 번역의 경우, 원뜻을 확정한 이후의 단계, 곧 마지막 단계에 두었다.

마무리: '석의교향곡'을 위하여

교향곡은 여러 악기들의 합주 연주곡이다. 석의결과도 교향곡과 같은 작품이다. 성령님의 조명 아래에서, 미확정된 여러 원뜻들이라는 악기들 및 석의자료들까지 참조하면서, 석의해석사적 고찰과 검증까지 하면서, 교향곡의 최절정과 같은 진정한 원뜻을 확정하는 작업이다. 성서본문을 해석하고 이해하려는 독자들은 석의가로서, 석의교향곡의 지휘자라는 점도 기억했으면 한다. 그러할 때, 본문의 원뜻을 어떻게 발견해야 하는가에 유의하게 된다. 지휘자들이 정성을 다하여 인고의 땀을 비 오듯 흘리며 몰입하면서 곡 해석을 지휘하듯, 한 편의 석의작품을 완성하기 위해서 어떤 태도로, 어떤 방식으로 접근해야 하는지 매우 신중하게 된다. 하나님의 참뜻, 원뜻을 찾고자 두려움과 떨림으로, 성령님께 절대의존의 태도로, 하나님을 경외하는 석의가로 점점 변신해갈 것이다. 수직적으로는, 정결한 제물과 같은 '석의교향곡' 작품을 하나님께 드리게 된다. 수평적으로는, 먼저 자신을 향해, 그런 다음 섬기는 공동체를 향해 감동의 하모니를 들려준다. 창조세계와 그 안에 사는 사람들을 향해 하나님의 뜻과 목적을 바르게 전하는 사역을 정상적으로 하게 된다. 한국, 북한, 지구촌을 향해, 특히 고통과 악의 문제로 힘들게 사는 이들을 향해, 확정된 원뜻으로 하나님의 위로와 사랑을 전하게 된다. 그때, 석의작품으로 하나님 말씀의 영광이 드러난다.

"석의란, 계시되고 기록된 성서본문을 '지금·이곳Now·Here'에 강해(설교)나 적용하기 전에, 먼저 기록 당시의 '그때·그곳Then·There'으로 되돌아가서, 성령하나님의 조명 아래에서, 원 기록자와 원 청자·독자가 누구이었는지, 그들이 각기 놓여 있었던 삶의 정황이 무엇이었는지, 본문의 정황(본경·배경·전경)이 무엇이었는지를 살피면서, 원 기록자가 원 청자·독자에게 전달하려고 했던 '하나님의 원뜻(원래 의미)Original Meaning'을 찾으려는 일련의 해석과정을 말한다."

01. 넓은 의미의 석의 방향

* 공시적 접근Synchronic ===〉 통시적 접근Diachronic

02. 실제적인 석의방법의 16단계

01) 본문 선정
02) 잠정 번역
03) 관련 본문 찾기
04) 개론 이해
05) 묵상·암송 및 주제·난제 찾기
06) 본문 양식
07) 본문 문맥
08) 원어 연구
09) 문법·구문·수사법
10) 본문 정황(본경·배경·전경)
11) 두 관점의 기록의미
12) 원 기록자의 기록의도·목적
13) 본문구조 분석
14) 원뜻(원래 의미) 확정하기
　　* 성령님의 조명 아래·신앙의 사고와 신앙적인 비평(식별)으로 확정하기
　　* 미확정된 원뜻 모으기
　　* 본문구조 분석을 중심으로 확정하기
　　* 신구약 관계성으로 확정하기
　　* 성서전체 관점으로 확정하기
　　* 연계·분석·식별·통합 방식으로 최종 확정하기
　　* 원뜻의 논리문제 확인하기
　　* 석의자료를 최대한 참조하기
15) 해석사·이해사·영향사에 관한 고찰과 검증
16) 최종번역: 의미론적인 번역

03. 구약석의를 위한 배경·전경:

고대근동의 총체적 문화사 배경, 구약 각 권 사이의 관계성, 유대교 및 신약과의 관계성 등

신약석의를 위한 배경·전경:

구약배경 및 구약과의 관계성, 신약 각 권 사이의 관계성, 유대교 배경, 그리스–헬라–로마 배경 등

석의가란?

예비적 이해

필자는 수차례 모든 그리스도인에게 성서해석과 성서이해의 책임과 의무, 곧 기록된 원뜻을 찾는 석의가의 책임과 의무가 있다는 점을 강조했다. 신언, 원뜻을 찾는 일도 거룩한 소명이다. 그렇다면 원뜻을 찾는 석의가는 어떤 사람이어야 하는가?

'석의가'라는 신분의식

먼저 모든 그리스도인은 원뜻을 찾는 '석의가'라는 신분의식이 뚜렷해야 한다. 우리가 '만인제사장'이듯이, '만인성서해석자' 곧 '만인성서석의가'라는 사실을 늘 새롭게 인식할 필요가 있다. 성서를 펼 때마다 이 인식이 있어야 한다. '만인제사장'이라는 사실도 잘 잊어버리기에, '만인성서석의가'라는 신분의식은 더 철저하게 내면에 각인시켜야 한다. 우리 모두는 석의가이어야 하는데, 실제로 석의가로서 해석행위를 하지 않을 수 없다. 지금까지 성서를 바르게 이해하려고 애써왔기에 이미 석의가였다.

태도

다른 그 어떤 것보다 성서본문을 석의할 때 신중하고 진지한 태도이어야 한다. 석의의 대상이 하나님의 말씀이다. 우리는 유한한 인간이라서 늘 오석할 수 있다는 태도부터 요구된다. 헌법에 종교의 자유가

보장되었다고 마음대로 성서를 석의할 자유도 있다는 태도를 삼가야
한다. 그런 주장이라면, 마음대로 석의한 내용에 대해 마음대로 얼마
든 거부할 자유가 있다고 반박할 수도 있다. 하나님께서 어떻게 석의
하든, 즉각 사랑의 벌을 내리지 않으시고 침묵하신다는 오해도 하지
않아야 한다. 그렇지 않다. 우리가 모를 뿐이지 하나님은 우리의 태도
를 일일이 보시고서 하나님만의 방식으로 반응하고 계신다. 무엇보다
석의가는 자신이 이미 본문의 원뜻을 잘 알고 있다는 듯한 태도를 가
지지 않아야 한다. 두렵고 떨리는 마음으로 기록된 원뜻을 발견하려는
태도이어야 한다. 미발견인데도, 이미 그릇된 원뜻 위에 군림하거나,
이미 자신의 손 안에 쥐고 있다는 태도를 버려야 한다. 성서본문읽기
수준인데도, 마치 본문의 원뜻을 다 아는 듯한 태도도 버려야 한다. 석
의가는 늘 열린 태도, 자신의 그릇된 선입관이나 편견을 버리는 철저
한 반성적 태도, 성령님의 조명을 받으며 작업하는 신앙의 태도가 요
구된다.

객관성(✍)

　석의가와 객관성의 관계성을 왜 다루어야 하는가? 과연 석의가의 객
관성이 가능한가? 가능하다면 어느 정도로 객관성이 가능한가?
　객관성은 본래 역사가들이 제기한 문제다. 역사가들은 객관성을 '필
연성'과 연관시켜 이해하려고 했다. 객관적인 역사의 가능성은 모든
역사적 흐름 가운데 필연적인 어떤 법칙이 있을 때라고 했다.

석의의 관점에서 이 주장에 대해 동의할 수 있다. 그것은 그들이 그리스도인이든 아니든, 기독교적인 역사 인식이어서다. 곧 성서전체에 흐르고 있는 필연적인 법칙이 있어서다. 하나님의 필연적인 법칙, 기록자가 전하려고 한 원뜻도 바로 그 필연성과 관련이 있다. 그러기에 그 법칙과 관련된 원뜻을 다루는 석의해석이야말로 어느 학문분야보다 진정한 객관성이 가능하며, 가장 객관도가 높다. 그런 점을 밝힌 역사학보다도 더 객관적이다. 그런 점에서 역사학이 석의해석학에 대해 조력하는 면을 지니고 있다.

석의가는 역사가들처럼 고대문헌을 다룬다는 점에서 역사가들이 논쟁하는 객관성 문제에 의식적이든 무의식적이든 연관된다. 하지만 석의가는 역사가들과 다른 점이 있다. 객관성에 대해서도 다른 측면으로 접근한다. 석의를 할 때, 석의가는 개인의 주관적이며 자의적인 견해를 이입시켜 원뜻을 왜곡시키지 않아야 한다는 점이 석의가에게 요구되는 객관성이다. 당연히 삭의도 하지 않아야 한다. 이는 순수 100%의 농도를 지닌 완전한 객관성을 말하지 않는다. 그 점은 여기에서 논할 논제가 아니다. 더구나 인간이 논할 수 있는 분야도 아니다. 여기서 말하는 객관성이란 석의가의 석의작업 내용이 '보다 더 높은 객관도'를 지닌 의미에서의 객관성이다. 본래의미에 더 가까운 의미에서의 객관성이다.

그러기에 인간영역 밖에 있는 완전한 객관성은 아니더라도, 석의에서 객관성에 접근하는 가능성이 있다. 그렇다면 석의가가 원뜻을 확정한 것이 어느 정도로 객관성이 있는가?

이 물음에 대해서는 논할 수 있다. 오늘날 쏟아져 나온 수많은 석의 도서나 이와 관련된 문헌들을 읽어보라. 비교가 될 만큼 높은 객관도를 보이는, 보다 더 원뜻에 가까운 내용을 담고 있는 뛰어난 석의자료들이 있는가 하면, 차라리 출판되지 않았으면, 글을 쓰지 않았으면 하는 문헌들도 있다. 혹은 겨우 희미한 정도에 지나지 않아서 객관성(하나님의 필연성, 원뜻)이 있는 석의자료라고 언급하기가 어려운 것들도 있다.

석의가가 보다 더 높은 객관도를 유지하려면 어떻게 해야 하는가?

첫째, 아무리 전통적인 내용이라도 편향적인 견해에 치우치지 않는 객관자의 위치에 서 있어야 한다. 전통이 중요할 때도 있지만, 동시에 이 전통 때문에 기독교공동체가 얼마나 고통을 겪어야 했는지, 특히 가톨릭의 그릇된 전통 때문에 왜곡된 깊은 늪에 갇혀 있어야 했는지를 잊지 말아야 한다. 지금도 가톨릭과 개신교의 잘못된 전통 때문에 하나님의 필연성은 밀려나 있고, 인간이 단든 조직과 제도, 교회가 만든 잘못된 교리와 가르침이 지배하고 있지 않는가?

둘째, 석의가가 보다 더 높은 객관도를 유지하려면 왜곡시키려는 유혹, 자기 마음대로 해석하고 싶은 유혹, 자기 필요에 의한 결론을 내리고 싶은 유혹에 휘말리지 않아야 한다. 누구든 성서석의해석을 할 때 유혹의 경우들을 경험했을 것이다. 특히 자신이 처한 시대적 산물이 얼마나 유혹하는지 모른다. 우리는 교회가 지금까지 2천여 년 동안, 각 시대의 것들에 유혹되어 바른 석의에서 벗어난 것을 생생히 목격하고 있다. 가난한 나라에서는 삼박자 축복과 번영신학의 유혹(윤리에는 무관심하면서 현실적 안정과 번영만을 추구하는 잡신 숭배자들처럼 되니, 경제정의가 제대로 실행되지 않는다), "환난 날에 나를 부르라."라는 구절은 구약예배 때에 하나님과의 관계성 회복을 강조하는 시인데도, 개인적으로 흡사한 상황 극복시로 둔갑시키는 유혹, 진리가 아닌데도 진리인 것처럼 속이는 유혹, 중대형화로 성공자가 되고자 본문의미를 왜곡시키는 유혹 등 한두 가지가 아니다.

셋째, 충분한 석의자료를 활용하는 것도 한 가지 방법이다. 우리는 하나님의 놀라우신 섭리로 그 어느 시대보다 석의자료가 풍부한 석의정보시대에 살고 있다. 가치 있는 정보를 많이 알고 있는 사람일수록 객관적인 안목을 가진다. 어쩌면 하나님께서 이 시대에 사용하시는 방법일 수도 있다. 정보가치가 높은 석의자료를 많이 확보하여 읽어보라. 그럴수록 자신도 모르는 사이에 어느새 객관성의 위치에 가까이 다가가는 것을 알 수 있다. 특히 석의자료들을 연구할 때, 성령님의 조명하시는 사역으로, 하나님의 필연적인 법칙과 관련된 객관성 있는 진정한 석의를 하게 하시기에 더더욱 가능하다.

공동연구

석의가는 공동연구가다. 개인적으로 연구를 하더라도 수많은 문헌자료를 통해서 여러 저자(연구가)들과 '공동연구'를 하게 되어서다. 더 좋은 방법은 그런 공동연구의 결과를 함께 나누며, 토론하며, 같이 기도하면서 원뜻을 찾아가는 공동체의 공동연구다. 공동연구는 개인의 형편에 따라서 부부나 가족이 하는 공동연구, 지역별 혹은 교회나 일터에서 소그룹별 공동연구 등 다양한 방식이 가능하다. 필자는 공동연구를 강력히 권한다.

사이비나 이단의 교주는 공동연구란 보이지 않는다. 아무런 객관적 근거가 없는, 개인의 주관적인 해석에 지나지 않는다. 직통계시의 결과라는 억지와 사기행각만 보일 뿐이다.

다른 한편, 공동체로 모여 공동연구를 할 때, 석의자료를 공동으로 구매할 수 있는 점도 수반되는 장점이다.

기도

기도는 석의가에게도 당연히 중요하다. 그렇다고 기도할 때마다 본문의 원뜻을 즉각 찾는 자동기계처럼 작동한다는 것은 결코 아니다. 석의할 때 기도한다는 것은, 하나님의 말씀에 대한 경외 태도, 기록하게 하신 원뜻을 찾으려는 의존 태도다. 석의자료들을 잘 활용할 수 있도록 성령님의 조명 은총의 도우심이 절실하다는 태도다. 석의가로서 자신의 내면과 사고를 더 거룩하게 해달라는 고백이다. 즉석해석을 하지 않으려는 태도, 오히려 발견하게 하신 원뜻을 즉석으로 실천하겠다는 고백이다. 기도로 시작하며, 기도하는 태도로 석의의 16단계를 진행하며, 기도로 마무리하는 석의가이어야 한다.

신앙의 사고

석의가는 신앙의 사고가 요구된다. 석의와 관련하여 그 어떤 것이라
도 신앙의 관점에 의한 이해가 필요하다. 원 기록자들이 기록할 때도
신앙의 사고로 원뜻을 이해하고 기록했다. 곧 그들이 원뜻을 기록하기
전에 먼저 '신앙의 사고'가 형성됐다. 먼저 형성된 신앙의 사고로 전달
하려는 원뜻을 확정하고서 기록했다. 그러니까 먼저 무엇을 전달할 것
인가를 생각했다는 것이다. 그런 다음, 전달할 원뜻을 위해서 어떤 방
식으로 기록할 것인가에 관해서도 신앙의 사고로 확정했을 것이다. 어
휘 선택에서부터 신앙의 사고로 이루어졌을 것이다. 따라서 그들과 원
뜻을 공유하는 것은 신앙의 사고로 가능할 것이다.

우리에게도 신앙의 사고가 필요하다. 이는 만인성서석의가의 석의적
책임과 의무를 절감하게 하며, 석의제자의 삶도 진지하게 신중하게 참
여하게 한다. 거짓 예언자처럼 하나님 말씀이 아닌데도 하나님 말씀이
라고 전하는 짓을 하지 않고자 결심하게 한다. 석의와 자의·삭의의 식
별 능력, 잘못된 석의에 관해 진지한 자기반성의 태도를 가지게 한다.
결국 신앙의 사고로 원뜻을 이해하게 된다.

신앙의 사고는 기본적으로 하나님과 만남이 있는 사람, 하나님의 말
씀을 사랑하고 존중하는 사람, 하나님의 참뜻인 원뜻을 두렵고 떨림으
로 찾으려는 사람의 사고이기도 하다. 또한 석의과정에서 요구되는 열
정, 헌신, 집중, 인내심도 불러일으킨다. 석의과정에서 석의도구들을
분석하면서 원뜻을 식별하게 하며, 그 과정에서 균형감을 유지하게까
지 한다. 잘못된 석의습관을 깨닫고서 바른 석의습관을 형성하게 한
다. 하나님의 말씀을 해석한다는 겸손, 모든 것을 다 알지 못한다는 겸

손, 참 진리라면 잘못된 것을 과감히 버리고서 언제든 수용하겠다는 겸손, 무엇보다 성령님의 조명 도움을 받고자하는 겸손이 신앙의 사고로 갖춰진다. 그러기에 석의가는 자신에게 질문을 해야 한다. '나의 사고는 신앙의 사고인가?'

신중

모두 다 잘못된 성서해석을 할 수 있다. 칼뱅도 예외가 아니었다. 그러기에 개인적인 생각, 경험, 그릇된 선입관을 본문에 집어넣어 해석하지 않도록 신중한 태도를 가져야 한다. 성서를 읽고 이해할 때마다, 설교를 비롯한 사역을 준비할 때마다 자신의 해석이 정말 하나님의 말씀인지 아닌지를 늘 자문해야 한다. 특히 설교할 때는 더더욱 신중함이 필요하며 자기검증이 필요하다. '설교내용이 정말 하나님의 말씀이 아니라면 어떻게 되는가? 주일마다 설교본문은 다른데, 설교내용은 거의 비슷하다면 어떻게 되는가? 설교 전에 결재 받지 않는다고, 설교 후에 감사를 받지 않는다고 마음대로, 못할 말이 뭐가 있겠느냐는 식으로 하지 않는가?' 스스로에게 늘 자문해야 한다.

지속적인 석의훈련

신중한 석의가는 바른 석의를 하고자 자기훈련을 쌓지 않을 수 없다. 우리말 석의문헌(사전, 석의주석서 등)이라도 진지하게 탐독한다. 목회자들은 신대원 시절에 배웠다가 졸업 후 멀리했던 히브리어와 그리스어 원어 연구를 다시 시작하길 바란다. 최소한 석의주석서 10여 권이라도 읽으면서 석의훈련을 지속적으로 해나가길 바란다.

성령님의 조명 아래에서

제374-376쪽을 참조하라.

마무리: 유능한 석의가

성서본문 문장의 주어, 동사, 목적어 등은 읽을 수 있어도, 원뜻을 모른다면 어떻게 되겠는가? 만일 여러분이 고심하면서 쓴 문서에 관해 사람들이 이리저리 마음대로 자의적으로 그 의미를 풀어서 전달한다면, 원뜻을 제거하는 삭의를 한다면 그 심정이 어떠하겠는가? 그렇다면 하나님께서 우리가 하는 본문해석을 보고서 그 심정이 어떠하시겠는가를 생각해본 적이 있는가?

그러니 무례를 행하지 않도록 하자. 하나님의 마음을 아프게 하지 않도록 하자. 설교무오설은 교황무오설과 같다. 오류를 당연하게 여기지 말아야 한다. 오류가 없도록 최선을 다하고 유용한 석의자료들의 도움을 받으면서 철저하게 준비하여 하나님께 흠 없는 '제물'을 드리듯 해야 한다.

'유능한' 석의가란, 석의방법의 기본사항을 준수하는 석의가라는 뜻이다. 성령님의 조명 아래에서 석의자료를 사용하는 석의가를 말한다. 만인성서석의가의 책임과 의두를 다하려는 태도에서 형성되는 '유능한'이다. 결코 어렵지 않다. 전문가들만이 할 수 있는 것이 아니다.

유능한 석의가는 거룩한 영의 조명으로 석의자료를 분석하고 비평(식별)한다. 개인의 경험, 그릇된 교단과 교회전통, 시대적 사상에 의한 자의·삭의해석을 하지 않으려고 한다. 새로운 원뜻에 대해 언제든 열려있다. 왜곡된 원뜻으로 사람들을 호도하거나 미혹시키는 짓을 하지 않으려고 한다. 성서를 해석하고 이해하는 것을 가장 거룩한 일로 여긴다. 기도에 의한 진지한 연구, 하나님께서 기록하게 하신 원뜻을 알고자 하는 간절한 열망, 자신의 한계를 절감하면서 성령님의 조명을 받고자 하는 태도를 지닌 석의가가 바로 유능한 석의가다.

언뜻 보기에 석의가 어려워 보일 수 있다. 전문가만 할 수 있는 것처럼 보인다. 그렇지 않다. 누구든 하나님의 참뜻을 바르게 알고자 하는 간절함만 있다면 가능하다. 우리는 루터나 칼뱅이 살던 시대보다 더 발전된 21세기에 살고 있다. 그 동안 하나님의 주권적 섭리 아래에서 현대교육을 받게 하셨고, 2천여 년의 석의자료들이 쌓이게 하셨다. 하나님의 참뜻, 원뜻을 잘 이해하라고, 곧 석의를 잘 하라고 주신 선물이다. 그러기에 보통사람이라면 누구나 다 석의가 가능하다.

다른 한편, 유능한 석의가가 되고자 날마다 성령님의 도우심으로 자기반성과 자기정화가 필요하다. 정결하그 맑은 내면은 죄성을 제거하고 거룩한 말씀의 원뜻을 더 잘 깨닫는다. 교회전통이든, 설교든, 그 무엇이든 성서본문을 사용하는 일에 대해 반드시 석의를 근거로 하는지 식별할 수 있어서다. 자신이 성서본문을 사용할 때는 더 엄격하다.

하나님의 참뜻, 원뜻을 발견하고자 더욱더 철저하게 연구를 하며, 성령님의 조명 은총을 의존한다.

되돌아보라. 하나님의 원뜻이 아닌데도 하나님의 원뜻이라면서 말한 횟수가 몇 번인가를 헤아려 보라. 그럼에도 우리의 무지, 죄악, 게으름, 타성, 자의·삭의해석, 왜곡 등 온갖 가증한 것들을 용서하시고 기회를 주시는 하나님의 원뜻을 겸손히 깨닫자. 성서해석은 모든 그리스도인의 책임과 의무다. 특정한 사람들에게 떠넘기고서 앉아서 듣기만 하는 것은 회피의 죄다. 우리 모두를 유능한 석의가, 만인성서석의가가 되게 해주시겠다며 부르신 은총을 귀히 여기면서, 이에 상응하는 석의제자의 삶을 살아가자.

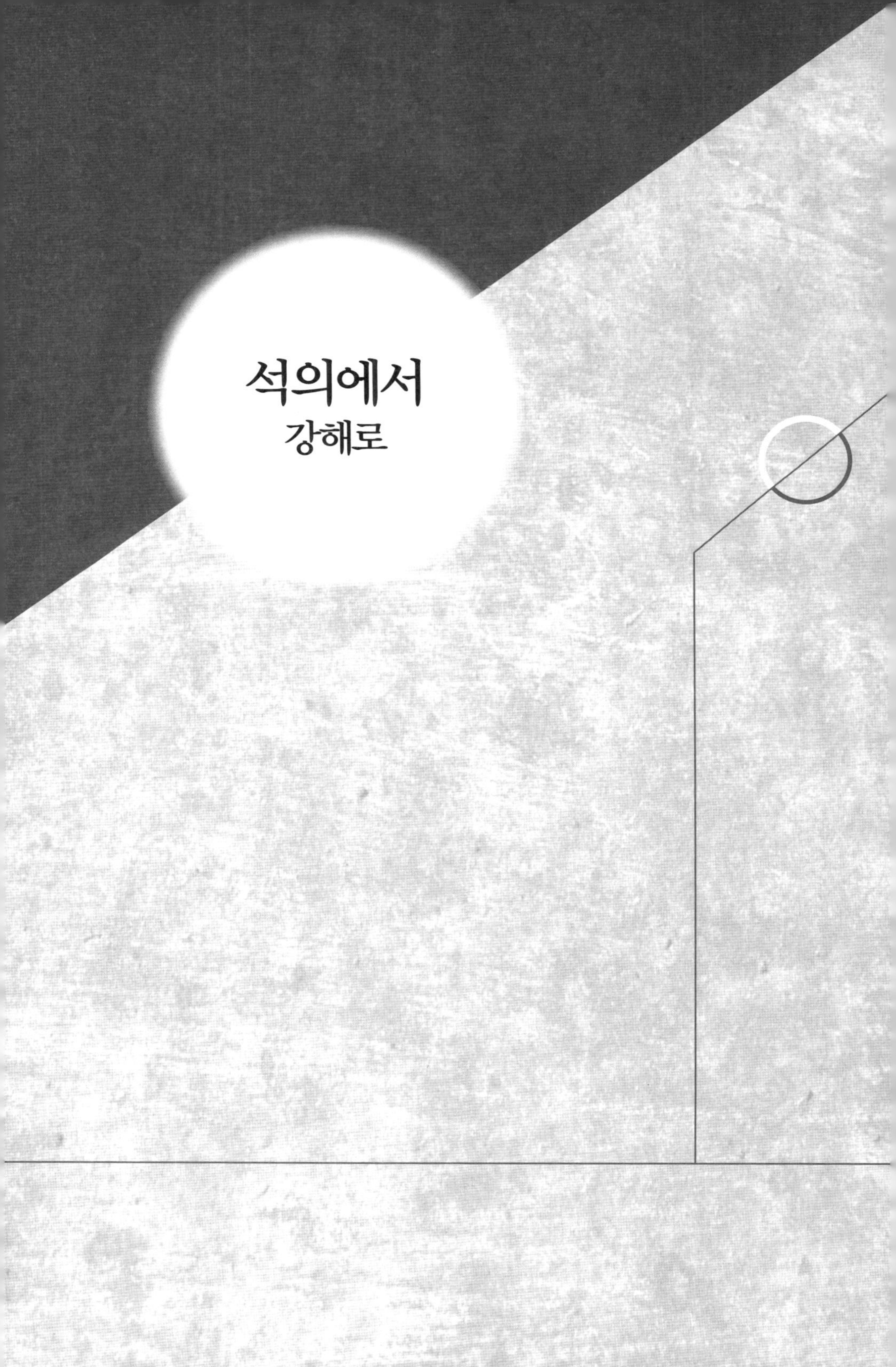

석의에서
강해로

석의와 강해

강해란 원래 성서를 가르치는 사역이다.[1] 가르치려면, 먼저 원 기록자들이 전달하고자 했던 원뜻을 찾아야 한다. 그 원뜻을 강해하기 위해서다. 그러기에 강해자 자신이 먼저 석의로 원뜻이 무엇인지 명확하게 이해해야 한다. 성서를 인용만 하거나 읽기만 하는 강해는 진정한 의미에서 강해가 아니다. 혹은 본문인용이나 본문읽기 후, 자기 마음대로 자의·삭의해석을 하는 강해도 강해가 아니다. 이제는 그런 행위를 중단하고서 석의로 돌아와야 한다. 이는 강해뿐 아니라 성서를 가르치거나 인용하는 모든 사역자에게도 해당된다. 교회학교에서 성서를 가르칠 때, 소그룹 성서공부를 할 때, 개인적으로 큐티를 할 때 등, 성서와 관련된 사역은 반드시 석의를 근거로 해야 한다(Exposition or Preaching and Application must be on Exegesis, not on Eisegesis or Apogesis.). 따라서 석의와 강해는 분리될 수 없다. 강해는 반드시 석의를 근거로 해야 한다.

강해자는 먼저 석의가이어야 한다. 목적과 근거도 분명해야 한다. 석의 목적은 성령님의 조명 아래에서, 그때·그곳에서의 원뜻이 무엇이었는가를 발견하는 사역이다. 강해 목적은 성령님의 도우심으로, 지금·이곳에서 그 원뜻을 적용하는 사역이다. 그때·그곳의 원뜻을 발견하는 사역으로 할 일을 마친 것이 아니다. 그 발견된 원뜻이 지금·이곳의 의미로 이어지게 해야 하는 것이 강해다. 이와 같이 석의에서 출

---

1) '강해' 용어에 '설교'를, '강해자' 용어에 '설교자'도 포함시키어 사용한다.

발해야 석의설교 혹은 석의적 강해 사역을 정상적으로 하게 된다.

강해 대상자의 이해

강해 사역자는 먼저 그 대상에 관한 폭 넓은 이해가 필요하다. 전인적이고 전 영역과 관련된 포괄적인 이해이어야 한다. 구원의 대상이 한 개인만이 아니라서다. 성서가 말하는 구원은 전인적이며, 전 영역이 그 대상이다. 샬롬이다. 먼저, 각 개별체에 대한 이해, 곧 계층별, 연령별, 비그리스도인 및 그리스도인 등 여러 유형별로 이해가 필요하다. 5공동체(가정·일터·국가·세계·교회 등)에 관한 이해도 필요하다. 각 개별체별 및 공동체별 특성, 현재 직면하고 있는 삶의 문제들, 기독교 관점에서 해답이 필요한 과제, 현대성과 현대문화, 한국인의 독특한 의식구조와 상황, 한국문화와 사회, 한국종교(비교종교학), 한국교회와 한국 신학, 미래에 대한 준비, 통일문제와 환경문제 등 각 개별체와 공동체에 내재하고 있는 악과 고통의 문제와도 연결시키는 강해이어야 한다. 자신이 최우선적인 강해 대상자라는 사실도 잊지 않아야 한다.

강해 요점 작성하기

석의에 의한 원뜻, 석의 요점을 근거로 강해 요점을 작성하는 것도 중요한 사역이다. 먼저, 강해 대상자들이 석의의 결과인 원뜻이 무엇인지를 매우 생동감 있게 이해하게끔 해야 한다. 그들이 그때·그곳에 가있는 듯한 동일감을 가지게끔 해야 한다. 동시에 오늘·이곳에 대해서도 생동감 있게 강해할 수 있어야 한다. 옛이야기로 끝나지 않아야 한다. 그때·그곳에서 말씀하신 하나님께서 지금·이곳에서도 동일하게 말씀하시는 하나님이심을 경험할 수 있어야 한다. 그때·그곳에서원 청자·독자들을 만나주신 하나님께서, 지금·이곳의 청자·독자들에게도 만남의 은총으로 다가오시는 것을 경험하게 하는 사역이 강해 사역이다. 이 사역을 위해서 강해 요점을 작성할 필요가 있다.

이 요점을 어떻게 작성할 것인가도 중요한 과제다. 곧 '석의로 발견한 하나님의 참뜻, 원뜻이 지금·이곳에 있는 21세기의 우리에게는 무엇을 말하는가.'라는 관점에서 작성한다. 교회를 비롯한 5공동체와 온 우주 전체에 대해, 오늘 우리가 직면한 삶의 정황에 대해 무엇이라고 말씀하시는지, 무엇을 요구하시는지 그런 관점에서 작성한다. 하나님나라(통치) 관점에서도 강해 요점을 작성할 수 있다. 그리스도의 죽으심과 부활 사건과도 연결시키어야 한다. 구원이란 개인구원만을 뜻하지 않는다. 모든 영역이 그리스도의 죽으심과 부활 사건과 직결되어 있다. 하나님나라(통치) 에 대해 적대하는 문제에 대해 어떻게 대응할 것인가도 이 요점의 대상이다. 하나님의 허용 범위에서, 패배한 채 활동하고 있는 사탄의 활동에 관한 것도 이 요점의 대상이다. 21세기를 사는 인간들의 죄성에서 비롯된 문제, 하나님의 창조세계 전체 안에 내재하고 있는 타락한 현상과 그 열매에 관하여, 그것들에 대한 치유와 회복이 이 요점의 대상이다. 죽음과 사후 문제뿐 아니라, 이 땅에 굳어져 있는 죽음에서 비롯된 죽음의 가지들과 그 열매들도 그 대상이다. 21세기 청자·독자들이 신앙으로 응답하게끔 할 수 있는 요점이어야 한다.

　요약하면, 강해 요점 작성이란, 인간의 내면세계와 온 창조 세계 안에 있는 악과 고통의 문제에 대해, 하나님나라(통치) 관점에서, 무엇이 근원적인 문제인지를 진단하는 '진단서'를 작성하는 것과 같다. 하나님나라(통치) 관점에서 그 문제를 어떻게 해결할 수 있는지, 하나님께서 원하시는 것이 무엇인지, 처방하는 실제적인 '처방전'을 작성하는 것과 같다.

필독
석의자료

※ 유의점

01) 필자는 개인적인 견해로 베스트 석의주석서를 비롯한 석의자료들을 선정했다. 선정할 때 전문가들의 안내서와 서평을 참조했다. 구매할 때나 선택할 때의 유의점도 개인적인 견해라는 점을 먼저 밝힌다. 시리즈 이름이 없는 도서는 개인의 저서다.

02) 시리즈 전체를 구매하지 않기를 권한다. 왜냐하면, 각 석의주석서마다 장단점이 있어서다. 어떤 책은 원어 연구가 탁월하고, 또 어떤 책은 배경 연구가 탁월하다. 시리즈라도 저자에 따라서 차이가 있다. 그러기에 성서 각 권에 대해 다양한 석의주석서들을 참조하길 권한다. 다만 시리즈별 특별 세일 판매 때는 고려해볼 만하다.

03) 이미 강해나 적용이 되어 있는 설교집이나 강해서는 눈길조차 주지 않기를 바란다. 객관적인 근거 없이, 곧 석의의 근거 없이, 주관적으로, 자의적으로, 삭의적으로 해석한 경우가 많기에, 이런 책들보다는(그런 책들이 아무리 읽기가 쉽고 은혜로운 듯해도), 전문적인 '석의 중심'의 문헌을 선택하길 권한다.

04) 원뜻을 스스로 발견하는 사역이 석의제자의 삶이다. 성령님의 조명 아래에서, 먼저 사전류와 석의 관련 전문 도서들을 참고하면서 탐구하는 '자기연구'가 필요하다. 그런 다음 최종적으로 석의주석서를 참고하길 바란다.

05) 석의주석서라도 성서원어에 관해 논하는지, 원뜻을 발견하게끔
하는지도 살펴야 한다. 특히 성서비평학을 근거로 논한 부분이 어
떤 경우에는 원뜻을 발견하는 일에 어려움을 줄 수 있다. 그럴 때
는 앞에서 언급한 바대로, 뛰어넘기Skipping, 훑어 읽기Skimming,
초점 읽기Focus Reading 등으로 탐독하길 바란다. 자기이해가 없어
서 저자 자신도 잘 모르면서 써놓은 부분에 대해서도 같은 방법으
로 탐독하길 바란다.[1] 원뜻과 관련 있는 '석의요점'을 찾는 독서만
으로 충분하다.

06) 독자들은 개인의 능력에 따라 석의도서를 선택하길 권한다. 아무
리 힘들어도, '성서어휘색인사전, 성서원어사전, 석의주석서' 들은
필히 참조해야 한다. 원서가 어려우면 우리말 번역서라도 반드시
참조해야 한다. 이것조차 어렵다면, 최소한 '성서핸드북, 해설성
서, 스터디성서'라도 활용하면서 성서본문의 원뜻을 찾고자 애써
야 한다.

07) 일반 독자들 및 전문연구 사역자를 위해서 문헌정보 소개가 너무
나 절실히 필요하기에, 성서를 보다 더 잘 해석하며 이해하도록(석
의) 도우려는 목적으로 목록을 작성했다. 너무나 책을 읽지 않는 한
국교회의 열악한 독서문화를 개선하려는 뜻도 있다. 그런 까닭으

---

1) 독자의 독서권 혹은 가독권을 침해하는 ° 무책임한 행위, '자기이해'가 없어서 자신
은 물론 독자까지 이해하지 못하게 하는 ° 출판자유 오용을 단절시키는 뭔가가 필요
하다.

로, 석의주석서와 사전류의 참고문헌, 정기간행물 참고문헌 및 서
평, 문헌정보도서 등을 참조하여 개인적인 견해로 작성한 것이 다
음의 목록이다. 많은 시간을 사용하여 힘들게 작업한 결과다. 그
성의를 생각해서라도 석의자료들을 열심히 탐독하여 주길 바란다.

08) 전문적인 석의연구 참고도서들 중, 신구약개론서, 신학사전, 성서
사전, 성서백과사전, 성서배경사전, 성서원어사전, 배경 관련 도
서 및 석의방법론 도서에 관한 자료는 이미 잘 알려져 있어서 재인
용일 뿐이기에, 우리말로 번역되거나 영어권에서 출판된 성서핸
드북, 성서어휘색인사전, 성서원어사전 및 필독 석의자료만 소개
한다. 우리말로 저술한 좋은 석의도서들이 출판되기 전까지, 힘들
겠지만 번역서보다는 원서를 읽길 권한다. 유용한 독일어, 프랑스
어, 네덜란드어, 이탈리아어, 스페인어, 스웨덴어 석의자료도 출
판되어 있으니 참조하길 바란다. 석의에 관한 국내외 논문자료는
한국신학정보연구원과 ATLA 데이터베이스를 이용하면 유용한
자료들을 확인할 수 있다(ATLA 자료는 대한성서공회 성서학도서관 및 일부 신
학대학도서관에서 이용이 가능하다). 국내외 신학교육기관이나 도서관 웹
사이트 및 개인이 운영하는 사이트에서도 수많은 자료들을 이용
할 수 있다.

09) 개인이 많은 석의자료들을 구입하기에는 큰 부담이다. 공동연구
및 공동구매를 하거나 지역별 혹은 여러 방식으로 '작은 석의도서

관'을 만든다면 도서구입비용을 절감할 수 있지 않을까 여겨진다. 혹은 근처 도서관에 '구입희망신청제도'로 필요한 석의자료를 일부 확보할 수 있다. 혹은 거리가 멀지만, 모든 그리스도인에게 주어진 '석의제자의 길', '구도자의 길', '말씀 탐구의 십자가'를 생각하면서, 대한성서공회 성서학도서관, 국립중앙도서관, 각 신학대학도서관에서 석의관련 자료들을 이용할 수 있길 바란다. 특히 대한성서공회 성서학도서관에는 그가의 도서를 비롯하여 필독 석의자료들이 잘 비치되어 있다. 이 석의자료들을 이용한다면, 설교를 비롯한 모든 사역이 달라질 것이다. 개인의 신앙과 삶도 달라지지 않을 수 없다.

❋ 원어 성서

* Hebrew Bible : BHS(The Biblia Hebraica Stuttgartensia)
* Greek Bible : NTG(Novum Testamentum Graece)

❋ 행간 원어성서

* The Interlinear NRSV/NIV Hebrew—English OT
*   ,,   Greek—English NT
*   ,,   Hebrew—Greek—English Bible
* 웹사이트 참조

※ 성서핸드북 –번역서를 출판한 국내 출판서만 소개

* 부흥과개혁사(2014); 한국성서유니온선교회(2011); 생명의말씀사
(2008); 크리스찬다이제스트(2005); 여수룬출판사(1998); 아가페출판사
(1997)

※ 성서어휘색인사전 Concordance

* 스트롱원어코드 뉴성구사전, 로고스, 2011
* 비교성구사전(스트롱 원어색인사전), 로고스, 2015
* 비전성구사전, 두란노, 2005

* Even-Shoshan, A.(ed.),

A New Concordance of the Old Testament, Baker, 1989

* NIV's Exhaustive Concordance, 3rd.,

HarperCollins Christian Pub., 2015

* Strong's Exhaustive Concordance of the Bible,

Hendrickson, 2009

* Young's Analytical Concordance to the Bible, Hendrickson,

1984

※ 성서원어사전
Lexicon·Biblical Language Dictionary

* 게제니우스 히브리어·아람어 사전, 생명의말씀사, 2016

* 스트롱코드 히브리어·아람어 사전, 로고스, 2015

* 구약원어신학사전, 요단출판사, 1986

* 신약성서신학사전(요약판), 요단출판사, 1986

* BDB (Brown-Driver-Briggs Hebrew and English Lexicon)

* BDAG

   (A Greek-English Lexicon of the NT and Other Early Christian Literature)

* DCH (The Dictionary of Classical Hebrew), 8 vols

* EDNT (Exegetical Dictionary of the NT), 3 vols

* HALOT (A Hebrew and Aramaic Lexicon of the OT), 5 vols

* LSJM (Liddell-Scott-Jones-Mckenzie, A Greek-English Lexicon of the NT)

* NIDNTT (New International Dictionary of the NT Theology), 4 vols

* NIDNTTE

   (New International Dictionary of NT Theology & Exegesis), 5 vols

* NIDOTTE

   (New International Dictionary of OT Theology & Exegesis), 5 vols

* TDNT (Theological Dictionary of the NT), 10 vols

* TLNT (Theological Lexicon of the NT), 3 vols

* TDOT (Theological Dictionary of the Old Testament), 3 vols

* TLOT (Theologcial Lexicon of the Old Testament)

* TWOT (Theological Wordbook of the OT), 2 vols

*Earle, R., Word Meanings in the NT, Baker, 1997

*Louw, J. P.& E. A. Nida, Greek-English Lexicon of the NT:
  based on Semantic Domains, UBS, 1996

*Moule, C. F. D., An Idiom Book of NT Greek, 1959

*Renn, S. D., ed., Expository Dictionary of Bible Words,
  English-Hebrew& Greek, Hendrickson, 2005

*Richardson, A., A Theological Wordbook of the Bible, 11rd,
  HAA&M Ltd, 2012

* Rogers Jr., C. L.& C. L. Rogers III, The New Linguistic and
  Exegetical Key to the Greek NT, 1998

※ 성서배경사전

*The Anchor Bible Dictionary, 6 Vols

*International Standard Bible Encyclopedia, 4 Vols

*The IVP Bible Background Commentary NT & OT(번역됨; 다소 간
  략함)

*The New Interpreter's Dictionary of the Bible, 5 Vols

*Dictionary of NT Background, IVP

*The IVP Dictionary 7 Vols

* (석의주석서의 본문배경 연구가 더 유용할 때가 많다.)

※ 신구약 석의자료 안내서(따옴표는 웹사이트 표기)

* Bauer, David R., Essential Bible Study Tools for Ministry, Abingdon Press, 2014「성경연구를 위한 손안의 서재」
* Challies, Tim,?"Best Commentaries"
* Evans, John F., A Guide to Biblical Commentries and Reference Works, 10th Zondervan, 2016
* Glynn, John, Commentary and Reference Survey: A Comprehensive Guide to Biblical and Theological Resources, Kregel Academic & Professional, 2007
* Keister, Lane, A Layman's Commentary Guide Commentaries for the Whole Bible
* Mathison, Keith, "Top 5 commentaries on every book of the Bible", 2014
* Stuart, Douglas, A Guide to Selecting and Using Bible Commentaries, 1990
* Thomas, Derek & John W. Tweeddale, The Essential Commentaries for a Preacher's Library, First Pres, 2006

※ 구약 석의주석서 안내서

* Longman III, Tremper, Old Testament Commentary Survey,

5th, Baker, 2013

*Denver Seminary, "Annotated Old Testament Bibliography",
2015

※ 신약 석의주석서 안내서

*Carson, D.A., New Testament Commentary Survey, 7th,
Baker, 2013
*Denver Seminary, "'New Testament Exegesis Bibliography",
2017
*Scholer, David, "A Basic Bibliographic Guide for New
Testament Exegesis", 1973

※ 인터넷 자료 안내서

*Worth Jr., Roland H., Biblical Studies on the Internet, 2nd,
McFarland & Company, 2008

※ 컴퓨터 프로그램 & USB

*어코던스(Accordance)
*바이블웍스(BibleWorks)
*로고스(Logos)

*대한성서공회 USB 1.0

※ 웹사이트

www.accordancebible.com(종합자료)

www.allaboutarchaeology.org /

www.biblicalarchaeology.org(고고학자료)

www.ancient-greece.org/

www.sbl-site.org(그리스-헬라-로마문화 자료)

www.asor.org/www.bib-arch.org/

www.bible-archaeology.info(성서고고학자료)

www.bestcommentaries.com(주석서)

www.biblegateway.com/

www.tyndaleHouse.com(다양한 영어성서번역본)

www.bible-history.com(성서사)

www.biblehub.com(주석서, 영어번역본, 영어-원어 행간성서 등)

www.bibleinterp.com(성서해석자료)

www.bibleodyssey.org(SBL 자료)

www.bibleplaces.com(성서지명자료)

www.bibleworks.com(원문, 원어사전 주석서, 영어번역본 등)

www.biblicalstudies.org.uk(성서연구자료)

www.billmounce.com(원어공부, 그리스어 색인 등)

www.Denverseminary.edu(다양한 자료)

www.EarlyChurch.org.uk /

www.MedievalChurch.org.uk(교회사자료)

www.ebscokorea.co.kr(ATLA: 해외학술지)

www.etana.org/ www.lib.uchicago.edu(고대근동 자료)

www.freebiblecommentary.org(주석서, 석의자료 등)

www.iktinos.org(한국신학정보연구원: 국내 신학·종교정기간행물자료)

www.logos.com(종합자료)

www.rhetjournal.net(수사학 자료)

www.riss.kr(논문 및 학술자료)

www.shalomisrael.com(이스라엘 성서 연구소 자료)

www.theologicalstudies.org.uk(신학연구자료)

www.TyndaleHouse.com(성서연구자료)

대한성서공회(우리말 번역본, 성서지도, 용어사전, 인명지명사전, 성서단위 등)

※ 우리말로 번역된 석의주석서

＊ AB(앵커주석서)

＊ Ancient Christian Commentary on the Scripture

  (교부들의 성경주해서)

＊ AOTC(아폴로구약주석서)

＊ Bacon Bible Commentary(베이컨)

＊ BECNT

＊BKC

＊BST

＊Interpretation(현대성서주석서)

＊NAC

＊NICOT

＊NICNT

＊NIVAC(NIV적용주석)

＊Oxford Bible Interpretation(옥스퍼드원어성경대전)

＊PNTC

＊TNTC

＊TOTC

＊UBC

＊WBC

❋ 해설 성서

＊「굿뉴스 스터디바이블」, 대한성서공회

＊「독일성서공회 관주·해설 성경전서」, 대한성서공회

 (대한성서공회 USB 1.0으로도 이용 가능)

❋ 스터디 성서

＊「NIV 스터디바이블 (NIV Study Bible)」

*「ESV 스터디바이블 (ESV Study Bible)」
*「개혁주의 스터디바이블 (Reformation Study Bible)」

※ 단권 주석서

*Bruce, F.F., ed., International Bible Commentary,
  Zondervan, 1986
*Burge, G.M.& A.E. Hill, eds., The Baker Illustrated Bible
  Commentary, Baker, 2012
*Carson, D.A., R.T. France, J.A. Motyer, and G. J. Wenham,
  eds., New Bible Commentary: Twenty-First Century Edition.
  IVP, 1994(번역)
*Dunn, J. D. G.& J. Rogerson, eds., Eerdmans Commentary
  on the Bible, Eerdmans, 2000
*Elwell, W.A. ed., The Evangelical Commentary on the Bible,
  Baker, 1989
*Harper's Bible Commentary, Harper& Row 1990/1988
*The Interpreter's One-Volume Commentary on the Bible,
  Abingdon, 1971
*Mercer Commentary on the Bible, Mercer, 1995
*Peake's Commentary, Routledge, 2002
*Petersen, D.L.& G.L. O'day, The Theological Bible

Commentary, Westminster John Knox press, 2009

＊Walton, J.H., V.H. Matthews & M.W. Chavalas, The IVP
  Bible Background Commentary: Old Testament. IVP, 2000

＊The New Jerome Biblical Commentary, Geoffrey Chapman,
  2000

＊Pfeiffer, C.F.& E.F. Harrison, Wyclyiffe Bible Commentary,
  Moody Publishers, 1962

※ 시리즈 주석서

AB	Anchor Bible
ACCS	Ancient Christian Commentary on Scripture
ACNT	Augsburg Commentary on the NT
ANTC	Abingdon NT Commentary
AOTC	Apollos OT Commentary
AYBC	Anchor Yale Bible Commentary
B&H	Broadman & Holman
BBC	Blackwell Bible Commentaries
BCOT	Baker Commentary on the OT
BECNT	Baker Exegetical Commentary on the NT

BHGNT	Baylor Handbook on the Greek NT
BNTC	Black's NT Commentary=HNTC(Harper's NT Commentary)
BO	Berit Olam
BSC	Bible Student's Commentary
BTCB	Brazos Theological Commentary on the Bible
CB	Century Bible
CBC	Cambridge Bible Commentary
CC	Concordia Commentary
CCs	Continental Commentaries
CEC	A Critical and Exegetical Commentary
CGTC	Cambridge Greek Testament Commentary
ComC	Communicator's Commentary
CsBC	Cornerstone Biblical Commentary
DSB	The Daily Study Bible
ECC	Eerdmans Critical Commentary
EBCr	Expositor's Bible Commentary(rev.)
EC	An Exegetical Commentary
EEC	Evangelical Exegetical Commentary
ExEC	(An) Exegetical & Expositional Commentary
EGGNT	Exegetical Guide to the Greek NT

EPSC	Evangelical Press Study Commentary
BTCPC	Biblical Theology for Christian Proclamation Commentary
EvBC	Everyman's Bible Commentary
Focus	Focus on the Bible
FOTL	Forms of the Old Testament Literature
HCOT	Historical commentary on the OT
HERM	Hermeneia
HNTC	Holman NT Commentary
IB	Interpreter's Bible
IBT	Interpreting Biblical Texts
ICC	International Critical Commentary
INTER	Interpretation
ITC	International Theological Commentary
IVPNTC	IVP NT Commentary
JPSTC	Jewish Publication Society of Torah Commentary
KEL	Kregal Exegetical Library
MBC	Mellen Biblical Commentary
MOT	Mentor OT
MNTC	Moffatt NT Commentary

NAC	New American Commentary
NBBC	New Beacon Bible Commentary
NCB	New Century Bible
NCBC	New Cambridge Bible Commentary
NCenBC	New Century Bible commentary
NCC	New Covenant Commentary
NClarC	New Clarendon Commentary
NIB	New Interpreter's Bible
NIBC	New International Biblical Commentary
NIC	New International Commentary
NICNT	New international Commentary on the NT
NICOT	New International Commentary of the OT
NIGTC	New International Greek Testament Commentary
NIVAC	New International Version Application Commentary
NSBT	New Studies in Biblical Theology
NTC	NT Commentary
NTL	NT Library
OTL	Old Testament Library
OTM	Old Testament Message

OTS	Old Testament Studies
PAI	Paideia Commentaries on the NT
PEL	Pelican NT Commentaries
PNTC	Pillar NT Commentary
REBC	Revised Expositor's Bible Commentary
RNT	Reading the NT
SHBC	Smyth and Helwys Bible Commentary
SP	Sacra Pagina
SRC	Socio-Rhetorical Commentary
TBC	Torch Biblical Commentaries
THNTC	Two Horizons NT Commentary
THOTC	Two Horizons OT Commentary
TNTC	Tyndale NT Commentaries
TOTC	Tyndale OT Commentaries
TTCS	Teach the text Commentary Series
UBC	Understanding the Bible Commentary
WBC	Word Biblical Commentary
WEC	Wycliffe Exegetical Commentary
WestBC	Westminster Bible Companion
ZECNT	Zondervan Exegetical Commentary on the NT
ZIBBC	Zondervan Illustrated Bible Backgrounds Commentary

※ 구약 베스트 석의주석서

*창세기	Brueggemann, W.(INTER); Hamilton, V.(NICOT); Horton, S. (CBLC); Kidner, D.(TOTC); Kline, M.; Matthews, K.(NAC); Sailhamer, J.(EBCr); Sarna, N.(JPSTC); Speiser, E.(AYB); Waltke, B.; Walton, J.(NIVAC); Wenham, G.(WBC)
*출애굽기	Childs, B.(OTL); Durham, J.(WBC); Enns, P.(NIVAC); Fretheim, T.(INTER); Hamilton, V.(EC); Houtman, C.(HCOT); Kaiser, W.(EBCr); Meyers, C.(NCBC); Motyer, A.(BST); Sarna, N.(JPSTC); Stuart, D.(NAC)
*레위기	Gane, R.(NIVAC); Harrison, R.(TOTC); Hartley, J.E.(WBC); Hess, R. S.(EBCr); Kiuchi, N.(AOTC); Levine, B.A.(JPSTC); Milgrom, J.(AYB); Rooker, M.(NAC); Tidball, D.(BST); Wenham, G.(NICOT)
*민수기	Ashley, T.(NICOT); Brown, R.(BST); Cole, R.(NAC); Knierim, R.(FOTL); Levine, B.(AYB); Milgrom, J.(JPSTC); Noordtzij, A.; Wenham, G.(TOTC)
*신명기	Craigie, P.(NICOT); Miller, P.D.(INTER); McConville, J.G.(AOTC); Merrill, E.H.(NAC); Tigay, J.A.(JPSTC); Weinfeld, M.(AYB); Woods, E.(TOTC); Work, T.(BTCB); Wright, C.J.H.(UBC)
*여호수아	Butler, T.(WBC); Dallaire, H.(EBCr); Hess, R.(TOTC); Howard, D.(NAC); Hubbard, R.L.(NIVAC); Woudstra, M.(NICOT)

*사사기	Block, D.(NAC); Boling, R.(AYB); Cundall, A. &M. Morris(TOTC); Younger, K.(NIVAC); Webb, B.(NICOT); Wilcock, M.(BST)
*룻기	Block, D.(NAC); Bowing, F.; Bush, F.(WBC); Chisholm, R.; Cundall, A.&M.Morris(TOTC); Hubbard, R.(NICOT); Sasson, J.; Younger, K.(NIVAC)
*사무엘 상하	Arnold, B.(NIVAC); Baldwin, J.(TOTC); Bergen, R.(NAC); Brueggemann, W.(INTER); Klein, R.(WBC); Tsumura, D.(NICOT); Youngblood, R.(EBCr); Vannoy, R.(CBC)
*열왕기 상하	Brueggemann, W.(SHBC); Cogan, M.& H. Tadmor(AYB); Hobbs, T.R.(WBC); House, P.(NAC); Nelson, R.D.(INTER); Provan, I.(NIBC); Wiseman, D.(TOTC)
*역대기 상하	Braun, R.(W3C); Dillard, R.(WBC); Hill, A.(NIVAC); Japhet, S.(OTL); Klein, R.; Selman, M.(TOTC); Wilcock, M.(BST); Williamson, H. G.M.(NCB)
*에스라- 느헤미야	Breneman, M.(NAC); Brown, R.(BST); Fensham, F.(NICOT); Green, D.(NIVAC); Kidner, D.(TOTC); Klein, R.(NIB); Throntveit, M.; Williamson, H. (WBC); Yamauchi, E.(EBCr)
*에스더	Baldwin, J.(TOTC); Berlin, A.(JPSTC); Bush, F. (WBC); Fox, M.V.; Jobes, K.(NIVAC); Reid, D. (TOTC)
*욥 기	Anderson, F.(TOTC); Clines, D.(WBC); Hartly, J.(NICOT); Konkel, A.(CBC); Longman III, T.(BCOT); Magary, D.(NIVAC); Walton, J.(NIVAC)

*아가	Exum, J.C.(OTL); Garrett, D.(NAC&WBC); Gledhill, T.(BST); Hess, R.S.(BCOT); Longman III, T.(NICOT); Pope, M.H.(AYB); Provan, I.(NIVAC)
*이사야	Brueggemann, W.(WestBC); Goldingay, J.(NIBC); Motyer, J.(TOTC); Oswalt, J.(NICOT); Smith, G.(NAC); Sweeney, M.(FOTL); Walker, L.(CBC); Webb, B.(NSBT); Williamson, H.(ICC)
*예레미야	Brueggemann, W.; Dearman, J.(NIVAC); Fretheim, T.E.(SHBC); Harrison, R.K.(TOTC); Holladay, W.(HERM); Huey, F.(NAC); Lundbom, J.(AYB); Martens, E.(CBC); Stuhlman, L.(AOTC); Thompson, J.(NICOT)
*예레미야 애가	Berlin, A.(OTL); Dearman, J.(NIVAC); Ferris, P.; Garrett, D. &P. House(WBC); Harrison, R.K.(TOTC); Hillers, D.(AYB); Martens, E.(CBC); Longman III, T.(UBC); Parry, R.(THOTC); Provan, I.(NCB)
*에스겔	Allen, L.(WBC).; Block, D.I.(NICOT); Cooper, L.(NAC); Duguid, I.(NIVAC); Greenberg, M.(AYB); Odell, M.(SHBC); Wright, C.(BST); Zimmerli, W.(HERM)
*다니엘	Baldwin, J.(TOTC)(무천년); Carpenter, E.; Collins, J.J.(HERM); Goldingay, J.(무천년)(WBC); Hill, A; Longman III, T.(NIVAC); Miller, S.R.(전천년)(NAC)
*호세아	Andersen, F.& D. Freedman(AYB); Calvin, J.; Carroll, R(EBCr); Garrett, D.(NAC); Kidner, D.(BST); Hubbard, D.(TOTC); Macintosh A.(ICC); Smith, G.(NIVAC); Wolff, H.W.(HERM); Keil, C.F. & F. DelitzschF.; Delitzsch, Franz
*요엘	Allen, L.C.(NICOT); Baker, D.W.(NIVAC); Barton, J.(OTL); Dillard, R.B.; Finley, T.J.(WEC); Garrett, D.A.(NAC)

*아모스	Anderson, F.I. & D.N. Freedman(AYB); Hubbard, D.A.(TOTC); McComiskey, T.E.(EBCr); Mays, J.L.(OTL); Niehaus, J.(ExEc); Paul, S.M.(HERM); Smith, B.K.& F.S. Page(NAC); Smith, G.V.(NIVAC)
*오바댜	Achtemeier, E.(UBC); Allen, L.(NICOT); Baker, D.(NIVAC); Baker, D., T. Alexander & B. Waltke(TOTC); Brown, W.P.(WestBC); Finley, T.(WEC); Niehaus, J.; Raabe, P.(AYB); Smith, B.K.& F.S. Page(NAC); Stuart, D.(WBC)
*요나	Allen, L.C.(NICOT). Alexander, T.D.(TOTC); Bruckner, J.(NIVAC); Lessing, R.(CC); Limburg, J.(OTL); Sasson, J.(AYB); Smith, B.K.& F.S. Page(NAC); Walton, J.H.(EBCr)
*미가	Allen, L.C.(NICOT). Alexander, T.(TOTC); Ben Zvi, E.(FOTL); Hillers, D.(HERM); McComiskey, T.(EBCr); Prior, D.(BST); Smith, B.K.& F.S. Page(NAC); Waltke, B.K.
*나훔	Anderson, F.I.& D.N. Freedman(AYB); Baker, D.W.(TOTC); Barker, K.& W. Bailey(NAC); Bruckner, J.(NIVAC); Floyd, M.H.(FOTL); Garsia-Treto, F.(NIB); Kohlenberger, J.(EvBC) Longman III, T. ; Patterson, R.(WEC); Spronk, K.(HCOT); Sweeney, M.O.(BO)
*하박국	Baker, D.W.(TOTC); Barker, K.L.& W. Bailey(NAC); Bruckner, J.(NIVAC); Goldingay, J.(UBOT); Hiebert, T.(NIB); Patterson, R.D.(WEC); Roberts, J.J.M.(OTL); Robertson, O.P.(NICOT); Sweeney, M.A.(BO)
*스바냐	Baker, D.W.(TOTC). Barker, K.L.& W. Bailey(NAC); Bennett, R.A.(NIB); Berlin, A.(AYB); Bruckner, J(NIVAC); Roberts, J.J.M.(OTL); Sweeney, M.A.(HERM)

*학개	Baldwin, J.(TOTC); Boda, M.(NIVAC); Hill, A.; Meyers, C.& E. Meyers; Taylor, R.& E. Clendenen(NAC); Sweeney, M.A.(IBT); Taylor, R.A.& E. Clendenen(NAC); Verhoef, P.(NICOT)
*스가랴	Baldwin, J.(TOTC); Boda, M.(NIVAC); Klein, G.(NAC); Hill, A.(CBC); McComiskey, T.; Meyers, C.& E. Meyers(AYB); Ollenburger, B.C.(NIB); Smith, R.L.(WBC); Stuhlmueller, C.P.(ITC)
*말라기	Baker, D.W.(NIVAC); Baldwin, J.(TOTC); Hill, A.(AYB); Kaiser Jr, W.C.; Petersen, D.L.(OTL); Schuller, E.M.(NIB); Taylor, R.& E. Clendenen(NAC); Verhoef, P.A.(NICOT)

※ 신약 베스트 석의주석서

*마태복음	Blomberg, C.(NAC) ; Brunner, F.D.; Carson, D.A.(EBCr); Davies, W.& D. Allison(ICC); France, R.T.(NICNT); Hagner, D.(WBC); Harrington, D.(SP); Keener, C.; Luz,U.(HERM); Morris, L.(PNTC); Nolland, J.(N IGTC); Turner, D.(SHBC); Wilkins, M.(NIVAC)
*마가복음	Boring, M.E.(NTL); Brooks, J.(NAC); Cole, R.(TNTC); Cranfield, C.(CGTC); Edwards, J.(PNTC); Evans, C.(WBC); France, R.T.(NIGTC); Garland, D.(NIVAC); Gundry, R.; Hooker, M.D.(BNTC); Lane, W.(NICNT); Stein, R.(BECNT); Strauss, M.L.(ZECNT)
*누가복음	Bock, D.(NIVAC); Bovon, F.(HERM); Caird, G.B.(PEL); France, R.T.(TTCS); Garland, D.E.(ZECNT); Green, J.B.(NICNT); Johnson, L.T.(SP); Liefeld, W.& D. Pao(EBCr); Marshall, I.H.(NIGTC); Morris, L.(TNTC); Nolland, J. (WBC); Stein R.H.(NAC)

*요한복음	Barret, C.K.; Beasley-Murray, G.R.(WBC); Brown, R.E.(AYB); Bruce, F.F.; Calvin, J.; Carson, D.A.(PNTC); Keener, C.; K?stenberger, A.(BECNT); Kruse, C.G.(TNTC); Morris, L.(NICNT); Mounce, R.H.(EBCr); Schnackenburger, R.
*사도행전	Barrett, C.K.(ICC&CEC); Bock, D.(BECNT); Bruce, F.F.(NICNT); Chance, J.B.(SHBC); Johnson, L.T.(SP); Keener, C.S.; Lakin Jr, W.(IVPNTC); Longenecker, R.(EBCr); Marshall, I.H.(TNTC); Parsons, M.C.& M.M. Culy(BHGNT); Pervo, R.(HERM); Peterson, D.(PNTC); Schnabel, E.(ZECNT); Stott, J.R.W.(BST); Witherington III, B.(SRC)
*로마서	Bruce, F.F.(TNTC); Byrne, B.(SP); Cranfield, C.(ICC); Cruse, C.; Fitzmyer, J.(AYB); Jewett, R.E.(HERM); Keck, L.E.(ANTC); Longenecker, R(NIGTC); Moo, D.(NICNT); Morris. L.(PNTC); Mounce, R.H.(NAC); Osborne, G.(IVPNTC); Schreiner, T.(BECNT); Stott, J.R.W.(BST); Stuhlmacher, P.
*고린도 전서	Barrett, C.K.(BNTC); Blomberg, C.(NIVAC); Ciampa, R.& D. Rosner(PNTC); Fee, G.(NICNT); Fitzmyer, J.(AYB); Garland, D.E.(BECNT); Guthrie, G.(NAC); Johnson, A.(IVPNTC); Morris, L.(TNTC); Thiselton, A.(NIGTC); Verbrugge, V.(EBCr)
*고린도 후서	Barnett, P.(NICNT); Furnish, V.P.(AYB); Garland, D.(NAC); Hafemann, S.(NIVAC); Harris, M.(NIGTC); Kruse, C.(TNTC); Matera, F.J.(NTL); Martin, R.P.(WBC); Thrall, M.(ICC)
*갈라디아서	Bruce, F.F.(NIGTC); Burton, E.deWitt(ICC); Fung, R.Y.K.(NICNT); George, T.(NAC); Longenecker, R.N.(WBC); Martyn, J.L.(AYB); Moo, D.J.(BECNT); Morris, L.; Riches, J.K.(BBC); Stott, J.R.W.(BST)

*에베소서	Barth, M.; Best, E.(ICC); Bruce, F.F.(NICNT); Foulkes, F.(TNTC); Klein, W.(EBCr); Lincoln, A.T.(WBC); Macdonald, M.(SP); Muddiman, J.(BNTC); O'Brien, P.T.(PNTC); Snodgrass, K.(NIVAC); Talbert, C.H.(PAI)
*빌립보서	Bockmuehl, M.(BNTC); Bruce, F.F.(UBC); Cousar, C.B.(NTL); Fee, G.D.(NICNT); Garland, D.E.(EBCr); Martin, R.D.(WBC); Muller, J.J.(NICNT); O'Brien, P.T.(NIGTC); Silva, M.(BECNT); Thielman, F.(NIVAC); Thurston, B.B.(SP)
*골로새서	Barth, M.& B. Helmut(AYB); Bruce, F.F.(NICNT); Furnish, V.P.(ANTC); Garland, D.(NIVAC); Harris, M.J.(EGGNT); Moo, D.J.(PNTC); O'Brian, P.(WBC); Pao, D.W.(ZECNT); Wilson, R.M.(ICC); Wright, N.T.(TNTC)
*데살로니가 전후서	Beale, G.(IVPNTC); Bruce, F.F.(WBC); Fee, G.D.(NICNT); Green, G.(PNTC); Holmes, M.(NIVAC); Malherbe, A.(AYB); Morris, L.(TNTC&NICNT); Richard, E.J.(SP); Schogren, G.S.(ZECNT); Stott, J.R.W.(BST); Wanamaker, C.(NIGTC); Witherington III, B.(SRC)
*디모데 전후서·디도서	Belleville, L.(CsBC); Collins, R.E.(NTL); Guthrie, D.(TNTC); Knight, G.W.(NIGTC); Liefeld, W.L.(NIVAC); Marshall, I.H.(ICC); Mounce, W.(WBC); Quinn, J.D.(AYB); Towner, P.(NICNT)
*빌레몬서	Barth, M.B.(ECC); Bruce, F.F.(NICNT); Fitzmyer, J.A.(AYB); Garland, D.E.(NIVAC); Harris, M.J.(EGGNT): Lucas, D.(BST); Moo, D.J.(PNTC); O'Brien, P.T.(WBC); Pao, D.W.(ZECNT); Rupprecht, A.A.(EBCr); Thomson, J.W.& B.W. Longenecker(PAI); Wilson, R(ICC); Wright, N.T.(TNTC)

*히브리서	Attridge, H.W.(HERM); Brown, R.E.; Bruce, F.F.(NICNT); Ellingworth, P.(NIGTC); France, R.T.(EBCr); Guthrie, G.(NIVAC); Johnson, L.T.(NTL); Koester, C.R.(AYB); Lane, W.(WBC); O'Brien, P.T.(PNTC); Moffatt, J.(ICC); Morris, L.(EBC); Schreiner, T.F.(BTCPC)
*야고보서	Allison, D.C.(ICC); Davids, P.(NIGTC); Hartin, P.J.(SP); Johnson, L.T.(AYB); Kamell, M.& C.L. Blomberg(ZECNT); Martin R.P.(WBC); McCartney, D.G.(BECNT); McKnight, S.(NICNT); Moo, D.J.(PNTC); Sleeper, C.F.(ANTC); Stulac, G.(IVPNTC)
*베드로전서	Achtemeier, P.(HERM); Cranfield, C.E.B.; Davids, P.(NICNT); Elliott, J.; Goppelt, L.; Grudem, W.(TNTC); Marshall, I.H.(IVPNTC); Michaels, R.(WBC); Schreiner, T.(NAC); Senior, D.(SP)
*베드로후서· 유다서	Bauckham, R.(WBC); Davids, P.(PNTC); Green, G.(BGCNT); Green, M.(TNTC); Kraftchick, S.J.(ANTC); Moo, D.(NIVAC); Neyrey, J.H.(AYB); Schreiner, T.(NAC)
*요한서신서	Akin, D.L.(NAC); Bruce, F.F.; Brown, R.E.(AYB); Burge, G.M.(NIVAC); Culy, M.M.(BHGNT); Kruse, C.G.(PNTC); Parsenios, G.L.(PAI); Schnackenburg, R.; Stott, J.R.W.(TNTC); Strecker, G.(HERM); Thatcher, T.(EBCr); Yarbrough, R.W.(BECNT)
*요한계시록	Aune, D.(WBC); Beale, G.k.(NIGTC): Blount, B.(NTL); Boxall, I.(무천년)(BNTC); Charles, R.H.(ICC); Harrington, W.J.(SP); Keener, C.(NIVAC); Kovacs, J.L.& C. Rowland(BBC); Morris, L.(무천년)(TNTC); Mounce, R.H.(후천년)(NICNT); Osborne, G.R.(전천년)(BECNT); Patterson, P.(NAC); Roloff, J.(무천년)(CC)

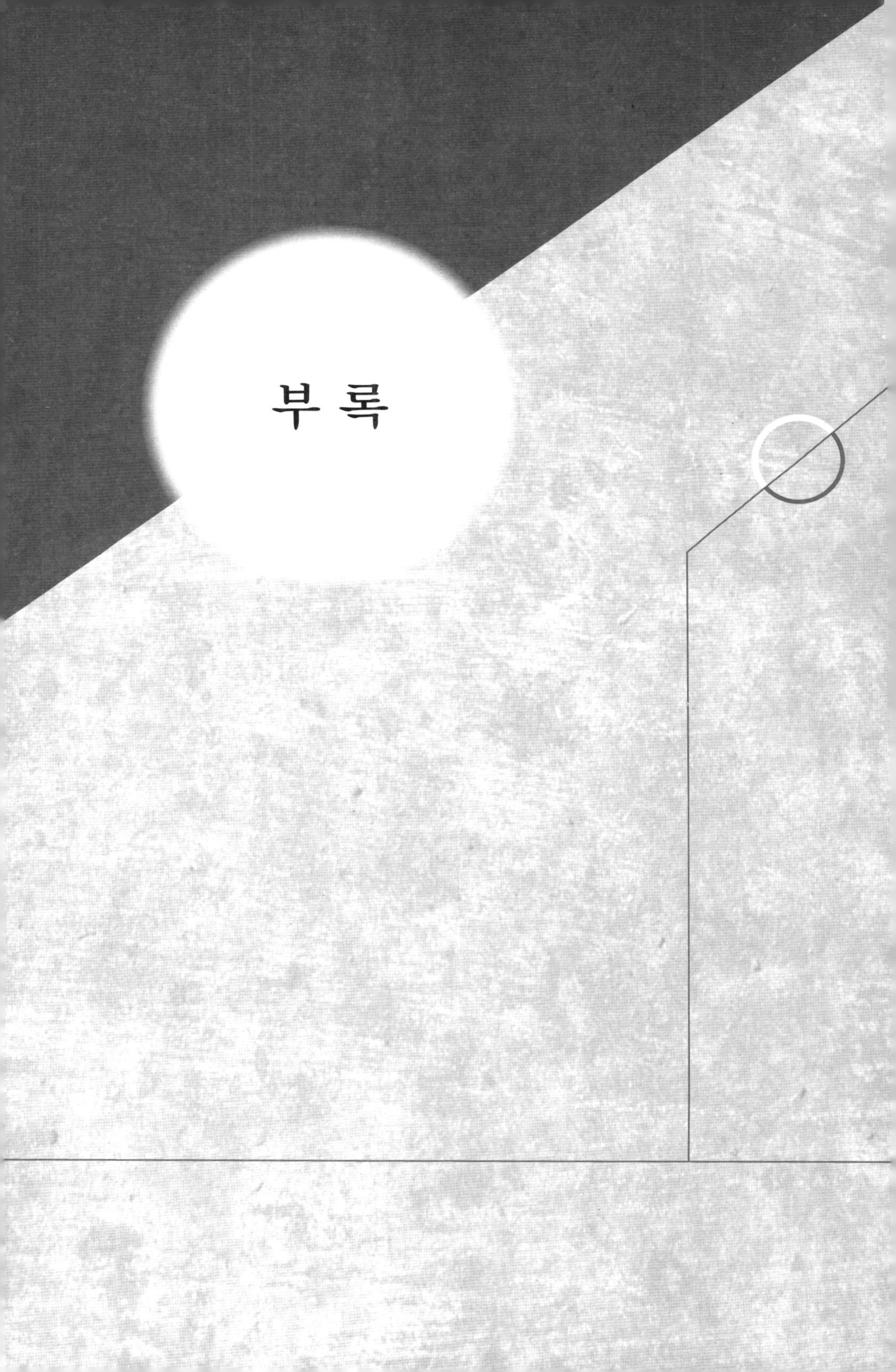
부 록

※ 석의해석법과 강해요점 작성 도표★

01) 본문 선정	*주제나 제목에 의한 것보다 각 권별로 본문 선정		
02) 잠정 번역	*"유능한 석의가는 유능한 번역가다."		
03) 관련 본문 찾기	*구약	−석의 단계별 관련 본문	
	*신약		
04) 개론 이해	*원 기록자		
	*원 청자·독자		
	*원 기록자와 원 청·독자 정황		
	*기록시기		
	*기록장소		
	*기록경위· 까닭·목적	−기록목적만은 반드시 확인하기	
	*중심 주제 (신학 주제)		
	*기타		
05) 묵상·암송 및 주제·난제 찾기	*주제가 원뜻을 지배하지 않도록 유의하기		
06) 본문 양식	*각 양식의 사용 목적에서 그 의미를 찾기		
07) 본문 문맥	*문맥이 매우 중요하기에 반드시 확인하기		

★ 석의할 본문이 다양하기에 위의 방법을 탄력성 있게 사용하라.

08) 원어 연구			*사전의미, 문맥의미 등 성서원어의미 이해하기 *문장의미, 단락의미 등을 이해하기
09) 문법		*문법	−성서원어문법으로 원뜻 찾기
		*구문	−구문관계에서 원뜻 찾기
		*수사법	−수사법을 사용한 의도·목적 찾기
10) 본문 정황	본경		*정확한 본경 이해하기
	배경	*구약 배경·전경	−고대근동의 총체적 문화사적 배경·구약 각 권 사이의 관계성·유대교·신약과의 관계성 탐구는 석의의 필수사항 −배경과 전경의 동시적 이해
		*신약 배경·전경	−구약배경 및 구약과의 관계성·신약 각 권 사이의 관계성·유대교배경·그리스−헬라−로마 배경 탐구는 석의의 필수사항 −배경과 전경의 동시적 이해
	전경		*석의할 본문 이후에 기록되거나 배치된 본문에 관하여
11) 두 관점의 기록의미			*하나님 관점 *직설법 관점 *객관 관점
			*반응자 관점 *명령법 관점 *주관 관점
12) 원 기록자의 기록 의도·목적			*기록의도·목적으로 다양하게 기록한 점에 유의하기
13) 본문구조 분석			*원뜻 확정을 위한 기초 제공
14) 원뜻(원래 의미) 확정하기			*성령님의 조명 아래·신앙의 사고에 의한 신앙적인 비평(식별)으로 확정하기

	*미확정된 원뜻 모으기
	*본문구조 분석을 중심으로 확정하기
	*신구약 관계성으로 확정하기
14) 원뜻(원래 의미) 확정하기	*성서전체 관점으로 확정하기
	*연계·분석·식별·통합 방식으로 최종 확정하기
	*원뜻의 논리문제 확인하기
	*석의자료를 최대한 참조하기
15) 해석사·이해사·영향사에 관한 고찰과 검증	
16) 최종 번역	*의미론적으로 번역
※ 석의에서 강해로 −강해(적용) 요점 작성하기	*강해대상 이해하기 −전인 전 영역이 구원의 대상; 유형별 −5공동체별(가정·일터·국가·세계·교회) −현재의 악과 고통의 문제에 대한 기독교적인 답 −현대성과 현대문화 −한국인의 독특한 의식구조와 상황; 한국문화와 사회; 한국종교; 통일문제; 환경문제 등 −미래 준비 *석의를 근거로 지금·이곳 우리의 삶의 정황에 대한 하나님의 참뜻은 무엇인가? *하나님나라(통치) 관점에서 진단서와 처방전 작성하기 *하나님나라(통치)에 대항하는 사탄의 최후 통치와 관련하여 *그리스도의 죽으심과 부활을 중심으로 *"강해(적용)의 최우선 대상자는 바로 자신이다!"

※ 토론을 위한 질문

01. '석의 여행길' 안내서

(1) 우리가 '만인성서석의가'이어야 하는 까닭이 무엇인가?

(2) 책쓴이가 저술 목적이 무엇이라고 밝히는가?

02. 석의란 무엇인가?

(1) 날마다 구체적으로 어떤 '석의하는 삶'을 살아가고 있는지 나눠보자.

(2) 삼위일체 하나님의 석의사역에서 보여주는 석의의 본질은 무엇인가?

(3) 성서에서 어떤 근거가 석의의 본질인가?

(4) 석의가 자의 및 삭의와는 어떤 점에서 다른가?

(5) 석의가 무엇이라고 생각하는가?

03. 석의가 왜 필요한가?

(1) 책쓴이가 제시한 석의의 필요성은 각기 무엇인가?

(2) 석의는 삼위일체 하나님의 요구라는 점에 어떻게 생각하는가?

(3) 보다 나은 성서해석과 이해를 위해서 석의가 왜 필요한가?

(4) 한국교회의 현재적 상황을 보면 석의가 왜 필요한가?

(5) 모든 사역에 대해 석의가 왜 필요한가?

(6) 성서비평학의 대안으로 석의가 왜 필요한가?

(7) 석의가 교회사적으로도 왜 중요한가?

(8) 한국 기독교 및 한국 신학을 위해서 석의가 왜 필요한가?

04. 석의의 역사적 발자취

1) 고대근동기의 석의

(1) 구약석의에 영향을 준 점이 무엇인가?

2) 구약시대의 석의

(1) 석의와 구약본문 기록 사이에 어떤 관련성이 있는가?

3) 유대교의 석의

(1) 유대교의 석의 방법과 그 특징은 무엇인가?

4) 그리스-헬라-로마의 석의

(1) 위 석의의 공통점은 무엇인가?

5) 신약시대의 석의

(1) 어떤 점에서 '예수 그리스도가 성서석의의 최절정'인가?

(2) 예수의 석의와 바울의 석의에 관해 토론해 보라.

(3) 유형론과 알레고리아의 차이점은 무엇인가?

6) 후사도시대의 석의

(1) 대표적 이단들의 석의 특징은 무엇인가?

(2) 석의해석사 관점에서 폴리카르포스(폴리캅)의 공헌점은 무엇인가?

(3) 기독교변증 석의가들의 석의는 각기 어떠했는가?

(4) 알렉산드리아학파의 석의 특징은 무엇인가?

(5) 알렉산드리아학파의 석의가들의 석의에 관해 토론해 보라.

(6) 안디옥학파의 석의 특징은 무엇인가?

(7) 안디옥학파의 석의가들의 석의에 관해 토론해 보라.

(8) 라틴학파의 석의가들의 석의에 관해 토론해 보라.

(9) 문자적 의미와 문자기속주의의 차이점은 무엇인가?

7) 중세시대의 석의

(1) 중세시대의 4중의미 석의의 배경 및 특징은 무엇인가?

(2) 중세시대의 4중의미 석의란 무엇인가?

(3) 중세 여성석의가들의 석의 특징은 무엇인가?

(4) 중세시대의 대표적 석의가들의 석의에 관해 토론해 보라.

8) 종교개혁 전 개혁자들의 석의

(1) 르네상스가 석의해석에 끼친 영향점은 무엇인가?

(2) 종교개혁 전 개혁자들의 석의에 관해 토론해 보라.

9) 종교개혁시대의 석의

(1) 무엇을 근거로 종교개혁이 가능했는가?

(2) 종교개혁자들의 석의에 관해 토론해 보라.

(3) 루터와 칼뱅의 석의에 관해 토론해 보라.

10) 종교개혁 이후부터 현재까지의 석의

(1) 가톨릭교회가 종교개혁에 대해 어떻게 대응했는가?

(2) 개신교 정통주의의 석의에 관해 토론해 보라.

(3) 영국 청교도들의 석의에 관해 토론해 보라.

(4) 독일 경건주의의 석의에 관해 토론해 보라.

(5) 이성주의와 계몽주의의 출현과 석의에 관해 토론해 보라.

(6) 성서비평학의 출현과 석의에 관해 토론해 보라.

(7) 성서비평학 석의가들의 석의적인 공통점을 중심으로 토론해 보라.

(8) 계몽주의와 관련있는 또 다른 해석방법론은 어떤 것인가?

(9) 성서비평학에 대한 비평적 대안들은 무엇이었는가?

(10) 북미의 성서석의해석학은 어떻게 발전해왔는가?

11) 한국교회의 석의해석사

(1) 한국교회의 설교집과 강해서의 근본적인 문제점은 무엇인가?

(2) 한국교회의 강해설교의 미비점은 무엇이며, 그 해결책은 무엇인가?

(3) 왜 귀납법적 성서연구가 문제인가?

(4) 21세기 한국교회의 성서해석 방향은 어느 쪽으로 가야 하는가?

05. 석의해석법의 예비적 이해

(1) 석의방법과 석의목적의 관계성은 무엇인가?

(2) 신앙과 이성의 관계성은 무엇인가?

(3) 공시성과 통시성에 관해 토론해 보라.

(4) 석의해석법에서 성령님의 사역에 관해 토론해 보라.

(5) 석의해석학과 조직신학은 어떤 관계성이어야 하는가?

(6) 석의신학이 신학으로서 어떤 기능을 하는가?

(7) 석의할 때의 과제와 주안점은 무엇인가?

06. 석의해석법의 16단계

01) 본문 선정

(1) 가장 바람직한 본문 선정 방법은 무엇인가?

(2) 본문비평에 관하여 어떻게 생각하는가?

02) 잠정 번역

(1) 어떻게 번역하는 것이 보다 나은 번역인가?

(2) 직접 번역을 해보면 어떤 유익함이 있는가?

(3) 잠정 번역을 할 때의 유의점은 무엇인가?

03) 관련 본문 찾기

(1) 관련 본문이란 무엇인가?

(2) 관련 본문을 왜 찾아야 하는가?

(3) 관련 본문을 어떤 관점에서 찾는가?

(4) 관련 본문을 찾는 일에 도움을 주는 자료들은 무엇인가?

04) 개론 이해

(1) 개론 이해 중, 필자가 특별히 강조하는 점은 무엇인가?

05) 암송·묵상 및 주제·난제 찾기

(1) 암송의 유익함은 무엇인가?

(2) 주제 찾기와 난제 찾기의 대상은 무엇인가?

06) 본문 양식

(1) 본문 양식에 관한 문제점은 무엇인가?

(2) 본문 양식을 이해해야 하는 까닭은 무엇인가?

07) 본문 문맥

(1) 문맥을 이해하지 않을 때 어떤 문제점이 발생하는가?

(2) 문맥을 어떻게 확인하는가?

08) 원어 연구

(1) 원어 연구의 중요성은 무엇인가?

(2) 원어의 문맥의미가 왜 중요한가?

(3) 언어의 보편성에 관해 토론해 보라.

09) 문법·구문·수사법

(1) 성서원어 문법 연구가 왜 중요한가?

(2) 구문 연구가 왜 중요한가?

(3) 수사법 연구가 왜 중요한가?

10) 본문 정황(본경·배경·전경)

(1) 배경이란 무엇을 뜻하며, 왜 배경이해가 필요한가?

(2) 전경이란 무엇을 뜻하며, 왜 전경이해가 필요한가?

11) 두 관점의 기록의미

(1) 두 관점의 기록의미란 무엇인가?

(2) '생략된 신 관점의 기록의미' 이해가 왜 필요한가?

12) 원 기록자의 기록의도·목적

(1) 원 기록자의 기록의도·목적 이해가 왜 필요한가?

13) 본문구조 분석

(1) 본문구조 분석이 왜 필요한가?

14) 원뜻 확정하기

(1) 필자는 원뜻을 확정하기위해 어떤 과정을 제시했는가?

(2) 원뜻 확정에서 성령님께서 어떻게 도우시는가?

(3) 어떻게 신구약 관계성으로 원뜻을 확정하는가?

(4) 어떻게 성서전체 관점으로 원뜻을 확정하는가?

(5) 최종적인 확정은 어떤 방식으로 진행하는가?

(6) 원뜻의 논리문제가 왜 발생할 수 있는가?

(7) 석의주석서가 왜 필요하며, 어떻게 활용하는가?

15) 해석사·이해사·영향사에 관한 고찰과 검증

(1) 해석사·이해사·영향사에 관한 고찰과 검증이 왜 필요한가?

16) 최종번역

(1) 최종번역을 어떻게 하는가?

07. 석의가란?

(1) 석의가에게 어떤 점이 요구되는가?

(2) 어떤 사람이 '유능한 석의가'인가?

08. 석의에서 강해로

(1) 석의와 강해는 어떤 관계이어야 하는가?

(2) 강해(적용)대상자를 이해하기 위해서는 어떤 점을 이해해야 하는
가?

(3) 강해 요점의 작성 방법은 무엇인가?

석의, 원래 의미를 찾아서
－석의해석학의 이해

책쓴이 안용수
펴낸이 진경숙
디자인 이효숙
기 획 윤주용
제 작 이봉수
출간일 1쇄 인쇄 2018년 10월23일
　　　　1쇄 발행 2018년 11월02일

펴낸곳 도서출판 책평화
주 소 서울특별시 강남구 자곡로3길 22 307동 1008호
전 화 02-2684-7778
팩 스 02-2684-4355
이메일 chinks1004@hanmail.net

ISBN 979-11-953950-4-0　　03230 Printed in Korea

·파손된 책은 구입하신 서점에서 바꾸어 드립니다.
·신저작권법에 의해 보호를 받는 저작물이므로 무단 전재와 복제를 금합니다.